DAS BUCH:

1945, am Ende des Zweiten Weltkriegs, deportierte der sowjetische Geheimdienst Hunderttausende deutscher Zivilisten
aus Südosteuropa und Ostdeutschland in die Sowjetunion.
Der überwiegende Teil der Verschleppten waren Frauen. In
sibirischen Lagern mußten sie die deutsche Kriegsschuld
abarbeiten. Mehr als ein Drittel von ihnen kehrte nicht zurück, starb an Schwäche, Seuchen oder Unterernährung. Die
anderen hielt man gefangen, solange sie arbeitsfähig waren;
dann wurden sie, von Krankheiten gezeichnet und bis auf die
Knochen abgemagert, nach Deutschland entlassen. Ihr
Schicksal wurde im Osten wie im Westen schamhaft verschwiegen. Freya Kliers erschütternder Bericht umfaßt alle
Stationen der Odyssee dieser Frauen: Flucht, Festnahme,
Vergewaltigungen, Abtransport in Viehwaggons nach Sibirien, Lageralltag und Rückkehr nach Jahren schlimmster
Entbehrungen in eine teilnahmslose Heimat.

DIE AUTORIN:

Freya Klier, geboren 1950 in Dresden. Tätigkeit als Schau-
spielerin und Regisseurin an verschiedenen Theatern der
ehemaligen DDR. Mitbegründerin der DDR-Friedensbewe-
gung. 1985 Berufsverbot. 1988 Verhaftung und unfreiwillige
Ausbürgerung aus der DDR. Lebt als freischaffende Autorin
und Regisseurin in Berlin.

In unserem Hause ist von Freya Klier bereits erschienen:
*Penetrante Verwandte – Kommentare, Aufsätze und Essays in Zeiten
deutscher Einheit* (ISBN 3-548-33212-9)

Freya Klier

Verschleppt ans Ende der Welt

Schicksale deutscher Frauen
in sowjetischen Arbeitslagern

Ullstein

Ullstein Taschenbuchverlag 2000
Der Ullstein Taschenbuchverlag ist ein Unternehmen der
Econ Ullstein List Verlag GmbH & Co. KG, München
5. Auflage
© 2000 by Econ Ullstein List Verlag GmbH & Co. KG, München
Umschlagkonzept: Lohmüller Werbeagentur
GmbH & Co. KG, Berlin
Umschlaggestaltung: Christof Berndt & Simone Fischer
Titelabbildung: Deutsches Rotes Kreuz
Karten im Text: Erika Baßler
Gesamtherstellung: Ebner Ulm
Printed in Germany
ISBN 3-548-33236-6

INHALT

IV. HEIMKEHR UND WEITERLEBEN 301

*Den in Kriegen verschleppten
Frauen gewidmet*

VORWORT

In den letzten Monaten des Zweiten Weltkriegs wurden Hunderttausende ostdeutscher und südosteuropäischer Zivilisten als »lebende Reparationen« in sowjetische Arbeitslager deportiert – mehrheitlich Frauen, dazu vom Waffendienst freigestellte Männer, Alte, Jugendliche und auch einige Kinder. Ihre Schicksale sind noch immer weitgehend unbekannt.

Seit einem halben Jahrhundert füllen die Biographien der »Architekten des Dritten Reiches«, der Wehrmachtsgeneräle und -feldmarschälle, die Bücherregale. Die Biographien derer, die diesen Krieg weder anzettelten noch führten, ihn aber mit ihrer Gesundheit oder dem Leben bezahlen mußten, füllen allenfalls Seiten, und auch das meist nur als zeitgeschichtliche Ergänzung. Im Osten durften sie nicht erwähnt werden, im Westen fielen sie dem Lagergefecht der Generationen zum Opfer: hier eine Wehrmachtsgeneration, die bevorzugt auf russische Greueltaten verwies, um die eigenen zu schmälern, dort deren Kinder, die aus ihrem Wohlbehütetsein heraus das Leid ihrer Mütter als »Strafe für Auschwitz« wegwischten. Ein Gefecht, das die Deportations- und Vergewaltigungsopfer endgültig verstummen ließ.

Ohnehin hatten sie nie über ihre Erlebnisse zu sprechen gelernt. Schon nach ihrer Rückkehr aus Rußland standen sie weitgehend unbeachtet auf den großen Heimkehrerbahnhöfen. Und kaum waren sie eingegliedert, störten sie. Ihre düsteren Schicksale wollte, wer selbst gerade noch davongekommen war, nicht hören – man war im Schlußstrich- und Aufbaufieber. Für die nicht Davongekommenen aber gab es keinen Schlußstrich; durch Alpträume und körperliche Schäden wurde aus der Vergangenheit tägliche Gegenwart. Und lange noch begleitete die Vergewaltigungsopfer der perfide Satz: »Hättest du dich richtig gewehrt, wäre das nicht passiert.« So kamen zum Erlittenen auch noch Schuld- und Schamgefühle.

Dem westlichen Desinteresse stand das östliche Tabu gegenüber. Zwar wanderte in der Kaderakte der Makel »Sibirien« mit in die Zukunft, doch seine Erwähnung außerhalb der eigenen vier Wände hieß erneute Verhaftung, diesmal wegen »Verleumdung der Sowjetunion«.

Der Große Bruder selbst leugnete die Massenvergewaltigungen und Deportationen nach bewährter Methode als »böswillige Erfindung westlicher Propaganda«. Und die beteiligten Heldensoldaten? Sie leiden bis heute am kollektiven Gedächtnisschwund.

Dem Leugnen und Verdrängen sind endlich die Schicksale der Opfer entgegenzusetzen. Die Vogelperspektive von Geheimpakten und Kartentischen ist durch das Leben und Sterben derer zu ergänzen, die Strategien nicht entwickelten, sondern aushalten mußten. Elf aus den deutschen Provinzen jenseits von Oder und Neiße verschleppte Frauen sollen in diesem Buch zu Wort kommen, darunter ein damals vierjähriges Mädchen. Ihre Lebensgeschichten stehen für die vieler Tausender, die in einem Lager umgekommen oder im Laufe von fünfzig Jahren Nachkriegsschweigen gestorben sind. Bevor auch die letzten Zeugen eines tabuisierten Geschichtskapitels nicht mehr befragbar sind, sollten wir uns ihnen zuwenden – unvoreingenommen und aus ihrer Differenzierungsfähigkeit lernend.

Einem Vorhaben jedoch dient dieses Buch nicht – der Aufrechnung. Die an der sowjetischen Zivilbevölkerung durch deutsche Soldaten verübten Kriegsverbrechen schmelzen nicht dadurch zusammen, daß ihnen der an der deutschen Zivilbevölkerung verübte Sowjetterror folgt. Die Deportation ostdeutscher Zivilisten bleibt ein Kriegsverbrechen auch vor dem historischen Hintergrund, daß sie am Ende einer Chronologie deutschen Mordens steht.

Doch sei, bevor dieses dunkle Kapitel ins Blickfeld gerückt

wird, noch einmal an Bekanntes erinnert: Nicht nur der Hakenkreuzzug von Himmlers Polizei- und SS-Einheiten brach 1941 über die Ukraine und Rußland herein –1941 begann auch ein »Feldzug« genannter Vernichtungskrieg, der dem »slawischen Untermenschen« schlechthin galt und den Reichsmarschall Göring im November 1941 gegenüber dem italienischen Außenminister in zwei Sätzen zusammenfaßte: »In diesem Jahr werden 20 bis 30 Millionen Menschen in Rußland verhungern. Vielleicht ist das gut so, da bestimmte Völker dezimiert werden müssen.«

Was die NS-Führung samt ihren exakt kalkulierenden Ernährungswissenschaftlern damit meinte, hatte die Heeresgruppe Nord unter Generalfeldmarschall Ritter von Leeb Gelegenheit zu demonstrieren, bevor es für die Deutsche Wehrmacht wieder rückwärts ging: Dem Leningrader Hungertod fielen 1,2 Millionen in der Blockade eingeschlossene Menschen zum Opfer.

Die Barbarei hat viele Gesichter. Sie zeigt sich auch in Gestalt von Piloten der Deutschen Luftwaffe, die im September 1941 zuerst die Lebensmittellager der Stadt in Schutt und Asche legten – wohl wissend, daß es Kinder, alte Menschen und Schwache sind, die vom Hunger als erste hinweggerafft werden. Sie zeigt sich in der »Nervenstärke« jener Artilleristen, welche die verzweifelten Ausbruchsversuche verhungernder Frauen und Kinder aus dem Blockadering mit gezieltem Beschuß zu »vereiteln« wußten.

Nein, aufzurechnen gibt es nichts. Und wenn Marschall Schukow im Januar 1945 seinen Soldaten den Terror an deutschen Zivilisten befahl, dann soll nichts entschuldigt – aber mitbedacht werden, daß Schukow beim Aufbrechen des Leningrader Blockaderings die Straßen zwischen Pulatow-Werken und Isaaks-Kathedrale voller Leichenberge fand; daß er den Anblick lebender Skelette im Gedächtnis behielt, denen Tischlerleim und gekochtes Leder als Nahrung blieben.

Teil I

DIE RUSSEN KOMMEN

1. Ostdeutschland am Vorabend des totalen Krieges

Bis zum Sommer 1944 galten die Provinzen jenseits von Oder und Neiße als die sichersten in Deutschland: Zwar waren sie Aufmarsch- und Durchzugsgebiet der Wehrmacht, doch kehrte sich die Front noch nicht gegen die Bewohner, und zahlreiche Evakuierte aus den bombardierten Städten des deutschen »Kernreiches« fanden bis dahin in Ostpreußen, Pommern oder dem Wartheland einen sicheren Unterschlupf. Die Situation ändert sich schlagartig mit einer von der Roten Armee am 22. Juni 1944 gestarteten Großoffensive, bei der die zahlenmäßig weit überlegenen sowjetischen Truppen – seit 1943 verstärkt durch polnische Divisionen – der Deutschen Wehrmacht empfindliche Verluste zufügen und bis an den Rand Ostpreußens vorrücken. Neben den westlichen Gebieten Rußlands werden den deutschen Besatzern auch große Teile Ostpolens entrissen, was polnische Kampf- und Partisanenverbände zusätzlich aktiviert.

Das Blatt hat sich gewendet. Die Frontlinie verläuft nun quer durch Polen und dicht an der Grenze zu Ostpreußen entlang. Um die »Krise zu meistern«, wie Propagandaminister Goebbels, seit dem Attentat vom 20. Juli 1944 zusätzlich zum Reichsbevollmächtigten für den totalen Kriegseinsatz befördert, den militärischen Einbruch schönfärbt, befiehlt Hitler den Gauleitern im Osten den sofortigen Ausbau eines Ostwalls von der Memel bis nach Warschau, zu dem nun alle herangezogen werden, die einen Spaten halten können: Hitlerjugend (HJ) und Bund Deutscher Mädel (BDM), die gesamte noch verfügbare

männliche Bevölkerung Ostpreußens einschließlich der Kriegs-
krüppel aus dem Ersten Weltkrieg, dazu Zwangsarbeiter und
Kriegsgefangene.

In ganz Ostdeutschland wird zum Schippen mobilisiert. Im
Warthegau und in jenem Teil Polens, der noch deutsch besetzt
ist, werden Bunkerlinien und Schanzgräben errichtet. Die Schle-
sier sehen sich zu Erdarbeiten herangezogen, und selbst Zivilisten in den noch nicht bedrohten Provinzen Danzig-Westpreußen, Pommern und Ostbrandenburg beginnen, zu graben und
zu schaufeln.

Während die Kolonnen der ostdeutschen Volksgemeinschaft
unter der Regie des fanatischen ostpreußischen Gauleiters
Erich Koch mit Panzergräben und Schützenlöchern die »Krise
zu meistern« suchen, erlebt Königsberg im August 1944 einen
schweren Bombenangriff der Alliierten. Im gleichen Monat
ergeht für das Memelland, eine östliche Enklave des Deutschen
Reiches, der erste überraschende Räumungsbefehl. Samt Vieh
und transportablem Wohnungsinventar werden seine Bewohner hinter die Grenze zu Ostpreußen ausquartiert. Doch scheint
der Alarm verfrüht; noch überschreitet die Rote Armee die
Gebietsgrenze zum Memelland nicht, so daß sich vor allem die
ländliche Bevölkerung schon nach vierzehn Tagen wieder auf
den Rückweg macht, um die Höfe zu versorgen und die Ernte
einzubringen.

Mit der Ruhe ist es nun allerdings vorbei, nicht nur im
Memelland, sondern auch in Ostpreußen, der »Kornkammer
Deutschlands«. Am 25. September 1944 befiehlt Hitler die Aufstellung eines Volkssturmes, bei dem sämtliche noch verfügbaren Männer im Alter von sechzehn bis fünfundsechzig Jahren
zwangsmobilisiert werden, gleichzeitig in allen Gauen Deutschlands. Doch auch dieses letzte Aufgebot, die totale Mobilisierung, kann nicht verhindern, daß die Bewohner des Memellandes und einiger Grenzbereiche Ostpreußens im Oktober 1944
in den Kriegsstrudel hineingerissen werden. Einzig ein flächen-
deckender rechtzeitiger Räumungsbefehl hätte für sie eine Rettung bedeutet. Der aber bleibt aus. Denn auch nach dem militä-

rischen Schock des Sommers blockieren NSDAP-Funktionäre mit auf Sieg ausgerichteten Propagandaparolen die Anordnungen zur Evakuierung der Zivilbevölkerung; das Menetekel wird nicht erkannt. Da die letzte Entscheidung in Räumungsfragen bei den jeweiligen Gauleitern liegt, die eifersüchtig darüber wachen, daß die ihnen vom Führer nach dem Attentat am 20. Juli zusätzlich verliehene Autorität auch ernst genommen wird, kommt es – je nach dem Grad blinder Führertreue, Eitelkeit und geistiger Beschränktheit – in Ostdeutschland zu gestaffelten Entscheidungen. Während die Gauleiter von Danzig-Westpreußen, dem Wartheland, Schlesien und Pommern trotz massiver Durchhaltepropaganda nach der Wehrmachtsschlappe im Sommer 1944 prophylaktisch Räumungspläne ausarbeiten lassen – die sich dann im Januar 1945 aufgrund einer falschen Einschätzung der Lage meist als gegenstandslos erweisen –, leitet der ostpreußische Gauleiter Koch einen vom Oberpräsidium Königsberg detailliert erarbeiteten Evakuierungsplan für Ostpreußen und das Memelland noch nicht einmal als geheime Instruktion an die untergeordneten Verwaltungsstellen weiter. Es gibt keinerlei Planung für den Abtransport von Zivilisten im Falle eines Angriffs, unter dem Stichwort »Zitronenfalter« werden lediglich Maßnahmen ins Auge gefaßt, um Warenlager und wichtige Industrieanlagen zu retten.

So glückt eine rechtzeitige Evakuierung nur in jenen Gebieten, in denen ein Landrat, Bürgermeister oder anwesender Militär bereits im Frühherbst das Problem erkannt und regionale Parteifunktionäre von der Brisanz der Lage zu überzeugen vermocht hatte. In den Machtbereich des Gauleiters Koch stoßen die Sowjets am 5. Oktober 1944 vor. Ohne zunächst auf nennenswerten Widerstand zu stoßen, schlagen sie eine tiefe Schneise ins Memelland. In nur wenigen Tagen besetzen sie die nördliche Hälfte des Gebietes und schneiden damit die Heeresgruppe Nord von den übrigen Truppen der Deutschen Wehrmacht ab. Die Kleinstadt Memel wird für Monate eingeschlossen, und nur kurz nach diesem Überraschungsschlag fällt auch das südliche Memelland in sowjetische Hand.

Fast zeitgleich erfolgt der befürchtete Vorstoß nach Ostpreußen, der vor allem die unmittelbar an der östlichen Grenze gelegenen Kreise Gumbinnen, Ebenrode, Goldap und Schloßberg trifft.

In beiden Fällen ist die Katastrophe für die Zivilbevölkerung vorprogrammiert. Im Memelland kommt der Räumungsbefehl zwei Tage nach dem Eindringen der Roten Armee und löst, da er kurz darauf von oberen Stellen widerrufen wird, ein panisches Durcheinander aus. Je nach Informationsstand machen sich Teile der Bevölkerung auf die Flucht oder gehen nichtsahnend ihrer täglichen Arbeit nach. Andere wiederum sind zwar informiert, nehmen den Räumungsbefehl aber nicht mehr ernst, nachdem sie - ihrer Meinung nach unnötigerweise - bereits zwei Monate zuvor schon einmal ihre Scholle verlassen mußten. Als die Trecks schließlich losziehen, ist es für viele zu spät. Knapp 5000 Flüchtlinge finden sich plötzlich auf einer ins Kurische Haff hineinragenden Halbinsel eingeschlossen. Sie haben dennoch Glück. Da dieser Streifen von der ebenfalls eingeschlossenen Heeresgruppe Nord unter Aufbietung aller Kräfte eine Zeitlang verteidigt wird, gelingt es, die Zivilisten mit Lastkähnen über die Kurische Nehrung zu evakuieren, ein Vorgang, der sich wenige Monate später an anderen Küstenorten wiederholen wird. So müssen die Flüchtlinge zwar Pferd und Wagen zurücklassen, doch kommen sie mit dem Leben davon. Ein solches Glück haben nicht alle. Bevor das Memelland restlos abgeschnitten ist, gelingt es nur wenigen in buchstäblich letzter Sekunde, den Fluß Richtung Tilsit–Ragnit zu überschreiten. Danach kommt niemand mehr auf dem Landweg heraus. Die auf den Straßen befindlichen Trecks werden von vorrückenden Panzertruppen meist zusammengeschossen, die umzingelte Kleinstadt Memel geht in Flammen auf.

Eine ähnliche Katastrophe trifft durch den Fanatismus des ostpreußischen Gauleiters die Einwohner der Kreise Ebenrode, Schloßberg und Goldap. Erst Tage nach dem Eintreffen der Sowjets - ein Teil der Gebiete ist bereits besetzt - erfolgt hier der Räumungsbefehl, zu spät für viele Tausende!

Die Bevölkerung des Kreises Gumbinnen hat sich, veranlaßt durch Eigeninitiative lokaler Behörden, rechtzeitig auf den Weg gemacht. In die Stadt Insterburg strömen plötzlich Menschenmassen hinein, auf die niemand vorbereitet ist. Im Bericht des Bürgermeisters von Insterburg heißt es:

»... Der Himmel im Osten war rot von Bränden, der Kanonendonner wurde täglich stärker. Die Straßen waren von Flüchtenden und Fahrzeugen, von Vieh und Pferden verstopft, und unsere Stadt selbst so voller Menschen und Fahrzeuge, daß der Verkehr nur durch den Einsatz des letzten Polizeibeamten notdürftig geregelt werden konnte und auch Wehrmachtseinheiten kaum durchkamen. Kinder, die ihre Mütter verloren hatten, und Fohlen irrten in den Straßen von Insterburg umher. Der Bahnhof selbst war belagert von Tausenden von Menschen aus den überrannten Grenzkreisen, die angsterfüllt auf ihren Habseligkeiten saßen und auf die Möglichkeiten eines Abtransportes mit der Bahn warteten.

Auch die Bevölkerung der Stadt selbst und des Landkreises war äußerst erregt und voller Sorge, zumal die Nachrichten von den schrecklichen Vorkommnissen in Walterkehmen, Nemmersdorf und Goldap bekannt wurden. Züge oder Fahrzeuge zum Abtransport der vielen Menschen standen nicht zur Verfügung. Der Kreisleiter, dem die Menschenführung oblag, war beim Spateneinsatz in der Provinz eingesetzt, und die Kreisleitung hatte keine Befehle von der Gauleitung erhalten ...«*

In einigen ostpreußischen Grenzgebieten sind die Folgen der verweigerten Evakuierung für die Zivilbevölkerung besonders verhängnisvoll. Nachdem Wehrmachtstruppen Ende Oktober 1944 einige Teilregionen noch einmal vorübergehend zurücker-

---

* Bericht des ehemaligen Bürgermeisters von Insterburg, verfaßt am 7. November 1952, in: »Die Vertreibung der deutschen Bevölkerung aus den Gebieten östlich der Oder-Neiße«, Bd. I/1, S. 10

obern können, bietet sich ihnen ein Bild des Schreckens. In einen der Trecks sind russische Panzer rücksichtslos hineingefahren, von einem anderen sind Menschen überhaupt nicht mehr auffindbar. Verstümmelte Frauen, erschlagene Kinder in Goldap. Eine besonders grausige Entdeckung macht eine Volkssturmkompanie im südlich von Gumbinnen gelegenen Nemmersdorf:

»Meine Volkssturmkompanie erhielt dann den Befehl, in Nemmersdorf aufzuräumen. Schon kurz vor Nemmersdorf (Richtung Sodehnen–Nemmersdorf) fanden wir zerstörtes Flüchtlingsgepäck und umgeworfene Wagen. Alle waren durch Panzer vollständig zerstört und lagen am Straßenrand oder im Graben. Das Gepäck war geplündert, zerschlagen oder zerrissen, also vollständig vernichtet. Dieser Flüchtlingstreck war aus der Gegend Ebenrode und Gumbinnen. Ich stellte dieses beim Aufräumen fest. ... Das ganze Flüchtlingsgut wurde gesammelt und in die Dorfkirche getragen. Von der Zivilbevölkerung haben wir nichts gefunden.

Am Dorfrand in Richtung Sodehnen–Nemmersdorf steht auf der linken Straßenseite ein großes Gasthaus, »Weißer Krug«, rechts davon geht eine Straße ab, die zu den umliegenden Gehöften führt. An dem ersten Gehöft, links von dieser Straße, stand ein Leiterwagen. An diesem waren 4 nackte Frauen in gekreuzigter Stellung durch die Hände genagelt. Hinter dem ›Weißen Krug‹ in Richtung Gumbinnen ist ein freier Platz mit dem Denkmal des Unbekannten Soldaten. Hinter diesem freien Platz steht wiederum ein großes Gasthaus, ›Roter Krug‹. An diesem Gasthaus stand längs der Straße eine Scheune. An den beiden Scheunentoren waren je eine Frau nackt in gekreuzigter Stellung durch die Hände genagelt. Weiter fanden wir dann in den Wohnungen insgesamt zweiundsiebzig Frauen einschließlich Kinder und einen alten Mann von vierundsiebzig Jahren, die sämtlich tot waren, fast ausschließlich bestialisch ermordet bis auf nur wenige, die Genickschüsse aufwiesen. Unter den Toten befanden sich auch Kinder im Windelalter, denen mit einem harten Gegenstand der Schädel eingeschlagen war. In einer Stube fanden wir auf einem Sofa in sitzender Stellung eine alte Frau von vierundachtzig Jahren vor. Dieser Toten fehlte der halbe Kopf, der anscheinend mit einer Axt oder Spaten von oben nach dem Halse weggespalten war.

Diese Leichen mußten wir auf den Dorffriedhof tragen, wo sie dann liegen blieben, weil eine ausländische Ärztekommission sich zur Besichtigung der Leichen angemeldet hatte. So lagen diese Leichen dann drei Tage, ohne daß diese Kommission erschien. Inzwischen kam eine Krankenschwester aus Insterburg, die in Nemmersdorf beheimatet war und hier ihre Eltern suchte. Unter den Ermordeten fand sie ihre Mutter von zweiundsiebzig Jahren und auch ihren alten schwachen Vater von vierundsiebzig Jahren, der als einziger Mann zu diesen Toten gehörte. Diese Schwester stellte dann fest, daß alle Toten Nemmersdorfer waren.«*

Die Berichte über Massaker an Zivilisten durch Augenzeugen lassen unter den Bewohnern Ostpreußens Panikstimmung aufkommen. Trotz strikten Verbotes setzt eine heimliche Abwanderung nun auch in jenen Gebieten ein, die nicht zur Evakuierung freigegeben sind. Schleunigst auf den Heimweg machen sich zudem die Bombenevakuierten aus Berlin und Westdeutschland, die sich bisher in Ostpreußen sicher wähnten. Die gesamte Provinz ist in Aufruhr. Obwohl Ostpreußen laut NS-Führung eisern verteidigt werden soll, erklärt sich die Gauleitung nach der Katastrophe in den Grenzgebieten auf Drängen von Militärs und zivilen Behörden schließlich bereit, über einen dreißig Kilometer breiten Streifen hinter der Front die gesamte Zivilbevölkerung zu evakuieren – eine Maßnahme, die etwa 600 000 Menschen betrifft, ein Viertel der ostpreußischen

* Erlebnisbericht des Volkssturmmannes K. P. aus Königsberg/Ostpreußen, verfaßt am 14. Januar 1953, in: »Die Flucht und Vertreibung aus Ostpreußen, Westpreußen, Pommern, Schlesien und dem Sudetenland« von L. O. Gaunitz, S. 17/18

Bevölkerung. Jene, die bereits Ende Oktober 1944 ihre Heimat verlassen müssen, gelangen zum großen Teil zwar unter Strapazen, doch körperlich unversehrt aus der Gefahrenzone heraus. Städtische Bewohner, dazu Frauen mit Kleinkindern, Alte und Kranke werden per Eisenbahn nach Sachsen, Thüringen und Westpommern evakuiert. Die ländliche Bevölkerung des dreißig Kilometer langen Streifens macht sich zu Fuß auf den Weg. Ein Teil wird samt Vieh und Wagen in westlicher gelegenen Gebieten Ostpreußens untergebracht und gerät damit Monate später erneut ins Kriegsgeschehen, der andere Teil tritt den Gewaltmarsch ins »Kernreich« an. Es sind jene Hiobsboten, denen die Flucht über die Oder gerade noch rechtzeitig gelingen wird, die in den Januartagen 1945 das Wartheland und Ostbrandenburg erreichen und mit ihren Berichten die Bewohner jedes Ortes in Panik versetzen werden, durch den sie ziehen.

Am Ende ihrer Sommeroffensive, die von Mitte Juni bis Ende Oktober 1944 andauert und in deren Verlauf auch die polnische Hauptstadt Warschau befreit wird, stehen die Sowjets mit einem Fuß in Ostpreußen. Zwar gelingt es Truppen der Wehrmacht zunächst, den weiteren russischen Vorstoß zu stoppen, doch befinden sich nun sowohl das Memelland als auch einige Randgebiete Ostpreußens in russischer Hand.

Der Krieg ist längst auch für Deutsche in die »totale« Phase getreten. Die Wehrmacht hat im Zuge dieser Offensive die bisher wohl schwerste Niederlage erlitten. In nur 150 Tagen verlor das deutsche Feldheer an der Ostfront über eine Million Soldaten – tot, verwundet, vermißt.

Und die Zivilisten? Etwa 15 000 gelten nach dem Einbruch ins Memelland als vermißt oder sind im Beisein von Augenzeugen umgekommen. Die Landstraßen sind von Leichen gesäumt, in Scheunen werden die verkohlten Reste lebendig verbrannter Menschen gefunden, man entdeckt zusammengebundene Mädchen, die nach der Vergewaltigung zu Tode geschleift wurden.

Die Zukunft der etwa 30 000 Bewohner (ein Viertel der Bevölkerung des Memellandes), die nicht rechtzeitig zu fliehen vermochten, jedoch den ersten Rachesturm der Roten Armee überlebt haben, ist düster. Als Gefangene im sowjetischen Machtbereich sind sie von Deutschland nun völlig abgeschnitten. Da das Memelland nach dem Potsdamer Abkommen Litauen angegliedert wird, finden sie sich als Zwangsarbeiter wieder, in speziellen Lagern zunächst, wo eine unbekannte Zahl von ihnen an Seuchen und Hunger stirbt, später in Kolchosen.

Ein ähnliches Schicksal trifft die Bewohner jener ostpreußischen Grenzgebiete, die ebenfalls den ersten Sturm der Sowjets überlebt haben. Sie werden ins Hinterland getrieben, von dort nach Rußland deportiert oder in Zwangsarbeitslagern vor Ort zusammengefaßt. Von vielen Zivilisten gerade dieser Gebiete verliert sich nach dem Herbst 1944 jede Spur. Sie sind jenen 422 000 Frauen, Kindern und männlichen Zivilisten im ehemaligen Ostdeutschland zuzurechnen, die nach Auskunft des Deutschen Roten Kreuzes bis zum heutigen Tag als verschollen gelten.

Vorgesehene Treckwege
in die Evakuierungsgebiete

Vom NS-Regime geplante Evakuierung
der deutschen Zivilbevölkerung
im Winter 1944/45

2. Januar 1945: Die große Winterschlacht beginnt

Die russische Sommeroffensive war nur ein Vorspiel. Bis zum Januar 1945 bleibt die deutsch-russische Frontlinie im wesentlichen unverändert. Doch zeichnet sich die nächste und weitaus größere Katastrophe bereits um die Jahreswende ab. Während an drei Weichselbrückenköpfen ein massiver Aufmarsch russischer Armeen zu beobachten ist, werden mehrere deutsche Divisionen von der Ostfront abgezogen und an die Rheinfront überführt, wo Wochen zuvor die Ardennen-Offensive eröffnet worden war.

Die große Winterschlacht an der Ostfront beginnt mit dem 12. Januar 1945: Die 1. Ukrainische Front unter Marschall Konjew stößt aus dem Baranow-Brückenkopf auf Richtung Schlesien vor. Bereits einen Tag später erfolgt aus den Brückenköpfen Magnuszew und Pulawy der frontale Vorstoß der ersten Belorussischen Front unter Marschall Schukow in Richtung Oder. Ebenfalls am 13. Januar stößt die 3. Belorussische Front unter Armeegeneral Tschernjakowski nach Königsberg vor, und zwei Tage später setzt sich die zweite Belorussische Front unter der Führung von Marschall Rokossowski mit einem Bogen in Richtung Elbing/Westpreußen in Bewegung, um Ostpreußen vom Deutschen Reich abzuschneiden.

Mit einem ungeheuren Truppen- und Materialeinsatz erzielen die Sowjets Erfolge, denen die dünne deutsche Abwehrfront wenig entgegenzusetzen hat. In nur wenigen Tagen erreichen Panzerspitzen der Roten Armee die mittlere Oder und das oberschlesische Industrierevier. Wucht und Tempo der Offensive übertreffen alle Erwartungen der angloamerikanischen Verbündeten.

Mit den Truppen der deutschen Wehrmacht treiben die russischen Armeen nun auch ein Heer fliehender Zivilisten vor sich her. Eine weitgreifende Evakuierung hat trotz der katastrophalen Erfahrungen drei Monate zuvor nicht stattgefunden, so daß es mit dem 12. Januar 1945 zu einer gewaltigen, je nach dem Vordringen der Roten Armee gestaffelten Fluchtwelle von Zivilisten kommt, die nunmehr sämtliche Provinzen jenseits von Oder und Neiße und damit etwa fünf Millionen Menschen erfaßt, knapp die Hälfte der Gesamtbevölkerung Ostdeutschlands.

Zur Flucht besteht aller Grund. Denn was nun über die deutsche Zivilbevölkerung hereinbricht, beschreibt der Major der Roten Armee Lew Kopelew, der nach Kriegsende wegen Mitleid mit dem Feind zu zehn Jahren Straflager verurteilt wird, in seinen späteren Kriegserinnerungen »Aufbewahren für alle Zeit« mit den Worten eines Politoffiziers:

»Du weißt ja, uns allen steht der Krieg bis hier! Dieser verfluchte Krieg hat uns alle verbittert und verdreckt, uns alle, die Soldaten im Kugelhagel mehr als die übrigen. Solange wir im eigenen Land kämpften, war alles einfach: Wir kämpften um unsere Häuser, um den Feind zu verjagen, zu vernichten, um das Land zu befreien. Aber jetzt – du und ich, wir wissen, daß man Hitler und dieses ganze giftige Nazigezücht endgültig und mit den Wurzeln ausrotten muß. Aber der Soldat, der schon das vierte Jahr an der Front steht, mehr als einmal verwundet war, der weiß nur, daß er irgendwo sein Zuhause hat, daß seine Frau und seine Kinder hungern. Und immer noch muß er weiterkämpfen, nun aber nicht mehr, um sein Heim, sein Dorf, sein Land zu verteidigen, sondern um im Feindesland anzugreifen – vorwärts! Wir sind Materialisten, wir müssen uns klar darüber sein. Das heißt: Was ist zu tun, damit der Soldat Lust zum Kämpfen behält? Erstens: Er muß den Feind hassen wie die Pest, muß ihn mit Stumpf und Stiel vernichten wollen. Und damit er seinen Kampfwillen nicht verliert, damit er weiß, wofür er aus dem Graben springt, dem Feuer entgegen in die Minenfelder kriecht, muß er zweitens wissen: Er kommt nach Deutschland, und alles gehört ihm – die Klamotten, die Weiber, alles! Mach, was du willst! Schlag drein, daß noch ihre Enkel und Urenkel zittern! ... Lange nicht jeder wird Kinder töten. Wir beide jedenfalls nicht. Aber wenn du schon davon anfängst: Laß die, die es in blinder, leidenschaftlicher Aufwallung tun, auch kleine Fritzen töten, bis es ihnen selbst über ist ...«*

Ein Rachefeldzug beginnt, der unzähligen Zivilisten aus Ostpreußen, Pommern, Schlesien oder Ostbrandenburg in lebenslanger Erinnerung bleiben wird.

---

* Lew Kopelew, »Aufbewahren für alle Zeit!«, München 1979, S. 125/126

GERTRUD K.: *»Wie eine Schwerverbrecherin wurde ich festgehalten.«*

*Gertrud K. (auf dem Foto 1949)
kommt 1929 auf einem Dorf bei
Insterburg (Ostpreußen) zur Welt.
Sie hat keine Geschwister. Der
Vater ist Tischlergeselle, die Mutter Schneiderin. Beide Eltern sind
parteilos.*

Als am 12. und 13. Januar 1945 die Großoffensive der Roten
Armee beginnt, hat die fünfzehnjährige Gertrud K. ihr Heimatdorf bereits verlassen. Sie hat verschiedene Phasen dessen
durchlebt, was die Erwachsenen Krieg nennen.

Noch im Frühjahr 1944 zeigte er sich in Gestalt singen-
der Wehrmachtskolonnen, die in Insterburg, wo sie die Handelsschule besuchte, täglich von der Kaserne zum Truppen-
übungsplatz und wieder zurück marschierten. Vor allem die
Flak-Stellungen, die die Stadt wie ein weitläufiger Palisaden-
zaun umzingelten, wiesen auf eine Veränderung des Lebens
hin.

Geschütze und Uniformen prägen bald auch die Umgebung
von Insterburg, und irgendwann ist die Volksschule mit Militär
belegt, steht auf dem Grundstück der Familie K. ein Flakgeschütz, auf dem Nachbargrundstück die Gulaschkanone. Nicht
nur die Anwesen, auch die Häuser werden von der Wehrmacht
okkupiert. Gertrud räumt ihr Kinderzimmer für einen Oberfeldwebel, der Trupp des Flakgeschützes schläft im Haus auf
dem Fußboden.

Krieg, das sind die russischen Bomberverbände, die über sie hinweg Richtung Königsberg ziehen, die Flakgeschosse, die am Himmel als schwarze Wölkchen verpuffen, der Pulvergeruch in der Luft. Ununterbrochen meldet der Reichssender Königsberg Angriffe, und wenn es dunkel ist, kann sie vom oberen Stockwerk des Hauses einen riesigen Feuerschein erkennen.

Vom Elternhaus aus erlebt Gertrud einmal den Abschuß eines russischen Aufklärers. Sie sieht den Piloten im Fallschirm hängen, das feindliche Flugzeug brennend zur Erde stürzen.

Überall herrschen Angst und eine hektische Unruhe. Doch ist es der ostpreußischen Bevölkerung bei Strafe untersagt, die Heimat zu verlassen. Die Unruhe steigt, als sich im Sommer 1944 die Straßen mit Flüchtlingen aus dem Osten füllen:

»Seit Wochen zogen Fahrzeugkolonnen aus den Memelgebieten und aus Litauen durch unsere Straße. Wir wohnten an der Straßenkreuzung, an der vorbei die Flüchtlingstrecks ihre Route nehmen mußten. Am Wagenende trottete eine festgebundene Kuh, die ebenso wie die Pferde davor müde den Kopf hängen ließ. Manchmal liefen Fohlen oder Kälbchen neben dem Muttertier, bemüht, Schritt zu halten. Die Fuhrwerke waren mit Aufbauten versehen: Einige waren mit wasserdichten Planen oder Teppichen bespannt, wieder andere hatten das Aussehen eines Hauses, mit Dach und Seitenteilen aus Holz. Die Wagen waren schwer beladen, die Räder ächzten und quietschten. An den Seiten baumelten Eimer, Kochtöpfe und Pfannen. Alte Mütterchen und Kleinkinder saßen auf den Fahrzeugen, während die Frauen und älteren Männer die Pferde am Zaum führten. Sie alle befanden sich auf der Flucht vor der herannahenden russischen Front ...«

Ein makabres Schauspiel bieten bald die Wiesen des Inster: Sie haben sich mit Tausenden von Milchkühen gefüllt, die von Flüchtlingen zurückgelassen werden mußten, weil sie das Fluchttempo bremsten. Vor Schmerz brüllende Kühe, deren pralle Euter sich entzündet haben, da niemand sie melkt.

Die Lage wird von Tag zu Tag bedrohlicher. Fast jede Nacht gibt es nun Fliegeralarm, setzen russische Maschinen »Christbäume«, schlagen irgendwo Bomben ein. Im August fliegt ein Munitionszug in die Luft, und als das Elektrizitätswerk in Insterburg getroffen wird, sitzen auch die Menschen im Umland abends bei Kerzenschein. Gertruds Vater behauptet strikte Normalität: Kartoffeln müssen geerntet werden, Futterrüben eingemietet, das Heu für die beiden Kühe winterfest abgedeckt – so, wie in all den Jahren zuvor.

Die Bewohner des Kreises Insterburg werden angewiesen, Luftschutzbunker zu bauen:

»Wir erhielten Auflagen, nach genauen Anweisungen zu bauen, in gebührendem Abstand zu den Häusern. Das Erdreich wurde quadratisch etwa zwei Meter tief ausgehoben. Die Seitenwände und die Decke mit Holzstreben stabilisiert. Außen auf dem Erdreich wurden Grassoden aufgeschichtet, der Einstieg mit einer kleinen Holztür verschlossen.

Wir waren mit den Nachbarn drei Erwachsene und drei Jugendliche. Wandregale dienten als Ablage. In dem Erdloch roch es muffig, und natürlich drang kein Lichtschein herein. Beim Bombenabwurf der Sowjets in der Nähe rieselte uns einmal die Erde auf die Köpfe, unser Bunker bebte, und die Erde schien sich zu heben. Draußen hing die Luft voller Staub, Rauch und Brandgeruch. Dies war meine erste wirkliche Begegnung mit dem Krieg – Angst, Fassungslosigkeit. Fortan mieden wir den Erdbunker, die Vorstellung, lebendig begraben zu werden, war zu erschreckend …«

Im September 1944 sind Flakgeschütz, Gulaschkanone und Soldaten immer noch da. Allerdings nicht mehr alle Nachbarn: Manche sind plötzlich verschwunden, irgendwohin. Das Sich-Absetzen geschieht so unauffällig wie möglich, denn Flucht ist noch immer bei Strafe verboten. Der Feuerschein am Horizont wird größer, und Gertruds Vater, der aufgrund eines Asthmaleidens als frontverwendungsunfähig galt, wird dem Volkssturm von Insterburg unterstellt. Endlich wird der ersehnte Befehl ausgegeben: Evakuierung der Zivilbevölkerung! Innerhalb von drei Tagen soll sie sich mit Handgepäck am Insterburger Bahnhof einfinden, wo Personenzüge bereitstehen.

»Während dieser drei Tage trafen wir hektische Fluchtvorbereitungen. Mein Vater zimmerte eine ein mal ein Meter große Holzkiste, die ebenso tief war, und vergrub sie im Garten. Hinein kamen Geschirr, Wäsche und Dinge, die uns nicht unbedingt mitnehmenswert erschienen. Mutter führte unsere beiden Kühe zum Schlachthof. Ihnen sollte es nicht so ergehen wie dem Heer der brüllenden Kühe auf den Inster-Wiesen. Die Kaninchen wurden aus ihrem Stall in die Freiheit entlassen, sie tummelten sich und schlugen vergnügt Haken. Es hatte schon leicht gefroren, als Fuhrmann Peglau uns samt Gepäck zum Bahnhof fuhr. Das Gepäck: Betten, Wäsche, Bekleidung, eine Zinkwanne mit Pökelfleisch und unser Schäferhund ›Prinz‹. Mutter hatte sorgfältig alle Türen und Fenster verschlossen; die Schlüssel von Haus und Stall wurden sicher verstaut, wir rechneten ja mit einer baldigen Rückkehr. Ich hatte meine Schulmappe und sämtliche Zeugnisse dabei.

Die Flucht begann dann an einem kalten Oktobertag 1944. Der Personenzug war ausgekühlt, die Waggons entsprechend kalt. Wir wickelten uns in die mitgenommenen Wolldecken ein. Endlich, in der Nacht, setzte sich der Zug in Bewegung, und dankbar empfanden wir die sich langsam ausbreitende Wärme. Truppentransporte hatten Vorrang, wir fuhren ja außerplanmäßig, hatten daher immer wieder Aufenthalte.

Am darauffolgenden Morgen war für uns in Mohrungen Endstation. Bauern mit Pferdefuhrwerken aus dem Landkreis nahmen befehlsgemäß die Evakuierten anhand von Namenslisten in Empfang. Wir kamen im Dorf Gubitten unter, bei einer Frau mit drei kleinen Kindern, deren Mann an der Front war.«

Kaum in der Notunterkunft angelangt, ergeht von der örtlichen Befehlsstelle die Weisung, alle Einwohner und Flüchtlinge seien zum Ausschachten von Splittergräben heranzuziehen. Das Dorf soll gegen die vorrückende Rote Armee verteidigt werden.

Dazu kommt es nicht mehr. Abrupt setzt der Winter mit Frost und Schnee ein. Die Außentemperaturen sinken so rapide wie die Stimmung der Menschen. Die Frontnachrichten im Rundfunk bleiben spärlich und ungenau, die Durchhalteparolen von Gauleiter Koch tönen dafür um so lauter. Im Dorf herrscht Angst und eine große Verunsicherung. Lediglich die Jugendlichen lassen sich nicht unentwegt von den Sorgen der Erwachsenen anstecken. Sie vergnügen sich beim Rodeln und Schlittschuhlaufen. Und Silvester 1944/45 treibt die Dorfjugend ein letztes Mal ihren traditionellen Mummenschanz, bei dem Gartenpforten ausgehängt und versteckt werden.

Es ist die Ruhe vor dem Sturm. Denn die nun auf dem Rückzug das Dorf passierenden Wehrmachtssoldaten beschwören die Menschen immer wieder, sofort die Flucht Richtung Westen anzutreten. Die Greueltaten, die sie von Nemmersdorf, Goldap und Ebenrode berichten, lassen den Atem stocken: Frauen habe man nackt an Leiterwagen und Scheunentore genagelt vorgefunden ... Häuser und Scheunen lagen voller toter Frauen und Kinder – manche mit Genickschuß, die meisten bestialisch ermordet ... Köpfe, die mit der Axt gespalten waren. Nemmersdorf – ein Dorf, das bereits in der Hand der Roten Armee war, bevor diese noch einmal zurückgedrängt werden konnte – soll keine Überlebenden mehr aufgewiesen haben, und sämtliche Frauen und Mädchen habe man vor ihrem Tod vergewaltigt. Die Berichte lösen in Gubitten Panik und eine Massenflucht aus. Und nicht einmal der sonst immer beschwichtigende Vater von Gertrud glaubt noch, die Russen würden sie verschonen:

»Nun erfaßte auch uns die Panik der zurückflutenden Soldaten. Eine Volkssturmeinheit gab es nicht mehr, die militärischen Dienststellen hatten sich unter dem Druck der sich überschlagenden Ereignisse aufgelöst. Mein Vater suchte in den leeren Ställen vergebens nach einem zurückgelassenen Pferd. Wir packten auf einen Rodelschlitten unsere Zinkwanne mit Pökelfleisch und etwas Bekleidung, banden alles gut fest. In der Hoffnung, dem Ansturm der russischen Armee zu entkommen, machten wir uns zu Fuß auf den Weg Richtung Westen.

Da wir uns in der Gegend nicht auskannten, hielten wir auf den vor uns liegenden Wald zu. Auf einem breiten Waldweg begegneten wir einem Pferdeschlitten ohne Pferde. Auf dem Schlitten saß ein älterer Mann, aufrecht, in einen Mantel aus Schaffell gekleidet – er hatte eine Schußwunde in der Schläfe. Der Schlitten war leer.

Sofort verließen wir den Weg und setzten die Flucht durch den dichten, tief verschneiten Wald fort. Wir kreuzten bei rasch abnehmendem Tageslicht einen im Schnee bereits erkennbaren Trampelpfad, der uns stark beunruhigte. Deutsches Militär lag hier nicht. Und plötzlich warnte ›Prinz‹, er knurrte leise und blickte in westliche Richtung. Nun hörten auch wir näherkommende, schwerfällige Schritte im knirschenden Schnee. Mit Hund und Rodelschlitten krochen wir unter die weit ausladenden Äste der hohen Tannen. In Höhe unseres Versteckes hielten die Schritte plötzlich an, dann endlich entfernten sie sich. Wir warteten noch eine geraume Weile, schüttelten den Schnee ab und machten uns vorsichtig wieder auf den Weg. Die Möglichkeit, daß in dieser Abgeschiedenheit bereits Russen sein könnten, erschien uns unfaßbar. Der Wald lag immerhin einige Kilometer von der Landstraße entfernt. Trotz der Kälte war ich vor Angst naßgeschwitzt.

Hinter einem verschneiten Feld sahen wir dann in der Dämmerung ein großes Gehöft, an einem schmalen See gelegen. Aus dem Kuhstall drang das leise Klirren der Eisenketten, an denen die Kühe festgemacht waren. Dieses Geräusch klang uns vertraut, wir atmeten auf: Also waren noch nicht alle Gehöfte verlassen! Im Haus selbst trafen wir auf zwei Bauersfrauen und eine Menge Flüchtlinge. Man ließ auch uns noch hinein, unser ›Prinz‹ kam in den warmen Kuhstall. Die beiden Bäuerinnen waren rund um die Uhr mit Brotbacken beschäftigt – es waren ja nun viele hungrige Mäuler zu stopfen; außerdem waren sie der Meinung, die Russen würden das Mehl ohnehin requirieren ...«

Mitte Januar tauchen plötzlich deutsche Soldaten mit Geschützen und weißen Schneehemden über der Uniform im Dorf Gubitten auf. Unter dem Protest der noch verbliebenen Einwohner bringen sie am Dorfeingang ihre Geschütze in Stellung. Sie haben Befehl, die Rote Armee aufzuhalten, die bereits an mehreren Frontabschnitten durchgebrochen ist. Als die Dörfler in der Ferne den heftiger werdenden russischen Geschützdonner vernehmen, flehen sie die deutsche Einheit an, mit ihren Geschützen aus dem Dorf abzuziehen. Der Panzerlärm ebbt schließlich ab, der Trupp mit seinen Geschützen zieht weiter. Und dann folgt nur noch Chaos, auch die Wehrmacht befindet sich in Auflösung:

»In den folgenden Nächten tauchten immer wieder versprengte deutsche Soldaten auf, einzeln oder in kleinen Gruppen. Sie baten um Brot und heißen Tee, im Durcheinander des Rückzuges gab es keinen Verpflegungsnachschub mehr für sie. So hieß es nur noch: Der Einkesselung entrinnen, rette sich, wer kann! Sie waren erschöpft, ihre Kleidung dampfte, und sie hetzten ohne Aufenthalt weiter. Orden, Rangabzeichen und Karabiner besaßen sie nicht mehr. Sie füllten ihre Feldflaschen mit heißem Tee, stopften den Kanten Brot in den Brotbeutel und hetzten weiter ...

Und dann bekamen wir die ersten Sowjets zu Gesicht, urplötzlich waren sie da. Sie wirkten auf uns wie Wesen von einem anderen Stern. Sie erschienen uns undiszipliniert, weil sie sämtliche Wäsche- und Kleidungsstücke aus den Schränken warfen und, was ihnen nicht zusagte, mit Stiefeln traten. Es hatte keinen Sinn, die Sachen wieder einzuräumen, dies Schauspiel wiederholte sich ständig. Sie hielten ihre Maschinenpistole mit dem Lauf auf uns gerichtet und trieben uns alle in einen Raum. Ihre Lebensart, die Notdurft in Einmachgläsern und in der Badewanne zu verrichten, versetzte uns in Erstaunen. Sie schnippten mit den Fingern an ihren Kehlkopf, das bedeutete: Her mit dem Alkohol! Fluchend durchstöberten sie jeden Winkel, ohne Erfolg. ›Uhri, Uhri!‹ lernten wir als erstes Wort auf russisch, und dann: ›Frau komm!‹ Voller Stolz zeigten sie uns ihre mit Uhren bestückten Arme, das erschien mir verrückt – daß es so etwas gab? Sie schossen in den Rundfunkapparat und schrien dazu ›Kapitalisti‹ …«

Die russischen Soldaten kampieren im Dorf; auf das Gehöft kommen sie nur bei Tageslicht. Ist ein Offizier dabei, bleiben die Frauen und Mädchen unbelästigt. Die haben sich sofort die dunkelsten Kleidungsstücke der alten Bäuerin angezogen und das Gesicht mit Ofenruß beschmiert, um alt und häßlich auszusehen. Die Maskerade hilft auf Dauer nicht:

»Schon der nächste Trupp von ihnen leuchtete uns von oben bis unten mit der Taschenlampe an. Wir mußten ihnen unter vorgehaltener Waffe ins Dorf folgen. In der Schule warteten weitere Russen auf unser Erscheinen. Ein Offizier war anwesend, der hielt sich selbst zurück, unterband aber das Vergewaltigen der weiblichen Flüchtlinge nicht. Jeweils immer nur eine Frau wurde in einen Nebenraum geführt; wenn die dann herauskam, mußte die nächste hinein. Ich hatte keine Ahnung, was sich dort drinnen abspielte.

Als meine Mutter an der Reihe war, weigerte sie sich: Sie blieb einfach stehen und schüttelte den Kopf. Ein Rotarmist hielt ihr den Lauf seiner MP unters Kinn und fluchte. Sie rief laut, mit fester Stimme: ›Drück ab, drück doch ab!‹ Der Russe war offensichtlich von soviel Courage irritiert und schubste sie fluchend zurück. Nun zog er mich am Arm in diesen verdammten Raum. Ich stieß in der Dunkelheit gegen einen großen Tisch. Er warf mich auf eine am Boden liegende Matratze und kniete sich vor mich hin. Ich hörte, daß er sich an seiner Hose zu schaffen machte, ein ekelerregender Geruch ging von ihm aus. Sein Vorhaben, mir die Motorradhose meines Vaters vom Leibe zu reißen, mißlang, da ich mich in Todesangst mit Armen und Beinen zur Wehr setzte und die Motorradhose an der Taille und an den Fußgelenken mit Gürtelschnallen geschlossen war. Fluchend und keuchend ließ er schließlich von mir ab. Ich bin davon überzeugt, daß die unerschrockene Haltung meiner Mutter mir Kraft verlieh. In dem Augenblick war jeder Gedanke ausgeschaltet, ich empfand nur noch Haß. Wenn ich eine Pistole gehabt hätte ...«

Auf dem Rückweg ins Gehöft sehen die Frauen russische Panzer, riesige Ungetüme, die in der schneehellen Nacht Richtung Westen rollen, ab und zu aus langen Rohren feuernd.

Nach diesem schrecklichen Erlebnis beladen Gertruds Eltern erneut den Rodelschlitten; es geht zurück in den Wald, den sie schon einmal durchquert haben. Diesmal landen sie, da sie die Richtung verlieren, in einem abgelegenen Gebäude, bei einem alten Ehepaar mit drei Töchtern, einem behinderten Sohn und der dreizehnjährigen Enkelin. Doch auch das abgelegene Gehöft wird nicht verschont:

»Eines Tages kamen plötzlich berittene Kosaken auf kleinwüchsigen Pferden auf den Hof, durchsuchten Haus und Ställe. Das erste war ›Uhr‹, und dann wollten sie Schnaps. Sie wurden wütend und bedrohten uns, weil kein Alkohol vorhanden war. Am nächsten Tag kamen sie mit Lkws: Sie verluden alles Getreide, Kartoffeln, Schweine und sämtliche landwirtschaftlichen Maschinen und Geräte. Die Kühe wurden weggetrieben, die Hühner lebend in Säcke gesteckt. Wieder zerschossen sie das Radio mit dem Ruf ›Kapitalisti!‹ Dem sprachbehinderten Sohn machte dies alles schreckliche Angst, und als er vor den Rotarmisten davonlief, streckten sie den Neunzehnjährigen mit einem Schuß in den Rücken nieder.

Wir wickelten den Toten in eine Decke, hoben in der gefrorenen Gartenerde eine Grube aus und legten ihn hinein ...«

In den Nächten kommen die russischen Soldaten nicht ins abgelegene Gehöft, doch schlafen Bewohner und Flüchtlinge vorsichtshalber stets völlig angekleidet. Tagsüber halten sie unentwegt in alle Himmelsrichtungen Ausschau. Die Reiter sind auf den schneehellen Feldern leicht zu erkennen, nur sind sie eben auch sehr schnell auf ihren Pferden. Ihr Auftauchen läßt gerade soviel Zeit, sich im Schuppen zu verstecken; das alte Ehepaar bleibt im Haus zurück, um die Sowjets nicht mißtrauisch zu machen. Doch hat das Schicksal bereits die Karten gemischt: Auf dem Nachbargehöft ist ein deutscher Soldat untergekrochen. Er hat seine Uniform vernichtet, von den Besitzern des Gehöftes, einem alten Ehepaar, Zivilkleidung erhalten und hofft nun, der Krieg sei aufgrund seiner Kriegsverletzung – er hat einen Arm verloren – für ihn zu Ende:

»Eines Tages wurden wir während des Mittagessens von russischen Soldaten überrascht. Sie machten meinem Vater unmißverständlich klar, er solle sich warm anziehen und Verpflegung für drei Tage einpacken. Unter ›Dawai, dawai!‹-Gebrüll wurden hastig einige Klappstullen geschmiert und in einem Rucksack verstaut. Mein Vater nannte noch die Namen ›Thälmann‹ und ›Engels‹, doch die Russen grinsten nur, fluchten und deuteten mit der Maschinenpistole nach draußen. Dort warteten weitere Soldaten, in ihrer Mitte der einarmige, desertierte Wehrmachtssoldat. In diesen Tagen wurden zunächst alle männlichen Personen verschleppt. Ich erinnere mich genau: Mein Vater hob noch im Weggehen grüßend den Arm in unsere Richtung. Es war das letzte Mal, daß ich ihn sah ...

Von nun an lebten wir in ständiger Ungewißheit, wußten

nie, was der kommende Tag bringen würde. Immer neue Besatzungstruppen kamen. Es gab jedoch nichts mehr zu holen. Uhren, Eheringe und Schmuck hatte niemand mehr; auch sämtliche Ohrringe waren den Frauen aus den Ohrläppchen gerissen worden ...

Die Überraschungsstrategie der Rotarmisten funktionierte perfekt. Da sie aus dem nahen Wald kamen, standen sie wieder einmal urplötzlich mit einem Pferdeschlitten auf dem Hof. Nun war die Verschleppung der weiblichen Personen an der Reihe: Außer der alten Frau, welcher der Hof gehörte, mußten sich alle Frauen und Mädchen in den Schlitten zwängen. Das waren meine Mutter und ich, die beiden Töchter sowie die Schwiegertochter des Hofes, dazu die dreizehnjährige Enkelin Editha. Nach etwa hundert Metern wurden die Enkelin und ich plötzlich ausgeladen, weil der Schlitten zu voll war. Rücksichtslos wurde ich von der Seite meiner Mutter gerissen. Nach drei Tagen kam dann einer der russischen Bewacher, den ich sofort wiedererkannte, mit einem winzigen Zettel zu uns auf den Bauernhof. Er übergab ihn nur mir. Ich erkannte die Handschrift meiner Mutter. Sie bat mich, diesem Russen ein paar warme Sachen für sie mitzugeben. Der Russe gab sich freundlich, ich weiß aber nicht, ob sie diese Dinge je erhalten hat. Er sagte mir, meine Mutter würde bald wiederkommen. Sie muß demnach ganz in der Nähe gewesen sein, sonst hätte der Russe uns ja nicht aufsuchen können.

Dies war der zweite harte Schicksalsschlag für mich – nach meinem Vater verlor ich nun auch noch meine Mutter.«

Von ursprünglich zehn Personen sind nur vier im Gehöft zurückgeblieben, das alte Ehepaar, die dreizehnjährige Enkelin und Gertrud, der fünfzehnjährige Flüchtling aus einem Dorf Nähe Insterburg. Sie leben in ständiger Angst vor Übergriffen, und Gertrud weint viel wegen ihrer verschwundenen Eltern.

Eines Tages müssen alle noch im Dorf und der Umgebung verbliebenen Deutschen auf der »Kommandantura« erscheinen, wo Sowjetoffiziere ihre Personalien registrieren. Man händigt ihnen Zettel in russischer Sprache aus, die niemand versteht, weil niemand die fremde Sprache beherrscht. Doch dürfen sie erst mal zurück nach Hause.

Im März 1945 tauchen dann drei Russen auf, die Editha und Gertrud mit den Worten »Frau komm!« und vorgehaltener Waffe zwingen, mitzukommen:

»In einem fremden Haus wurden wir in ein leeres Zimmer geschoben. Die Sowjets gingen in einen anderen Raum, wohl um unsere Ankunft zu melden. Zum Glück ließen sie die Tür unverschlossen. In diesem unbewachten Augenblick rannten wir wie gehetzt aus dem Haus. In der Dunkelheit fiel ich der Länge nach hin. Nachdem ich mich aufgerappelt hatte, trieb uns die Todesangst vorwärts. Über einen schneebedeckten Acker rannten wir auf den Wald zu, während die Soldaten hinter uns herschossen. Des öfteren blieben wir stehen und lauschten, ob wir verfolgt würden, aus Furcht, die Russen könnten uns und den alten Großeltern etwas antun. Doch waren wir noch einmal davongekommen ...

Viele Jahre später erfuhr ich von Editha, daß da etwa vierzehn alkoholisierte Soldaten auf uns gewartet hatten und daß die beiden, die uns den Moment lang unbeaufsichtigt ließen, von ihren eigenen Kameraden zusammengeschlagen worden waren. Da überkam mich noch einmal eine Gänsehaut bei der Vorstellung, welch grauenhaftem Schicksal wir durch unsere spontane Flucht entronnen waren ...

An einem sonnigen Märztag erschienen dann plötzlich Polen, die uns beide aufforderten, sie nach Luzeinen zu begleiten. Dort angekommen, sahen wir die Gutsbesitzer erschossen hinter der Scheune liegen. Hier nun waren Polen von Russen zur Versorgung des Viehbestandes eingesetzt worden, und die wiederum hatten Editha und mich als zusätzliche Arbeitskräfte requiriert.

Die Oberaufsicht hatte ein alter, grauhaariger Sowjetsoldat. Er selbst betreute die Kälber im Stall und schien sehr tierlieb zu sein. Er trug zwar immer die Maschinenpistole auf dem Rücken, war insgesamt aber gutmütig. Editha und ich wurden mit leichter Arbeit beschäftigt. Auch die Polen waren nicht unfreundlich, es waren lauter junge Menschen. Am Abend durften wir stets zu Edithas Großeltern zurück.

Das ging so vierzehn Tage, als eines Tages ein Pferdeschlitten auf der Straße vor dem Gutshof hielt. Ein russischer Offizier hatte uns zufällig im Vorbeifahren gesehen und verhandelte nun mit den Polen; er war sich unserer Nationalität nicht sicher. Der Russe befahl mir, den Schlitten zu besteigen. Die Polen konnten mir nicht helfen, sie hatten selber Angst. Weinend winkte ich Editha zu ... wir sahen uns erst im Jahr 1990 wieder.«

Die Odyssee nimmt eine neue Wendung, diesmal geht es in die entgegengesetzte Richtung. Die nächste Station ist ein Haus, das einer deutschen Frau gehört. Sie hat offenbar keine Probleme mit dem russischen Offizier und läßt Gertrud trotz heftigen Bittens nicht fliehen.

Nach einer qualvollen Nacht und einem erneuten Vergewaltigungsversuch werden Gertrud K. und eine weitere Gefangene in Richtung Osten, nach Mohrungen, transportiert. Dort, in einer leergeräumten Schule, stoßen sie auf mehrere ebenfalls verschleppte Frauen und Mädchen. Gertrud ist mit ihren fünfzehn Jahren die jüngste:

»Jede von uns besaß nur das an Kleidung, was sie bei ihrer Verschleppung auf dem Leib trug. Waschen durften wir uns nicht, die Toilette nur unter Bewachung aufsuchen. Geschlafen wurde in einem leeren Raum auf dem nackten Fußboden, ohne eine Matratze oder Decke. Die Tür war stets verschlossen, eine Flucht aus dem Fenster der dritten Etage unmöglich. Wir froren erbärmlich. Da das Klassenzimmer nicht beheizt wurde, war die Märzsonne am Tage hinter den Fensterscheiben für uns die einzige Wärmequelle. Hinzu kam der Hunger, er artete in regelrechte Magenkrämpfe aus. Im

Geiste sah ich manchmal dick belegte Schinkenbrote vor mir ... Aus dem gegenüberliegenden Gebäude hörten wir abends weibliche und männliche Angehörige der Roten Armee mehrstimmig russische Lieder singen. Aus den geöffneten Fenstern drangen die Melodien zu uns herüber. Sie klangen fremdartig, ich hörte ihnen interessiert zu.

Etwa eine Woche später wurden wir unter strengster Bewachung herausgeholt und durch die Stadt Mohrungen geführt. Zunächst ging es am Krankenhaus vorbei. Dort hatte man die männlichen Patienten, wahrscheinlich verwundete Soldaten, einfach aus den Fenstern geworfen. Sie lagen in blauweiß gestreiften Schlafanzügen tot auf dem Vorplatz. Der Anblick war unfaßbar, wie konnten Menschen dazu fähig sein?

Überall, auf den Bürgersteigen und im Gebüsch, lagen durchwühlte Beutel, Rucksäcke und Taschen herum. Einen Leinenbeutel mit verschiedenfarbigen Wollknäueln nahm ich an mich. Ich überlegte, warum wohl Flüchtlinge Wolle auf die Flucht mitgenommen haben mochten, es gab doch Wichtigeres ... Johlend und lachend kutschierten plündernde Polen auf Pferdeschlitten durch die Straßen. Die russischen Soldaten nahmen den Polen sehr oft deren Beute wieder ab.«

Auf Lkws werden die Frauen weiter in Richtung Osten transportiert, ins Gefängnis von Bartenstein. Dort stoßen sie auf eine größere Anzahl Verschleppter. Jeweils fünfundzwanzig Frauen werden in eine Ein-Mann-Zelle gepfercht, Waschmöglichkeiten gibt es nicht, zu essen auch nicht, nur Leitungswasser gegen den Durst.

Drei Tage später rollen die Lkws weiter nach Insterburg. Von dort gehen die Züge nach Rußland ab:

»Das Sammellager befand sich am Pregeltor, in der Nähe der Getreidemühle. Während des Zählappells auf dem großen Innenhof sah ich einen älteren Mann neben dem Gebäudeeingang an die Wand gelehnt sitzen. Ein russischer Soldat schlug ihm fluchend mit dem Schaft seiner Maschinenpistole auf den Kopf, so daß der geschwächte Mann lautlos zur Seite fiel. An diesen Mann erinnere ich mich noch sehr genau, weil er eine grüne Lodenjoppe trug. Wir wurden dann in einen riesigen Saal gejagt, dort saßen schon etwa 200 Verschleppte, und jeder versuchte nun, ein leeres Plätzchen auf dem Fußboden zu ergattern. Eine ältere, mütterliche Frau rückte für mich etwas beiseite; für die kommenden Tage hielten wir beide zusammen, wurden beim Abtransport aber wieder getrennt. Auch hier war der nackte Steinfußboden unsere Matratze.

Unter den Leidensgefährten gab es zeitweise kleine Zänkereien, jeder bewachte seine Habseligkeiten mit Argusaugen. Unsere Nahrung bestand, wenn wir Glück hatten, aus steinharten Brotstücken, die sich weder brechen noch beißen ließen. Die Mundwinkel wurden entsetzlich rissig vom Versuch, etwas davon im Mund aufzuweichen. Die russischen Bewacher warfen einige Hände voll davon in unseren Raum – so, wie man im Zoo Raubtiere füttert. Einmal täglich erhielt jeder eine Kelle heißen, schwarzen Tee.

Inzwischen hatte ich fast drei Wochen keine Wäsche und Bekleidung mehr gewechselt, war ungewaschen, ungekämmt und litt unter quälendem Hunger. Und was das ganze noch quälender machte: Ich saß in meiner Heimatstadt Insterburg. Wie eine Schwerverbrecherin wurde ich hier festgehalten, dabei befand ich mich nur eine halbe Stunde Fußweg von unserem Haus entfernt. Und wo waren meine Eltern? Meine Gefühle waren unbeschreiblich ...«

HILDEGARD N.: *»Wer nicht spurte, wurde kurzerhand erschossen.«*

Hildegard N. (auf dem Foto rechts, daneben ihre beiden ebenfalls verschleppten Schwestern) wird 1929 in der Kleinstadt Rößel (Ostpreußen) geboren. Der Vater ist Fleischermeister, beide Eltern sind parteilos. Das Ehepaar N. hat 11 Kinder (7 Söhne, 4 Töchter); Hildegard kommt als zehntes Kind auf die Welt.

Auch Hildegard N. wird im Frühjahr 1945 vom Sammellager Insterburg aus nach Rußland deportiert. Krieg bedeutet für die Zehnjährige im Jahr 1939 zunächst, daß gleich vier ihrer Brüder zum Militär eingezogen werden. Die Eltern geraten damit in eine ausweglose Lage, denn die Söhne gingen dem Vater als Schlachtergehilfen zur Hand. Sie schreiben zahlreiche Gesuche, um wenigstens einen der Söhne wieder zurück nach Hause zu holen; dabei pochen sie auf eine Bestimmung, nach der, sobald vier Söhne zur Wehrmacht eingezogen sind, wenigstens einer von ihnen freigestellt werden darf. Die Eingaben bleiben ohne Erfolg. Fleischermeister N. hat keine Vergünstigungen zu erwarten, da er nicht Parteigenosse ist. Doch soll die Versorgung der deutschen Volksgemeinschaft schließlich gewährleistet sein. So werden ihm ersatzweise ab 1940 Männer aus der deutschen Kriegsbeute als Schlachtergehilfen zur Verfügung gestellt: Ein polnischer Zwangsarbeiter, ein kriegsgefangener Weißrusse und ein ebenfalls gefangener französischer Soldat. Das Jahr 1943 ist für Familie N. das Jahr der Verzweiflung:

»Im Juni 1943 kam der Ortsgruppenführer zu meinen Eltern und überbrachte ihnen mit der Bemerkung ›Trösten Sie sich, Sie haben ja noch mehr‹ die Nachricht, daß einer ihrer Söhne in Rußland gefallen sei, vor einem halben Jahr bereits, am Kopf getroffen von einem Infanteriegeschoß ...

Wir hatten die Nachricht noch gar nicht verdaut, als schon die nächste Todesmeldung kam: Mein zweiter Bruder war bei einem Luftangriff in Frankreich gefallen. In einem Einschreibepaket folgte sein Nachlaß, samt Foto von seinem Grab. Und kurz darauf kam dann die Nachricht, daß nun mein dritter, mein ältester Bruder für Groß-Deutschland gefallen sei ... Können Sie sich vorstellen, in welcher Verfassung unsere Familie war? Drei Todesnachrichten in einem Vierteljahr! Es war eine ungemein trostlose Zeit, in der bei uns viel geweint wurde. Und immer herrschte die Panik, es könnte auch noch den vierten treffen ...

Die Bombardierung des Rheinlandes bescherte uns dann zwei Gastkinder, zwei Mädchen, die meine Eltern mit Freude aufnahmen.«

Das Haus des Fleischermeisters wird bald zu einem fest verfügbaren Quartier. 1944 – die beiden Mädchen sind ins Rheinland zurückgekehrt – werden zunächst Wehrmachtsangehörige eingewiesen und dann eine Flüchtlingsfamilie aus dem Osten. Die Kinder des Hauses rücken wieder in ihren Kinderbetten im Elternschlafzimmer zusammen. Mit der Zuspitzung des Krieges wird Ostpreußen zur Durchgangsstation. Als die Zahl der gen Osten hastenden Wehrmachtssoldaten ebenso zunimmt wie die Zahl der gen Westen hastenden Flüchtlinge, ist es mit dem Alltag vorbei. Weihnachten 1944 wird die Hälfte von Hildegards Schule zum Lazarett umgerüstet. Schule findet nur noch ein- bis zweimal wöchentlich statt, das Restpensum gibt es als Hausaufgabe. Aus Schülerinnen werden Lazaretthilfen, die Essen austeilen, Krankenzimmer wischen und verwundeten Frontsoldaten mit Liedern und Gedichten etwas Freude und kulturelle Aufmunterung bieten:

»Dazu kamen die Flüchtlingstrecks, die täglich durch unsere Stadt zogen und versorgt werden mußten. Die ganze Stadt war verstopft und sämtliche Wohnungen bis auf den letzten Winkel belegt. Am 28. Januar 45 ließ mein Vater dann zwei Wagen anspannen und beladen. Es gab, obwohl der Geschützdonner bedrohlich zunahm, keinerlei Evakuierungsbefehl. Etliche hatten sich bereits aus dem Staub gemacht, doch mein Vater mußte bleiben, weil er für die Versorgung der Bevölkerung zuständig war. Als kein Zweifel mehr bestand, daß die Rote Armee jeden Moment in der Stadt stehen kann, hat mein Vater sich entschlossen, seine Familie in Sicherheit zu bringen. Es war Sonntag; wir haben noch die Heilige Messe besucht, dann sind wir los. Und während wir auf der einen Seite aus der Stadt fuhren, kam von der anderen bereits der Russe rein, aus Richtung Heiligelinde.

Wir hasteten, so schnell wir konnten. Es war furchtbar kalt, und wir waren halb erfroren, als wir nach drei bis vier Stunden, die wir für die acht Kilometer gebraucht hatten, im Dorf unserer Verwandten vom Wagen stiegen. Auch hier war bereits alles in heller Aufregung. Unsere ganze Familie rückte auf dem Fußboden eines Zimmers zusammen, denn es kamen ja noch die Geschwister meines Vaters.

Schon am nächsten Tag fielen die Russen auch in dieses Dorf ein, wir waren also nicht entkommen. Ein Bruder meines Vaters – er war bereits im Ersten Weltkrieg verschleppt worden und kam erst 1926 nach Hause – wurde kurze Zeit später auf der Straße erschossen, weil er seine Uhr nicht gleich rausrücken wollte ...

Sämtliche Dörfer im Kreis Rößel hat die Rote Armee an diesem Tag heimgesucht. Wer nicht gleich spurte, wurde kurzerhand erschossen. Die Mädchen und Frauen waren schutzlos der Willkür der Soldaten ausgesetzt. Sie nahmen, was ihnen über den Weg lief; nicht einmal vor einer Wöchnerin machten sie halt, die vor sechs Stunden erst entbunden hatte. Meine Schwestern und ich hatten zu dieser Zeit noch

Glück. Unser Pole war mitgekommen und beschützte uns, den akzeptierten die Russen. Er sagte: ›Das ist meine Familie‹, und so hatten wir erst einmal Ruhe.

Auf dem Hof unserer Verwandten wurden dann sämtliche Kühe der Umgebung zusammengetrieben, wir Mädchen im Kuhstall zur Arbeit eingeteilt. Sobald die Soldaten kamen, versteckten wir uns im Heu, zwischen den Tieren oder im Dunghaufen. Sie stöberten aber alle auf; es nützte auch nichts, wenn wir uns mit Kuhmist oder Ruß beschmierten. Keine Nacht konnten wir ruhig schlafen, vor Angst hat man schon tagsüber am ganzen Körper gezittert.

Ende Februar mußten wir plötzlich alle nach Groß Mönsdorf, um uns registrieren zu lassen. Anfang März wurden dann zunächst mein Vater und unsere älteste Schwester abgeholt, zum Verhör nach Rößel. Wir warteten, aber sie kamen nicht zurück. Am 26. März holten sie eine zweite Schwester und mich ins nächste Dorf, auch zum Verhör. Wir hatten Glück und durften noch einmal nach Hause, sollten uns aber bereithalten. Im Hof herrschte tiefe Verzweiflung. Meine Mutter und meine Tante packten uns einen kleinen Rucksack mit den nötigsten Sachen ein. Am 2. April standen dann die russischen Soldaten vor dem Gehöft und brüllten unsere Namen. Statt zwei haben sie nun gleich fünf Mädchen mitgenommen – drei Cousinen, meine Schwester, die gerade siebzehn geworden war, und mich. Keiner wußte, wohin sie uns bringen, was sie überhaupt mit uns vorhatten. Und wo war mein Vater und unsere älteste Schwester? Unterwegs schlossen sich uns viele, viele Frauen und Mädchen an. Überall, wo wir hinkamen, warteten schon bewachte Gruppen auf den Abmarsch, der Zug wurde immer länger. Wer zu fliehen versuchte oder nicht mehr weiterkonnte, wurde kurzerhand erschossen. An jedem Ort, an dem wir Aufenthalt hatten, gab es Kontrollen und Vergewaltigungen. Die Nacht in Guidnick war besonders schlimm, da kamen sie ununterbrochen. Wir Kleinen wurden von den Frauen in die Mitte genommen. Und sobald sie hereinstürmten, klammerten sich alle aneinander fest, und ein furchtbares Kreischen ging los. Genützt hat es uns nicht viel ... Am nächsten Ort, in Korschen, waren so viele Frauen in einem Keller zusammengepfercht, daß niemand mehr treten konnte. Meine Schwester und ich saßen hier die ganze Nacht mit angezogenen Beinen auf einem Tisch. Und in Korschen haben sie dann eine andere Methode angewandt. Man wurde zum Verhör geholt. Nur wurde man nicht verhört, sondern vergewaltigt, danach ging es in den Keller zurück. Von Korschen aus wurden wir dann mit Lkws nach Insterburg gebracht ...«

CHARLOTTE S.: *»Wir fühlten uns völlig ausgeliefert.«*

Charlotte S. (auf dem Foto 1946 im Ural) kommt 1928 als viertes von insgesamt fünf Geschwistern in Elbing zur Welt. Der Vater ist Schmied im Lokomotivbau, die Mutter führt gemeinsam mit der Großmutter ein Fischgeschäft. Die Eltern sind parteilos.

Halb Ostpreußen befindet sich im Januar 1945 auf einer heillosen Flucht. Die militärstrategische Entscheidung ist gefallen. Den Sowjets ist zunächst der Durchbruch bis an die Inster gelungen, wodurch die deutschen Truppen nördlich der Einbruchstelle abgeschnitten sind. Bereits am 25. Januar 1945 sind alle ostpreußischen Kreise westlich von Deime und Masurischem Kanal in sowjetischer Hand. Vom Südosten her dringen russische Panzer über Allenstein und Mohrungen auf die Stadt Elbing vor, können dort jedoch von der Wehrmacht noch einmal zurückgeworfen werden. Parallel zum Vorstoß im Osten und Südosten schiebt sich ein weiterer russischer Keil entlang der Weichsel vom Westen her vor. Bald fällt Bromberg im Westteil Ostpreußens, wird Thorn eingeschlossen, stoßen sowjetische Panzerspitzen vom Westen her auf Graudenz zu. Ostpreußen ist damit abgeschnürt. In weniger als einem Monat sind die 9. Armee der Deutschen Heeresgruppe A, die 4. Panzerarmee und die 17. Armee zerrieben. Die versprengten Resttruppen der Wehrmacht werden zur Verteidigung von Festungen herangezogen.

Die flüchtenden Zivilisten aber sitzen in fremden Gegenden

fest. Sämtliche Land- und Bahnverbindungen hinüber ins deutsche »Kernreich« sind unterbrochen. Nur einem geringen Teil ist es gelungen, vor der Einkesselung Ostpreußens die Weichsel in Richtung Westen zu überschreiten, vor allem jenen, die ohne Erlaubnis rechtzeitig aufgebrochen sind. Der Führer hat den Befehl erteilt, Ostpreußen zu halten, und so wacht der Gauleiter trotz massiven Eindringens der Roten Armee eisern darüber, daß Städte und Gemeinden nicht etwa eigenmächtig Evakuierungsbefehle erteilen. Treffen diese dann endlich ein, ist es meist zu spät.

Als die Rote Armee am 26. Januar auf Tolkemit am Frischen Haff vorstößt, sitzen Hunderttausende von Zivilisten bereits in einem schlauchartigen Kessel unterhalb des Haffs fest. Noch hält die Wehrmacht ein paar nördliche Enklaven wie den Seehafen Pillau, in dem sich unzählige Flüchtlinge drängen – kleine Bastionen, die in den folgenden Monaten zäh verteidigt werden, um den Abtransport der Zivilbevölkerung über die Ostsee zu gewährleisten. Den Trecks allerdings, die im Korridor unterhalb des Haffs eingeklemmt sind, bleibt ein einziger, letzter Ausweg: Der gefährliche Marsch mit Pferd und Wagen über das zugefrorene Haff.

Die Familie von Charlotte S. aus Elbing gehört zu denen, die sich zu spät auf den Weg machen:

»Wir warteten wohl auf ein Wunder, was sollten wir auch tun? Die Front kam immer näher, und Negativgespräche waren nicht erlaubt.

Eines Tages, es muß wohl um den 20. Januar gewesen sein, fand sich unsere ganze Familie auf dem Fischer-Vorberg ein, um zu beraten. Ein Onkel meinte, wir sollten uns schleunigst auf den Weg nach Westen machen. Unsere Oma dagegen meinte, die ganze Familie solle zusammen auf dem Fischer-Vorberg bleiben. Einen Evakuierungsbefehl gab es nicht. Niemand durfte den Arbeitsplatz verlassen, es wurde mit Todesstrafe gedroht. Am letzten Sonntag mußte ich zum Modehaus Hoenig und Zusatzarbeit leisten. Wir verpackten Teppiche und Nähmaschinen, die am nächsten Tag zum Transport aufgegeben wurden. Am Bahnhof herrschte ein furchtbares Durcheinander. Die Züge waren voll, nichts ging mehr, für Frauen und Kinder war kein Platz. Am Nachmittag versuchten dann Gretchen und ich, Oma mit der Haff-Ufer-bahn zur Frischen Nehrung über Tolkemit zu schicken, dort wohnten Bekannte. Die Bahn fuhr aber nicht mehr. Also zogen wir Oma auf dem Schlitten durch total verstopfte Straßen nach Hause zurück. In der Stadt herrschte das blanke Chaos, Flüchtlinge und Soldaten, die nicht mehr wußten, wo ihre Einheit war. Deutsche Panzer und Geschütze versperr-ten den Weg. Die Soldaten wollten uns mitnehmen und riefen ›Mädeis, was macht ihr hier noch? Macht, daß ihr weg kommt!‹

Meine Freundin fuhr mit einem Wehrmachtsauto in Rich-tung Westen, ihr Freund hatte ihr eine Adresse in der Heide gegeben. Ich sollte auch mitfahren, aber meine Mutter meinte, das ginge nicht, die Familie solle zusammenbleiben.

Ohne Erlaubnis der Behörden verließen wir am 22. Januar abends die Stadt. Was irgend möglich war, zogen wir überein-ander, rafften die Fotos zusammen und machten uns auf den Weg nach Terranova. Ich kann nicht mehr sagen, ob es fünf-zehn oder zwanzig Kilometer oder noch mehr waren, auf jeden Fall lag hoher Schnee, und es herrschte klirrende Kälte. Oma mußte auf den Schlitten, unsere anderthalbjährige Gudrun lag im Kinderwagen. Wir kamen nicht voran. Schließlich landeten wir erschöpft bei Bekannten meiner Eltern, für die Nacht gab es ein Lager aus Heu. Am nächsten Tag schien in Elbing noch alles ruhig. Wir wußten nicht, daß die ersten zwei russischen Panzer bereits durchgefahren waren und Schüsse abgefeuert hatten. Meine Schwester Gretchen und ich gingen noch einmal in die Stadt, in unser Haus. Wir wollten noch ein paar Sachen holen, die wir drin-gend brauchten. Es gab bereits keinen Strom und kein Gas mehr ...«

Vollbepackt verlassen die beiden Mädchen die Stadt. Bei Eltern und Geschwistern angekommen, hören sie das Dröhnen der Kampfhandlungen im entfernten Elbing, am Abend steht ein blutroter Himmel über der Stadt. Die Furcht wächst, die Familie macht sich samt weiterer Angehörigen – insgesamt ein Trupp von etwa zwanzig Personen – auf die Flucht Richtung Frisches Haff:

»Nun hörten wir in den Nachrichten, daß das Haff, über das wir wollten, nicht mehr sicher sei. Die Eisdecke halte nicht mehr. Auch würden Menschen von russischen Tieffliegern beim Überqueren des Haffs pausenlos beschossen. Unzählige sollen bereits mit Pferd und Wagen im eisigen Wasser ertrunken sein ...

Also wollten wir es auf dem Landweg versuchen. Der große Leiterwagen wurde bepackt, die Pferde eingespannt, wir waren fertig, doch die Pferde wollten nicht von der Stelle. Unsere Männer versuchten mit allen Tricks, die Pferde zum Gehen zu bewegen, am Ende halfen aber nur Schläge. Die Pferde liefen im Galopp los, und nach einem Kilometer brach die Achse. Wir mußten mit unserer letzten Habe durch den Schnee zurück in Schmitts kleines Häuschen. Immer mehr Schreckensmeldungen sickerten durch. Über die Nachrichten hörten wir, daß Ostpreußen bei Elbing vom Reich abgeschnitten war. Reichspropaganda-Minister Goebbels hielt eine Ansprache. Er sagte wörtlich: ›Mit tränenden Herzen kehrte die ostpreußische Bevölkerung heim ins Reich und die, die nicht kamen, gaben sich freiwillig dem Bolschewismus preis.‹

Es wurde in Deutschland gelogen bis zur letzten Stunde. Dann hatten die Russen auch uns gefunden. Uhren und Schmuck hatten wir in die Säume und Polster unserer Kleidung genäht. Die Landbewohner, von denen noch einige da waren, steckten ihre Wertsachen in große Milchkannen und versuchten, soweit dies bei Schnee und gefrorener Erde möglich war, diese zu vergraben. Verängstigt saßen wir alle in einem Raum. Die ersten Worte der russischen Soldaten: ›Uhri, dawai, dawai … Frau mitkommen, dawai, bistra!‹

Von nun an versteckten wir Mädchen uns immer im Heustall, in der hintersten Ecke, wurden aber mit Mistgabeln herausgeholt; kein Schmutz und keine Jauche, mit der wir uns einrieben, half … Es fällt mir zu schwer, über Einzelheiten zu berichten. Es gab auch in unseren Reihen Leute, die einander aus Angst verrieten. Was für eine furchtbare Schmach, die wir ertragen mußten. Ich wurde ja so erzogen: ›Ein Mädchen sollte nur unberührt in die Ehe gehen.‹ Bei meiner Konfirmation hatte ich mir und meinem Gott gelobt, ohne Sünde durchs Leben zu gehen. Ich war ja noch nicht einmal siebzehn Jahre alt …

Wir fühlten uns völlig ausgeliefert. Die Bevölkerung war von der Partei im Stich gelassen worden. Tausende wurden auf der Flucht erschossen, starben an Hunger und Kälte, so wie unsere Oma aus Jacobsdorf. Und dann die Grausamkeiten. Wir selbst fanden Leichen, die schon bestialisch stanken, eine Nonne mit einem Besenstiel in der Scheide …«

Ostpreußen, das »Land, in dem Milch und Honig floß«, wie sich Charlotte S. bitter erinnert, ist zum brodelnden Kessel geworden. Während die Eingeschlossenen schutzlos der Vergeltung der Roten Armee ausgeliefert sind, drängen sich Tausende von Flüchtlingen an den Küsten der Nehrung, in Pillau oder Gotenhafen, um über die Ostsee zu entkommen. In einer sich über Wochen hinziehenden und von ständigen Luftangriffen unterbrochenen, dramatischen Rettungsaktion verladen deutsche Marinesoldaten Zivilisten und eingeschlossene Wehrmachtssoldaten, um sie über den Seeweg nach Schleswig-Holstein und Dänemark in Sicherheit zu bringen. Bis Ende April wird es der Kriegsmarine gelungen sein, rund 900 000 Flüchtlinge aus Ostdeutschland herauszuholen. Doch nicht jedes der mit Frauen und Kindern überbeladenen Schiffe erreicht auch den rettenden Hafen. Von russischen Torpedos getroffen, sinken in diesen Wochen die »Gustloff«, wobei mehr als 5400 Menschen den Tod finden, die »Steuben« mit 3600 Frauen und Kindern an Bord und die »Goya«, die von einem Torpedo aufgerissen wird und mehr als 6600 Flüchtlinge mit sich in die Tiefe reißt.

Die Familie von Charlotte sitzt in einem Dorf bei Elbing fest:

»Anfang März kam eine russische Kommission aus Elbing, um Frauen zu Aufräumarbeiten zu holen. Meine Schwester Elsbeth wurde wie durch ein Wunder bei ihrem Kind gelassen; andere Frauen hatte man mitgenommen, obwohl ihre Kinder oft noch im Babyalter waren und es nach ihrem Weggang keinen Menschen mehr gab, der sich um sie kümmern konnte. Meine Schwester Gretchen weinte fürchterlich und rief immer wieder: ›Ich will nicht fort, dann sehen wir uns nicht wieder!‹ Ich dagegen wollte fort, ich konnte das Leben hier mit seinen furchtbaren Vergewaltigungen nicht mehr ertragen, ich hoffte auf den Schutz der oberen sowjetischen Behörden.

Wir waren eine Gruppe von vier Frauen und einem Schwager. Zu Fuß ging es nach Elbing. Der Schnee fing an zu schmelzen. In den Wasserlachen lagen die aufgedunsenen Leichen und Tierkadaver. In den Schützenlöchern steckten noch die toten deutschen Soldaten. Es war ein fürchterlicher Anblick. Wir erreichten die Stadt, ich mit einem Rucksack aus einem Handtuch genäht auf dem Rücken. Darin war mein ganzer Reichtum, ein paar Kleidungsstücke und Fotos aus einer glücklichen Kindheit.

Wie eine Viehherde, mit aufgepflanztem Gewehr, trieb man uns durch die trostlose, teilweise zu fünfundneunzig Prozent zerstörte Altstadt. Der Kampf um die Festung Elbing hatte drei Wochen gedauert. In einem Haus wurden wir in einen Keller gesperrt, in dem sich schon viele Personen befanden, darunter eine Bekannte von mir, die aufgrund vieler Vergewaltigungen schwer krank dort lag.

Wir wurden nun jede Nacht zum Verhör geholt und gequält. Man konstruierte irgendwelche Anklagen, warf uns zum Beispiel vor, wir hätten Brunnen vergiftet, um russische Soldaten zu ermorden. Das reichte aber offenbar nicht; so gingen die Verhöre in den nächsten Nächten weiter. Wer nicht im BDM war – es gab viele, die es schon aus Altersgründen nicht waren –, wurde solange geschlagen, bis er unterschrieb, Mitglied im BDM gewesen zu sein. In Elbing waren hauptsächlich Mongolen und Tataren am Werk. Wenn eine Frau nicht unterschreiben wollte, drohten sie: ›Entweder du unterschreibst, oder ich schicke dir 100 Soldaten.‹ Da hat dann jede unterschrieben. Was genau wir unterschrieben, wußten wir ohnehin nicht, die kyrillische Schrift konnten wir ja nicht lesen. Es war uns aber auch schon gleichgültig, nur keine Schläge, keine Quälereien mehr. Wir wußten ja nicht, was noch kommen würde. So haben wir unser Urteil, das für viele zum Todesurteil wurde, besiegelt.

Zu Fuß wurden wir dann nach ›Preußisch Holland‹ getrieben. Wir wurden immer mehr Frauen und Mädchen, die meisten von ihnen hat man einfach von der Straße mitgenommen. Sie hatten nichts bei sich als das, was sie gerade am Körper trugen.

Sobald es eine Rast gab, versuchten alle, in leeren Wohnungen ein warmes Kleidungsstück oder etwas Eßbares zu finden. In den Wohnungen herrschte das Chaos – Dreck und Unrat überall. Die Möbel, Bilder und Türen zerschlagen, Kot in allen Räumen. Vor den Häusern sah es nicht besser aus. Wenn die Russen einen Raum brauchten, schmissen sie einfach alles zum Fenster raus.

Irgendwann erreichten wir Bartenstein, hier wurden wir im Gefängnis zu zwanzig Personen in eine Zelle gesperrt. Die Verhöre und Quälereien gingen weiter, besonders bei denen, die noch kein ›Geständnis‹ abgelegt hatten. Jede Nacht hallten Schreie durch das Gebäude. Wir kauerten und zitterten, wenn sich der Schlüssel im Schloß drehte. Messer, Gabel, Nadel, Scheren, Kerzen, Streichhölzer, Gürtel usw. hatte man uns bereits abgenommen. Fotos, auf denen wir abgebildet waren, nahm man uns ebenfalls ab. Wie sagten die Eroberer: ›Ich zu Hause zeigen und sagen, das alles meine Frauen.‹ Dann protzten sie mit ihren mit bis zu zehn Uhren geschmückten Armen. Wir merkten, wenn wir unsere Fotos im Gepäck ganz obenauf legten, wurden wir oft nicht weiter untersucht. Sie nahmen sich dann ein Foto und ließen unsere Sachen in Ruhe. Nun fanden sie bei mir aber ein Foto meines gefallenen Bruders, den ich sehr geliebt habe. Auf dem Foto trug er irgendein Sportabzeichen. Daraufhin beschmierten sie das Foto, wurden böse und fluchten, gaben mir das Foto aber merkwürdigerweise zurück.

Bei der nächsten Durchsuchung wurden uns die Wollknäuel abgenommen. Darin hatten wir Schmuck eingewickkelt. Besonders viel hatte Gretchen dabei. Es landete alles in großen Behältern. Ein paar Tage später ging es nach Insterburg ...«

CHARLOTTE H.: »*Kaum war es dunkel, holten sich die Russen ihre Opfer.*«

Charlotte H. (auf dem Foto mit ihrer ebenfalls verschleppten Schwester Ruth) wird 1917 als zweites von insgesamt acht Kindern der Familie H. in Dirschau/ Westpreußen geboren. Der Vater ist von Beruf Mechanikermeister und Mitglied der NSDAP, die Mutter Hausfrau. Den Krieg erlebt Familie H. in Danzig.

»Wie sind wir nach Danzig gelangt? 1920 fiel Dirschau an Polen, und bald darauf wurde auch das deutsche Progymnasium, das ich besuchte, von den Polen geschlossen. Meine Eltern sahen für uns Kinder nur noch wenig berufliche Chancen.

Also sind wir 1937 nach Danzig-Langfuhr übergesiedelt, wo mein Vater dann ein Fahrrad- und Elektrowarengeschäft eröffnete. Ich habe bei ihm im Geschäft mitgearbeitet.

Schon der Beginn des Zweiten Weltkrieges war für uns ein furchtbarer Schlag. Nacheinander wurden alle meine fünf Brüder eingezogen. Drei von ihnen sind gefallen.

Als in den letzten Kriegsmonaten Danzig zur Festung erklärt wurde, war auch noch mein Vater mit einundsechzig Jahren im Einsatz.«

Die militärische Entscheidung fällt an der Ostfront. Schon am 22. Januar 1945 haben erste sowjetische Truppenverbände die Oder erreicht. Die Furcht vor einem raschen Vorstoß auf Berlin läßt das Oberkommando der Wehrmacht alle verfügbaren Kräfte in Marsch setzen, ganz gleich, ob sie ausreichend bewaffnet, ausgebildet und organisiert sind. Volkssturmbataillone, Polizeieinheiten, Ersatztruppenteile, Einheiten der Organisation Todt, abgemusterte Schiffsbesatzungen der Kriegsmarine und Jugendliche des Reichsarbeitsdienstes erhalten den Marschbefehl an die Oderfront. Flakartillerie und Luftstaffeln werden herantransportiert. Allein bis Mitte Februar werden dreiunddreißig Kampfdivisionen von der West- an die Ostfront verlegt und die wichtigsten Städte Ostdeutschlands zu Festungen erklärt.

Mit Personalaustausch und der Umgruppierung von Heeresteilen soll die Niederlage abgewendet werden. Zum Oberbefehlshaber der am Schreibtisch kreierten Heeresgruppe Weichsel, die Westpreußen, Pommern und die Oder bis nördlich von Glogau verteidigen soll, wird Hitlers Intimus, der militärische Laie Heinrich Himmler ernannt.

Unter hohen Verlusten, vor allem beim Volkssturm, gelingt es, die Rote Armee wochenlang hinter der Oder in Kämpfe zu verwickeln. In den täglichen Wehrmachtsmeldungen nehmen jene erbitterten Abwehrkämpfe zu, bei denen »trotz tieferer Einbrüche die unerschütterliche Standhaftigkeit unserer Divisionen den erstrebten Durchbruch des zahlenmäßig überlegenen Feindes« verhinderten. Im Rundfunk werden dem Feind täglich hohe Verluste zugefügt, wird zu Boden gezwungen, heroisch verteidigt, in die Flanke des Feindes vorgestoßen und vernichtet.

Die Meldungen täuschen. Zwar bleibt während des ganzen Februar die Front mit nur geringen Veränderungen in Pommern und Westpreußen stehen, doch dann beginnt vom Süden her die zügige Aufspaltung Pommerns, setzt der Sturm auf jene Festungen ein, die von Wehrmachtstruppen unter Mithilfe der eingeschlossenen Bevölkerung zäh und verzweifelt verteidigt werden. Unter der sowjetischen Übermacht fällt eine Festung nach der anderen: Am 18. März zunächst das Pommersche Kolberg, in Westpreußen zehn Tage später die Fluchthochburg Gotenhafen, und am 27. März rollen die Panzer der Roten Armee in Danzig-Langfuhr ein. Schon Tage zuvor war die Stadt ein Flammenmeer, schlugen unentwegt Granaten ein, verbrachten Zivilisten die meiste Zeit in Luftschutzkellern. Russische Lautsprecher, auf den Wällen rings um die Stadt postiert, fordern Danzigs Bürger auf, sich zu ergeben; begleitet von Walzerklängen, werden ihnen Freiheit und Sicherheit garantiert. Doch daran glaubt niemand, die Angst ist riesig. Zivilisten und Wehrmachtssoldaten sehen für sich das gleiche Schicksal, falls die Stadt fällt: Sterben oder Gefangenschaft! Die Selbstmordrate ist hoch. In der Nacht zum 27. März hört der Beschuß plötzlich auf:

»Am 27. März, morgens fünf Uhr, drangen die russischen Truppen in Langfuhr ein. Am Abend vorher war Papa noch bei uns, verabschiedete sich und ging zurück zu seinem Einsatzort bei der Luftschutzpolizei.

Die Schaufenster unseres Geschäfts waren bereits zertrümmert, ein paar Tage zuvor hatte unser Haus zwei Granattreffer abbekommen. Wir befanden uns zu dieser Zeit gerade im Keller und dachten, das Haus stürzt ein. Verschüchtert und eng aneinandergeschmiegt saßen wir nun da und erwarteten die russischen Soldaten. Es waren qualvolle Stunden. Was wird mit uns geschehen? Dann stürmten die ersten Soldaten herein, sahen sich um und gingen überraschenderweise wieder hinaus.

Diesem Vorposten folgten dann die Horden. Wüste Gestalten drangen ein, in der Hand eine Pistole oder ein Bajonett. Jeder verlangte nach Goldsachen, Uhren und besonders nach Schnaps. Einer der Russen forderte meine Schwester Ruth auf, mit ihm hinauszugehen: Draußen wäre ein verwundeter deutscher Soldat, den sie verbinden solle. Kein Sträuben nützte, er half mit vorgehaltener Pistole nach.

Nach einer Weile kam Ruth zurück und fiel Mama um den Hals. Da wußten wir, wozu der Soldat sie geholt hatte. Obwohl wir uns das Haar mit Mehl bestäubt und Kopftücher aufgesetzt hatten, um alt zu wirken, wurden wir Jüngeren eine nach der anderen herausgeholt, um in irgendwelchen

Nebenräumen vergewaltigt zu werden. Nun war sie also gekommen, die Zeit, die wir so sehr gefürchtet hatten ... Wir waren den russischen Soldaten ausgeliefert; sie konnten mit uns machen, was sie wollten.

Eines Tages kam ein Pole zu uns in den Keller und bat für sein Motorrad, mit dem er sich den Russen zur Verfügung gestellt hatte, um Werkzeug zum Reparieren. Ihm war unsere Firma schon aus Dirschau bekannt. Da wir das gewünschte Werkzeug aber nicht hatten, ging ich mit ihm, um einen Schlosser zu suchen. Als ich aus dem Keller trat, bot sich mir ein furchtbarer Anblick. Viele der schönen, großen Häuser waren in Brand geschossen; auf der sonst sauberen und gepflegten Straße herrschte ein einziges Durcheinander. Russische Soldaten beherrschten das Bild, hier und da auch ein paar verwundete deutsche Soldaten. Verlassen, ohne jede Führung, hockten sie da und erwarteten ihr weiteres Schicksal. Tote Pferde lagen auf den Wegen, zerschmetterte Wagen – die totale Verwüstung. Ostpreußische Flüchtlinge, die ihre Trecks verloren hatten, liefen ziellos und hilfesuchend in den mit Trümmern übersäten Straßen herum, gerade mal ein kleines Handgepäck hatten sie retten können. Aus den noch unversehrten Häusern drang das Johlen und Brüllen betrunkener Soldaten ...

Den Schlosser fanden wir natürlich nicht mehr vor. Der Pole brachte mich zurück in unseren Keller. Irgendwie gab er mir Hoffnung. Er erzählte, daß er in Zoppot ein Geschäft eröffnen wolle und ich ihm dort zur Hand gehen könnte. Meine Mutter und meine Schwester sollte ich mitnehmen. Er versprach, bald wiederzukommen und ging fort. Nur allzu gern glaubten wir ihm, wir waren ja völlig verstört ...

Doch es kam anders. Nun wieder ohne seinen Schutz, wurden wir laufend von vorüberziehenden russischen Soldaten vergewaltigt. Wir konnten an diesem Ort unmöglich länger bleiben, es war einfach nicht mehr auszuhalten. Also packten wir ein paar Kleinigkeiten zusammen und machten uns auf den Weg nach Oliva, um dort bei einer Freundin

Unterschlupf zu finden. Unterwegs stoppte uns ein russischer Offizier und machte uns radebrechend verständlich, nach Zoppot zu gehen. Dort würden wir zur Arbeit eingesetzt, und wenn der Krieg zu Ende sei, könnten wir wieder zurück nach Hause, sofern wir noch eines besäßen. Wir folgten seinem Rat, suchten uns einen Weg abseits der Hauptstraße, denn die war voller Schutt, und noch immer stürzten Häuser ein. Zwischen Langfuhr und Oliva hatten die Russen eine Sperre errichtet, an der Junge und Alte sortiert wurden. Wir konnten diese Sperre gerade noch umgehen und beeilten uns, nach Oliva zu kommen. Unterwegs passierten wir die ersten von Russen bewachten Trupps deutscher Menschen, die in Richtung Zoppot marschierten. Verängstigt, aber unversehrt trafen wir endlich in Oliva ein: Das Haus meiner Freundin war von der Roten Armee besetzt, sie selbst nirgendwo aufzufinden. Was nun? Jeden Augenblick mußten wir damit rechnen, selbst einkassiert zu werden ...«

Der Essensvorrat geht zur Neige, und so schließt sich Frau H. mit ihren Kindern einem Flüchtlingszug an. Mit Anbruch der Dunkelheit wird der Menschenhaufen in einen Garten getrieben. Nachts dringen Soldaten ein, um sich Frauen zu holen. Ein Versuch, der scheitert, da die laut um Hilfe schreienden Menschen einen Offizier aufmerksam machen, der seine Soldaten des Ortes verweist. Zu essen gibt es nichts, schlafen ist so gut wie unmöglich.

Als Frau H. morgens um fünf Uhr mit ihren Kindern aufbrechen will, um nach Hause zurückzukehren, lassen die Posten sie nicht mehr durch. Wieder werden Alte und Junge sortiert: Die Alten dürfen gehen, die Jungen haben sich aufzustellen. Charlottes Mutter, als »alt« aussortiert, weigert sich trotz mehrfacher Aufforderung, sich von ihren beiden Töchtern zu trennen. Zu dritt marschieren sie im Zug der Arbeitsfähigen Richtung Flugplatz, wo Planierungsarbeiten zu verrichten sind:

»Unsere Mama, die tapfer mit uns ging und alles auf sich nahm, um nur uns Kinder nicht zu verlieren, wurde nun auch für diese schwere Arbeit eingeteilt. Ich bat den Offizier, Mama doch in der Küche arbeiten zu lassen, dies gestattete er auch.

Wir schufteten nun, bis es dunkel wurde, allerdings bekamen wir dreimal am Tag etwas zu essen. Im Nachtquartier verschlossen wir sämtliche Türen. Unsere Furcht war keineswegs unbegründet. Kaum wurde es dunkel, kamen die ersten Russen und versuchten, die verschlossenen Türen aufzubrechen, um sich ihre Opfer zu holen. Wieder griffen wir zu unserem bewährten Mittel und schrien aus Leibeskräften um Hilfe. In den meisten Fällen half das sogar.

Am nächsten Tag wurde ich einem Kommando zugeteilt, das außerhalb des Flugplatzes Lastautos mit Ziegelsteinen oder Sand beladen mußte. Leider ließen uns die Russen nun nicht einmal während der Arbeit in Ruhe: Sie schleppten uns gewaltsam weg und trieben mit uns die verwerflichsten Schandtaten. Eines Tages mußten wir allerlei Unrat vom Flugplatz mit Lastwagen wegschaffen. Unterwegs ließen die Russen das Auto plötzlich anhalten und versuchten, uns in leere Häuser zu ziehen, um wieder ihr Spiel mit uns zu treiben. Unsere einzige Waffe war das Schreien, damit legten wir ihnen das Handwerk. Wütend trieben sie uns ins Auto und fuhren zurück zum Flugplatz. Am nächsten Tag bat ich unseren Posten, er möge mich doch bitte auf dem Flugplatz behalten. Er willigte ein, und somit hatte ich in dieser Hinsicht wenigstens tagsüber Ruhe. Manchmal gab es auch weniger trostlose Momente. Einige russische Soldaten schenkten uns einmal Schokolade, ein andermal frisch zubereitete Mehlflinsen ...«

Nach sechs Tagen wird das Arbeitskommando aufgelöst, und alle dürfen gehen. Die meisten aber haben keinen Ort mehr, wohin sie gehen könnten. Charlotte macht sich mit ihrer Mutter und der Schwester auf den Weg zur Wohnung in Langfuhr:

»Unterwegs rief uns ein russischer Soldat. Wir taten, als hörten wir ihn nicht. Er wiederholte sein Rufen und zwang uns stehenzubleiben. Wir wurden in eine Wohnung geführt, in der ein Offizier saß, und mußten dort unsere Personalien angeben. Jetzt ging das ganze von vorne los. Unsere Mutter sollte freigelassen werden, ihres Alters wegen. Mama aber blieb wieder bei uns, und der Offizier ließ es auch zu. Wir mußten in ein Nebenzimmer, das sich nach und nach mit jüngeren Menschen füllte, die man ebenfalls auf den Straßen aufgegriffen hatte. Als etwa zwanzig bis dreißig Personen zusammen waren, mußten wir uns draußen aufstellen zum Abmarsch nach Hochstrieß, wo wir die Nacht auf dem Fußboden eines Zimmers verbrachten. Am nächsten Tag mußten wir uns erneut auf dem Hof aufstellen, um nun in einen Keller gebracht zu werden. In diesem Haus waren alle Kellerräume vollgepfropft mit Menschen. Niemand wußte, was mit uns geschehen soll ...

Am Spätnachmittag wurden wir im ersten Stock des Hauses einzeln verhört, und zwar von der GPU. Nochmals wurden die Personalien festgestellt und wir nach allem Möglichen gefragt: Parteizugehörigkeit, Rang der Brüder und Väter bei der Wehrmacht usw. ... Nach vielem Hin und Her mußte ich ein von den Russen gefertigtes Schriftstück unterschreiben, dann brachte man mich zurück in den Keller. Mama und meine Schwester traf ich nicht mehr an. Meine Verzweiflung wuchs ... Aus diesem Keller ging es dann in einen dritten, doch auch hier keine Spur von meinen Angehörigen.

Am nächsten Tag durften wir geschlossen austreten gehen. Als Toilette benutzten wir ein Treibhaus, das bereits so mit Kot gefüllt war, daß man keinen sauberen Platz mehr finden konnte. Selbst in den Kellerräumen, in denen wir hausten, waren die Ecken als Toilette benutzt worden, denn viele unserer Leidensgenossinnen hatten inzwischen Durchfall bekommen und wußten sich nicht anders zu helfen.

Wir treten also auf den Hof hinaus, da sehe ich plötzlich

jenseits des Zaunes meine Mutter – sie war entlassen worden. Mama entfernte sich aber nicht von diesem Ort, da sie verfolgen wollte, was mit meiner Schwester und mir geschieht.

Am Nachmittag wurden wir einzeln herausgeführt und mußten uns auf der Straße aufstellen. Zum erstenmal traf ich hier wieder auf meine Schwester Ruth. Und erneut stand Mama an der Seite. Als sie uns erblickte, kam sie an uns vorbei und stellte sich in eine Haustür, um uns nicht aus den Augen zu verlieren. Wir marschierten dann an ihr vorbei zur Husarenkaserne. Es war furchtbar, nur noch durch Zunicken haben wir uns von ihr verabschieden können. Danach sahen wir sie nicht mehr wieder ...«

Nach zwei Nächten auf dem zementierten Boden eines Pferdestalls in der Kaserne beginnt der Vier-Tage-Marsch zum großen Sammellager Graudenz:

»Am 8. April, einem schönen Sonntag, wurden wir draußen namentlich aufgerufen und zu einem größeren Transport aufgestellt – Frauen und gefangene Wehrmachtssoldaten. Unter starker Bewachung zogen wir los. Es war ein warmer Tag, und das Gehen fiel uns schwer. Durch das zertrümmerte Langfuhr, Danzig, ging es in Richtung Dirschau. Uns quälte furchtbarer Durst. Kamen wir an einer Pumpe vorbei, durften wir kein Wasser trinken, nur, wenn wir ein paar Minuten Rast machten, aus Teichen und Tümpeln. Nicht weit von Danzig machte ein alter Mann schlapp; er wurde etwas abseits getragen und erschossen. Derartige Schüsse hörte man öfter ...

Über Dirschau, meine Heimatstadt, durch die ich mich mit schweren Erinnerungen schleppte, ging es dann in Richtung Süden weiter. Irgendwann übernachteten wir in einer Schule. Es war hier sehr eng, wir lagen dichtgedrängt und konnten nur schlecht ausruhen.

Am nächsten Morgen bemerkten wir, daß sich eine Frau die Pulsader durchschnitten hatte. Ihr Mann war am Tag vorher von den Russen erschossen worden, weil er nicht mehr mithalten konnte und schlappmachte. Jetzt wollte auch sie nicht mehr leben. Als wir draußen antraten, ging der Offizier noch einmal ins Haus zurück. Wir hörten einen Schuß. Die Frau war nun ihrem Mann gefolgt.

Am vierten Tag nachmittags, wir waren völlig erschöpft, sahen wir in der Ferne Graudenz. Als wir über die Weichselbrücke gingen, gelang es einigen aus dem Zug, ins Wasser zu springen. Sie dachten, entweder entkommen oder dem Leben ein Ende machen ... Auf dem Marsch hatte ich ab und zu dieser oder jener unter die Arme gegriffen, um ihr weiterzuhelfen. Doch als wir in Graudenz ankamen, war ich fast am Ende. Eine junge Frau half mir, indem sie mich stützte und ich – fast von ihr getragen – die Unterkunft erreichte ...«

ERNA B.: *»Wir befanden uns in einem Zustand zwischen Leben und Tod.«*

Erna B. wird 1921 in Felsenburg, einem Dorf bei Köslin in Pommern geboren. Der Vater arbeitet als Schweizer (Melker) auf einem größeren Gut und ist – wie auch die Mutter, eine Hausfrau – parteilos. Erna hat drei Geschwister.

»... Krieg, das hieß für mich bisher, daß zunächst mein älterer Bruder eingezogen wurde, schon 1939; er ist zwei Jahre später in Rußland gefallen ... Und daß kurz nach seinem Tod auch noch mein zweiter Bruder den Gestellungsbefehl erhielt. Er war nur elf Monate jünger als ich, und wir beide galten bis dahin als unzertrennlich ...

Im Januar 1945 holte der Krieg uns dann alle ein. Der Strom der Flüchtlinge aus Ostpreußen wuchs täglich, und als es so viele wurden, daß sie keine Unterkunft mehr fanden, weil alle Notquartiere überbelegt waren, da wußten auch wir in unserem Pommerschen Dörfchen, daß wir nicht mehr lange so weiterleben würden. Die Not wurde von Tag zu Tag größer, dazu kam der kalte Winter und der viele Schnee ...«

Anfang März beginnt vom Süden her die Aufspaltung Pommerns: Russische Angriffsspitzen stoßen bei Köslin an die Ostseeküste vor, schneiden damit den im Raum Danzig-Westpreußen und in den östlichen Regionen Pommerns befindlichen Flüchtlingen den Weg nach Westen ab und zwingen sie zur Umkehr in Richtung Osten. Die zurückflutenden Trecks steigern das Chaos auf den ohnehin völlig verstopften Landstraßen.

Doch auch für die Bevölkerung im westlichen Pommern wird der Fluchtweg über die Oder von Tag zu Tag mehr eingeengt, bis er am 10. März endgültig gekappt ist. Einzig die zur Festung erklärte Stadt Kolberg, die sich bis zum 18. März hält, stellt einen letzten Zufluchtsort dar, von dem aus über den Seeweg noch Zivilisten und Truppenteile der Wehrmacht entkommen können. Nachdem Kolberg gestürmt ist, dringt die Rote Armee bis zum Stettiner Haff vor. Die Familie von Erna B. erlebt die Aufspaltung Pommerns hautnah und in allen Etappen:

»Die Front rückte näher. Nicht lange, da vernahmen wir die ersten Kanonenschüsse. Am Sonntag, dem 25. Februar, hörten wir in den Nachrichten, der Feind habe bereits die Stadt Neustettin besetzt. Wir bekamen es mit der Angst zu tun, denn die Entfernung zu uns betrug ja nur noch dreißig Kilometer.

Einen Tag später umlagerten die Russen bereits unsere Nachbarstadt Bublitz. In Windeseile waren sie herangerollt, die ersten Panzer rückten in die Stadt ein. Wir wohnten sechs Kilometer von Bublitz entfernt, konnten die Lage aber gut übersehen, es war ja weit und breit nur flaches Land ...

Wir sahen die Häuser in der Stadt in Brand gehen. Alles war nun in größter Aufregung. Flucht war nicht mehr möglich, im Handumdrehen hatte der Russe die ganze Umgebung abgeriegelt. Was tun? Auf dem Gut arbeiteten zehn russische Kriegsgefangene. Die trösteten uns und sagten, der Russe sei ein zufriedener und gutmütiger Mensch, wir brauchten keine Angst zu haben.

Als sich die Lage dann aber verschärfte, bekamen sie selber Angst vor ihren Kameraden und berieten nun, was zu tun sei. Stalin hatte ihnen befohlen, keinesfalls in deutsche Kriegsgefangenschaft zu geraten, sich in diesem Fall vorher selbst umzubringen. Dennoch entschlossen sie sich, zu ihren Kameraden zu gehen. Was aus ihnen geworden ist, weiß ich nicht. Verraten haben sie uns jedenfalls nicht, denn die ersten russischen Soldaten tauchten erst eine Woche später, am 2. März, im Dorf auf. Es waren zunächst tatsächlich harmlose, sie sagten: ›Habt keine Angst!‹ Wir selbst verstanden zwar kein Wort, es war aber noch ein polnischer Zwangsarbeiter da, der es uns übersetzt hat. Wir atmeten auf ...

Doch dann kam alles ganz anders. Kurze Zeit nach den ersten Soldaten stürmten welche herein, die uns das Gegenteil bewiesen. Mit vorgehaltenen Pistolen verlangten sie Uhren und Schnaps. Wir hatten leider weder das eine noch das andere und gaben ihnen das mit mühseligen Gesten zu verstehen.

Daraufhin fingen sie an zu toben, rissen sämtliche Kleider und Wäsche aus den Schränken und schrien immer wieder: ›Frau, Uhr ist?‹

Wir verneinten nur, da wurden sie noch wilder. Ein betrunkener Soldat legte auf meinen Vater an; ich sprang verzweifelt vor ihn, um ihn zu schützen. Da ließ er das Gewehr sinken, fluchte leise, drehte sich um und ging hinaus. Wir wollten den übrigen ersatzweise etwas zu essen geben, boten ihnen auch Milch an, doch sie warfen uns alles vor die Füße. Da sie wirklich nichts fanden, gingen sie, und wir dachten, wir hätten es überstanden. Doch nach kurzer Zeit kamen wieder andere. Die waren völlig unberechenbar, zerrten alle jungen Mädchen raus und mißbrauchten sie. Ich selbst wurde dabei auch nicht verschont. Drei Soldaten standen um mich herum, kein Weinen und Kratzen half mir. Die Pistole wurde mir auf die Brust gesetzt, und dann haben sich zwei hintereinander über mich hergemacht. Der Dritte war inzwischen ein Stück weggegangen. Schnell schnappte ich mir ein kleines Baby und lief davon. Ich sah noch, wie der dritte mich suchte, er fand mich aber nicht ...

Lange tobte diese Gruppe in den Häusern herum, bis sie endlich abzogen. Da sagte mein Vater: ›So geht das nicht mehr weiter‹, und brachte uns, eine Gruppe von acht Mädchen, zu einer großen Scheune. Da sie abgeschlossen war, brach mein Vater von außen einige Bretter los, und wir krochen hinein. Die Bretter wurden wieder festgenagelt.

Wir saßen im Stroh, atemlos, und hörten, wie die nächsten Russen kamen. Kurz darauf lief jemand um die Scheune herum; uns schlug das Herz vor Angst bis zum Hals, doch es war nur die Mutter eines Mädchens. Sie rief uns zu, wir sollten herauskommen, die Russen hätten alle Einwohner aufgefordert, das Dorf zu verlassen; es solle hier ein Lazarett eingerichtet werden. Ich sehe noch heute die Gesichter der Soldaten, als wir Mädchen im Hof auftauchten, doch nun hat uns niemand mehr etwas getan. Hastig griffen wir ein paar Sachen, nur das, was jeder tragen konnte ...«

Die Einwohner werden in ein anderes, drei Kilometer entfernt gelegenes Dorf verwiesen. In der Dunkelheit kommen sie an. Das Dorf wirkt wie ausgestorben, sämtliche Bewohner sind verschwunden. Die Felsenburger wähnen sich hier in Sicherheit. Jeweils vier bis fünf Familien kriechen in einer der leerstehenden Wohnungen unter; wer kein Bett findet, richtet sich auf dem Fußboden ein. Die Nacht über bleibt es still, doch schon im ersten Morgengrauen tauchen zwei sowjetische Offiziere auf:

»Einer von ihnen sprach Deutsch und meinte: ›Habt keine Angst, es darf euch niemand etwas tun. Sobald Soldaten euch belästigen wollen, meldet es sofort auf der Kommandantur!‹ Wir fanden das anständig, dachten aber auch: ›So ein Blödsinn, bevor wir auf der Kommandantur angelangt sind, haben uns schon wieder ein paar gekapert ...‹

Und dann passierte es, am 5. März, einem Montag. Wir hatten uns gerade zur Nachtruhe gelegt, das heißt, was man damals Ruhe nannte, alle mit offenen Augen und gespitzten Ohren. Elektrisches Licht gab es nicht, nur Weihnachtskerzen, da sämtliche Kabel durchschnitten waren. Wir hatten also gerade die Kerzen gelöscht, jeder hing noch seinen eigenen Gedanken nach, als plötzlich die Tür aufgerissen wurde und zwei betrunkene Soldaten hereinstürmten. Mit Taschenlampen leuchteten sie jedes Gesicht ab, dabei schrien sie, wir sollten Licht machen. Mit zitternden Händen zündeten wir die Weihnachtskerzen an. Nun zerrten sie die jungen Mädchen heraus. Wir gingen ja stets nur angezogen ins Bett, hatten lediglich die Schuhe abgestreift. So zog mich einer der Besoffenen nach draußen, auf die Straße.

Durch hohen Schnee, nur mit Strümpfen an den Füßen, mußte ich mit ihm zu einem anderen Haus laufen. Hier war eine Familie aus Litauen untergekommen, die fließend Russisch sprach. Zwei Soldaten waren bereits in der Wohnung. Einer lag auf dem Fußboden am Ofen und schlief, der andere saß am Tisch, wohin nun auch ich mich setzen mußte. Sie stellten ein Glas Brennspiritus vor mich hin, das sollte ich austrinken. Ich wehrte ab, da nahm einer das Glas und wollte mir das Zeug mit Gewalt einflößen. Ich, in meiner Angst, holte aus und schlug ihm das Glas aus der Hand. Zum Glück wurde er nicht böse. Er ging, um ein Bett fertig zu machen, da sollte ich nun zur Strafe mit ihm schlafen. Es dauerte aber eine Weile mit dem Bettfertigmachen. In der Zwischenzeit gab mir der andere Russe, der noch mit mir am Tisch saß, einen Wink. Ich solle schnell weglaufen! Da ich dicht an der Tür saß, überlegte ich nicht lange und lief los.

Wie ich es ins Haus zu meinen Eltern schaffte, ist mir heute noch ein Rätsel. Denn gleich hinter mir hörte ich die Tür klappen, wußte sofort, daß ich in Gefahr bin und rannte wie der Blitz durch den Schnee. Meine Füße spürten die Kälte nicht, ich dachte nur: Schnell in Sicherheit bringen! So übersah ich zunächst auch die vielen Russen in der Wohnung, lief atemlos auf meine Mutter zu, die auf einem Sofa lag. Unter ihrem Federbett suchte ich Schutz und flüsterte: ›Beschütze mich, wenn der kommt und mich findet, zerreißt er mich!‹

Mein Herz schlug bis zum Hals. Nun erst hörte ich das Kindergeschrei und Scheibenklirren. Nicht lange, da wurde das Federbett hochgerissen. Ein Russe packte mich am Arm und zog mich hoch. Ich dachte natürlich, es wäre derselbe, dem ich weggelaufen bin, doch Gott sei Dank stand ich einem anderen gegenüber. Der hatte Zivilkleidung an und konnte ein paar Brocken Deutsch. Er fragte: ›Du Angst haben?‹ ›Ja‹, sagte ich. Darauf er: ›Warum?‹ ›Ihr seid so böse und macht uns alle kaputt‹, stammelte ich. Darauf lachte er und ließ mich los.

Was nun abging, werde ich mein Leben lang nicht vergessen. Es dauerte nicht lange, da glich die Wohnung einem Trümmerhaufen. Sämtliches Geschirr wurde aus den Schränken gerissen und zerschellte auf dem Fußboden. Die große Standuhr wurde zu Kleinholz geschlagen, der Kronleuchter mit einem Gewehrkolben zerschmettert. Dabei flogen die Splitter einem acht Tage alten Säugling ins Gesicht. Diesen kleinen Wurm nahm nun einer der Kerle und wollte ihn an die Wand werfen, auf das verzweifelte Schreien und Weinen der Mutter hin ließ er es sein. Neben diesem Drama gingen die Fensterscheiben und der Wandspiegel zu Bruch, flogen Stühle und Kinderwagen auf die Betten. Alles, was nicht niet- und nagelfest war, wurde unbrauchbar gemacht ...

Es waren keine normalen Soldaten, es waren schwer betrunkene und alle hatten sie Zivilkleidung an.

Zu unserem Unglück fanden sie unter den Betten nun auch noch deutsche Uniformen und Munition. Jetzt war es ganz aus! Der etwas Deutsch konnte, schrie, wir hätten deutsche Soldaten versteckt. Dabei wußten wir doch selbst nicht, wie die Sachen dahin gekommen waren. Wir konnten es ihnen auch nicht begreiflich machen, weil niemand von uns Russisch sprach. Wütend nahmen sie sich nun eine alte Frau von fast siebzig Jahren vor und mißbrauchten sie. Den alten Männern wurden Milchtöpfe an die Köpfe geworfen. Zwei kleine Jungs von zehn, elf Jahren wurden ausgezogen und sollten auch dran glauben. Als sie jedoch sahen, daß es Jungen waren, durften sie verschwinden. Es war grauenhaft, was wir in diesen Stunden durchmachen mußten. Uns allen war klar, daß das unsere letzten Stunden sein würden, wir befanden uns in einem Zustand zwischen Leben und Tod.

Ganz plötzlich, wie aus der Erde geschossen, stand ein Offizier im Türrahmen. Diejenigen, die ihn früh genug bemerkten, sind rasch durchs Fenster gesprungen, für die anderen war es zu spät. Der Offizier zog seine Pistole und feuerte einem drei Schüsse durchs Fenster nach. Sah sich dann im Zimmer um und machte große Augen angesichts des Trümmerhaufens. Fragte, wer das gemacht hat. Der Russe, der ein bißchen Deutsch konnte, wollte sich nun entschuldigen und sagte zu mir: ›Frau, ich nichts machen, stimmts?‹ Aber ich konnte ihm nicht helfen, denn gerade der hatte furchtbar gewütet. So gab ich dem Offizier zu verstehen: ›Dieser Mann alles kaputt machen.‹ Ich schob dem Offizier einen Stuhl hin und zeigte ihm, er solle sich setzen, was er auch tat. Die Russen, die noch im Raum waren, mußten sich mit dem Gesicht auf den Fußboden legen und durften sich nicht mehr rühren. Der Offizier blieb lange bei uns. Als er die Kerle rausgescheucht hatte und selber gehen wollte, bat ich ihn, doch einen Posten vors Haus zu stellen. Er hat mich offenbar verstanden, ging dann, und wenige Minuten danach erschien tatsächlich ein Posten. Der hielt dann Wache bis zum Morgen ...«

Am Morgen werden sechs Mädchen zum Melken und Kartoffelschälen herausgeholt, sie dürfen am Mittag zurück. Und als kurz darauf ein anderer Offizier mit einem Polen als Dolmetscher auftaucht, um Arbeitskräfte zum Aufräumen zu rekrutieren, ahnt nur Ernas Vater, was ›Aufräumarbeiten‹ bedeuten könnte:

»Sie fragten nun jeden einzelnen nach seinem Alter und ob man Kinder habe. Ich sagte: ›Na, ich bin doch schon alt.‹ Da sagte der Pole: ›Nimm mal dein Kopftuch ab und wasch dein Gesicht, dann bist du ganz jung.‹ Da ich es nicht machte, tat er es und ich mußte mit, denn ich war ja erst vierundzwanzig.

Sie sagten zu uns: ›Ihr müßt nur mit ins nächste Dorf, in drei Tagen seid ihr wieder zurück.‹ Na, wir glaubten es auch und schenkten ihnen Vertrauen, doch diesmal schlug das Schicksal zu: Aus drei Tagen wurden fast fünf Jahre. Die Frauen, die Kinder hatten, durften bleiben, alle anderen zwischen dreizehn und dreißig mußten mit.

Als ich Abschied nahm von meinen Eltern, sagte ich: ›Weint doch nicht, ich bin ja in drei Tagen wieder da!‹ Doch mein Vater hat wohl geahnt, was kommt, denn er weinte so fürchterlich, daß er alle anderen ansteckte. Bevor es losging, umarmte er mich und sagte: ›Mein Kind, wir sehen uns zum letztenmal!‹ Ich beruhigte ihn. Der liebe Gott wollte es, daß mein Vater recht behalten hat. Wir Ausgesonderten wurden dann in ein anderes Haus gesperrt, mit einem Wachposten vor der Tür. Gegen sechzehn Uhr nachmittags ging es los. Wir wurden getrieben wie eine Herde Vieh. Vor uns, hinter uns und an beiden Seiten sah man nur Soldaten mit aufgepflanzten Gewehren. Noch immer ahnten wir nicht, daß wir Gefangene waren ...«

Sie marschieren nun von Dorf zu Dorf, aus allen Richtungen werden Frauen und Männer zugeführt. Jeweils mit Anbruch der Dunkelheit wird die Marschkolonne in einen Keller gesperrt. Doch wann beginnen die Aufräumarbeiten? Als die Verhöre einsetzen, glaubt Erna B. noch immer, es ginge bald zurück:

»Nach drei Tagen Verhör hieß es auf einmal: ›Alles raustreten!‹ Wir sagten uns: ›Nun ist es soweit, wir kommen nach Hause.‹ Doch wurden wir bitter enttäuscht. Es ging nicht zurück, sondern weiter nach Osten. Unsere Hoffnung sackte auf den Nullpunkt. Leise weinten wir vor uns hin, niemand wagte, ein Wort zu sprechen. So marschierten wir nach Bublitz. Auch hier brachten sie uns wieder in einen lichtlosen, naßkalten Keller. Doch zum Glück fanden wir hier unten Kartoffeln, wir aßen sie roh wie Äpfel.

Nach zwei Tagen wurden wir in die Bublitzer Kirche gebracht. Wir trauten unseren Augen nicht. Die Kirche war voller Männer und Frauen, Leidensgenossen wie wir. Auch das Bild, das sich ansonsten bot, war grauenerregend: Auf der Kanzel hatten die Russen ein Feuer gemacht, daran wärmten sie sich. Die Gottesbilder waren bereits von den Wänden gerissen und wurden nun verheizt. In allen Ecken standen Öfen, auf denen gekocht wurde, in den Gängen fuhren Soldaten mit Rädern umher ... Hier nun brachen wir in Tränen aus, denn nun erst wurde uns richtig bewußt, daß wir Gefangene waren. Auch die Bewachung war hier besonders streng. Zu essen bekamen wir. Draußen, vor der Kirche, wurden Kühe geschlachtet, in der Kirche wurde gekocht. So bekam jeder pro Tag einen Teller Eintopf ...

Eine Woche hausten wir in der Kirche, dann kam der Befehl: ›Alles raustreten!‹ Vor der Tür standen viele Offiziere, sie musterten uns mit großen Augen. Zu fünft mußten wir antreten, doch es vergingen mehrere Stunden, bis die Posten uns endlich durchgezählt hatten.

Bei zwanzig Grad Kälte und völlig durchgefroren marschierten wir nun Richtung Baldenburg. Es war ein Marsch durch rauchende Trümmer, es brannte ja noch an allen Ekken. In den Straßengräben lagen die Leichen. Wir waren tief beunruhigt, wir wußten ja nicht, was uns noch blühte ...«

Am dritten Tag erreicht der Gefangenenzug die Stadt Konitz in der Provinz Posen-Westpreußen. Dort verlädt man ihn nach weiteren vier Tagen Aufenthalt auf offene Lastkraftwagen:

»Jeweils fünfunddreißig bis vierzig Menschen hockten dichtgedrängt auf den Ladeflächen, auf ihren Knien. Setzen konnten wir uns nicht, weil der Platz nicht ausreichte. Vier Tage und vier Nächte waren wir nun auf diese Art unterwegs. Die Fahrt war furchtbar, sie läßt sich nicht schildern. Fast alle hatten Durchfall, und nur einmal am Tag hielt die Wagenkolonne. Dazu kam der Durst, morgens leckten wir den Tau von den Lkw-Wänden. Es wurde viel geweint, vor Hunger, Kälte und Schmerzen. Die Tränen ließen wir ungehindert auf unsere Lippen laufen, um die etwas anzufeuchten. Als wir endlich am Ziel waren und aussteigen durften, schmerzten die Fuß- und Kniegelenke so sehr, daß wir uns nur ganz schleppend vorwärtsbewegen konnten.

Wir waren nun in der Stadt Soldau angelangt, wo uns eine große Gefängnisanstalt erwartete ...«

Im Unterschied zu Pommern oder Ostpreußen entscheidet sich das Fluchtschicksal der Deutschen im besetzten Polen innerhalb weniger Tage. Während der östliche Teil des Generalgouvernements bereits seit Sommer 1944 in sowjetischer bzw. polnischer Hand liegt, beläuft sich der Anteil der deutschen Bevölkerung in seinem westlichen Teil im Januar 1945 noch auf 90 000.

Hier – vor allem in den Kreisen Łodz und Wielun – gelingt es am 16. Januar 1945, einige tausend Frauen und Kinder mit Sonderzügen aus der Gefahrenzone herauszubringen. Die Zurückbleibenden trifft der erste Ansturm der Roten Armee. Die Gebiete liegen unmittelbar im militärischen Korridor zwischen Weichselbogen und mittlerer Oder.

Als am 18. Januar 1945 eine ähnliche Rettungsaktion im angrenzenden Reichsgau Wartheland gestartet werden soll, ist es für die meisten Zivilisten dort zu spät. Es fährt kein Zug mehr, da die vorrückenden Sowjets bereits alle Schienenwege gen Westen blockieren.

Die meisten der etwa 670 000 deutschen Einwohner des »Warthegau« leben im westlichen Teil, der alten Provinz Posen. Auch sie befinden sich in der Schneise des ersten russischen Ansturms. Das unerwartete Tempo der Roten Armee läßt hier die überstürzten Fluchtversuche zum großen Teil scheitern. Die Flüchtlinge brechen, da Züge ausbleiben, zu Fuß auf. Die meisten ihrer Trecks werden von den Sowjets buchstäblich überrollt, bevor sie Ostbrandenburg oder gar die rettende Oder erreicht haben. Begünstigt wurde die Katastrophe auch hier durch leitende NSDAP-Behörden, die weder den Ernst der Lage noch die Schnelligkeit des russischen Vormarsches begriffen und die jede Flucht und rechtzeitige Evakuierungsmaßnahmen kategorisch verbieten ließen.

In Schlesien verläuft die Flucht der Bevölkerung unter insgesamt günstigeren Bedingungen als in Pommern, im Wartheland oder in Ostpreußen. Schlesien wird nicht im Handstreich besetzt, sondern von monatelangen deutsch-russischen Kämpfen erschüttert, was eine Fluchtbewegung in Intervallen zur Folge hat.

Am 25. Januar erreichen die Sowjets die Stadt Hindenburg und damit das oberschlesische Industrierevier, für die deutsche Kriegswirtschaft ein Schwerpunkt erster Ordnung. Um dieses Gebiet entbrennt ein dramatischer Kampf, den die Rote Armee schließlich für sich entscheidet. Am 29. Januar fällt das oberschlesische Industrierevier unzerstört in sowjetische Hand; dazu ein Großteil der deutschen Bevölkerung, denn rechtzeitig evakuiert wurden lediglich Frauen mit Kleinkindern. Für alle anderen, besonders die in Industrie und Verwaltung Beschäftigten, bestand ein striktes Verbot, den Wohnort zu verlassen, um die Wehr- und Kohlewirtschaft in vollem Umfang aufrechtzuerhalten. Dennoch machten sich, als die sowjetischen Truppen auf Kattowitz und Hindenburg vorrückten, zahlreiche Oberschlesier auf eigene Faust per Bahn oder Lkw auf die Flucht. Sie strömten nach Niederschlesien, als Vorbote einer rasch nachrückenden Front.

Bereits am 19. Januar 1945 haben Vorausabteilungen der 1. Ukrainischen Armee auch die Grenze zu Niederschlesien durchbrochen, schon zwei Tage später ist von Breslau her russischer Geschützdonner zu hören. Panik entsteht, und in der bevölkerungsreichsten Provinz Ostdeutschlands setzt die erste große Fluchtwelle ein. Etliche nehmen die beschwerliche, aber sichere Route über das schlesisch-böhmische Gebirge ins Sudetenland, andere stürmen die letzten Züge und Busse, um sich über die Neiße nach Sachsen in Sicherheit zu bringen, oder machen sich bei eisiger Kälte zu Fuß auf den Weg. Aufgeschreckt von den Trecks dieser ersten Fluchtwelle, erlassen die zuständigen Behörden im westlichen Teil Niederschlesiens, auch hier meist auf Druck von Militärs der Wehrmacht und in buchstäblich letzter Sekunde, nun Räumungsbefehle, die einem Großteil der Zivilbevölkerung am Ende die Rettung noch ermöglichen. Als am 8. Februar auch weite Gebiete Niederschlesiens in das Kampfgeschehen einbezogen werden, ist die Evakuierung bereits weit fortgeschritten.

Schon am 31. Januar hatte sich der Ring um Breslau geschlossen. Die große niederschlesische Operation der Sowjets beginnt am 8. Februar. Am Tag darauf fällt Liegnitz, am 11. Februar wird die Festung Glogau eingeschlossen und einen Tag später die ebenfalls zur Festung erklärte schlesische Hauptstadt Breslau. Danach kommen die Armeen von Marschall Konjew nur noch schleppend voran, da die Truppen der Wehrmacht erbitterten Widerstand leisten und wiederholt zu Gegenangriffen ausholen. Mit improvisierten Kräften wird eine neue, wenn auch dünne Verteidigungslinie aufgebaut, unterstützt von einer großen Zahl schlecht bewaffneter, jedoch fanatisch und mit hohen Verlusten kämpfenden Volkssturmeinheiten. Diese zusammengewürfelten Truppen erlangen mit dem Nachschub neuer Kampfgruppen der Wehrmacht allmählich einen festeren Halt. Folglich toben den ganzen Februar und März über in Schlesien heftige Kämpfe. Vielerorts gerät die Bevölkerung zwischen die Fronten, und manche Ortschaft wechselt in diesen Monaten gleich mehrmals den Besatzer.

Else I.: »Ich war halb ohnmächtig vor Scham und Angst.«

Else I. wird 1926 in Järischau, Niederschlesien geboren. Der Vater ist Meister im Steinbruch, die Mutter Hausfrau. Else hat drei Geschwister. Die Eltern sind parteilos.

»Wir wohnten auf dem Järischauer Berg, sehr einsam, nur von Wald und Granitsteinbrüchen umgeben. Schaute man von unserem Wohnhaus in die Runde, so konnte man bei klarer Sicht den Zobten sehen, das Baldenburger Bergland, das Riesengebirge.

Mein Vater war Werkmeister im Steinbruch ›Järischauer Berg‹. Der Berg lag vier Kilometer von der Stadt Striegau entfernt und drei Kilometer vom Dorf Järischau. Dort im Dorf besuchte ich auch die Schule. Das war ein ziemlich weiter Weg, den ich täglich bei Wind und Wetter gehen mußte. Oft benutzte ich das Fahrrad, im Winter die Ski. Geschneit hat es häufig, und nicht selten lag der Schnee so hoch, daß wir kaum aus der Haustür kamen. In Striegau absolvierte ich nach der Schule mein Pflichtjahr und begann dann eine Lehre als Industriekaufmann. Meine Lehrstelle befand sich im Heeresverpflegungsamt Striegau; allerdings konnte ich durch die Kriegsereignisse meine Lehre nicht mehr abschließen.

Irgendwie haben wir da oben sehr idyllisch gelebt – bis der Krieg ausbrach und erst mein Vater, dann auch noch mein ältester Bruder eingezogen wurde ... Mitte Januar 1945 trafen dann die ersten Flüchtlingstrecks in Striegau ein. Sie waren der Anfang eines Elendszuges, der bald die ganze Stadt in ein ziviles Heerlager verwandelte ...«

In kurzer Zeit ist Striegau von Flüchtlingen überfüllt; dazu kommen Wehrmachtssoldaten, die sich auf dem Rückzug befinden. Eifrig schanzen Volkssturm, HJ und BDM Verteidigungsgräben vor der Stadt, an deren Nutzen immer weniger Menschen glauben; die täglich hereinströmenden Flüchtlingsmassen bringen eine Schreckensmeldung nach der anderen mit.

Die meisten wollen schnell weiter, und bald sind die niederschlesischen Fluchtrouten verstopft; mal geht es vorwärts, mal rückwärts, im Rücken die Rote Armee. Die Flüchtlingskolonnen aus Oberschlesien, verstärkt durch Menschenströme aus dem südlichen Warthegau, kollidieren zunehmend mit Truppen der Wehrmacht. Dennoch macht sich nun auch ein Großteil der Niederschlesier auf den Weg. Überall folgen Räumungsbefehle, nur nicht in Striegau. Hier gibt die NSDAP-Führung die Weisung heraus, daß niemand die Stadt verlassen darf. Zur Bestärkung fahren Lautsprecherwagen mit falschen Meldungen durch die Stadt. Der Feind sei abgedrängt worden, und Striegau brauche nicht geräumt zu werden.

Aber das ist eine verhängnisvolle Täuschung. Am 10. Februar greifen russische Flieger die Stadt an; die Menschen geraten in Panik. Völlig aufgelöst, fordern Mütter mit Kindern auf dem Arm vor dem Rathaus ihre Evakuierung.

Am nächsten Tag geht das Gerücht, zwei Sonderzüge für Menschen mit Berechtigungsscheinen würden eingesetzt. Um einen Platz in diesen Zügen kommt es zu brutalen Kämpfen. Am Ende besteigen vor allem Parteifunktionäre und Einwohner mit besonderen Beziehungen die letzten Züge.

Der Rest muß die Flucht zu Fuß antreten, was auf den verstopften Straßen kaum mehr möglich ist, so daß etliche Striegauer schon nach wenigen Kilometern umkehren. Als die ersten russischen Panzer am 13. Februar in Striegau einrollen, stoßen sie auf etwa 15 000 Menschen – die halbe Einwohnerschaft.

Elses Familie ist gar nicht erst aufgebrochen:

»Durch den schnellen Vormarsch der Roten Armee war es uns nicht mehr möglich zu fliehen. Auch konnten wir uns nicht vorstellen, daß man uns etwas antut. Meine Eltern waren ja nicht mal in der Partei.

Am Morgen des 13. Februar, buchstäblich in letzter Sekunde, entschieden wir uns doch, das Haus zu verlassen. Zusammen mit meiner Mutter und meinen Geschwistern brach ich vom Järischauer Berg in Richtung Striegau auf. Vor den Toren der Stadt sahen wir bereits sowjetische Panzer stehen. So sind wir ins Dorf Järischau ausgewichen. Später erfuhr ich, daß wir nur knapp dem Tode entronnen sind. Noch am Tag unserer Flucht begann auf dem Järischauer Berg, also genau dort, wo wir wohnten, eine mörderische Schlacht zwischen Deutschen und Russen.

In Järischau angekommen, gerieten wir noch am gleichen Tag in die Hände der sowjetischen Truppen. Wir lagen abends, als die ersten Soldaten kamen, im Kindergarten des Joseph-Stiftes auf Stroh, alle Frauen und Kinder beieinander. Als die Tür aufgestoßen wurde, legte sich meine Mutter halb über mich, um mich zu verdecken.

Nun ging es los, jeden Abend dasselbe, immer so zwei bis drei Soldaten, fast immer besoffen. Sie gaben Schreckschüsse ab und holten sich dann ihre Opfer heraus. Dabei stiegen sie rücksichtslos über Menschen, alle schrien durcheinander vor Panik. Erschossen wurde niemand. Die Frauen und Mädchen, die sie gegriffen hatten, kamen dann nach ein paar Stunden weinend zurück.

Meine Tante, die bereits mehrmals vergewaltigt worden war, zeigte plötzlich auf mich. Daraufhin schleppte mich ein Mongole in einen Nebenraum des Joseph-Stiftes, in dem alte und kranke Leute untergebracht waren. Die wurden einfach aus ihren Betten gezerrt, manche waren ja fast gelähmt, und draußen auf dem kalten Flur abgelegt. Die Betten sollten für die Vergewaltigungen frei gemacht werden.

Mit vorgehaltener Pistole verlangte der Mongole dann, ich solle mich ausziehen. Ich war halb ohnmächtig vor Scham und Angst, doch was sollte ich tun? Ich war bereits nackt, als vom Flur auf russisch gebrüllt und an der Tür gerüttelt wurde. Der Mongole wollte nicht aufmachen. Es waren zwei russische Offiziere. Die haben dann die Tür aufgebrochen, den Mongolen beschimpft und mir Zeichen gegeben, ich solle abhauen. So nackt wie ich war, hab ich meine Kleider gepackt und bin auf die Straße gerannt. Habe mich dann in irgendeinem Gartenklo angezogen.

Das mit den Vergewaltigungen lief jeden Abend, ständig war ein lautes Geschrei zu hören, und nicht immer waren Offiziere zur Stelle, um dem Treiben ein Ende zu bereiten. Nur meiner Mutter ist nichts passiert. Sie stammte aus Oberschlesien und konnte Polnisch, dadurch wurde sie verschont. Sie hat immer zu schlichten versucht; manchmal rannte sie auch zu den Offizieren, um Hilfe zu holen.

Sie bat schließlich die Oberin um ein Versteck für meine Tante und mich. Von nun an durften wir uns nachts in einem Altarschrank in der Kapelle verstecken, meine Tante und ich, zusammen mit einem Dienstmädchen der Grauen Schwestern. Nacht für Nacht hockten wir nun zu dritt im Schrank, in entsetzlicher Enge, und das fast vier Wochen lang. Es war kaum auszuhalten, die Beine schliefen ein, man kriegte kaum Luft. Dazu kam, daß meine Tante das Dienstmädchen und mich ständig schikanierte, weil ihr das alles zu eng war. Und draußen gingen die Vergewaltigungen weiter, sie kündigten sich ja immer durch Schüsse an. Mitunter wurden Mädchen direkt vor dem Altarschrank mißbraucht, dann mußten wir alles mit anhören. Es war eine solche Verzweiflung und Hoffnungslosigkeit, daß wir manchmal wünschten, erschossen zu werden. Nach vier Wochen waren wir restlos fertig mit den Nerven ...«

Mitte März kommt die Front zurück. Das Dorf Järischau wird zum Schauplatz einer Panzerschlacht. Die im Joseph-Stift untergeschlüpften Zivilisten müssen vom Kindergarten in den Keller wechseln.

Als die Truppen der Wehrmacht kurz darauf Striegau und Umgebung noch einmal zurückerobern, finden sie unter den Bewohnern nur noch die Getöteten, die Überlebenden sind von der Roten Armee ins Hinterland vertrieben worden:

»Mitten im Kampfgetöse mußten wir plötzlich raus. Durch menschenleere, geplünderte Dörfer hasteten wir in Richtung Osten, vorbei an verendeten Tieren und einer unvorstellbaren Zahl von Soldatenleichen …

In Jenkwitz, Kreis Neumarkt, angekommen, nahmen wir Quartier in einer Schule und atmeten erst mal auf. Zwischen Stalinorgeln und dem Bordwaffenbeschuß von Tieffliegern waren wir lebend aus der Hölle herausgekommen! Nun hofften wir, es werde etwas Ruhe einkehren. Und hatten uns wieder mal getäuscht, denn ich wurde schon am nächsten Tag abgeholt zu Schanzarbeiten für einen Flugplatz.

Am Arbeitsort angekommen, traf ich auf eine kaum übersehbare Menge von Mädchen, Frauen und Männern, die hier aus der Umgebung zusammengeschleppt worden waren und nun von den Sowjets gefangengehalten wurden. Ich bekam es mit der Angst und bat einen der Bewacher, mich noch einmal zu meiner Mutter zurückzulassen. Ich weiß nicht, wieso, ich hatte einfach Glück – der Soldat ließ mich tatsächlich gehen.

Bei meiner Mutter angekommen, flehte ich, den Ort sofort zu verlassen. Wir griffen also unsere Bündel und machten uns erneut auf die Flucht. Weit kamen wir allerdings nicht. Schon am Ortseingang wurden mein sechzehnjähriger Bruder und ich von einem Sowjetoffizier einkassiert und auf die Kommandantur gebracht. Dort wurden wir verhört. Man interessierte sich für militärische Fragen, die Waffengattung unseres Vaters – er war bei der Infanterie – und seine politische Zugehörigkeit. Sie meinten, wir seien Faschisten oder Partisanen, weil wir vor der Front nicht geflüchtet waren, und fragten uns, ob wir irgendwelche Aufträge von Nazis hätten, die Russen im Hinterland zu sabotieren. Wir verneinten heftig. Ich weiß nicht, ob wir sie überzeugen konnten, vermute allerdings, das Verhör war nur ein Vorwand. Denn nun wurde ich in einen Gerümpelkeller gesperrt, meinen Bruder aber bekam ich nicht mehr zu Gesicht. Irgendwie hatte er Glück – es war ja alles eine Glückssache –, er wurde freigelassen, einfach so ... während ich eine qualvolle Reise nach Sibirien antreten mußte. Mein Bruder hat sich gleich versteckt.

Ich wurde vom Keller der Kommandantur in einen nahegelegenen Bauernhof geführt. Dort, in der Dachkammer, waren schon etwa fünfzehn bis zwanzig Frauen untergebracht. In einer anderen Dachkammer waren männliche Zivilisten, meist alte Männer und Jugendliche ... Später verlegte man uns Frauen in den Pferdestall; ich erinnere mich, daß wir dort schon eine gefangene Russin in Uniform vorfanden.

Irgendwann, so nach dem 20. März, wurden wir dann auf Lkws verladen und nach Namslau in Oberschlesien gebracht. Von dort aus ging es per Güterwaggon in Richtung Tarnowitz–Beuthen. Auf dem Bahnhof Tarnowitz verbrachten wir erst mal eine Nacht unter freiem Himmel, bei Eiseskälte und ziemlich ausgehungert. In Beuthen angekommen, brachte man uns in ein großes Gefängnis, das bereits mit Zivilisten überfüllt war, mit Schlesiern und Oberschlesiern. Rasch flüsterte sich herum, dies sei eine Sammelstelle für Deportationen nach Rußland. Ich hielt das zunächst für ein Gerücht, ich war mir ja keiner Schuld bewußt. Andererseits hatte ich bereits die Erfahrung gemacht, daß es im Krieg darum nicht geht ...«

EVA-MARIA S.: *»Ich habe meinen Vater angefleht, mich zu erschießen.«*

Eva-Maria S. wird 1928 in Grochow, Provinz Ostbrandenburg, geboren. Die Familie hat fünf Kinder, wovon eines mit sechs Jahren an Scharlach stirbt. Die Eltern besitzen einen Bauernhof. Der Vater ist Bürgermeister und zugleich Ortsbauernführer des Dorfes – er ist Mitglied der NSDAP. Die Mutter ist Hausfrau.

Während sich in Schlesien die Fluchtbewegung über Monate hinzieht, entscheidet sich das Schicksal der Bewohner Ostbrandenburgs innerhalb von vierzehn Tagen. Aufgrund des rasanten Tempos der Roten Armee treffen hier schon kurz nach den Flüchtlingsmassen aus Pommern, dem Wartheland und Ostpreußen die ersten russischen Panzer ein: Am 28. Januar 1945 stoßen sie durch die Kreise Landsberg und Soldin zur Oder-Stadt Küstrin vor und lösen eine panikartige Fluchtwelle aus. Die Masse der ländlichen Bevölkerung wird derart von den Ereignissen überrascht, daß fast nirgendwo mehr die Chance eines Fortkommens besteht. Einen Evakuierungsbefehl gibt es nicht, und so beginnt für Eva-Maria S. im ostbrandenburgischen Dorf Grochow der Krieg mit dem Aufschrei »Die Russen kommen!«:

»Es lag sehr viel Schnee, ich war gerade mit Skiern auf dem Feld, da gab es plötzlich weit entfernt eine Detonation. Die Flüchtlingstrecks entfalteten nun eine wahnsinnige Eile. Ich bin, so schnell es ging, nach Hause. Am 30. Januar hörten wir noch im Radio eine Rede von Hitler. Außer den Flüchtlingen fluteten auch eine Masse deutscher Soldaten zurück, die riefen immer wieder: ›Leute, haut ab!‹ Aber wie? Uns war es verboten zu fliehen, bevor es den Befehl dazu gab. Der kam dann am 1. oder 2. Februar, erst da durften wir das Dorf verlassen.

Mein Vater übergab unseren drei Polen alle Schlüssel vom Haus. Sie blieben dort, um die Kühe zu melken und den Hof zu betreuen. Wir gruben noch einiges von dem ein, wovon wir glaubten, daß es wichtig sei. Dann wurde das Nötigste auf einen Kastenwagen geladen; obendrauf ein Teppich, hinten kam noch ein Schlitten dran.

Am meisten erschütterte mich mein Vater: Er weinte hemmungslos, als wir den Hof verließen. Ich hatte ihn bis dahin noch nie weinen sehen. Der Hof gehörte ja unserer Familie seit Jahrhunderten, und irgendwie muß mein Vater gespürt haben, daß wir nicht mehr hierher zurückkommen …

Wir sind dann Richtung Oder, den Flüchtlingstrecks nach, sind den ganzen Tag über gelaufen. Am Abend haben wir in einem Dorf, in dem ein Bekannter meines Vaters lebte, Rast gemacht. Wir Grochower waren ein großer Treck mit Frauen und Kindern. Mein Vater war der einzige Mann, er war nicht Soldat geworden, weil er schwere Verletzungen aus dem Ersten Weltkrieg mitgebracht hatte. Am dritten Tag erreichten wir die Oder. Weit hinter uns im Osten hörten wir schon Gefechtslärm, direkt vor uns lag die rettende Oderbrücke.«

Der Treck aus Grochow kommt zu spät: Am westlichen Ufer der Oder hat sich die Wehrmacht in Erwartung des vorrückenden Feindes verschanzt. Zivilisten werden nicht mehr über die Brücke gelassen:

»Vor der Brücke standen die sogenannten Kettenhunde und dicke Kerle in goldbraunen Uniformen. Die scheuchten alle Zivilisten von der Straße. Wir wurden ins nächste Dorf gewiesen. Nur Wehrmachtssoldaten durften noch durch, außerdem einzelne Frauen und Kinder, die aus den westlichen Gebieten stammten, zum Teil noch Evakuierte aus Berlin, die wurden von Soldaten auf Lkws oder Panzer gezogen, die kamen rüber ...

Es muß später Nachmittag gewesen sein, als wir das nächste Dorf erreichten. Inzwischen hatten wir den Schlitten stehen lassen, weil es zu tauen begonnen hatte und wir nicht mehr vorankamen. Alles war matschig, und wir wollten auch die Pferde entlasten. Wieder machten wir uns zu einem Gehöft auf, wo mein Vater einen Bekannten hatte. Über die Jahre kannten sich ja in der Gegend alle. Es war etwas abgelegen, und als wir dort ankamen, war niemand mehr da. Wir gingen erst mal in die Küche, versuchten, unsere Schuhe zu trocknen und etwas Eßbares zu finden. Mein Vater ging weg, er wollte sich mal im Dorf umsehen. Im Gehöft herrschte derweil große Aufregung, die meisten Grochower waren mit uns gekommen. Als mein Vater zurückkam, sagte er: ›Bleibt mal schön ruhig, aber zieht euch wieder an. Die Russen sind da, sie rollen ins Dorf ein.‹ Er hatte einen Polen aus dem Dorf mitgebracht, der meinte, wir sollten uns im Keller verstecken. Er wollte uns Bescheid sagen, sobald alles wieder ruhig ist ...«

Kaum in Sicherheit, geht draußen das Gefecht los: Die Sowjets versuchen, über die Oder zu kommen – die Deutschen, das Terrain zu verteidigen. Fünf Tage und Nächte hindurch tobt über den Flüchtlingen im Keller der Kampf.

Das Schlimmste für die Frauen und Kinder im Versteck ist der quälende Durst, fünf Tage lang gibt es nichts zu trinken, und Eva-Marias Mutter versucht, dem kleinen Bruder den eigenen Urin einzuflößen. Doch dann macht Eva-Maria eine rettende Entdeckung:

»Am vorletzten Tag kam ich, als ich so herumkroch, ans Kellerfenster. Es war ein Wink des Schicksals, denn plötzlich sah ich, wie etwas sich spiegelte, es war Tauwasser, klares, tropfendes Tauwasser, das ich dann von drinnen mit einer Flasche hereinzog ...

Nach fünf Tagen kam der Pole und rief: ›Alles raus, schnell, die Russen durchsuchen sämtliche Häuser, Scheunen und Keller ...‹ Wir sind alle panisch nach oben geklettert, waren nach fünf Tagen Keller erst mal vom Licht geblendet und torkelten. Wenn man fünf Tage im Dunkeln liegt, ist man erst mal unfähig zu gehen. Dann sahen wir die Bescherung: Unser Wagen geplündert, die Pferde weg ... Von unseren Sachen waren nur noch Reste da. Der Pole war sehr nett, er fungierte als Bote und Dolmetscher und teilte uns im Auftrag der Russen mit, wir sollten in unser Heimatdorf zurück, weil die Rote Armee den Rücken frei brauche von Zivilisten. Von irgendwoher trieben wir dann einen Handwagen für unsere restlichen Sachen auf ...

Im ersten Dorf außerhalb der Frontlinie wurden wir in eine Schnitterhütte eingewiesen. Uns Mädchen teilte man gleich zum Kühemelken ein. Wir beschmierten unser Gesicht mit Ruß und zogen uns dunkle Kleider an, um nicht begehrenswert zu wirken. Dort, in diesem Dorf, bin ich das erste Mal vergewaltigt worden. Es war an einem Spätnachmittag; russische Soldaten und Offiziere saßen an einem Tisch, hatten ihre Uniformjacken über die Stuhllehnen gehängt und tranken. Ein anderes Mädchen und ich wurden herangewinkt, um mitzutrinken. Dann nahmen uns zwei Offiziere mit in ein Nebenzimmer, dort mußten wir uns ausziehen ... Ich schämte mich wahnsinnig. Das andere Mädchen flüsterte: ›Hab dich nicht so, das macht alles nur noch schlimmer.‹ Einer der beiden versuchte dann, mich zu vergewaltigen. Ich habe mich mit Händen und Füßen gewehrt und geschrien. Da hat er seine Pistole auf meine Brust gelegt, den Lauf Richtung Kinn. Dieses kalte Metall auf meiner Brust; ich bekomme noch heute Gänsehaut, wenn ich mich daran erinnere. Er hat mich dann die ganze Nacht vergewaltigt, immer wieder; es war furchtbar, einfach furchtbar, ich war ja erst sechzehn ... Am Morgen habe ich gedacht, ich kann nicht mehr laufen. Es war ein jüngerer, eher gutaussehender Mann. Als ich mich endlich anziehen durfte, sagte er mir, er müsse jetzt weiterziehen an die Front, und wenn er zurückkomme, nehme er mich mit ... Seit dieser Stunde hatte ich eine wahnsinnige Angst. Ich habe mich zur Schnitterhütte geschleppt, ich konnte ja kaum laufen, und meinen Vater angefleht, mich zu erschießen. Die Vergewaltigungen gingen dann täglich weiter, doch die meiste Angst hatte ich davor, daß dieser eine zurückkommt ...«

Zusammen mit zirka achtzig Frauen und Mädchen muß sich Eva-Maria bald darauf zur Kolonne formieren: Es geht zu Schanzarbeiten auf einen Flugplatz Nähe Landsberg an der Warthe. Dort angekommen, sind bereits so viele Frauen vor Ort, daß die neuen nicht mehr eingesetzt werden können. Sie werden in ein Anwesen außerhalb von Landsberg gesperrt, das nachts von Soldaten regelrecht gestürmt wird. Doch diesmal hat Eva-Maria Glück. Sie rettet sich rechtzeitig in eine winzige Räucherkammer und bleibt unentdeckt.

Nach zwei Tagen werden die Neuen zurückgeschickt. Leider führt der Rückmarsch an einem weiteren Flugplatz vorbei, und wieder werden Arbeitskräfte aussortiert. Diesmal ist auch Eva-Maria dabei. Das Erlebte wiederholt sich: Wieder werden die Frauen und Mädchen in einem abgelegenen Anwesen untergebracht, und nachts gehen die Vergewaltigungen los. Dazu kommen nun auch noch die quälenden Läuse. Gemeinsam mit zwei Mädchen beschließt Eva-Maria zu fliehen:

»Nach etwa zehn Tagen begannen wir, unsere Brotrationen zu sparen. Ich hatte so eine Bundjacke und Hosen, die unten enger waren, wahrscheinlich irgendeine umgearbeitete Uniform. Dort wurde das Brot deponiert. Dann einigten wir uns auf den Tag, an dem wir türmen wollten. Es gab da an einer Hofecke das Herzhäuschen, also das Plumpsklo. Wir sind nacheinander dorthin, haben uns dann, sobald der Posten wegschaute, dahinter fallenlassen und sind über das angrenzende Feld gerobbt. Nun kam der schwierigste Teil. Wir mußten den riesigen Flugplatz überqueren, auf dem wir arbeiteten, um den Wald dahinter zu erreichen. Eines der Mädchen meinte, genau dahinter liege ihr Dorf. Wir sind also geradewegs über den Flugplatz gegangen, an Flugzeugen und Soldaten vorbei. Niemand hielt uns an, denn wir bewegten uns so normal, als gehörten wir dazu.

Zum Verhängnis wurde uns der Wald. Zunächst kam uns ein pfeifender russischer Radler entgegen, der war betrunken und fuhr heftige S-Kurven. Wir haben uns sofort auf die Erde geworfen. Der Radler hat uns also noch nicht bemerkt. Doch dann, es muß so gegen Mittag gewesen sein, durchkämmte plötzlich ein Trupp der Roten Armee den Wald, vermutlich nach versprengten deutschen Soldaten. Sie brüllten laut herum und kamen immer näher. Was sollten wir tun? Ich schlug vor: Raus auf den Waldweg und ganz normal weitergehen – so wie auf dem Flugplatz! Das taten wir auch. Und plötzlich stürmten sie von allen Seiten auf uns zu, umzingelten uns und hielten uns mit ihren Bajonetten in Schach. Dann tasteten sie uns ab, und das war unser Pech! Denn sie fanden das Brot und wurden wild, weil sie glaubten, wir wollten es irgendwelchen versteckten Wehrmachtssoldaten bringen. Mit verzweifelten Gesten versuchten wir, ihnen klarzumachen, daß das für uns selbst sei, doch wir hatten keine Chance mehr. Mit aufgepflanztem Bajonett wurden wir abgeführt, ins Dorf Friedrichsfelde. Das war ein größeres Dorf, und im Gutshof hatte sich der NKWD einquartiert. Wir wurden in eine Kammer gesperrt. Auf ihrem Boden, unter dem Stroh, befand sich eine Falltür, die in den Keller führte. Von dort unten hörten wir Gemurmel, und so haben wir das Stroh leise beiseite geschoben und die Klappe etwas angehoben; der Keller war halbvoll mit deutschen Soldaten …

Nach zwei Tagen kamen die anderen beiden Mädchen plötzlich nicht vom Verhör zurück. Ich weiß nicht, wo sie geblieben sind. Vielleicht haben sie mich, um selber freizukommen, denunziert und darauf hingewiesen, daß mein Vater in der NSDAP war. Ich weiß es nicht, ich habe nie mehr etwas von ihnen gehört. Ich war nur plötzlich die einzige Frau dort auf dem Gehöft ... Ich wurde zum Saubermachen eingeteilt, was gleichbedeutend war mit Vergewaltigen.

Die Soldaten machten sich ihren Spaß mit mir. Sie stöberten irgendwo deutsche Illustrierte auf, die waren ja zu dieser Zeit voller Uniformträger. Dann brannten sie den Nazis die Augen aus der Zeitung, führten anschließend die brennende Zigarette genüßlich an meine Augen, ganz dicht, und fragten: ›Tui Faschist?‹ Ich saß steif wie ein Brett, hatte eine panische Angst ... Das mit den Illustrierten und der Zigarette wiederholten sie fast jeden Tag. Und sie ließen sich, wenn sie Langeweile hatten, alle möglichen Schikanen einfallen: Mal mußte ich mich vor ihren Augen nackt an der Pumpe waschen, mal an aufgepflanzten Bajonetts vorbei auf dem Hof im Kreise laufen wie ein Pferd ... Sie betrachteten mich als ihr Spielzeug.

Am schlimmsten war jedoch das ›Saubermachen‹. Es waren stets Offiziere, die mich anforderten. Ich wurde praktisch von einem zum anderen weitergereicht, zum Putzen und Vergewaltigen. Das ging manchmal den ganzen Tag und passierte oft auf viehische Weise. Ich war völlig verzweifelt, mein ganzer Körper war wie gelähmt. Mitunter rettete mich der Koch. Wenn es ganz schlimm wurde, zog er mich in die Küche. Neben dem Herd hatte er Holz aufgeschichtet und dahinter einen Spalt zur Wand gelassen. Dort versteckte er mich, dann hatte ich jedesmal für mehrere Stunden Ruhe. Der Koch war ein richtig guter Mensch. Wenn ich weinte, tröstete er mich und zeigte mit seinen Händen, daß er zu Hause auch Kinder habe, die auch weinen ... Das verstand ich sofort. Er berührte mein Gesicht, um zu zeigen, daß die Tränen da weg müssen. ›Ewa nje plakatsch!‹ waren die ersten russischen Worte, die keinen Schrecken bei mir auslösten ...

Über Nacht wurde ich in den Keller gesperrt; dort, wo zuvor die deutschen Soldaten drin waren. Die hatten sie bereits abtransportiert. Da ging so eine Stiege runter, hinter der habe ich mich immer versteckt. Denn nachts haben sie manchmal russische Soldaten heruntergestoßen, die irgendwas angestellt hatten und betrunken waren. Die mußten dort ihren Rausch ausschlafen. Ich blieb mucksmäuschenstill hinter meiner Stiege, so daß mich nie einer entdeckt hat ...

Eines Nachts, ich wurde wieder in den Keller gesperrt, saß da plötzlich eine Russin. Ich erinnere mich, sie hatte ein slawisches Gesicht und einen geflochtenen Haarkranz, und sie saß aufrecht an der Wand. Ich war froh, plötzlich eine Frau zu sehen, und setzte mich schüchtern neben sie. Irgendwie kamen wir ins Gespräch miteinander, sie sprach recht gut Deutsch. Sie erzählte mir ihre Geschichte. Die klang phantastisch, doch nach allem, was ich später selbst erlebte, glaube ich, daß sie stimmte. Sie sagte, sie sei in Warschau gefangengenommen worden, sei die Frau eines deutschen Botschaftsangestellten in Leningrad. Auf jeden Fall sprach sie Russisch, Polnisch und Deutsch. Die Russen hatten sie auf dem Vormarsch festgenommen und als Dolmetscherin mitgeführt. Vielleicht war sie auch nur in den Keller gesetzt worden, um mich auszuhorchen, wer weiß ... Jedenfalls sagte sie dann etwas Unvergeßliches: ›Mädchen, du wirst nach Sibirien kommen. Stalin bringt alle seine Feinde nach Sibirien! Und wenn du überleben willst, dann mußt du fleißig arbeiten und die Sprache lernen ...‹ Den Rat habe ich dann schon auf dem Hintransport beherzigt.

Eines Nachmittags holte mich ein Posten mit aufgepflanztem Bajonett und führte mich hinter die Scheune. Ich dachte: ›Endlich ist Schluß, jetzt knallt er dich ab.‹ Doch dann machte er nur das Scheunentor auf. Dicht an dicht hockten dort deutsche Soldaten ... es müssen mehrere hundert gewesen sein. Der Posten schob mich dazu und verschwand. Die Soldaten am Rand rückten weiter zusammen, damit ich mich hinlegen könne. Sie versuchten, mich zu trösten. Wir kämen wahrscheinlich in ein russisches Lager, meinten sie, doch das sei nicht so schlimm. Ich käme dort gleich in die Küche und brauchte immer nur Suppen und

Soßen abzuschmecken ... Sie waren rührend besorgt um mich und wollten sich dort um mich kümmern, damit mir nichts mehr passiert. Auf jeden Fall wußte ich nun, daß das stimmt mit den russischen Lagern.

Am nächsten Morgen – es war noch dunkel – begann der Abmarsch. Inzwischen war es bereits Mitte März. Wir marschierten bis Sonnenburg, kamen dort in ein Konzentrationslager der Nazis. Der große Trupp wurde in den Lagerbaracken untergebracht, ich in einer Arrestzelle. Dort lagen bereits viele Schwerkranke, es herrschte ein unbeschreiblicher Gestank. In der Zelle waren alles Frauen, auch sie waren einfach mitgenommen worden. Hier fand ich ein Mädchen aus unserem Dorf wieder. Sie war bereits schwer krank, konnte nicht mehr gehen und ist wohl schon dort gestorben ...

In der Zelle herrschte ein fürchterlicher Gestank, fast alle hier hatten die Ruhr. An der Tür stand ein Eimer, und wenn die verzweifelten Frauen im Dunkel nach dem Eimer tasteten, passierte es mitunter, daß er umkippte. Manchmal kippten sie auch mitsamt dem Eimer um, weil sie zu schwach waren zum Sitzen. Der Geruch war bestialisch, man konnte kaum atmen ...

Das ging so ein paar Tage, dann wurden die Gesunden aussortiert. Sie verluden uns auf Lkws – von Sonnenburg wurden wir dann nach Schwiebus transportiert, in ein großes Sammellager ...«

Annemarie M. wird 1920 in einem Vorort von Danzig geboren. Der Vater ist Zollbeamter, die Mutter entstammt einer Kaufmannsfamilie und arbeitet zeitweise in der familieneigenen Militärschneiderei. Beide Eltern sind parteilos. Annemarie ist das einzige Kind.

Annemaries Weg von Danzig nach Mohrin in der Mark Brandenburg hat eine Vorgeschichte:

»Also, wie kam ich nach Mohrin? Zunächst einmal bin ich in Danzig aufgewachsen, wir lebten dort in unmittelbarer Nähe des Hafens. Ich kam mit acht Jahren ins Gymnasium, wurde dann nach Langfuhr umgeschult, in ein Lyzeum. 1938 habe ich das Abitur gemacht. Ich wollte anschließend Philologie studieren, zuvor mußte man aber für 9 Monate zum Arbeitsdienst. Ich habe mich da für Vogelsberg entschieden, das liegt in Hessen – war also schön weit weg von zu Hause. Ich wollte ja etwas sehen von der Welt ... Wir waren dort eine zusammengewürfelte, aber aufgeweckte Truppe. Ich kam vom entferntesten Ort und bin nur selten nach Hause gefahren. Wenn wir frei hatten, wurde ich immer von einer Maid mit nach Hause genommen, die näher wohnte – so kam ich an den Rhein und nach Würzburg, nach Thüringen und sogar nach Wien ...

Wir Maiden – wir waren alles Abiturientinnen – sind 1938 als geschlossene Gruppe in die NSDAP eingetreten. Irgendwie hatte das die Maidenführerin organisiert – die kam mit Listen, und wir sind alle eingetreten und fanden das gut. Nach meiner Rückkehr nach Danzig hat mich das mit der NSDAP nicht mehr interessiert. Ich hatte zwar einen Ausweis und eine Mitgliedsnummer, doch es hat mich nie wieder jemand deshalb angesprochen. Und meine Freizeit war völlig mit Sport ausgefüllt. 1939 nahm ich dann mein Studium der Germanistik und Anglistik an der Technischen Hochschule Danzig-Langfuhr auf – und kaum hatte ich angefangen, ging der Krieg los. Wir wurden sofort evakuiert, wir wohnten ja direkt am Hafen, und einhundertfünfzig Meter Luftlinie von unserem Haus entfernt lag die ›Schleswig-Holstein‹, die auf die Westerplatte feuerte … Wir sind also in irgendein Küstendorf ausquartiert worden, und statt Studium hatte ich ein paar Wochen Zusatzferien …

Durch die TH lernte ich meinen Mann kennen. Der hat auch hier studiert und war nun Ausbilder an der Flugzeugführerschule in Langfuhr. Er war vor dem Studium am Aufbau der Luftwaffe beteiligt gewesen und 1940 bereits ›Flugmillionär‹ … Die Fliegerei war schon eine spannende Sache. Ich habe die Ausbildung auch mitgemacht, bin aus Daffke schon mal die ›Klemm 36‹ geflogen, das war noch während meiner Studienzeit. Nein, in der NSDAP war mein Mann nicht. Die Schwester meines Mannes war Untergauführerin beim BDM. Fragen Sie mich aber nicht, warum sie das gemacht hat und wie es dazu gekommen ist, das entzieht sich meiner Kenntnis. Ich war ja mit ihr nur in Urlaubssituationen zusammen und bei der Hochzeit. Der Vater meines Mannes war Pfarrer in der Mark Brandenburg, in Mohrin, wo auch die Familie wohnte. Der war nun nicht von der neuen Idee entzündet, der war in der Bekennenden Kirche …«

1940 findet in Danzig die Hochzeit statt, im Jahr darauf kommt die erste Tochter zur Welt. Annemarie studiert weiter. 1942, als ihr Mann zur Luftwaffe abkommandiert wird, ist Annemarie erneut schwanger. Da in Danzig mit Luftangriffen zu rechnen

ist, gibt sie ihr Studium auf und zieht nach Mohrin, ins Pfarrhaus der Schwiegereltern, um hier ihr zweites Kind zur Welt zu
bringen:

»Ich wohnte nun also mit meinen beiden Mädchen auf dem
Land, im Pfarrhaus Mohrin. 1943, mein Mann war ein halbes
Jahr dabei und nach Sizilien verlegt worden, kam plötzlich
die Nachricht, er sei vermißt, beim ›letzten Feindflug‹, so
hieß das damals. Er war nach Nordafrika gestartet, mit einer
Ju 88, und vom Feindflug nicht zurückgekehrt. Das war am
24. Mai 1943 und der letzte Flug dort unten; danach wurden
sie wieder zurückverlegt, es war ja dann Schluß mit Rommel
in Afrika ...

Ich muß sagen, ich war zunächst nicht sonderlich beunruhigt, das ist erst später und sehr langsam gekommen. Erst
habe ich gedacht: ›Na ja, der wird sich schon von irgendwoher melden.‹ Das sind so Dinge, wenn man jung ist ... Ich
nahm an, daß er sich irgendwo durchschlägt, vielleicht in
Afrika notgelandet ist, oder was weiß ich. Es war ja nichts
Endgültiges, man bekam ja keine Todesnachricht. Er konnte
auch in Gefangenschaft sein. Ich kannte ihn ja, er war so ein
Abenteuermensch, hat immer gesagt: ›Hab keine Angst, ich
schmier nicht ab; da kommt immer noch eine Lösung, irgendwie schlage ich mich schon durch ...‹ Das blieb also
lange Zeit offen ... Vermißt ist nicht tot.«

Trotz Zuspitzung des Krieges hält es Annemarie nie allzu lange
in Mohrin. Häufig fährt sie mit ihren Kindern zu den Eltern
nach Danzig. 1944 sind sie fast ein halbes Jahr lang bei einer
Freundin in Wien zu Gast. Die versucht, sie zu überreden, auch
den Winter über dazubleiben, doch Annemarie will vor Win-
teranbruch unbedingt noch ihre Eltern in Danzig besuchen.
Vor dem großen Einmarsch der Roten Armee sind Mutter
und Kinder zurück im ostbrandenburgischen Pfarrhaus:

»Am 31. Januar 1945 – das werde ich nie vergessen – wurde Mohrin schon besetzt, da kamen die Russen. Dieses Datum werde ich deshalb nie vergessen, weil sich einige noch anhörten, was Hitler von sich gegeben hat. Ja, ich glaube, es war der 30. Januar, da lauschte alles an den Radios. An diesem Tag hat Hitler noch mal die Leute aufgerufen, durchzuhalten. Ich habe mir das nicht angehört, ich weiß nur noch, daß im Haus alle sagten: ›Wollen doch mal hören, was der Führer uns noch rät!‹ An diesem Tag hörte man ja schon die Front näherrücken; und einen Tag später waren sie drin. So war das … Die ersten Tage herrschte noch Ruhe, jedenfalls im Pfarrhaus herrschte Ruhe. Geschossen wurde in Mohrin am Anfang nicht sehr; wir waren zunächst nur eine Zwischenstation auf dem Weg zur Oder. War das nun der 3. oder 4. Februar? Ich kann das nicht genau sagen, aber so ungefähr, als sich ein hochgewachsener russischer Offizier samt Burschen im Pfarrhaus einquartierte. Wir öffnen, da sagt der Offizier auf deutsch: ›Guten Tag, haben Sie keine Angst, ich beiße nicht.‹

Das werde ich mein Lebtag nicht vergessen, es war alles noch so förmlich. Wie mein Schwiegervater mit ihm ins Studierzimmer gegangen ist, und der sprach ja nun Deutsch … Der Offizier war Zoologe, etwa dreißig Jahre alt. Er hatte in Moskau studiert und war wirklich gebildet. Ein Kamerad von ihm, ein Hauptmann, der kam öfter. Dann haben sie mit den Kindern gespielt und im Garten rumgetobt, die waren ja sehr kinderlieb … Also am Anfang verlief das keineswegs unangenehm. Für den Offizier wurde ein Zimmer frei gemacht, und er war wirklich ein Schutz für uns Frauen. Er riet uns immer, nicht aus dem Haus zu gehen. Wir haben auf ihn gehört, er hat das sehr eindringlich gesagt, und sind nicht rausgegangen.

Und dann passierte es: Das muß am 14. oder 15. Februar gewesen sein, da wurde der Offizier für ein paar Tage abkommandiert, ins Hinterland, danach wollte er zurückkommen. Und bevor er losfuhr, ermahnte er uns noch mal, nicht aus dem Haus zu gehen. Genau in der Zwischenzeit, am 17. Februar, kamen dann vormittags zwei russische Soldaten mit der Knarre ins Haus: Ich als einzige sollte mich warm anziehen, es ginge für einen Tag zu Schanzarbeiten auf einen Flugplatz ... In der Gegend gab es tatsächlich einen, nur bin ich dort nie angekommen.

Der Weg war kurz, dauerte nur ein paar Minuten. Dann wurde ich in den Keller einer Villa gesperrt, in der sich der NKWD einquartiert hatte. Im Keller befanden sich schon andere Personen, irgendwelche jungen Mädchen und ein paar, die ich kannte: Der Bürgermeister, der Ortsbauernführer, die Frau des Bäckers, die Frau des Zahnarztes ... Zum Teil sah es so aus, als wäre es eine gewisse Auswahl. Der Eindruck verstärkte sich, als das erste Verhör losging. Da wurde ich sofort mit der Vergangenheit meines Mannes konfrontiert, daß er die Luftwaffe mit aufgebaut habe und so weiter. Sie wußten, daß er Flieger ist und auch, daß sein Bruder vor kurzem gefallen war ... Die Verhöre kreisten immer um meinen Mann und seine Familie.

Ich denke schon, daß da eine gezielte Denunziation vorausgegangen ist. Es gab so einen Stadtarbeiter, der im Ersten Weltkrieg in Rußland gewesen war und sich von dort eine Frau mitgebracht hatte. Der war zuständig für Sauberkeit, fegte auch im Stadtpark und rund um die Kirche. Und nun wurde im Keller gemunkelt, der sei es gewesen. Mohrin war ja eine Kleinstadt, da weiß jeder von jedem so ziemlich alles, und mein Schwiegervater war dort schon seit siebenunddreißig Jahren Pfarrer. Warum nun gerade ich abgeholt wurde? Keine Ahnung ... Für mich interessierten sie sich gar nicht, ob ich im BDM war oder der NSDAP, das haben sie gar nicht wissen wollen. Das Gespräch kreiste immer nur um meinen Mann: Sie vermuteten, er habe sich irgendwo versteckt und ich hielte nun Verbindung zu ihm ...

Das war ja nun absoluter Blödsinn. Ich konnte ihnen allerdings noch so oft sagen, daß er seit 1943 vermißt ist, sie haben mir das nicht geglaubt ...

Insgesamt verliefen die Verhöre korrekt, würde ich sagen. Ich wurde bedroht, aber nicht geschlagen. Auch vergewaltigt hat mich niemand. Drei Tage hausten wir so da unten im Keller, der sich übrigens immer mehr füllte. Dann wurden wir auf Lkws geladen. Das war immer noch im Februar; und kurz, nachdem ich weg war, kam besagter Offizier zurück. Das habe ich Jahre später durch meinen Schwiegervater erfahren: Der Offizier soll sich furchtbar aufgeregt haben, es gab da wohl auch Spannungen zwischen der kämpfenden Truppe und dem NKWD. Na jedenfalls, als er zurückkam, war die Sache schon gelaufen.

Ich war nicht gerade üppig bekleidet, als es losging: Dicke, grünmelierte Strickjacke, Hosen und Stiefel. Es sollte ja ursprünglich nur für einen Tag zu Schanzarbeiten gehen ...

Wir waren so dreißig bis vierzig Leute auf dem Lkw. Bürgermeister und Ortsbauernführer waren auch dabei und noch ein paar ältere Männer, alle so über die fünfzig, die haben den Transport dann aber nicht lange überlebt. Die Frau des Zahnarztes ist bereits auf dem Transport gestorben ...

Wir wurden also nach Wreschen gebracht und dort in eine große Schule verfrachtet. Es war schon eine Menge von Menschen da, und täglich kamen neue hinzu. In Wreschen haben wir noch etwa eine Woche kampiert, in den Räumen dieser Schule, und dann ging es los ...«

HELGA P.: »*Keines von uns Mädchen blieb verschont.*«

*Helga P. wird 1928 in Königsberg/
Mark Brandenburg geboren. Sie
hat zwei Geschwister. Der Vater
ist Schuhmachermeister, die Mutter Hausfrau. Helgas Vater ist
Mitglied der NSDAP.*

Als Ende Januar 1945 die Flüchtlingswelle aus dem Osten auch
Ostbrandenburg erreicht, darf Familie P. nicht weg. Helgas
Vater ist zum Volkssturm eingeteilt:

> »Mein Vater arbeitete als Schuhmachermeister bei den Flie-
> gern. Wir hatten ja in der Nähe von Königsberg – Königsberg
> in der Mark Brandenburg – einen größeren Flughafen, dort
> hatte er eine Meisterstelle in der Schuhmacherei. Und als es
> Anfang 1945 losging, war mein Vater im Volkssturm. Da er
> ein wenig körperbehindert war, hatte er zwar eine Art Schon-
> posten, aber flüchten durften wir nicht.
> Irgendwann wurde es dann aber brenzlig, so daß meine El-
> tern beschlossen, sich zu trennen: Mein Vater und meine
> Oma wollten in der Stadt bleiben, meine Mutter sollte sich
> mit den Kindern auf dem Land in Sicherheit bringen. Wir
> sind dann aus Königsberg raus, so am 31. Januar, und hin-
> über nach Bernikow, dort hatten wir Verwandte. Die Familie
> meines Onkels wohnte dort, und die waren alle in der Kom-
> munistischen Partei gewesen. Deshalb hatte mein Onkel
> auch mehrmals gesagt: ›Flüchtet nicht, geht nicht über die

Oder! Kommt hierher – uns tut keiner was!‹ Wir fühlten uns also in Bernikow ziemlich geschützt, als die Russen kamen. Mein Onkel hatte bereits in Gestapo-Haft gesessen und war nur durch Glück dort wieder rausgekommen: Seine Söhne waren bei der Wehrmacht und drei davon gefallen. Der vierte war sogar freiwillig, der ist Flieger geworden. Und so hatte der Landrat sich sehr für meinen Onkel eingesetzt, der hat ihn aus dem Gestapo-Keller wieder rausgekriegt ...

Wie gesagt, wir sind bei ihm untergekrochen. Am 4. Februar kam dann der Russe, und den hat das mit dem Kommunismus überhaupt nicht interessiert. Mein Onkel wurde nicht nur einmal geschlagen, sondern gleich mehrmals. Dabei hatte er Nachweise; als er sein Haus baute, hat er die entsprechenden Dokumente mit eingemauert, gleich vorn am Eingang. Und bevor die Russen kamen, hat er die rausgeholt ... Die ersten Soldaten haben das sogar noch akzeptiert, doch die danach gekommen sind, interessierten Papiere überhaupt nicht. Ich glaube, die waren ziemlich dumm, auf jeden Fall dümmer als die ersten.

Da sie sofort mit dem Vergewaltigen anfingen, sind wir nach zwei Tagen von dort geflohen, meine Mutter, meine Schwester und ich. Meine Schwester war damals vierzehn, ich sechzehn. Wir haben uns nach Gelln aufgemacht, zur Gellner Lose. Das war ein sehr abgelegener, großer Bauernhof. Das Grundstück lag fast am Wald. Hier war bereits eine Menge von Leuten untergeschlüpft. Allerdings holten uns die Russen am 13. Februar auch hier wieder ein, sie nahmen gleich in der Nähe Quartier. Und da sie nicht weiterzogen, folgte ein Wüten in mehreren Etappen. Sie wollten nicht nur einmal ›Uhri‹ haben, sie verlangten sie immer wieder. Und wenn es keine Uhr gab – es hatte ja längst keiner mehr eine –, dann waren wir Mädchen dran. Das ging immer reihenweise, keine von uns blieb an irgendeinem Tag verschont ... Einmal haben sie uns auf einen Lkw geladen und sind mit uns in den Wald gefahren, da wurden wir dann dort vergewaltigt. Wir waren im Gehöft acht Mädchen. Eine kam auch aus

Königsberg, eine aus Wedel ... dann waren zwei aus Nordhausen da, dazu meine beiden Cousinen, meine Schwester und ich ...

Wir waren verzweifelt, hatten niemanden, der uns hilft. Natürlich haben wir versucht, uns zu verstecken. Einmal saßen wir unter der Scheune, meine Mutter und wir acht Mädels. Es gab da auf dem Scheunenboden so eine Klappe, die in den Keller führte. Wir sind also die Stiege da runter und haben die Klappe über uns zugemacht. Irgend jemand stellte dann die Häckselmaschine drauf. Nun saßen wir dort unten und hörten alles, das Pferdetrappeln, das Russengebrüll ... Und als die Soldaten dann in die Scheune reinkamen, gerieten wir in Panik: Was, wenn sie die Scheune anstecken? Wir wären ja dort nicht mehr rausgekommen ... Als die weg waren, haben wir uns gesagt: ›Das machen wir nie wieder‹ ... Danach haben wir uns auf dem Boden versteckt, auf dem Stallboden. Da hatten die Bauern viel Heu zu liegen. Und da sind wir hintergekrochen. Haben die Leiter hochgezogen und uns im Heu eine Art Höhle gebaut.

Und dann passierte es. Zwei Mädchen von uns, die wollten nicht mehr da oben in der Falle sitzen, die hatten Angst und sagten plötzlich: ›Wir gehen jetzt zum Russen und melden uns zur Arbeit, dann haben wir wahrscheinlich Ruhe.‹ Die kamen aber nicht weit, unterwegs fuhr ihnen schon ein Laster mit Soldaten entgegen, die wollten das gleiche. Sie sagten, sie suchten junge Mädchen zur Arbeit, und ob die beiden nicht noch welche wüßten, die mitkommen könnten ... Arbeit – das hörte sich ja gut an, das war ja genau das, was die beiden wollten. Also haben sie gesagt: ›Da, wo wir herkommen, sind noch sechs Mädels!‹

Und bald darauf hörten wir die beiden von unten rufen: ›Helga! Maria! ...‹ Ahnungslos machen wir die Klappe vom Stallboden auf – und was sehen wir? Russen! ›Kommt mal runter, kommt runter!‹ riefen die beiden Mädels fröhlich ... Das ganze hat sich am 14. März abgespielt, glaube ich, so gegen 17 Uhr. Wir stiegen dann runter; unsere Mütter hatten irgendwas zum Essen gekocht, das sie uns gerade nach oben bringen wollten ... Na, essen durften wir noch.

Dann mußten wir mit. Und plötzlich war von ›Verhör‹ die Rede. Ich bin gleich in Tränen ausgebrochen, wegen meiner Schwester, die war ja erst vierzehn Jahre alt! Ich flehte die Soldaten an, wenigstens sie umkehren zu lassen. Glücklicherweise hatte meine Schwester ihr Schulzeugnis in der Manteltasche – und da stand ihr Geburtsdatum drauf, das hat sie gerettet. Sie durfte tatsächlich wieder zurück. Wir anderen wurden ins Dorf Gelln gebracht und verhört. Wir kamen in ein Haus, in dem ich auf eine Bäckersfrau aus Königsberg traf. Der habe ich noch gesagt: ›Wenn Sie meine Mutter sehen, bestellen Sie ihr schöne Grüße von mir.‹ Irgendwie ahnte ich, daß ich nicht so schnell zurückkommen würde ... Den Gruß hat sie dann auch bestellt, allerdings erst Jahre später.

Im Verhör mußten wir alles angeben, ob wir im BDM sind und so ... Ich hätte eventuell ›Nein‹ gesagt, doch ich traute den beiden Mädels nicht, die uns verraten hatten. Was, wenn die bereits gesagt hatten: ›Ja, wir sind alle im BDM‹? Also habe ich alles zugegeben. Das wurde dann aufgenommen; wir mußten irgendwas unterschreiben, was wir nicht lesen konnten – und kamen in den nächsten Ort: Nordhausen bei Bad Schönfließ ... Einen Tag später ging es per Lkw weiter nach Massin, einem größeren Dorf. Hier fanden wir im Keller schon etliche Leute vor. In Massin hausten wir ein paar Tage, ich kann heute nicht mehr sagen, wie lange genau, es war etwas weniger als eine Woche, und hier gingen auch die Verhöre weiter ...

Zum dritten Mal wurden wir in Landsberg an der Warthe verhört. Danach hieß es wieder: ›Alles rauf auf den Lkw!‹; und schließlich trafen wir in Schwiebus ein ... in einem Lager mit sehr vielen Baracken, und alles war überfüllt ...«

SIGRID B.: *»Er schleuderte mich in den Straßengraben.«*

Sigrid B. (auf dem Foto hinten rechts als Sechzehnjährige in Rußland), geboren 1941 in Idasheim, einem Dorf bei Posen (Wartheland). Die Eltern haben einen kleineren Bauernhof, beide sind parteilos. Sigrid ist das einzige Kind.

In allen Teilen Ostdeutschlands werden im Frühjahr 1945 Zivilisten aufgegriffen und zur Arbeit nach Rußland deportiert. Daß gleich alle Bewohner eines Dorfes verschleppt werden, ist selten. Zu diesen Ausnahmen gehören die vierjährige Sigrid B., ihre Mutter und Tante sowie alle anderen deutschen Frauen und Kinder des Dorfes Idasheim (Provinz Posen), die im April 1945 nach Rußland verschleppt werden. Sigrids eigene Erinnerungen reichen bis zum zehnten Lebensjahr zurück, das sie in einer kasachischen Steppe verbringt. Was davor passierte, stützt sich auf die Aussagen ihrer Mutter und ihrer Tante.

Das Dorf Idasheim besteht aus etwa fünfzehn deutschen und polnischen Familien, die sich, seit das Wartheland nach dem Überfall der Nationalsozialisten auf Polen zum »Warthegau« erklärt worden ist, in einer völlig rechtlosen Situation befinden.

Ihren Vater hat Sigrid kaum kennengelernt. Er ist Wehrmachtssoldat und gilt seit 1943 als »in Frankreich vermißt«:

»Ich lebte mit meiner Mutter in der Wirtschaft. Und weil mein Vater bei der Wehrmacht war, hatten wir zwei polnische Knechte zugewiesen bekommen, ich würde sagen, es waren

Zwangsarbeiter. Wir mußten ja neben den Feldern noch Kühe und Pferde versorgen.

Vorübergehend hatten wir noch ein Kindermädchen aus dem ›Reich‹, das auf unserem Hof sein Pflichtjahr absolvierte. Und dazu ein polnisches Mädchen; das wohnte im gleichen Dorf wie wir und gehörte schon fast zur Familie. Jedenfalls waren alle schon da, als ich geboren wurde. Zu dem polnischen Mädchen hatte meine Mutter ein warmherziges Verhältnis. Es bekam auch ein Kind, von einem der Knechte, und der muß irgendwie im Widerstand gewesen sein. Denn eines Nachts wurde er von der Gestapo abgeholt. Das Mädchen sollte auch mitgenommen werden, doch da hat meine Mutter sich schützend vor sie gestellt und ihr ein Alibi verschafft. Mit der jungen Polin – sie ist ja längst eine erwachsene Frau – und ihrem Sohn haben wir heute noch einen herzlichen Kontakt …

Anfang 1945, als wir uns auf die Flucht vor der Roten Armee machten, war gerade meine Tante aus Nordenham, Nähe Bremerhaven, bei uns zu Besuch. Meine Mutter konnte ja sehr gut nähen, und die Tante war da, um sich ein Kostüm nähen zu lassen – dieses Kostüm hat sie dann zwölf Jahre Rußland gekostet … Denn alles ging ungeheuer überstürzt vor sich. Die Evakuierung kam zu spät, so hat es unser Dorf nicht mehr über die Oder geschafft. Wir sind gerade mal bis in die Nähe von Frankfurt gekommen, dann wurden wir von der Roten Armee überrollt. Es muß alles in einem rasenden Tempo passiert sein. Meine Mutter hat mich geschnappt, die Polen haben das Fuhrwerk beladen, dann sind wir aus dem Dorf, so schnell wir konnten. Unser polnisches Mädchen blieb mit ihrem Kind zurück, unser Knecht Biskup ist mit und hat den Wagen geführt.

Eines Morgens, an einem Bahnhof, waren plötzlich alle polnischen Knechte verschwunden. Das konnte ihnen niemand verdenken, doch nun hatten wir plötzlich überhaupt keinen männlichen Schutz mehr. Wir waren ja nur Frauen und Kinder. In Frankfurt waren bereits die Russen, ein Zug fuhr nicht mehr, und nun bekam unser Treck den russischen Befehl, zurück nach Posen zu marschieren. Wir wurden praktisch umgelenkt mit unseren Fuhrwerken Richtung Heimat. Die Pferde ließen sie uns erst mal, wir sollten ja so schnell wie möglich aus dem Kampfgebiet verschwinden. Pferde und Wagen wurden erst später beschlagnahmt, in Posen, beim Verladen in die Waggons. Da durften wir nur noch unsere persönlichen Sachen mitnehmen ...

Wir sind also die Landstraßen entlang Richtung Heimat, und auf dem Kutschbock saß nun meine Tante. Wir waren so zwei, drei Tage unterwegs, mit einem Treck, der aus fünf Idasheimer Familien bestand. Außer uns war eine Frau mit drei Kindern, dann noch eine mit einer Oma und zwei Kindern. Dazu noch eine junge Frau, die war jünger als meine Mutter und hatte auch zwei Kinder, und dann eine Lehrerin, die hatte zwei adoptierte Kinder. Das waren alle in unserem Treck. Wir waren ja nicht die einzigen auf der Landstraße, Massen von Menschen rannten hierhin und dahin oder fluteten wieder zurück. Wir hatten uns in einen größeren Treck eingefädelt, und unterwegs kamen uns ständig russische Panzer und Lkw-Kolonnen mit Soldaten entgegen.

Irgendwann überholte uns ein russischer Transporter und stoppte. Die Soldaten sprangen runter und durchwühlten unsere Sachen nach Gewehren und anderen Waffen; sie suchten auch nach Fahnen oder irgendwelchen Naziemblemen. Und da hat dann ein Besoffener in unserem Wagen den Besteckkasten gefunden und schrie: ›Hierher, Waffen!‹ Ein anderer versuchte, ihn zu beruhigen und sagte: ›Na, guck doch mal, das sind doch keine Waffen; und das sind ganz normale Frauen ...‹ Doch der Besoffene gab nicht nach. Er zerrte meine Mutter vom Wagen; dann griff er mich am Bein, wirbelte mich dreimal durch die Luft und schleuderte mich in den Straßengraben. Meine Mutter hat wie wahnsinnig geschrien, rannte zum Graben und holte mich da wieder heraus. Ein anderer ist dem Besoffenen in den Arm gefallen, der hat uns das Leben gerettet. Wir durften weiterfahren, doch im Treck hinter uns hat es einige erwischt, da haben sie ein paar Leute erschossen. Irgendwie müssen sie da etwas gefunden haben, woran sie sich festhalten konnten. Meine Mutter hat später gesagt, da hätte sich vielleicht ein Sturmbannführer untergemischt, genau wußte sie das aber nicht. Jedenfalls gab es Tumult, und während meine Mutter nachsah, ob ich noch lebte, ratterten hinter ihr Schüsse. Als sie sich umdrehte, lag die Straße voller Leichen. Sie haben nicht nur diesen einen Mann erschossen, sondern gleich in den ganzen Treck reingehalten ...

Das mit dem Bein ist nie ganz abgeheilt. Ich konnte erst gar nicht laufen, dann hinkte ich lange Zeit. In Rußland war keine Möglichkeit, das untersuchen zu lassen, und irgendwann hat es sich dann wohl verwachsen. Nur die Schmerzen blieben. Probleme damit habe ich bis heute – ich schwenke das Bein beim Gehen nach innen, das betreffende Knie ist auch dicker ...

Nach ein paar Tagen kamen wir dann in Posen an. Nur ging es nicht nach Hause – wir landeten an irgendeinem Abstellgleis und wurden verladen ...«

LOTTE W.: »*Ein Trommelfeuer setzte ein, das die Erde erzittern ließ.*«

Lotte W. (auf dem Foto 1942 mit ihrer Mutter), geboren 1922 in Königsberg/Ostpreußen. Der Vater ist Schlosser, die Mutter Hausfrau. Lotte hat zwei jüngere Geschwister, ihre Eltern sind parteilos.

Nachdem die Deportation von Zivilisten aus deutschen Ostprovinzen nach Rußland mit der Kapitulation Deutschlands am 8. Mai 1945 im wesentlichen abgeschlossen ist, kommt es im Lauf der nächsten Jahre noch zu vereinzelten Verschleppungen. Vor allem in der ostpreußischen Stadt Königsberg, die – nunmehr unter dem Namen Kaliningrad – zur Kriegsbeute Stalins gehört, lassen sich mit der Verschleppung arbeitsfähiger deutscher Zivilisten gleich »zwei Fliegen mit einer Klappe« schlagen: Aus Kaliningrad werden mißliebige Feinde eliminiert und den sowjetischen Lagern, in denen bereits der Rücktransport verschlissener Arbeitskräfte begonnen hat, wird Nachschub zugeführt.

Auf diese Art wird die junge Königsbergerin Lotte W. zusammen mit anderen Frauen 1947 nach Rußland deportiert.

Bis 1939 besucht Lotte W. die Schule in Königsberg, legt dann die Mittlere Reife ab und absolviert anschließend ihr Pflichtjahr auf einem ostpreußischen Bauernhof. Im Frühjahr 1940 nimmt sie eine Lehre bei der *Bank der Ostpreußischen Landschaft* an, nach deren Beendigung sie als Angestellte übernommen wird.

Anfang der vierziger Jahre lernt Lotte ihren Mann Ewald H. kennen, einen Bankangestellten der Kreiskommunalkasse Gumbinnen. Die beiden heiraten 1943 in Königsberg, wo Ewald H. inzwischen als Gefreiter der Luftwaffe beim Bodenpersonal im Luftgaukommando Königsberg stationiert ist:

»Als wir heirateten, war ich noch nicht ganz einundzwanzig Jahre alt, brauchte also noch die Einwilligung meiner Eltern.

Unser Ehe-Glück dauerte nicht allzu lange; schon kurz nach der Hochzeit wurde mein Mann aus Königsberg abgezogen und nach Holland verlegt. Erst nach Holland, dann nach Frankreich; von dort wurde er 1944 plötzlich als ›vermißt‹ gemeldet ... Ich war völlig verzweifelt, habe mich in die Arbeit gestürzt, solange es ging. Es gab ja schon im August 1944 einen schweren Luftangriff auf Königsberg. Da stand plötzlich die ganze Stadt in Flammen, der ganze innere Stadtkern. Etwa sechs Kilometer Fläche im Durchmesser waren binnen zweier Tage und Nächte zerbombt worden, darunter auch fast alle Bankfilialen. Nachdem die Tresore etwas abgekühlt waren, haben wir Angestellten versucht, sie aus dem Schutt auszubuddeln. In der Hauptbank Landhofmeisterstraße sortierten wir dann, was vom Bombardement verschont geblieben war, versuchten, die Konten der Bankkunden neu zusammenzustellen ... Durch die viele hektische Arbeit blieb kaum Zeit zum Nachdenken über das Schicksal meines Mannes; ich ging auch davon aus, daß er noch lebt ...

Gearbeitet habe ich, solange es möglich war. Irgendwie hatten wir damals einen ausgeprägten Pflichteifer. Im Januar 1945 ging ich noch unter Artilleriebeschuß zur Arbeit. Die Russen standen da bereits am südlichen Pregelufer und schossen herüber ...«

Seit Tagen fluten vom Land her die Trecks in die Stadt; noch vor Ende Januar ist Königsberg mit Flüchtlingen restlos überfüllt. Aus dem Westen kehren die ersten Züge zurück; Ostpreußen ist bereits abgeschnitten.

Immer enger zieht die Rote Armee ihren Gürtel um die Stadt. Am 27. Januar 1945 setzt russisches Artilleriefeuer auf Königsberg ein und löst eine Fluchtwelle in Richtung Pillau aus; der Weg zum Meer ist der einzige, der noch offen ist. Lotte W. schiebt ihre Angst beiseite und sucht ihren Arbeitsplatz auf.

Nachdem die Stadt über mehrere Tage eingeschlossen war und der Weg nach Pillau noch einmal für kurze Zeit freigekämpft worden ist, beschließen auch Lotte, ihre Mutter und eine Schwägerin, die Flucht nach Pillau anzutreten. Die drei Frauen sind allein. Der Vater ist an der Front, auch beide Brüder sind eingezogen. Die Lage in Königsberg scheint aussichtslos: Einerseits steht die zur Festung erklärte Stadt unter starkem Dauerbeschuß, beschießen russische Kampfflieger aus geringer Höhe Straßen und Plätze, andererseits sind Bäume und Häuserwände mit Plakaten übersät, die unter der Überschrift »Haß und Rache!« die Bevölkerung auffordern, den Russen den Garaus zu machen. Lotte und ihre Mutter gehen davon aus, daß ihnen selbst der Garaus gemacht wird, wenn sie bleiben:

»Durch Mundpropaganda hatte sich herumgeflüstert, daß in Pillau Schiffe bereitstünden zur Evakuierung. Wir sind also, da sämtliche Straßen blockiert waren, mit dem Schlitten zum Königsberger Hafen gefahren. Dort wurden wir verladen. Nachts, es war vollkommen dunkel, und wir wußten nie, wo wir waren, sind wir mit einem Frachtschiff nach Pillau. Das waren so etwa sechzig Kilometer, die wir etappenweise zurückgelegt haben, immer nachts, den Pregel entlang, dann übers Haff. Das ganze Schiff war voller Flüchtlinge, Frauen mit Kindern, alte Leute ...

In Pillau sind wir auf leerstehende Häuser verteilt worden, Häuser, die von ihren Bewohnern bereits verlassen waren. Die Hafenstadt war völlig überfüllt; zahllose Menschen, meist verwundete Soldaten, lagen ohne Unterkunft in den Dünen, und das bei minus zwanzig Grad ...«

Pillau ist zum Kai der verzweifelten Hoffnung geworden. Während im Hinterland ein Haufen Landser mit Panzerabwehrkanonen, Handgranaten und Maschinengewehren den Fluchtweg freihält, erreichen in der Zeit vom 25. bis 31. Januar sechsundneunzig Schiffe mit Flüchtlingen und Verwundeten die offene See. Daß die »Gustloff« mit mehr als 5000 Menschen an Bord gesunken ist, hat sich unter den Wartenden rasch herumgesprochen. Doch sie haben keine Wahl mehr, und der Ansturm auf den Hafen nimmt zu. Auf 1000 evakuierte Flüchtlinge kommen schon bald 3000 neue.

Den drei Frauen aus Königsberg gelingt es trotz wochenlangen Ausharrens nicht, einen Platz auf einem der rettenden Schiffe zu ergattern.

»Wir haben lange gewartet, bis sich auch für uns eine Gelegenheit bietet. Doch sie kam nicht. Niedergeschlagen und ausgehungert entschlossen wir uns Anfang März, nach Königsberg zurückzukehren ...

Es hieß auf einmal, ein letzter Zug fahre nach Königsberg zurück. Das stimmte. Es fanden ja unentwegt Kämpfe statt, und zwischendurch war irgendein Schienenweg freigekämpft worden, das heißt, richtig frei war er natürlich nicht. Deshalb hatte man die beiden letzten Waggons mit Stroh beladen – es war anzunehmen, daß der Zug beschossen würde. Und so kam es dann auch: Der Zug wurde beschossen. Seitlich haben sie ihn nicht richtig erwischt, und so haben sie hinterhergeschossen. Die beiden hinteren Wagen brannten plötzlich lichterloh. Sie wurden vom fahrenden Zug abgekoppelt, und wir sind unverletzt bis Königsberg durchgekommen ...

Wir sind dann in unsere Wohnung, die war inzwischen ausgeplündert.«

Während Tausende von verzweifelten Zivilisten in Pillau zurückbleiben müssen, besteigt der Hauptverantwortliche für die Tragödie – Erich Koch, der Gauleiter von Ostpreußen – ein Schiff. Nachdem er die Königsberger Bevölkerung noch am

27. Januar mit scharfen Durchhalte-Parolen beschallen ließ, setzen er und seine Parteifunktionäre sich schon einen Tag später heimlich ab. Koch reist mit einem eigens für ihn bereitgestellten kleinen Eisbrecher, im Gepäck verschiedene Maskeraden für eine neue Identität.

Die Einwohner von Königsberg aber haben keinen deus ex machina, der ihnen in die Lüfte hilft; um sie schließt sich unerbittlich der militärische Ring:

»Anfang April – wir saßen schon seit Tagen in den Kellern – ging es dann richtig los. Ein Trommelfeuer setzte ein, das die Erde erzittern ließ. Ununterbrochen kreisten Flieger am Himmel; sie schossen aus allen Rohren und legten mit ihren Bomben systematisch die Stadt in Schutt und Asche. Königsberg wurde sturmreif geschossen. Irgendjemand hatte im Keller noch ein Radio, so konnten wir verfolgen, wie der Ring geschlossen wurde.

Ja, und plötzlich waren sie da! Es war am 9. April. Meine Mutter ging vorsichtig nach oben, steckte den Kopf durch die Haustür, kam zurück und sagte: ›Auf der anderen Straßenseite marschieren die Russen!‹ Schon auf der anderen Straßenseite ... Alle Leute im Haus stürzten in ihre Wohnungen, um weiße Laken aus den Fenstern zu hängen. Danach saßen wir wieder im Keller und warteten atemlos, was nun wird.

Die Russen durchkämmten die Keller straßenzugweise, Haus für Haus, und nach etwa einer Stunde waren sie bei uns. Als sie nicht fanden, was sie suchten, kümmerte sich erst mal niemand mehr um uns. Doch nach drei Tagen wurden plötzlich sämtliche Leute aus den Häusern getrieben, zu Marschblöcken zusammengestellt und aus Königsberg herausgeführt. Uns bot sich ein Bild des Grauens. Überall lagen Tote herum, die Stadt brannte noch immer an allen Ecken. Im Schloß ragte der Turm, in zwei Teile gespalten, aus der Ruine, und überall irrten Menschen wie Gespenster umher. Warum die Bevölkerung plötzlich aus der Stadt getrieben wurde, wußten wir nicht. Wir mußten fünfzig Kilometer laufen, irgendwo ins Innere von Ostpreußen hinein. Nachts war Halt auf einem größeren Gutshof, und am nächsten Morgen ging es in großem Bogen wieder zurück nach Königsberg, allerdings nicht nach Hause. Nun wurden wir in die Kasernen von Rothenstein gesperrt und blieben dort mehrere Tage im Keller. Noch immer wußte niemand, was die makabre Prozession zu bedeuten hatte.

In diesen Kellern haben wir wirklich gelitten, vor allem die Kinder und die alten Leute. Zum Liegen war kein Platz, wir haben mehr oder weniger auf unseren Füßen gesessen, so voll waren die Keller, und nach kurzer Zeit herrschte furchtbarer Sauerstoffmangel. Etliche haben geschrien, daß sie es nicht mehr aushalten. Dazu der qualvolle Hunger, ein kleines Stück Brot gab es am Tag, dazu etwas zu trinken. Reichlich waren nur die Zählappelle: Raustreten, antreten, durchzählen, zurück … und das mehrmals am Tag. Und plötzlich ließen sie uns frei. Als wir nach Hause kamen, begriffen wir, warum wir aus der Stadt marschieren mußten: Alles war weg, was nicht niet- und nagelfest war, das Geschirr, meine Geige, die Fahrräder, einfach alles. Die Betten waren aufgeschlitzt und das oberste zuunterst gekehrt. Das war bei allen so, die besiegte Stadt war flächendeckend geplündert worden. Den Rest haben sie etwas später abgeholt. Da kam dann ein Offizier von der Kommandantur mit zwei Soldaten und zeigte nur: ›Das und das und das!‹ Danach standen praktisch nur noch unsere Betten in der Wohnung …«

Um den Vergewaltigungen zu entgehen, verstecken sich Lotte und ein paar andere junge Frauen in einer geheimen Kammer der Bäckerei, die dem Vater ihrer Freundin gehört. Das Versteck verlassen sie nur zur Nachtzeit, da die Rote Armee die Bäckerei konfisziert hat und dort stets reger Betrieb herrscht. Am 9. Mai vernehmen sie plötzlich eine wilde Schießerei auf den Straßen. Die Frauen zittern vor Angst, weil sie annehmen, nun gehe der ganze Wahnsinn noch einmal los. Und dann hören sie Soldaten mit »Woina kaputt!«-Rufen in die Bäckerei stürmen. Sie atmen auf, endlich gibt es Frieden! Da nun in der Bäckerei ein großes Besäufnis anhebt, verharren sie doppelt so lange in ihrem Versteck.

Nach dem offiziellen Tag der Kapitulation wird die Bevölkerung Königsbergs registriert. Nun gibt es Lebensmittelkarten, doch wird selten etwas geliefert:

»Ich habe sofort angefangen, im Lazarett zu arbeiten, um etwas zu essen zu bekommen. In unserer Straße gab es ein deutsches Lazarett, das bereits zum Typhuskrankenhaus umfunktioniert worden war. Inzwischen gab es ja schon die ersten Typhuskranken. Und da ich mal einen Rot-Kreuz-Lehrgang mitgemacht hatte, meldete ich mich dort und bekam für die Arbeit etwas zu essen.

Das wäre eigentlich eine privilegierte Situation gewesen, es herrschte ja furchtbarer Hunger. Nur habe ich mich dann selbst infiziert, durch eine kleine Schnittwunde am Finger, und nun hatte ich selbst den Bauchtyphus und lag auch dort im Krankenhaus. Um mich herum grassierte der Tod, pro Nacht starben mindestens zehn bis zwölf Leute. Man hat ja zu zweit in den Betten gelegen, weil alles überfüllt war. Und wenn zwei Betten zusammengestellt waren, dann haben fünf oder auch sechs drin gelegen. Die haben morgens gar nicht bemerkt, daß die Hälfte von ihnen schon tot war. Es gab ja keinerlei Medikamente, nichts. Ich weiß nicht, wodurch ich das überlebt habe; ich wurde jedenfalls nach Hause gebracht. An unsere Wohnungstür kam ein amtlicher Zettel mit einem Stempel: Typhus! Davor hatten nun auch die Russen mächtige Angst, und so blieben wir durch dieses amtliche Schreiben eine Weile verschont.

Doch der Typhus war erst der Anfang. Als ich schon glaubte, es gehe bergauf, bekam ich plötzlich eine Drüsenphlegmone, also eine Folgeerkrankung von Typhus. Mein Hals schwoll unter dem Eiter und war am Ende breiter als mein Kopf. Nun kam ich ins Krankenhaus der Barmherzigkeit, dort habe ich fast ein Jahr gelegen. Fünfmal bin ich in

dieser Zeit operiert worden, der Hals mußte jedesmal aufge-
schnitten werden, damit der Eiter abfließt. Die lange Narbe
hier, die stammt aus dieser Zeit. Ich gehöre auch zu den
Glücksfällen, denn die Phlegmone haben fast noch weniger
überlebt als den Typhus. Im Krankenhaus der Barmherzigkeit arbeiteten noch deutsche Militärärzte auf der Station,
und meine Mutter fragte verzweifelt, wie sie mir helfen
könne. Da haben sie ihr gesagt, sie solle Zucker beschaffen,
wenn sie kann, und Kaffee, ich bräuchte dringend Herzstär-
kung. Meine Mutter hat tatsächlich auf dem Schwarzmarkt
Kaffee aufgetrieben. Den hat der behandelnde Arzt dann in
der Kitteltasche bei sich getragen, damit niemand rankam. Er
hat das Aufbrühen überwacht und mir den Kaffee selbst ans
Bett gebracht und aufgepaßt, daß ich den auch trinke. So bin
ich praktisch über die Runden gekommen ...«

Während sich Lotte monatelang im Krankenhaus und anschließend mit noch immer offenem Hals zu Hause quält, »normali-
siert« sich das Leben in Königsberg, das seit Herbst 1946 offizi-
ell »Kaliningrad« heißt und nun zur Sowjetunion gehört – nach
dem Muster der Sieger. Schon seit einem Jahr ist die Rubelwäh-
rung eingeführt. Fast alle deutschen Ärzte sind verschleppt, die
Toten der Seuchen und des Hungers werden nicht mehr registriert. Die Einwohner der Stadt befinden sich in einem Dauerzustand der Rechtlosigkeit. Und da die Stadt samt Umgebung
von der Außenwelt abgeriegelt ist, es weder Zeitungen noch
Radio gibt, verfügen sie über keinerlei Informationen. Sie wissen nicht, was in Deutschland passiert, wissen nichts über
alliierte Besatzungszonen. Sie leben von Gerüchten, besseren und schlechteren. Und sie erleben täglich die russische
»Kommandantura«, eine deutsche Verwaltung existiert nicht
mehr.
    Die Konzentration eines jeden ist aufs Überleben gerichtet –
ein enormer Kraftakt angesichts von Hunger, Obdachlosigkeit
und grassierenden Seuchen. Die Arbeitsfähigen – darunter auch
Lottes Mutter – werden zur täglichen Schwerstarbeit beordert:

Zwölf Stunden am Tag für eine Mehlsuppe und 400 Gramm Brot. Doch erhalten sie wenigstens überhaupt was zu essen. Wer nicht arbeitsfähig ist, bekommt buchstäblich nichts, eine »Auslese«, der vor allem jene 74 000 Alte, Kinder und Kriegsverstümmelte zum Opfer fallen, die nach einem geheimen NKWD-Bericht bereits als »physisch extrem geschwächt« gelten. Das ist die Mehrheit der noch in der Stadt verbliebenen Deutschen. Ihre einzige Hoffnung ist eine Genehmigung zur Ausreise nach Deutschland, bevor es zu spät ist.

Während die einen dahinsiechen, hilft Stalin der demographischen Veränderung mit einem Rezept nach, das sich schon bei seinem Zugriff aufs Baltikum bewährt hat: Zügeweise werden Russen und Ukrainer in die Ruinenstadt transportiert und hier neu angesiedelt. Deutsche, die über eine noch halbwegs intakte Wohnung verfügen, haben diese unverzüglich zu räumen. Daß sich Mitleid mit den Elendsgestalten ausbreitet, ist nicht zu befürchten – die Neuankömmlinge stammen meist aus Gebieten, die von Deutschen barbarisch zerstört wurden.

Einzig auf dem Schwarzmarkt spielt die Volkszugehörigkeit eine untergeordnete Rolle, hier arrangieren sich Russen, Deutsche, Polen und Litauer, wobei es – für die Deutschen – ums nackte Überleben geht. Fast scheint es, als hätten nur diejenigen unter den Besiegten im Königsberg der Nachkriegszeit eine Überlebenschance, die sich mit irgend etwas am Handel beteiligen können. Lotte und ihre Mutter, die in einer kalten, fast leeren Wohnung hausen, haben noch etwas zum Tauschen:

»Mutter mußte den ganzen Tag irgendwelche Trümmer wegschippen, und beide waren wir ausgehungert; ich bekam ja nichts zu essen, weil ich nicht arbeitsfähig war. Ich lag mit meinem offenen Hals noch monatelang zu Hause. Das heilte nicht, ich bin noch 1947 mit einem Halswickel verschleppt worden, da hatte sich die Wunde noch immer nicht geschlossen ...

Meine Mutter hat dann einen Glücksfund gemacht: Zwei Häuser von uns entfernt gab es ein Feuerwehrdepot, das stand nun verlassen. Und dort, in der Kleiderkammer, hat meine Mutter noch zwei Pullover aufgestöbert. Davon haben wir uns eine Weile über Wasser halten können. Die Pullover habe ich aufgeribbelt und daraus Socken gestrickt, für den Schwarzmarkt. Meine Mutter hat mir abends noch geholfen, wenn sie kam. Sobald wir die Socken fertig hatten, bin ich auf den Schwarzmarkt. Das Geld dafür wurde sofort umgesetzt in Brot, etwas Zucker, Mehl oder Grütze – je nachdem, was es gerade gab ...

So hangelten wir uns von Monat zu Monat. Das Jahr 1946 war fast noch schlimmer als das vergangene, die Menschen starben nun vor allem an Unterernährung. Statt 400 Gramm Brot gab es für Arbeitsfähige manchmal nur 200 Gramm. Auch seelisch waren wir am Ende, man brauchte alle Kraft, nicht wie ein Tier zu hausen. Der einzige Funken am Horizont war die Hoffnung, eines Tages aus dieser Gefangenschaft herauszukommen und nach Deutschland entlassen zu werden. Im Frühjahr 1947 sprach sich herum, daß das einzelnen gelungen sein soll; und nun versuchten alle, sich für diesen Moment am Leben zu erhalten. Ob mein Mann noch lebte, wußte ich auch 1947 noch nicht, wir waren ja völlig abgeschottet ...

1947, ich war zwischenzeitlich noch einmal im Krankenhaus gewesen und lag nun zu Hause, klopfte es plötzlich an die Tür, an einem Spätabend. Da standen zwei Männer und sagten zu meiner Mutter und mir: ›Ziehen Sie Ihre Mäntel an und kommen Sie mit!‹ Am 12. Juni 1947 war das, in den Spätabendstunden; einer der Männer war in Zivil, der andere in Uniform mit grünen Litzen, das war NKWD. Wir hatten keine Ahnung, was sie von uns wollten; auf jeden Fall verhieß das nichts Gutes. Man hatte immer etwas raunen hören, wenn jemand verschwunden war, doch nie wußte jemand was Genaues. Aus unserem Haus war eine Frau plötzlich weg; niemand wußte, wo die geblieben war. Es kam zweierlei in Frage, denn es sind ja auch ab und zu Leute davongeschlichen, um heimlich über die Grenze nach Deutschland zu gelangen. Wir hätten es vielleicht auch versucht, wenn ich hätte laufen können, doch ich war ja bis zum Skelett abgemagert durch den Typhus und die Drüsenphlegmone. Und im Krankenhaus gab es auch wenig zu essen. Die Schwestern dort sind Brennesseln sammeln gegangen, um uns davon eine Suppe zu kochen mit einer Handvoll Grütze drin. Also sind wir nie losgegangen, weil wir wußten, ich komme nicht weit. Ich glaube auch nicht, daß jemand durch diese hermetisch abgeschlossene Grenze gekommen ist.

Nun wurden wir also abgeholt und wußten nicht, warum. Wir hatten uns nirgendwo politisch betätigt, ich meine, politisch hat sich in der Zeit überhaupt niemand betätigt, es ging ja ums nackte Überleben ... In der Zeit davor war meine Mutter gegen die Nazis eingestellt und ich noch nicht mal im BDM. Wir zogen uns zitternd an, meine Mutter ihren Mantel, ich hatte nur eine Strickjacke. Dann haben sie uns in eine Nebenstraße geführt, dort stand ein Lastwagen, auf dem sich schon einige Leute befanden, ausschließlich Frauen. Auch wir mußten da raufklettern, und dann ging es ins Polizeigefängnis. Im Gefängnishof wurden wir ausgeladen, und mit einem Mal hieß es: ›Umdrehen! Mit dem Gesicht zur Wand! Hände an die Wand, die Beine auseinander!‹ Lange standen wir so, sprechen war verboten. Hinter uns lief einer mit Maschinenpistole entlang, der ständig an seinem Schloß klimperte. Meine Mutter und ich, wir standen nebeneinander und haben uns zugeflüstert: ›Was kommt jetzt?‹ Wir haben damit gerechnet, jeden Moment erschossen zu werden.

Das an der Wand mag viele Stunden gedauert haben; genau wußten wir es natürlich nicht, wir hatten ja keine Uhr. Und nachher sind wir in verschiedene Zellen verteilt worden. In unserer waren ... ich glaube, so etwa vierzig Frauen waren da in einem Raum. Wieder hatten wir keinen Platz zum Liegen, wie schon einmal; wir kauerten eng aneinandergepreßt auf der Erde. Das Überraschende: In unserer Zelle waren Frauen aus den verschiedensten Nationen, man wußte gar nicht, wo die plötzlich herkamen. Da waren Ukrainer, Russen, Deutsche, Juden – da war einfach alles vertreten, sogar Französinnen und Engländerinnen. Ja, wo mögen die hergekommen sein? Ich weiß es nicht. Allerdings gab es in Königsberg verschiedene Gesandtschaften. Vielleicht sind auch einige Ausländer vom russischen Vormarsch überrascht worden. Königsberg war ja plötzlich abgeriegelt ...

Vielleicht zehn Tage hockten wir so da unten, dann wurden wir plötzlich zum Verhör geholt. Das lief nun sehr primitiv ab. Meine Mutter beispielsweise hatte vorn einen Goldzahn, die wurde daraufhin sofort angeherrscht und als ›Kapitalist‹ beschimpft. Ich als ihre Tochter durfte mich hinsetzen und meine Mutter als ›Kapitalist‹ mußte neben mir stehen. Wir wurden dann zur Person verhört. Wir hatten aber sehr schlechte Dolmetscher und wußten eigentlich gar nicht, worum es überhaupt ging. Das war offenbar auch nicht wichtig; wir wurden nur zu unseren Personalien vernommen, zu weiter nichts.

Um so fassungsloser waren wir, als wir ein paar Tage darauf dann vor ein Tribunal gebracht wurden. Das fand vorn in der Polizeistation statt und gestaltete sich wie in einem Bühnenraum: Es gab ein erhöhtes Podest, darauf stand eine lange Tafel, an der mehrere Russen saßen. Davor stand ein Dolmetscher. Und wir, die Angeklagten, saßen wie auf der Hühnerstange davor, immer so Gruppen von fünf bis sieben Personen. Und dann ging es ruckzuck: Da wurde nur gesagt ›politisch‹ und dazu ein Paragraph. Oder ›illegaler Verkauf‹ – also Schwarzmarkt – und wieder ein Paragraph. Die mit dem Schwarzmarkt bekamen alle sieben Jahre, die ›Politischen‹ meistens zehn Jahre. Das war immer § 58, Staatsverleumdung oder so was ... Meine Mutter und ich hatten auch § 58, bekamen aber ›nur‹ fünf Jahre. Noch ein paar andere, die bekamen auch fünf Jahre, der Rest zehn Jahre ... Das Ganze dauerte nur wenige Minuten und lief irgendwie ab wie eine Inszenierung. Eine Verteidigung gab es nicht. Man wurde aufgerufen, dann gab's den Paragraphen und die Summe. Und dann weiter, die nächste ... Die Ukrainerinnen bekamen im Schnitt das meiste, das fiel auf;

da sind einige sogar zu fünfzehn bis zwanzig Jahren Zwangsarbeit verurteilt worden.

Also, meine Mutter und ich, wir haben uns fassungslos
angeguckt. Erstmal standen wir völlig unter Schock. In der
Zelle brach dann alles in Tränen aus. Wir wußten überhaupt
nicht, was nun mit uns wird, haben erst gar nicht verstanden,
daß es hier weder um Schuld noch Unschuld geht ...

Wir hockten weiter in der Zelle und warteten, was mit uns
passieren wird. Hygiene oder so was gab es nicht. Ab und zu
kippten die Bewacher ein bißchen Wasser zum Trinken in
den Essennapf, und da hat sich meine Mutter ein Stück von
ihrem Hemd abgerissen und das noch mal geteilt, damit wir
uns wenigstens ab und zu das Gesicht anfeuchten konnten.
Nun kamen auch noch die Kopfläuse hinzu, fast die gesamte
Zelle war plötzlich davon befallen, meine Mutter auch. Bei
mir hielten sie sich nicht. Eine Ukrainerin gab mir zu verstehen, das hinge mit meiner Krankheit zusammen, der offenen
Halswunde. Also habe ich den ganzen Tag gesessen und
meiner Mutter die Läuse vom Kopf gesucht ... Bis eines
Tages die Zellentür aufging und etliche namentlich aufgerufen wurden, darunter auch ich – meine Mutter nicht. ›Fertig-
machen zum Abtransport!‹ hieß es plötzlich. Das ganze ging
nun sehr schnell; wir waren kurz vorher ärztlich untersucht
worden, wahrscheinlich auf Arbeitstauglichkeit hin, und nun
mußte der größere Teil raustreten. Es war das letzte Mal, daß
ich meine Mutter sah ... Was ihr widerfahren ist, habe ich erst
Jahre später, erst in Rußland erfahren. Wir haben uns umarmt, alles mußte ja ›dawai‹ gehen, und versuchten irgendwie, ›normal‹ Abschied zu nehmen, so wie sonst auch.
Die Umarmung fiel aber sehr innig aus, wir hatten wohl
beide die gleiche Vorahnung. Jahrelang, wenn ich meine
Augen schloß, konnte ich meine Mutter auf dem Zellengang
stehen und mir nachwinken sehen ...«

Die Gruppe der etwa dreißig Frauen (Französinnen und Engländerinnen sind nicht unter ihnen) wird auf einen Lkw verla-

den und zunächst auf ein Gut außerhalb von Königsberg zur Kartoffelernte gebracht – drei, vier Tage, in denen sie sich an Kartoffeln sattessen können. Dann folgt das Verladen in einen Viehwaggon und – mit zweijähriger Verspätung – der Abtransport dorthin, von wo bereits die ersten ausgezehrten Zivilisten zurückkehren … in ein Arbeitslager im Innern Rußlands.

*

Über die Bevölkerung Ostdeutschlands ist das gekommen, was der russische Dichter Alexander Blok im ersten Revolutionswinter in seinen »Skythen« auferstehen ließ – der rauschhafte Ausbruch der Barbarei, die »asiatische Fratze«, das »Zähmen heißer Sklavinnen«, Feuersbrunst und Sturmgeläut.

Die Heere der Roten Armee haben es den Fritzen heimgezahlt – und mehr noch den Frauen der Fritzen. Für Else, Charlotte oder Eva-Maria wird es später einen Begriff geben, den sie als nachträgliche Demütigung empfinden – das Wort »Befreiung«. Wovon sind sie befreit worden? Gertrud von ihren Eltern, die Königsberger von jedweder Nahrung, das vierjährige Kind vom Gefühl der Geborgenheit. Befreit wurden die Mädchen von ihrer Jungfräulichkeit und auch die Gutgläubigsten von der Illusion, Haß und Rache würden die Verantwortlichen für die Greueltaten der Deutschen in der Sowjetunion treffen. In den letzten Kriegsmonaten werden sie eines schlechteren belehrt.

Immer wieder aber gibt es auch Ausnahmen: Während NKWD-Offiziere brutal ein sechzehnjähriges Mädchen vergewaltigen, baut der Koch ihm einen Schlupfwinkel aus Feuerholz. Während Frauen massenhaft in Wäldern und Scheunen mißbraucht werden, klopft ein Moskauer Zoologe an das Mohriner Pfarrhaus mit den höflichen Worten »Keine Angst, ich beiße nicht«. Es gibt Offiziere, die ihre plündernden Untergebenen in die Bauchlage zwingen, und mancher Soldat macht beim Plündern und Vergewaltigen einfach nicht mit. Sie bleiben Ausnahmen in einer Haß- und Beuteorgie, bei der die Beute Nummer eins die Frauen des Feindes sind.

Das Zerrbild vom slawischen Untermenschen, das den auf »Herrenmensch« getrimmten deutschen Soldaten bei seinem Überfall auf die Sowjetunion begleitet hatte, findet sein Pendant im russischen Gegner, der nun – angestachelt von der Propagandamaschine der eigenen Diktatur – den Stempel »Faschist« jeder deutschen Frau aufdrückt, jedem Kind. So ist der Einbruch in Ostpreußen eine Mixtur aus Rausch, Rache und militärstrategischem Kalkül. Es ist kein Zufall, daß nach der Kapitulation Deutschlands gerade jene Gebiete Ostpreußens menschenleer gefegt sind, die Stalins Korridor zum eisfreien Hafen Königsberg bilden – ein Kalkül, das sich des Rausches bediente, ja mehr noch, ihn maximal angeheizt hat.

Und doch darf die propagandistisch erzeugte Schieflage, dürfen nicht einmal die das Marodieren steigernden Alkoholexzesse vergessen machen, was dem Frühjahr 1945 vorausging: ein jahrelanger deutscher Terror auf sowjetischem Boden. Der nun die Barbarei befehligende Marschall Schukow war Zeuge des hilflosen Sterbens von etwa 1,2 Millionen Einwohnern Leningrads gewesen. Kaum ein Soldat der Roten Armee in diesem Krieg, der bereits vier Jahre tobte, der nicht Verwandte oder Freunde verloren hatte, nicht Kameraden neben sich hatte sterben sehen. Wer deutsches Feindesland erreichte, war durch die Ukraine gezogen, durch Weißrußland – Gebiete, in denen die kultivierten deutschen Barbaren fast jedes zweite Dorf in Schutt und Asche gelegt hatten.

Dieses Rückbesinnen ist notwendig, soll der russische Soldat nicht zum genetischen Barbaren schrumpfen. Den unmittelbar von Mord und Vergewaltigung betroffenen Opfern indes nutzt es wenig, ebensowenig wie zuvor den russischen und ukrainischen Opfern des deutschen Terrors das Wissen nutzte, daß auch der bolschewistische Diktator ein Terror-Regime im eigenen Land errichtet hat.

Nach Kriegsende, und vor Beginn der großen Vertreibung befinden sich noch rund eine halbe Million Deutscher in jenen Gebieten des Memellandes und Ostpreußens, die nun unter russischer Besatzung stehen. Wer überlebt hat, wird in ein

Arbeitslager vor Ort gezwungen. Während Plünderungen und Vergewaltigungen allmählich untersagt werden, bleiben Willkür und Rechtlosigkeit bestehen, sterben die nicht Arbeitsfähigen in den Lagern an Hunger und Seuchen. Manche Frau bricht mit ihren Kindern heimlich nach Litauen auf, um dem Hungertod zu entgehen.

Bei weitem nicht alle in Ostdeutschland vermißten Zivilisten zählen nach Kriegsende zu den Toten oder zu jenen, denen die Flucht in den Westen geglückt ist. Als Nazideutschland mit der Kapitulation sein Finale erlebt, haben Stalin, seine NKWD-Einheiten und Heeresführer ein Kapitel abgeschlossen, das zwischen Rauch, Rausch und Rache, in zielsicherer Nüchternheit absolviert wurde und zunächst sogar den verbündeten Alliierten verborgen bleibt – die massenhafte Deportation deutscher Zivilisten in russische Arbeitslager.

Teil II

VERSCHLEPPT ANS ENDE DER WELT

1. Die Deportation volksdeutscher Zivilisten aus dem südosteuropäischen Raum im Winter 1944/45

Während im Frühjahr 1945 in Ostdeutschland Massen von Zivilisten in Sammellagern für den Abtransport nach Rußland zusammengefaßt werden, befinden sich bereits etwa 165 000 Volksdeutsche aus Jugoslawien, Rumänien und Ungarn in sowjetischen Arbeitslagern.

Diese erste große Gruppe »lebender Reparationen« wurde schon um die Jahreswende 1944/45 deportiert, und zwar nach einem Modell, das sich in dieser ersten Verschleppungsphase noch vorwiegend auf jüngere, arbeitsfähige Jahrgänge stützt. In dem der Aktion zugrunde liegenden Geheimpapier heißt es: »Entsprechend der streng geheimen Anordnung des Staatlichen Verteidigungskomitees (GOKO) vom 16. Dezember 1944, Nr. 7161, wird das NKWD der UdSSR verpflichtet, alle arbeitsfähigen Deutschen – Männer von 17 bis 45, Frauen von 18 bis 30 – für die Arbeit in der UdSSR zu mobilisieren und zu internieren, die sich auf dem von der Roten Armee befreiten Territorium Rumäniens, Jugoslawiens, Ungarns, Bulgariens und der Tschechoslowakei befinden.«

Doch nicht alle avisierten Zielgruppen ereilt das Deportationsschicksal: Während die in Bulgarien lebenden Volksdeutschen im Jahre 1944 keine nennenswerte Größe mehr darstellen und auch die in der Slowakei siedelnden – von wenigen Familien abgesehen – noch vor dem Einmarsch der Roten Armee evakuiert wurden, entgeht die große Gruppe der Sudetendeutschen den Verschleppungen durch einen günstigen Umstand: Das Sudetenland wird erst nach der Kapitulation

Deutschlands von der Roten Armee besetzt. Die Aktion des NKWD aber endet mit dem 8. Mai 1945.

So werden nach der geheimen Anordnung Nr. 7161 vor allem Zivilisten aus Jugoslawien, Rumänien und Ungarn deportiert.

Jugoslawien

Nach der letzten großen Volkszählung vor Ausbruch des Zweiten Weltkrieges leben auf jugoslawischem Territorium knapp 500 000 Deutsche: Einige Zehntausende davon in Belgrad oder in anderen, meist slowenischen Städten, einige in Streusiedlungen von Bosnien und der Herzegowina, die meisten jedoch im Banat, der Batschka und dem Baranja-Dreieck, mehrheitlich Donauschwaben, die bis zum Ende des Ersten Weltkrieges der österreichisch-ungarischen Monarchie unterstanden.

Insgesamt haben die halbe Million Deutscher in ihrer mehrere hundert Jahre alten Siedlungsgeschichte wechselvolle Oberhoheiten erlebt. Nun kommt eine neue hinzu. Nach der »Neuordnung« Südosteuropas, mit der die Westmächte über die Pariser Verträge von 1919 einen cordon sanitaire von Mittel- und Kleinstaaten zwischen sich und das bolschewistische Rußland legen, wird die Donau-Monarchie aufgelöst und Südosteuropa neu gegliedert. Jugoslawien erhält das westliche Banat, den größten Teil der Batschka, das Baranja-Dreieck sowie Slawonien und Kroatien, einen Teil der Steiermark und Kärntens, dazu Bosnien und die Herzegowina und je ein kleines Stück Bulgarien und Albanien. Ein Vielvölkergebilde ist mit den Pariser Verträgen geschaffen worden, das aufgrund völlig unterschiedlicher kultureller und wirtschaftlicher Traditionen den nationalistischen Sprengstoff bereits in seiner Gründung birgt. Und finden die infolge der Unterdrückung von Minderheiten stets sehr rasch entflammenden Scharmützel zunächst an anderen Enden des neuen südslawischen Staates statt, so wächst das Nationalgefühl der Deutschen mit dem Machtantritt Hitlers und der damit verbundenen Aufwertung des Deutschtums in dem Maße, in dem bis dahin das »deutsche Element« unterdrückt wurde.

124

Besonders drastisch zeigte sich das in Slowenien. In diesem Gebiet, das bis 1918 zur österreichischen Hälfte der Donaumonarchie gehörte, führte der Machtwechsel zu Willkürmaßnahmen und schon 1922 zur Beseitigung des deutschen Schulsystems. So ergreifen die Sloweniendeutschen die erste Gelegenheit, sich Deutschland anzugliedern: 1938, mit dem Anschluß Österreichs, wird Slowenien zum unmittelbaren Nachbarn des Deutschen Reichs. Die Anziehungskraft wächst; 1939 kommt es zu großen volksdeutschen Anschlußkundgebungen.

Mögen bis zur Erfüllung dieses Wunsches auch noch zwei Jahre vergehen, so bietet das Anzetteln eines neuen Weltkrieges durch die Nationalsozialisten ihnen eine nährende Hoffnung: Schon nach dem Überfall auf Polen nennt Hitler in seiner Reichstagsrede vom 6. Oktober 1939 als wichtigste Aufgabe eine »Neuordnung der ethnographischen Verhältnisse«. Der ganze Osten und Südosten Europas sei »mit nicht haltbaren Splittern des deutschen Volkstums gefüllt«. Und da es »im Zeitalter des Nationalitätenprinzips und des Rassegedankens« dem Führer utopisch erscheint, »zu glauben, daß man diese Angehörigen eines hochwertigen Volkes ohne weiteres assimilieren könne«, wird eine Umsiedlung im großen NS-deutschen Ordnungsrahmen in Gang gesetzt, für deren Ausführung der »Reichsführer SS« Heinrich Himmler zusätzlich zum »Reichskommissar für die Festigung Deutschen Volkstums« ernannt wird.

Umgesiedelt wird zunächst im besetzten Polen, danach holt man – auf Grundlage des Hitler-Stalin-Paktes vom August 1939 – die Volksdeutschen aus Lettland, Estland, Galizien und Wolhynien »heim ins Reich«.

Dann kommt Rumänien an die Reihe: Da die Sowjets im deutsch-russischen Beuteplan die nördliche Bukowina und Bessarabien für sich beanspruchen, werden nun die Bessarabier im Wartheland bzw. in Danzig-Westpreußen angesiedelt, die Nordbukowiner aber vorwiegend nach Oberschlesien verfrachtet, allerdings erst, nachdem sie in Sammellagern einer rassischen Kontrolle unterzogen worden sind. Nur, wer als »gesund« und »rassisch wertvoll« gilt, darf am Ostwall oder im Kernreich siedeln, auf zugewiesenen Höfen, von denen die polnischen und jüdischen Eigentümer zuvor auf brutalste Weise vertrieben wurden; wer als »rassisch minderwertig« gilt, wird ins Generalgouvernement abgeschoben.

Ende 1940 ist die Umsiedlungsaktion von »Angehörigen des hochwertigen Volkes« aus Teilen Rumäniens mit 200 000 Volksdeutschen weitgehend abgeschlossen. Was für viele der in fremde Gebiete Umgesiedelten eine schwer erträgliche Entwurzelung bedeutet – das »Heim-ins-Reich« –, wird von den Sloweniendeutschen 1941 als erlösend empfunden. Ihre Angliederung an den Gau Kärnten beziehungsweise den Gau Steiermark setzt allerdings die Zerschlagung Jugoslawiens voraus:

Nach einer kurzen, scharfen Propagandakampagne erfolgt am 5. April 1941 der deutsch-italienische Überfall auf Jugoslawien. Als sogenannte Strafaktion für jugoslawische Vergehen an Volksdeutschen bombardiert die deutsche Luftwaffe am 6. April Belgrad, ein Angriff, der große Verluste unter der Zivilbevölkerung zur Folge hat. Die nur Tage später erfolgte bedingungslose Kapitulation der jugoslawischen Armee leitet das politische Ende des Südslawenstaates ein, der nun von den Achsenmächten und ihren Verbündeten nach Art von Leichenfledderern in neun Beutezonen zerteilt wird: Deutschland annektiert ein großes Stück Slowenien, dazu die Kärntner und Steirischen Gebiete der ehemaligen Donaumonarchie. Italien verleibt sich den Rest Sloweniens sowie die dalmatinischen Inseln und einen großen Streifen der Adriaküste ein und errichtet zusätzlich eine Besatzungszone zwischen Banja Luka und Sarajewo. Ungarn holt sich die Wojwodina zurück, Bulgarien annektiert das serbische Mazedonien. Rumänien wiederum fordert aus der Konkursmasse das Westbanat, das Hitler Ungarn versprochen hat, anhaltende Treue vorausgesetzt. Die Reststaaten Serbien und Montenegro werden zu Satellitenzonen der Achsenmächte.

Nur Tage nach dem Luftangriff auf Belgrad ruft die kroatische faschistische Ustascha-Bewegung den »Unabhängigen Staat Kroatien« aus, der nun fest im Gleichschritt mit Deutschland und Italien marschiert.

Die Ustascha – die denkbar schlechteste Antwort auf den großserbischen Drang, der das fragile Staatengebilde während der letzten Jahrzehnte durchaus belastete – garantiert mit der Machtübernahme ihres Führers Pavelic den Kroatiendeutschen die »uneingeschränkte Erhaltung ihres deutschen Volkstums und das ungehinderte Bekenntnis zu ihrer nationalsozialistischen Weltanschauung«. Nach diesen Avancen stürzen die Kroatiendeutschen im Frühjahr 1941 in ein dreijähriges Hitzebad nationalistischer Wallungen: Die nach SA-Vorbild ausgerichtete »Deutsche Mannschaft« bedankt sich bei Pavelic mit einer drei Kompanien starken Einsatzstaffel, die sich freiwillig der Ustaschamiliz unterstellt und sich ebenso rücksichtslos wie diese an den nun einsetzenden Verfolgungsjagden auf Serben beteiligt. Wie auch in anderen volksdeutschen Gebieten des zerstückelten Jugoslawiens entfaltet sich zwischen 1941 und 1944 unter den Kroatiendeutschen ein straffes Netz von NS-Organisationen, das ebenso totalitär agiert wie im »Reich« selbst: Zwischen »Jungvolk« bzw. »Jungmädelbund«, »Frauenschaft« und »Landesbauernschaft« wird jeder Volksdeutsche nach »unbedingtem Führerprinzip« ideologisch eingepaßt und geschliffen.

Nicht alle lassen sich von der Germanenhysterie anstecken, und nicht unerwähnt soll bleiben, daß es in allen Teilen Jugoslawiens Deutsche gibt, die – teils unter großem Risiko, wie das Beispiel des Neusatzer Bezirksvorstehers Rometsch zeigt – verfolgte Serben vor Ungarn, kroatischen Ustaschi oder den eigenen Landsleuten in Sicherheit bringen. Bei der volksdeutschen Mehrheit jedoch erleben Deutschtum und antiserbisches Ressentiment nun Hochkonjunktur. Sowohl in der Batschka und im Banat als auch in Slawonien und Bosnien erhält die »Deutsche Mannschaft« regen Zulauf. Das Netz nationalsozialistischer Organisationen spannt sich bis in die letzte donauschwäbische Gemeinde zwischen Franzfeld und Rudolfsgnad.

Als Kampfreserve der berüchtigten 7. SS-Gebirgsjägerdivision »Prinz Eugen« beteiligt sich vor allem die »Deutsche Volksgruppe im Banat und Serbien« an Verfolgungsjagden auf Serben und bereitet damit den Boden für die spätere Verfolgung von Deutschen durch Serben, nachdem sich das Blatt gewendet hat. In der Batschka und der Baranja, die im April 1941 von ungarischen Honved-Einheiten zurückerobert werden, kommt es vor allem von ungarischer Seite zu blutigen Ausschreitungen gegen die serbische Bevölkerung, eine Menschenjagd, die mit Massenvertreibungen und Massakern an Serben im Januar 1942 ihren Höhepunkt findet.

Verstärkt ins Blickfeld Himmlers geraten die Deutschen in Serbien. Dessen Projekt allerdings, Belgrad zur »deutschen Reichsfestung« auszubauen, scheitert am unmittelbar einsetzenden Partisanenkampf, der – zunächst aus unzugänglichem Bergland heraus – schon bald die deutschen Besatzer in Atem hält und brutale Vergeltungsmaßnahmen an serbischen Zivilisten nach sich zieht. So werden in den folgenden Monaten nach einem OKW-Befehl vom 16. September 1941 für je einen erschossenen deutschen Soldaten hundert, für einen verwundeten Deutschen fünfzig Geiseln exekutiert, füllen sich deutsche Konzentrationslager mit serbischen Männern und Frauen.

Da Partisanen trotz Abschreckungsmaßnahmen und hoher Opfer jedoch schon bald auf größeren Territorien operieren, werden die deutschen Bewohner aus besonders gefährdeten Gebieten kurzerhand umgesiedelt: Im Winter 1941/42 zunächst das »Streudeutschtum« in Serbien, ein dreiviertel Jahr später das bosnische »Streudeutschtum«. Zugleich wirbt die Waffen-SS verstärkt Freiwillige. Und da die Begeisterung für die siegreiche Wehrmacht und Waffen-SS unter jungen Männern mit der sich ändernden Kriegslage spürbar nachläßt, geht die Freiwilligkeit bald in einen regulären Gestellungsbefehl über: So werden bis Frühjahr 1944 im Banat und Serbien etwa 22 000 Männer eingezogen, die meisten von ihnen zur Waffen-SS. In Kroatien stehen zur gleichen Zeit von 25 000 rekrutierten Männern mehr als 17 000 unter dem Banner der

Waffen-SS, entsprechend der besonderen Vorliebe des »Reichsführers SS«.

Von einer Eindämmung der Partisanentätigkeit kann indes nirgendwo die Rede sein. Im Gegenteil, unter den rivalisierenden Gruppen der königstreuen Tschetniks einerseits und der »proletarischen Brigaden« des Kommunisten Josip Broz-Tito andererseits zeichnet sich über die Jahre 1942–1944 ein immer stärker werdender Zulauf zu letzterem ab, und nach der Teheran-Konferenz ist Tito auch die Unterstützung der Alliierten sicher.

Im Sommer 1944 hat sich das militärische Blatt im ehemaligen Südslawenstaat endgültig gewendet. Der sich immer mehr ausweitende Partisanenkrieg sowie der unaufhaltsame Vormarsch der Roten Armee lassen im Herbst 1944 geplante Umsiedlungsaktionen für Volksdeutsche in überhastetes Evakuieren und eine allgemeine Fluchtbewegung übergehen. Noch im Frühjahr 1944 hatte Himmler die Umsiedelung aus »bandengefährdeten Gebieten« Westslawoniens angeordnet, wurden in aller Eile dreißig Gemeinden mit zirka 20 000 Deutschen aus Kroatien evakuiert. Schon im September 1944 macht vor allem der drohende russische Vorstoß nach Ungarn die Gesamtevakuierung der Kroatiendeutschen erforderlich, was rechtzeitig gelingt. Bereits sechs Wochen später gelten Syrmien und Slawonien als »von Deutschen geräumt«.

Weniger Glück haben die Bewohner der Batschka, der Baranja und des Banats. Sie stehen durch den raschen Vorstoß der 2. Ukrainischen Front schon Ende August 1944 vor einer Fluchtwelle: Mit donauaufwärts fahrenden Kähnen, per Treck oder Eisenbahn setzt hier ein überstürzter Aufbruch in Richtung schlesischer bzw. oberösterreichischer Auffanglager ein. Und gelingt in der Batschka und Baranja noch etwa der Hälfte deutscher Zivilisten die Flucht, so wird bei den Banater Schwaben, die im Vormarschkorridor der 3. Ukrainischen Front liegen, fast die gesamte Bevölkerung von der Roten Armee überrascht. Noch am 1. Oktober gehen einige Kindertransporte per Eisenbahn in Richtung Westen ab, dann dringen russische

Angriffsspitzen in das Banat ein. Schon Wochen vor der Befreiung Belgrads am 20. Oktober 1944 steht das Gebiet nördlich von Donau und Sawe unter russischer Besetzung, während die militärische Vorherrschaft im Raum südlich der beiden Flüsse nun von Titos Partisanenverbänden erkämpft wird. Von der ursprünglichen halben Million Jugoslawiendeutscher befindet sich nach Flucht und Evakuierung in diesem Spätherbst 1944 nur noch eine verschwindend kleine Minderheit auf dem von Partisanen eroberten Terrain – die Mehrheit der vor allem im Banat und der Batschka zurückgebliebenen 200 000 Volksdeutschen steht unter russischer Besatzungsmacht.

Der Einmarsch der Roten Armee vollzieht sich im allgemeinen zunächst ohne Ausschreitungen, da Jugoslawien – im Gegensatz beispielsweise zu Ungarn – als verbündetes und zu befreiendes Land angesehen wird. Zwar requirieren die russischen Truppen Lebensmittel sowie Wagen und Pferde, doch gibt es nur vereinzelte Vergewaltigungen, wobei die Nationalität der Frauen noch keine Rolle spielt. Auch von jugoslawischer Seite kommt es zwar zu einzelnen Plünderungen und persönlichen Racheakten, doch bleibt die donauschwäbische Bevölkerung zunächst weitgehend unbehelligt. Dort, wo der deutsche Chauvinismus die Nachbarschaftsverhältnisse von Menschen unterschiedlicher Nationalität nicht zu beeinträchtigen vermochte, leisten Serben – und in der Batschka auch Ungarn – den Deutschen Beistand.

Die Situation ändert sich mit dem Einzug und der Machtübernahme »regulärer« Partisaneneinheiten: Im November 1944 setzt eine Welle von Verhaftungen ein, die vor allem Angehörigen der »Deutschen Mannschaft« und der SS-Division »Prinz Eugen« gilt sowie Soldaten der allgemeinen Waffen-SS und Vertretern volksdeutscher Organisationen, wobei mit deren Funktionären oft auch die Ehefrauen und Sekretärinnen verhaftet werden. Die Verhöre dieser Personengruppen gehen mit schweren Mißhandlungen einher und münden schließlich in mehr oder weniger lange Fußmärsche zu improvisierten Lagern innerhalb des Banats bzw. der Batschka. Doch bei den zielgerichteten Verhaftungen bleibt es nicht. Parallel dazu setzt eine Welle von Liquidationen deutscher Männer ein, die nun einem willkürlichen Auswahlverfahren unterliegen und mitunter das Ausmaß von Massenerschießungen annehmen. Vergeltungsmaßnahmen, die vor allem den Zweck verfolgen, Schrecken unter der Bevölkerung zu verbreiten.

Wer nicht inhaftiert oder erschossen wird, den trifft das sofortige Ausgehverbot und eine strikte Nachrichtensperre. Zudem werden die Städte von deutschen Bewohnern geräumt, die Ausquartierten in den umliegenden Dörfern in Arbeitslagern zusammengefaßt. Hier – wie später auch im besetzten Ostdeutschland – werden Zivilisten zu Straßen-, Schanz- und Verladearbeiten eingesetzt. Die Zahl der Todesopfer in diesen Lagern ist hoch: Mißhandlungen, willkürliche Erschießungen und unzureichende Ernährung bei physischer Schwerstarbeit raffen die Insassen massenhaft dahin. Und als im Dezember 1944 in der Batschka ein großes Konzentrationslager für arbeitsunfähige Deutsche entsteht, zeichnet sich die Internierung von Deutschen als Dauerzustand ab. Manche Lager in diesen Gebieten existieren bis 1954.

Die zur Jahreswende 1944/45 einsetzenden Deportationen volksdeutscher Zivilisten nach Rußland markiert eine der wenigen Aktionen, in denen jugoslawische Partisanenkomitees und sowjetische NKWD-Einheiten reibungslos Hand in Hand arbeiten. Das nun ist keineswegs die Regel, das Verhältnis zwischen den Bündnispartnern gilt als gespannt. Während des mehr als dreijährigen Guerilla-Krieges hatte Stalin zunächst auf die (serbisch)nationalistischen Tschetniks gesetzt, Titos roten Partisanen aber jede Hilfe verweigert. Das Moskauer Interesse an den »proletarischen Brigaden« setzte erst in dem Moment ein, als Churchill 1943 Kontakt zum kroatischen Bauernsohn Tito aufnahm. Und seit auf Drängen von Briten und Amerikanern auf der Teheran-Konferenz im November 1943 Titos Truppen als »Befreiungsarmee« und alliierte Partner anerkannt wurden, kommt Stalin an dem sperrigen kommunistischen Abweichler nicht mehr vorbei. Kurz nach dem ersten

Zusammentreffen von Einheiten der Roten Armee und Titos Kampfbrigaden Anfang September 1944 an der Donau sagt er eine sowjetische Unterstützung bei der Befreiung Belgrads zu, empfiehlt jedoch zugleich, nach dem Sieg den 1941 geflohenen jugoslawischen König wieder einzusetzen. Die königliche Regierung hatte im April 1941, noch einen Tag vor dem Einmarsch der Deutschen in Belgrad, einen Freundschafts- und Nichtangriffspakt mit Moskau abgeschlossen, der nicht zum Tragen kam, da Stalin zu dieser Zeit gerade mit Hitler verbündet war. Der schlaffe König jedenfalls scheint Stalin für seine Pläne geeigneter zu sein als der kommunistische Bündnispartner Tito, der diesen Vorschlag in Moskau empört ablehnt.

Stalins Offerte gestaltet die zwistreiche Beziehung zwischen dem georgischen Goliath und dem kroatischen David, der mit seinen Brigaden das Land weitgehend selbst befreit, nicht eben besser, und so fällt auch die Bruderhilfe bei der Befreiung Belgrads etwas zwiespältig aus. Nicht nur zwischen Jugoslawen und Deutschen kommt es am 20. Oktober 1944 zu Feuergefechten, sondern auch zwischen Jugoslawen und Russen. Und als die anschließend in Belgrad einsetzende Vergewaltigungsorgie durch Sowjetsoldaten – frei nach dem Motto »Krieg ist Krieg« – fast ausschließlich die Frauen und Töchter der verbündeten Jugoslawen trifft, steigert dies die ohnehin starke Aversion gegen den unberechenbaren russischen Bündnispartner.

Diese Unstimmigkeiten zeigen sich nicht bei den Deportationen deutscher Zivilisten. Hier ergänzt sich gewissermaßen die Interessenlage: Tito will möglichst viele Deutsche loswerden, Stalin braucht möglichst viele Arbeitskräfte. Die russisch-jugoslawische Arbeitsteilung läuft damit beinahe reibungslos: Das Erfassen der arbeitsfähigen Jahrgänge sowie den Antransport zu den Verladebahnhöfen übernehmen Partisanenkommandos, die Musterung auf Arbeitstauglichkeit und der Abtransport zu den jeweiligen Zielorten liegen in den Händen russischer Truppenoffiziere und einiger NKWD-Mitarbeiter der Sondereinheit »SMERSCH« (deutsch: »Tod den Spionen«).

Die Reibungslosigkeit des Vorgangs wird lediglich dadurch getrübt, daß Jugoslawen vor der Ablieferung des »lebenden Arbeitsmaterials« ab und zu ein paar Handwerker und Facharbeiter für den Eigenbedarf abzweigen. Ansonsten funktioniert die oft erprobte straffe Organisation. Die Deportationen starten im Blitzverfahren und enden auch so: Am 25. Dezember 1944 setzen sie zeitgleich ein und erstrecken sich sowohl über das Banat als auch über die Batschka. Die Betroffenen – Männer im Alter von siebzehn bis fünfundvierzig, Frauen zwischen achtzehn bis dreißig, eine Alterbegrenzung, die man vor Ort oft noch auf die Zahl vierzig ausdehnt – werden in ihren Häusern überrascht und erhalten die Weisung, sich sofort im jeweiligen Gemeindezentrum einzufinden, wo man sie umgehend registriert. Anschließend werden sie – je nach Gutdünken des Verantwortlichen – entweder gleich dabehalten oder dürfen noch einmal nach Hause, um sich warme Kleidung zu holen und Lebensmittel »für vierzehn Tage, zwecks eines Arbeitseinsatzes in Jugoslawien«, wie die verschleiernde Auskunft lautet, mit der Panik und Fluchtversuche verhindert werden sollen. Mitunter, wenn den jugoslawischen Aktionskommissar das Mitleid packt, wird Gepäck bis zu 200 Kilogramm gestattet, bei wenig ausgeprägter Sowjetneigung sogar empfohlen – eine Milde, die sich dann allerdings in der Praxis kaum bewährt, da der Transport zu den Sammelstellen in den meisten Fällen durch einen beschwerlichen Fußmarsch erfolgt. Und warum sollte man« auch ein solches Riesengepäck für einen vierzehntägigen Arbeitseinsatz mitnehmen? Manche der Aussortierten verstehen jedoch den unausgesprochenen Wink: Wo ihre verzweifelten Familien das Gepäck auf den Sammelbahnhof nachschleppen, wird es kurz darauf von russischer Seite konfisziert …

Um den reibungslosen Ablauf der Aktion zu gewährleisten, werden die Sammellager zum Abtransport in Städten mit günstigen Eisenbahnanschlüssen eingerichtet. Für die Batschka sind das Sombor, Apatin, Kula und Hodschag, für das Banat die Städte Kikinda, Pantschowa, Betschkerek und Werschetz. Nach späteren Untersuchungen des Deutschen Roten Kreuzes gehen von diesen Städten in der Zeit vom 25. Dezember 1944 bis 6. Januar 1945 mindestens siebzehn bis neunzehn Transporte in Richtung Sowjetunion ab. In einem notdürftig mit Stroh ausgelegten Güterwaggon werden dreißig bis fündundvierzig Menschen untergebracht. Da ein Transportzug jeweils zwischen vierzig und fünfzig Waggons umfaßt, geht der Suchdienst des Deutschen Roten Kreuzes in der Nachkriegszeit von insgesamt etwa 30 000 deportierten Jugoslawiendeutschen aus, ohne daß die exakte Zahl jemals zu ermitteln sein wird. Nach einer fünfzehn- bis zwanzigtägigen Fahrt enden die meisten der Züge im Industrierevier des Donezbeckens. Die verschleppten Zivilisten werden auf Arbeitslager zwischen Charkow und Rostow verteilt. Wer aber wird verschleppt?

Da die Mehrheit der Männer in den zur Deportation freigegebenen Jahrgängen Ende 1944 bereits zur Waffen-SS oder zur Wehrmacht eingezogen sind, überwiegt der Anteil von Frauen. In den meisten Transporten befinden sich sechs- bis achtmal soviele Frauen wie Männer. Obwohl diese 1. Phase der Deportation deutscher Zivilisten noch nicht das brutale Chaos erkennen läßt, das im Frühjahr 1945 in Ostdeutschland herrscht, so bedeutet die Verschleppung auch in diesem Fall für jeden einzelnen der – vorwiegend weiblichen – Zivilisten einen furchtbaren, durch keine Kriegsschuld gerechtfertigten Lebenseinschnitt. Zwar wird im Banat und in der Batschka vor dem Abtransport durch eine russische Militärkommission noch einmal sortiert – in vielen Fällen verbunden mit einer knappen ärztlichen Untersuchung –, werden in der Regel Schwangere, Frauen mit Kleinkindern, sichtbar Kranke und Körperbehinderte zurückgestellt. Doch büßen nun Zehntausende jugoslawiendeutscher Zivilisten in sowjetischen Kohlegruben, Industriewerken und Kolchosen für eine Schuld, die sie selbst nicht auf sich geladen haben, die aber sechzehn Prozent der Verschleppten am Ende mit ihrem Leben bezahlt haben werden, die meisten der Zurückgekehrten mit schweren gesundheitlichen und seelischen Schäden.

Stellvertretend für diese Personengruppe soll hier die Donauschwäbin M. S. zu Wort kommen, deren Schicksal die Situation der Jugoslawiendeutschen am Ende des zweiten deutschen Eroberungskrieges im 20. Jahrhundert noch einmal fokussiert:

»Ich bin eine Donauschwäbin aus der Batschka (Jugoslawien). Meine Vorfahren sind aus der Pfalz über Ulm im letzten großen Schwabenzug 1786 unter Josef II. dort angesiedelt. Es war für sie ein hartes Los ... Als wir dann das Brot wahrlich in Fülle hatten, kam 1914 der Erste Weltkrieg. Unsere Väter und Angehörigen mußten Ackerschollen und Werkstätten verlassen und unter k.u.k. Österreich-Ungarn in den Krieg ziehen ... Dabei war der Krieg auch noch verloren, und es gab einen Staatenwechsel von Ungarn nach dem Balkanländchen Serbien, was doch niemand wollte. Das Leben währte dann bis zum Jugoslawienfeldzug, man hatte sich dann doch eingewöhnt und im Frieden miteinander gelebt. Nach dem Feldzug 1941 kamen dann die Ungarn wieder und verblieben bis Oktober 1944. Dann kam das Inferno; es wurde bitter Rache geübt, und unschuldige Opfer waren die Frauen und Mädchen, Erschießungen und Verschleppungen nach Rußland. Die Mädchen und Frauen von achtzehn bis vierzig Jahren kamen nach Rußland, und die Buben von vierzehn und die Großväter kamen in Internierungslager. Im April 1945 wurde unser Dorf endgültig geräumt, und was noch vorhanden war, alt und jung, Kranke und Schwangere, kamen in das Hungerlager ›Jarek‹, wo fünfzig Prozent davon starben.

Nun zu mir selbst: Am 30. Dezember 1944, einen Tag vor meinem fünfunddreißigsten Geburtstag, mußten wir mit den schon genannten Jahrgängen im Rathaus mit Wäsche und Lebensmitteln antreten und, von allen Angehörigen abgeschirmt, war jede Verbindung unterbunden. In der Nacht um zwei Uhr begann der Abmarsch in die zwanzig Kilometer entfernte Kreisstadt Palanka.

Zurück blieben meine neunjährige Tochter, Mutter, Schwiegermutter, Großmutter und viele Verwandte, die dann alle in dem Hungerlager starben. Aus der Kreisstadt Palanka ging es dann bei Nacht und Kälte wieder weiter, und wir wurden dann nach langem Marsch den Russen übergeben, in Viehwaggons verladen, und ab ging es ... Richtung unbekannt.

Nach neunzehn Tagen sind wir dann in Antrazit in der Ukraine halb erfroren und ausgehungert angekommen. Baracken waren vorhanden, aber kein Wasser, keine Kohle, keine Betten und nichts zum Essen. Von weit her mußten wir das alles bei bitterer Kälte herbeiholen.

Nach neunzehn Tagen wurden wir eingeteilt für den Kohlenschacht. Alles Schreien und Abwehren half nicht, weinend und unter Zwang haben wir dann doch die Grubenlampe genommen und gingen hinunter in die Unterwelt, in die Grube ...«*

Die quälende Zeit im Schacht währt nur einen Winter lang, dann werden die Frauen vor allem im Steinbruch und im Sägewerk eingesetzt. Die fünfunddreißigjährige Donauschwäbin M. S., die – arbeitsunfähig – bereits im Dezember 1946 entlassen wird, zählt in ihrem Lager vierundvierzig aus der Batschka und dem Banat verschleppte Frauen, die während des ersten Rußland-Jahres dort verstorben sind.

Von ihrer Heimatgemeinde Bulkes, die vor 1941 insgesamt 2716 Einwohner zählte, sind nach Kriegsende nur noch wenige am Leben: 973, also 36 Prozent, kamen bereits durch Kriegseinwirkungen um, Erschießungen und Tod infolge von Verschleppungen inbegriffen. Siebenhundert Bewohner der Gemeinde aber verhungern noch nach Kriegsende in jugoslawischen Konzentrationslagern.

* Auszüge aus einem Bericht der Donauschwäbin M. S. vom 26. 1. 1988, in: Ernst-Günther Schenck, »Vom Massenelend der Frauen Europas in den Wirrnissen des XX. Jahrhunderts«, Bonn-Bad Godesberg 1988

Ungarn und Rumänien

In Ungarn setzt die Geheimaktion Nr. 7161 ebenfalls Weihnachten 1944 ein, erstreckt sich hier jedoch bis Ende Februar 1945. Einige »Nachzüglertransporte« rollen sogar noch im März und April in Richtung Rußland.

In Auswahlverfahren und Durchführung unterscheiden sich die Deportationen allerdings wesentlich von denen in Jugoslawien. Ganz Ungarn läßt sich im Prinzip in drei, durch die geographische Lage bestimmte Zonen unterteilen. Da ist zunächst der Süden des Landes, neben der »schwäbischen Türkei« vor allem das 1919 Ungarn verbliebene Westbanat. Da hier vorrangig jugoslawische Partisanen die Fangkommandos für die Verschleppungen stellen, verläuft auch das Auswahlverfahren ähnlich dem in Jugoslawien. Es konzentriert sich auf Deutsche, die hier bereits in Sammellagern und dann in Viehwaggons barbarisch zusammengepfercht werden, was eine hohe Sterberate noch vor der Ankunft in Rußland zur Folge hat.

Völlig anders dagegen sieht es im Westen Ungarns, einschließlich Buda, dem westlich der Donau gelegenen Teil der Hauptstadt Budapest, aus. Da sich diese Gebiete innerhalb des Verschleppungszeitraumes noch in den Händen der Honved-Truppen und der Deutschen Wehrmacht befinden, bleiben sie, von wenigen Ausnahmen abgesehen, von Deportationen verschont.

Weniger Glück wiederum haben die Bewohner von Pest, dem östlich der Donau gelegenen Teil der Hauptstadt, sowie die Budapest östlich vorgelagerten Ortschaften. Was im Westen nicht greifbar ist, wird hier auf die Verschleppungsquote gewissermaßen »draufgeschlagen«. Doch vor allem unterscheidet sich das Auswahlverfahren von dem im Süden Ungarns. In Pest und Umgebung bleibt der Geheimbefehl Nr. 7161 nicht auf Deutsche beschränkt; er erfaßt massenhaft Ungarn und vor allem jene ungarischen Juden, die nur mit Mühe den Deportationen durch Eichmanns Todeskommandos entgangen waren.

In Pest und Umgebung, das unmittelbar während der südosteuropäischen Verschleppungsaktion von der Roten Armee besetzt wird, setzen sich die Fangkommandos aus russischen Soldaten und ungarischen Kommunisten zusammen. Und hier wird nach dem Prinzip »Masse« verfahren; Deutsche machen innerhalb dieser großen Gruppe von Deportierten nur einen geringen Prozentsatz aus. Wer aufgegriffen und als arbeitsfähig eingeschätzt wird, findet sich bald in östlich von Pest gelegenen Sammellagern wieder. Von hier aus werden die Betroffenen mit rücklaufenden Leerzügen der Roten Armee nach Rußland transportiert.

An Ungarn, das im Gegensatz zu Jugoslawien als Feindesland gilt, exerzieren die Sowjets eine Art Strafaktion. So nimmt sich die Zahl der etwa 60 000 volksdeutschen Zivilisten, von denen die meisten aus Südungarn stammen, im Verhältnis zu den (nach ungarischen Angaben) insgesamt etwa 600 000 nach Rußland Deportierten – davon zirka ein Drittel ungarische und deutsche Kriegsgefangene und zwei Drittel Zivilisten – noch vergleichsweise gering aus. Von den drei Sammellagern Baja, Bonyhad und Fünfkirchen aus werden die meisten ins Donezbecken abtransportiert und dort vorrangig im Schacht eingesetzt.

In Rumänien gehen dem Einmarsch der Roten Armee im Herbst 1944 turbulente Wochen samt einer Flucht- und Evakuierungswelle voraus. Mit der überraschenden Kapitulation am 23. August 1944 des bisher treuen Verbündeten der Achsenmächte – verbunden mit einem Umsturz in Bukarest, bei dem eine Regierung die Macht übernimmt, die nun ihrerseits Deutschland den Krieg erklärt – rettet sich das Balkanland (wie Bulgarien und Finnland) in buchstäblich letzter Minute; es wird vom Feind zum Freund der Sowjets. Berlin beschleunigt diesen Gesinnungswandel, indem es einen Tag nach Aufkündigung der Bündnistreue Bukarest bombardieren läßt. Etwas verfrüht bejubelt die rumänische Bevölkerung schon Ende August den Frieden; man hofft auf den baldigen Einmarsch der Anglo-

Amerikaner – der ausbleiben wird, da Rumänien in der geplanten Balkanteilung längst der Einflußsphäre Stalins zugeschanzt wurde.

Im Unterschied zu Jugoslawien, wo Deutsche an der barbarischen Hatz auf Serben beteiligt waren, bleibt das Verhältnis der rumänischen Bevölkerung zur deutschen Minderheit trotz des politischen Schwenks im wesentlichen frei von Haß. In manchen Regionen ist es hilfsbereit bis freundlich. Die Truppen von Wehrmacht und Waffen-SS läßt man meist ungehindert abziehen, nicht selten mitsamt ihrem Gerät; und nach dem Einmarsch der Sowjets noch im Land versprengte Soldaten werden nicht nur von Deutschen versteckt, sondern auch von Rumänen. Repressalien gegenüber der volksdeutschen Zivilbevölkerung, die durch Himmlers »Heim-ins-Reich«-Aktion von 1940 mittlerweile auf knapp zwei Drittel des Vorkriegsstandes geschrumpft ist, sind eher die Ausnahme und meist auf eine persönliche Vorgeschichte zurückzuführen.

Auch die Sicherungsmaßnahmen der neuen, noch überwiegend demokratisch orientierten Regierung sprengen nicht die Grenzen, die ein solch taktischer Blitzwechsel vom Freund zum Feind nun einmal nach sich zieht: Die seit Mitte der dreißiger Jahre auch in Rumänien überwiegend von Nationalsozialisten beherrschten Organisationen der Volksdeutschen werden unmittelbar nach dem Umsturz verboten. Funktionäre, derer man habhaft werden kann, sind zu internieren; ein Großteil von ihnen setzt sich jedoch noch rechtzeitig hinter die ungarische Grenze ab. Daß auch ein hoher Prozentsatz der deutschen Bürgermeister interniert wird, ist wohl mehr den Forderungen des neuen, vorrückenden Bündnispartners geschuldet als eigenen Rachegedanken. Die Internierungen jedenfalls tragen einen eher schematischen Charakter: »In jeder deutschen Gemeinde sind drei führende Persönlichkeiten zu verhaften!« lautet die Anweisung aus Bukarest. Das bedeutet für größere Gemeinden, daß sie von den Internierungen zunächst nicht allzu viel spüren; in kleineren dagegen wird, wenn sich »führende deutsche Persönlichkeiten« entweder abgesetzt haben oder nicht ausreichend vorhanden sind, ersatzweise auch mal ein politisch nicht exponierter Arzt, Pfarrer oder Dorfschullehrer mitgenommen, um nach kurzer Zeit wieder freigelassen zu werden. Die Internierten selbst werden von den Rumänen überwiegend korrekt behandelt; nicht nur, weil ein klares Feindbild fehlt, auch der militärische Wind könnte sich ja noch einmal drehen. Das zumindest läßt sich in diesem Frühjahr 1944 noch keineswegs ausschließen. Denn während die Truppen der Roten Armee vom Südosten her langsam im Rumänien einziehen, und ein Teil davon auch noch nach Bulgarien abgezweigt wird, sammeln sich im rumänischen Teil des Banats und in Nordsiebenbürgen erneut Truppen von Wehrmacht und Waffen-SS. Unterstützt werden sie, als die Russen bereits den Südzipfel von Siebenbürgen erreicht haben, von geflohenen Funktionären, die – ermutigt durch das langsame Vormarschtempo der Roten Armee – aus SS-Urlaubern, bewaffneten Gymnasiasten und fanatischen Zivilisten eine Minibefreiungsfront für Siebenbürgen-Süd auf die Beine stellen.

Gemeinsam mit ungarischen Truppen startet am 5. September 1944 ein Angriff in Richtung Süden, der schon zwei Tage später mit dem Einmarsch der Sowjets in Kronstadt seine geographische Grenze findet, der nun aber Siebenbürgen über wochenlange Kämpfe in zwei Zonen teilt – eine, die bereits in sowjetischer Hand ist, und eine, die der deutschen Zivilbevölkerung noch ein Schlupfloch läßt. Für Zivilisten verschärft sich mit dem Eindringen der Roten Armee die Situation. Unruhig ging es schon seit Ende August zu. Unmittelbar nach dem Umsturz in Bukarest wurden nicht nur Waffen, sondern auch Radiogeräte, Kraftfahrzeuge und Fahrräder beschlagnahmt, erhielten die Bewohner von Siebenbürgen und dem rumänischen Banat Sonderausweise, die ihre Volkszugehörigkeit vermerkten und sie verpflichteten, sich jederzeit auf Befehl hin binnen zweier Stunden bei der jeweiligen Polizeistelle zu melden. Doch galt das auch für die ungarische Minderheit – den Rumänen noch immer der ärgste Feind.

Mit dem Überschreiten der Karpaten durch die Rote Armee,

ihrem Einmarsch in die Zentren von Hermannstadt und Kronstadt, dem wiederum ein rasches Ausbreiten über ganz Südsiebenbürgen folgt, weicht die Unruhe der nackten Angst. Nur den Bewohnern weniger Randgemeinden gelingt es noch zu entkommen.

Im Kontrast dazu läuft in Nordsiebenbürgen die Totalevakuierung an. Das Exil sei nicht allzu weit, beruhigen volksdeutsche Funktionäre die hier seit Jahrhunderten wurzelnden Bauern. Und da während der Kämpfe auch die deutschen Truppen immer mal wieder Geländegewinn erzielen, glauben die meisten tatsächlich an eine Episode, an deren Ende die Rückkehr auf die eigene Scholle steht. So schließen sich mehr als vierzig Gemeinden der nordsiebenbürger Sachsen mehr oder weniger komplett der Räumungsaufforderung an. Zwischen fünfzig und vierhundert Fuhrwerke pro Ort formieren sich während dieses Septembers 1944 zu riesigen Treck-Karawanen in Richtung Ungarn, die städtische Bevölkerung wird auf die Bahn gesetzt.

Als Auffangbecken ist das nicht allzu weit entfernte, von Schwaben bewohnte Sathmar-Gebiet avisiert. Dort angekommen, rückt die Heimkehr jedoch in weite Ferne. Der Durchbruch der Roten Armee Ende September nach Nordsiebenbürgen treibt die Trecks zum Weiterziehen. Fast tausend Kilometer entfernte österreichische Auffanglager werden nun ins Auge gefaßt. Teils mit Pferden, teils mit Ochsen oder Kühen im Gespann treten die Flüchtlinge die beschwerliche Reise an, im Rücken die Rote Armee. Da vor allem das Hornvieh das Fluchttempo enorm bremst, werden die Trecks in der ungarischen Stadt Karol kurzerhand geteilt und Kühe und Ochsen samt Besitzer auf Güterzüge verfrachtet. Der andere Teil, nur noch mit Pferden im Gespann, kommt schneller voran und gelangt ohne größere Zwischenfälle aus der Gefahrenzone. Nach einem etwa tausend Kilometer langen Exodus über Nordungarn passiert der Treck zwischen Mitte Oktober und Anfang November 1944 die Grenze zu Österreich.

Weniger Glück haben die auf die Bahn Verladenen: Kommen die ersten Flüchtlingszüge noch ungehindert bis Budapest oder gar Wien durch, so werden die nachfolgenden durch anglo-amerikanische und rumänische Jagdbomber attackiert, müssen aufgrund blockierter Strecken, zerstörter Bahnhöfe und Brücken immer wieder umgeleitet werden und landen schließlich nach wochenlanger Fahrt über die Slowakei im Sudetenland oder in Oberschlesien, wo sie kurz nach ihrer Ankunft von der Roten Armee überrollt werden.

Während der Norden von Siebenbürger Sachsen weitgehend geräumt, der Süden bereits fest in sowjetischer Hand ist, geraten die an der Westgrenze Rumäniens siedelnden Banater Schwaben um die Stadt Temeschburg ins Chaos. So unklar die Lage in diesem Herbst 1944 ist, so oft wechseln im Banat Hoffnung und Resignation, wechseln vor allem die Parolen vom Bleiben oder Fliehen. Zwar setzen sich Mitte September auch hier erste Wagenkolonnen in Bewegung, doch schließt sich nur ein Teil der deutschen Bevölkerung den Trecks an. Die Fliehenden wiederum kehren, da die militärische Lage sich plötzlich zum Positiven zu wenden scheint, meist nach nur wenigen Tagen in ihre Heimatorte zurück, um dann kurze Zeit darauf den nächsten Fluchtversuch zu starten. Wer nach Serbien ausgewichen ist, wird dort wenig später vom sowjetischen Vormarsch erfaßt und zur Umkehr gezwungen. Mit dem Einmarsch der Roten Armee im Banat kommt es schließlich zu einer meist vergeblichen Flucht. Lediglich im Nordwesten des Banats schaffen es Schwaben-Trecks, am Plattensee vorbei und über mittlerweile völlig verstopfte Straßen die Grenze zu Niederösterreich zu erreichen.

Die Zahl der deutschen Zivilisten, die im Spätherbst 1944 aus Rumänien kommend in österreichischen Auffanglagern eintreffen, wird auf etwa 100 000 geschätzt. Damit ist die überwiegende Mehrheit der Sachsen und Schwaben in Rumänien zurückgeblieben. Sie harrt angstvoll dessen, was nun kommt. Bald sind das Beunruhigendste jene Gerüchte, in denen von Deportationen nach Rußland gemunkelt wird – mal warnt ein rumänischer Beamter, mal ein Postbote. Selbst gehört und gesehen hat zwar noch niemand etwas, doch werden in diesem Spätherbst

1944 Volksdeutsche flächendeckend registriert und nach Alter und Beruf in Listen erfaßt. In Bukarest auf der sowjetischen Kommandantur, in Siebenbürgen und dem Banat von rumänischen Verwaltungen, auf Dörfern beauftragt man mitunter auch deutsche Dorfschullehrer. Die immer wieder aufflackernde Unruhe wird meist verdrängt. Manche heiraten noch schnell einen Rumänen, um ihren deutschen Namen verschwinden zu lassen, andere versuchen, sich zu verstecken. Doch wie unaufhaltsam die geplante Aktion näherrückt, beschreibt die neunzehnjährige Anni E. aus dem Banater Dorf Siegen:

»Mitte November wurden die Dorfschullehrer, soweit sie noch in der Gemeinde waren, damit betraut, die verbliebenen deutschen Bewohner der einzelnen Gemeinden in Listen nach Alter und Beruf zu erfassen. Es hieß, man wolle eine Übersicht haben, wieviele deutsche Bewohner noch in den einzelnen Ortschaften verblieben sind. Jetzt wurde unser zurückgedämmtes Mißtrauen wieder wach. Niemand sagte es laut, aber jeder dachte im stillen: ›Das sind die Rußlandlisten!‹ Nachdem sich dann aber wochenlang nichts tat, beruhigte man sich wieder. Am zweiten Weihnachtsfeiertag erfaßte ein Fieber das ganze Dorf. Jemand war nach Temeschburg gefahren und berichtete, ein Eisenbahner habe ihm erzählt, in der Nacht hätte ein Güterzug aus Jugoslawien für kurze Zeit gehalten und der wäre voll mit Deutschen gewesen. Als Beweis zeigte er ihm einen Zettel mit den Zeilen: ›Liebe Landsleute, jetzt sind wir dran, dann kommt ihr an die Reihe.‹ ... Die Zeit, die nun anbrach, war voller quälender Ungewißheit, voller Angst und Sorge, zumal dann bald auch durch unseren Bahnhof Güterzüge mit Deutschen aus Jugoslawien fuhren. Man wartete auf die Nacht und war froh, wenn der Morgen wieder durchs Fenster schaute. Es wurde wenig davon gesprochen, aber in jedermanns Augen stand die bange Frage: ›Wird es wahr sein, oder gibt es noch ein Entrinnen?‹ Leider gab es kein Entrinnen.
Am 14. Januar, es war ein Sonntag, um fünf Uhr früh,

wurde mit Gewehrkolben an die Haustür geschlagen und gefordert, die Türe sofort zu öffnen. Draußen standen bewaffnete rumänische Soldaten. Nachdem meine Mutter geöffnet hatte, traten sie ein. Sie sagten meiner Mutter, sie hätte eine neunzehnjährige Tochter und die müsse um neun Uhr im Kulturheim sein mit Verpflegung für vierzehn Tage. An Kleidern und Wäsche sei folgendes mitzubringen: Es folgte nun eine Liste wie für einen Internatszögling. Als Schlußsatz wurde darauf hingewiesen, daß man keinen Fluchtversuch unternehmen solle – das ganze Dorf sei umstellt und ein Entrinnen wäre unmöglich. Als sie weg waren, ging ich auf die Straße. In allen deutschen Häusern brannte bereits Licht. Dann begann ich meinen Koffer zu packen. Um halb neun gingen wir zum Kulturhaus. Aus allen Straßen kamen die Deutschen, alt und jung, klein und groß. Um neun Uhr begann man mit dem Verlesen der Listen. Alle Jugendlichen sowie Frauen und Männer im Alter von siebzehn bis fünfunddreißig beziehungsweise fünfundvierzig Jahren wurden vorgelesen. Sie mußten vortreten und mit ihrem Gepäck in den Saal gehen. Die Angehörigen, weinende Kinder, Ehegatten, Eltern und Großeltern, wurden von den Soldaten zurückgedrängt. Die meisten Männer waren ja im Krieg, so daß die jungen Frauen mit den Kindern allein waren. Kinder, die Großeltern besaßen, hatten Glück – jene, die keine hatten, blieben einfach weinend auf der Straße stehen. Mitleidige Anverwandte oder Nachbarn haben sich ihrer angenommen ...«*

In der Nacht vom 10. zum 11. Januar 1945 laufen die Festnahmen zunächst in Bukarest und Kronstadt an, wobei jeder Ortsausgang abgesperrt, der Telefonverkehr unterbrochen wird. Binnen einer Woche sind das gesamte Siebenbürgen und das Banat von der Aushebung erfaßt. Die politische Haltung der Aufgelisteten spielt dabei keine Rolle; Kommunisten werden

* Bericht Anni E. in: »Rußland-Deportierte erinnern sich«, Bukarest 1992

ebenso deportiert wie überzeugte Nazis. Ausschlaggebend ist einzig die deutsche Herkunft. Und während in Städten vorwiegend gemischte russisch-rumänische Patrouillen für die Festnahmen eingesetzt werden, gleicht das Verfahren in Dörfern und kleineren Gemeinden oftmals dem von Anni E. geschilderten.

Die Phase »Festnahme und Abtransport« verläuft in Rumänien noch nicht in jener brutalen Form, die kurz darauf Ostdeutschland erlebt. Doch gestaltet sich das Auswahlverfahren nun schon rücksichtsloser als noch zwei Wochen zuvor in Jugoslawien. Mütter von Kleinkindern werden ebenso verschleppt wie Schwangere. Und da aus jedem Dorf eine bestimmte Anzahl abgeholt werden muß, wird das Verschleppungsalter nun auf fünfzehn Jahre, in Ausnahmefällen wie in Hermannstadt, wo mitunter Sowjetsoldaten die Festnahme allein erledigen, auch auf zwölf herabgesenkt. Und falls im Gemeindehaus gezählt wird und das Soll noch nicht stimmt, füllt man auf.

Ein Entkommen ist nun kaum mehr möglich. Wer sich versteckt hält, wird in Razzien und Hausdurchsuchungen noch nachträglich gefaßt. Eines der Hauptdruckmittel gegen das Abtauchen ist die Geiselnahme: Ist das Kind nicht auffindbar, werden die Eltern gegriffen! Dennoch gelingt es einzelnen, der Deportation zu entkommen. Rumänische Nachbarn halten sie versteckt, manchmal drückt auch ein gutwilliger Rumäne ein Auge zu und verzichtet auf Geiselnahme. Mitunter läßt sich auch jemand zusätzlich verschleppen – wie etliche Väter, die ihren Töchtern folgen, um ihnen auf der Fahrt ins Ungewisse Schutz bieten zu können.

Daß das Ungewisse »Rußland« heißt, daran zweifeln nur noch wenige. Ungeachtet dessen wird, um Panik zu vermeiden, das Täuschungsmanöver durchgezogen: Für den »etwa 14tägigen Arbeitseinsatz innerhalb Rumäniens« stehen neben Lebensmitteln, Kleidern und Wäsche auch grotesk anmutende Utensilien wie Hut und Regenschirm auf der Mitnahmeliste.

Das Gepäck, mit dem rumäniendeutsche Zivilisten schließlich in die Viehwaggons klettern, fällt äußerst unterschiedlich aus – während die meisten aus Bukarest nur das besitzen, was sie auf dem Leib tragen (man hatte sie mal eben mitgenommen, um ihre Papiere zu prüfen – sie dann aber direkt zum Verladebahnhof gebracht), haben manche Banater große Hausbrote und kiloweise Speck bei sich. Das rettet sie über einen wochenlangen Transport, auf dem es so gut wie keine Nahrungszuteilung gibt. Der Rest wird im Ankunftslager »zur Verwahrung« beschlagnahmt.

Auf den Verladebahnhöfen weicht jedes Hoffen der wachsenden Verzweiflung. Doch selbst der Abschied gestaltet sich nach Laune und Gutdünken des jeweiligen Aushebungskommandos. Einmal erfolgte die strikte Absonderung bereits vor dem Abtransport ins Sammellager, ein andermal dürfen die Verwandten noch die Züge umlagern und Hilfsgüter hineinreichen – wie im Fall von Maria M. aus dem siebenbürgischen Mannheim, die lange nicht an Deportation glaubte, weil sie mit anderen jungen Mädchen bereits zur Zwangsarbeit für die Rote Armee eingesetzt war:

»... Und dann kam dieser schreckliche Augenblick, als nachts auch unsere Hunde anschlugen und sich harte Schritte dem Haus näherten: Zwei russische Soldaten, ein Polizeikommissar und zwei Schüler aus der Lugoscher Kadettenschule bildeten das Empfangskommando. Ich war seit Tagen auf diesen Augenblick gefaßt, den andere schon durchstehen mußten. Jetzt aber, als es soweit war, verlor ich die Nerven: Ich stürzte durch die Hintertür in den Garten, sprang über Zäune, strauchelte, fiel hin und versteckte mich. Zweimal ging alles gut. Beim drittenmal holten sie als Ersatz meinen Vater – da stellte ich mich ihnen. Sie sperrten uns in eine Schule ein. Es war ein trauriger Anblick: Jeder wollte am Fenster noch einen Blick auf die Angehörigen werfen. Die riefen uns mit erstickter Stimme zu, was sie uns noch hereingeschickt hatten. In der dritten Nacht wurden wir in Lkws gepfercht und zu den Standgleisen der Muschongschen Ziegelei gebracht. Auch hier durften unsere Eltern uns noch besuchen. Decken, Brot, Speck und Schinken wurden uns in die Waggons gereicht – Marschproviant, denn von der Wachmannschaft haben wir unterwegs nichts bekommen.

Kurz vor der Abfahrt hatte mein Vater noch einen Eisenofen gebracht, denn es war kalt und wurde zusehends kälter. Dann wurden die Türen geschlossen – und ab ging es in eine ungewisse Zukunft. Wir alle heulten wie Kinder ... und viele waren noch Kinder. Hätten wir wenigstens gewußt, wohin man uns bringt, was uns erwartet, wie lange die Verschleppung dauert ... So zuckelten wir dahin, stationierten unendlich lange, fuhren weiter – Tage, Wochen, einen Monat lang. Wir standen auf den blinden Gleisen von Rostow und wurden von hier in ein wüstes, grasarmes Steppengebiet mit lehmigem Boden gebracht. Irgendwo war dann das ›Belaja Kalitwa‹, das sogenannte Weiße Gefängnis. Eingige große Pavillons mit Stacheldrahtverhauen verschluckten uns – hier traf ich meine Schwester wieder. Unsere Familie hat fünf Rußland-Deportierte geliefert ...«*

Von elf Sammellagern aus, darunter Bukarest, Constanza, Hermannstadt, Schäßburg, Mediasch, Kronstadt und Temeschburg – rollen im Januar 1945 die Züge der Deportierten ins Ungewisse. Auf den Bahnhöfen zurück bleiben vor allem Kinder und alte Menschen. Etwa 75 000 volksdeutsche Zivilisten aus Rumänien werden in ihren Waggons an der Grenze zur Sowjetunion auf die russische Breitspurbahn umgesetzt. Unter den männlichen befinden sich Schüler, Lehrlinge, Priesterzöglinge, Handwerker und andere vom Waffendienst freigestellte Schwaben und Sachsen. Doch besteht – ebenso wie in Jugoslawien – auch im Deportationsgebiet Rumänien die überwiegende Mehrheit der Verschleppten aus jungen Mädchen und Frauen.

Im Unterschied zu Jugoslawien jedoch stößt die Deportation von Zivilisten, wenn auch nur hinter verschlossenen Türen, bei

* Bericht Maria M., in: »Rußland-Deportierte erinnern sich«, Bukarest 1992

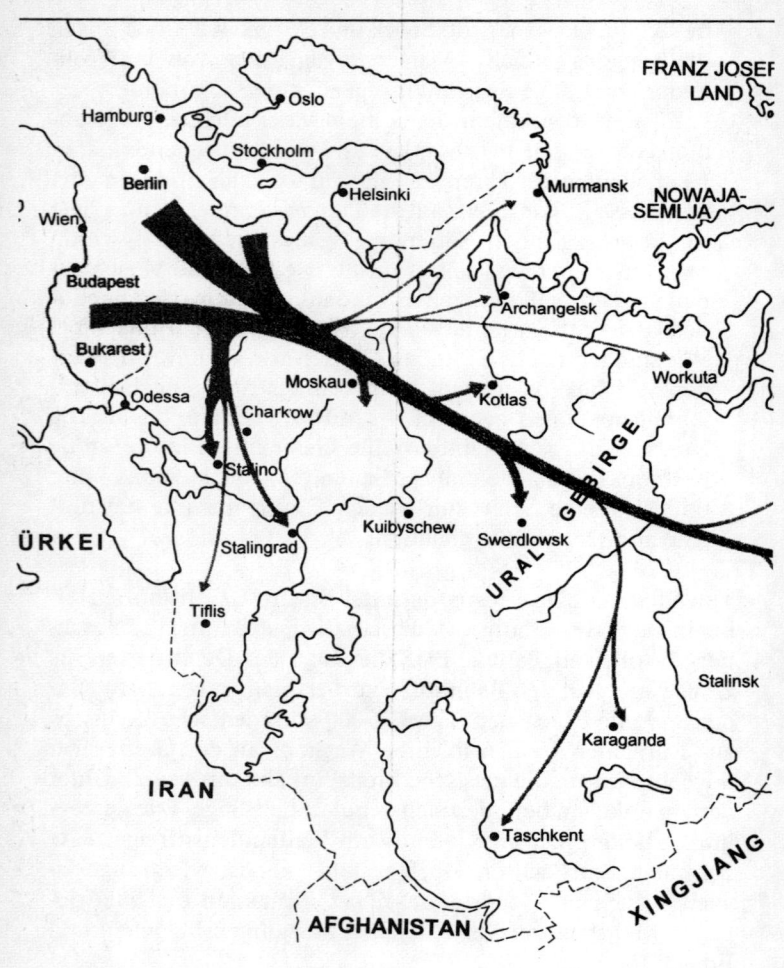

Deportationen in die Sowjetunion
am Ende des Zweiten Weltkriegs

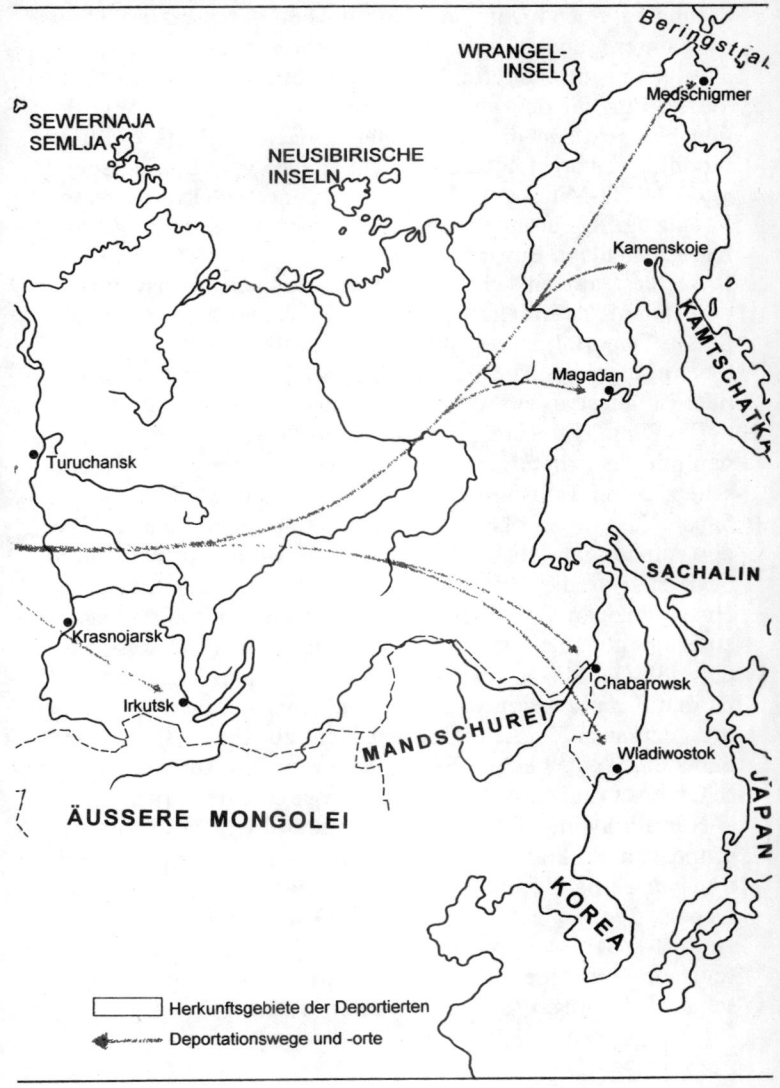

Herkunftsgebiete der Deportierten
Deportationswege und -orte

149

der neuen, noch nicht von Kommunisten durchsetzten Regierung unter General Radescu auf Ablehnung. Dabei wurde die als eigenmächtig empfundene Sowjetaktion auf rumänischem Territorium für den neuen Bündnispartner von »NKWD-Befehl Nr. 7161« in die gemäßigter klingende »Note Nr. 031« modifiziert, vorgetragen am 6. Januar 1945 vom Sowjetgeneral und NKWD-Mitarbeiter Vinogradov, der den stellvertretenden Vorsitz der Alliierten Kontrollkommission für Rumänien innehat. Ebenfalls in Bukarest sitzt der alliierte Vertreter der USA, B. Y. Berry, an den sich die Rumänen nun vertrauensvoll wenden. (Nicht erst in Jalta also werden die Anglo-Amerikaner mit Stalins Deportationsgelüsten konfrontiert.) Der vorsichtige Interventionsversuch bei den Amerikanern aber scheitert; Rumänien ist längst an die sowjetische Einflußsphäre abgetreten.

Die Kreml-Führung reagiert auf das Unbehagen der Rumänen mit einer rhetorischen Volte: Die deportierten Volksdeutschen, deren Transporte nun in irgendeinem Lager zwischen Saparoshe und Sorokino, Kriwoi-Rog und Stalino enden, werden von den Sowjets kurzerhand als »freiwillige Aufbauhelfer« begrüßt. Für die Verschleppten selbst hat dieser Zynismus einen winzigen Vorteil; sie dürfen meist in gemischten Lagern zusammenbleiben, was Familien nicht automatisch auseinanderreißt. Der kleine Vorteil jedoch vermag kein Gegengewicht zu den Strapazen im Schacht, in der Ziegelei oder im Steinbruch zu schaffen, kein Gegengewicht zu Kälte, Hunger und Seuchen. So bleiben am Ende auch unter den Rumäniendeutschen etwa fünfzehn Prozent in russischer Erde zurück.

Nur ein kleiner Teil der überlebenden Zivilisten kehrt aufgrund von Entkräftung noch im gleichen Jahr mit Krankentransporten nach Rumänien zurück. Die meisten werden ihre Deportation erst in den Jahren 1948/49 überstanden haben. Die Heimat sehen viele nicht wieder: Ab 1947 treffen die Rücktransporte nicht mehr in Rumänien ein, sondern in der Sowjetischen Besatzungszone – der späteren DDR.

2. Die Deportation von Zivilisten aus Ostdeutschland im Frühjahr 1945

Nachdem sich Marschall Stalin circa 132 000 volksdeutsche Zivilisten vom Balkan ins zerstörte Sowjetreich geholt hat, findet vom 4. bis 11. Februar 1945 auf der Krim die Jalta-Konferenz der Alliierten statt, auf der Stalin mit USA-Präsident Roosevelt und Großbritanniens Premierminister Churchill über europäische Einflußsphären, die Grenzen des gebeutelten Polen und die Aufteilung Deutschlands berät.

Beherrscht wird das Treffen auch von der Reparationsfrage, die vor allem für den Kreml-Chef eine außerordentliche Bedeutung hat. Bereits am ersten Tag der einwöchigen Konferenz möchte er das Thema behandelt wissen, ein sowjetischer Plan dazu – verlesen von Molotows Stellvertreter Maijski –, ist bereits ausgearbeitet. »Lebende Reparationen« kommen in diesem Plan nicht vor, man wünscht lediglich die Gründung eines besonderen Reparationskomitees mit Sitz in Moskau. In der heiklen Frage tastet man erst mal die Stimmung ab, spricht von kräftigen deutschen Männern beim Wiederaufbau des zerstörten Rußland. Bei Roosevelt stößt der Georgier auf Verständnis; der USA-Präsident würde die »russischen Wünsche in bezug auf die Nutzbarmachung der deutschen Arbeitskraft« ebenfalls gern thematisiert wissen; nur hat Stalin noch keinen konkreten Plan dafür.

Tagelang wird nun über Höhe und Aufteilung der von Deutschen zu leistenden Reparationen gefeilscht – mal in der Villa Woronzow, mal im Livadia-Palast, mal bei Cognac, mal am runden Tisch. Doch man kommt nicht recht voran. Vor allem der pragmatische Churchill gibt sich in der Reparationsfrage spröder als sein amerikanischer Partner, und gegen Ende der Konferenz wird Stalin regelrecht unwirsch: »Wenn die Briten meinten, daß die Russen überhaupt keine Reparationen erhalten sollten, so sei es besser, es frei heraus zu sagen«, raunzt er auf der vorletzten Plenarsitzung. Er habe zwar reichlich viel

Rederei auf der Konferenz gehört, daß die Russen Reparationen in natura in Form von Fabriken und Industrie-Anlagen erhalten würden, aber es sei keine Entscheidung gefallen. Stalin will die Summe von zwanzig Milliarden Dollar verankert wissen, davon fünfzig Prozent für die Sowjetunion. Bei all der Streiterei geht es nur um Sachwerte, von Menschen ist nicht die Rede. Roosevelt tut sich ohnehin mit dem Begriff »Reparationen« schwer, das amerikanische Volk könnte dabei an Bargeld denken, man sucht erst mal – vergeblich – nach einem geschmeidigeren Wort. Beim Dinner nach der Sitzung beschwert sich Stalin erneut bei Churchill über die unbefriedigende Lösung der Reparationsfrage auf dieser Konferenz und erhält vom britischen Premier einen Seitenhieb. Das streng geheime Bohlen-Protokoll notiert, Stalin fürchte, nach Hause zurückkehren und dem sowjetischen Volk sagen zu müssen, daß es keine Reparationen bekommen würde, weil die Briten dagegen seien. Darauf der attackierte Premier: Er hoffe ganz im Gegenteil, daß Rußland große Mengen an Reparationen erhalten würde, doch er erinnere sich des letzten Krieges, als sie eine höhere Zahl angesetzt hätten, als Deutschland in der Lage war zu zahlen.

Am Ende der Konferenz ist die heikle Frage der »Verwendung deutscher Arbeitskräfte« noch immer offen. Sie wird, wie auch die Dollar-Diskussion, an eine erst zu gründende, irgendwann in Moskau tagende Kommission abgeschoben.

Solange allerdings gedenkt Stalin nicht zu warten. Und hat er nicht bereits eine Menschenladung geschickt in sein Imperium dirigiert?

Nach dem einwöchigen nach »Jein« klingenden Diplomatengeplänkel kommt Teil zwei der Verschleppungsaktion in Gang, der bereits vor Jalta ausgearbeitet wurde, wie einem NKWD-Geheimbefehl zu entnehmen ist:

»Entsprechend der streng geheimen Anordnung des Staatlichen Verteidigungskomitees (GOKO) vom 3. Februar 1945, Nr. 7467, ist das NKWD der UdSSR verpflichtet, ... mit dem

Ziel der Verhütung von Versuchen terroristischer Aktionen und der Durchführung von Diversionstätigkeit seitens der Deutschen, die vom deutschen Kommando im Hinterland der vorstoßenden Truppen der Roten Armee zurückgelassen wurden, alle zur physischen Arbeit und zum Waffentragen fähigen Deutschen – Männer im Alter von siebzehn bis fünfzig Jahren –, die sich im Hinterland der 1. und 2. Belorussischen und der 1. Ukrainischen Front befinden (Oberschlesien und Ostpreußen), zu mobilisieren und zu internieren.«

Obwohl bei der Herausgabe des streng geheimen NKWD-Befehls vom 3. Februar 1945 das Verhandlungsergebnis der Krim-Konferenz noch offen ist, sind zwischen dem Befehl Nr. 7161 vom 16. Dezember 1944, der den Balkandeutschen galt, und dem Befehl Nr. 7467, mit dem nun die Beute-Zivilisten aus Ostdeutschland nach Rußland verschleppt werden, bereits denkwürdige Unterschiede in den Notaten sichtbar: Reichte bei ersterem der Umstand aus, sich als »arbeitsfähiger Deutscher« auf dem Territorium einiger »von der Roten Armee befreiten« Länder zu befinden, so wird das »arbeitsfähig« nun im Raum Ostdeutschland um ein »zum Waffentragen fähig« erweitert. »Terroristische Aktionen« bzw. »Diversionstätigkeit« sollen durch Mobilisierung und Internierung prophylaktisch ausgeschaltet, dem wahllosen Zusammentreiben meist auf der Flucht überrollter Zivilisten plötzlich der Anstrich einer verhinderten Partisanentätigkeit verliehen werden.

Daß Diversionsakte als Handhabe nicht nur gegenüber den militärisch Verbündeten vorgegaukelt werden, sondern auch gegenüber den ausführenden Organen des NKWD selbst, zeigen die Erinnerungen verschleppter Zivilisten an ihre ersten Verhöre: Mal werden ihnen vergiftete Brunnen unterstellt, mal Proviantschmuggel für versteckte deutsche Soldaten; auf jeden Fall muß eine BDM-Zugehörigkeit als entlarvendes Indiz herhalten, war man nun Mitglied oder nicht. Dieser und auch ein zweiter Unterschied zwischen den Geheimbefehlen verweisen auf die offenbar gewachsene Vorsicht der Kreml-Führung.

153

Wird für die Balkandeutschen im NKWD-Befehl noch die Mobilisierung »für die Arbeit in der UdSSR« schriftlich fixiert, so ist der Zweck der Verschleppung im streng geheimen Befehl Nr. 7467 schon nicht mehr auffindbar.

Der bedeutendste Unterschied jedoch: In letzterem ist auch von Frauen keine Rede mehr! Mobilisiert und interniert werden sollen in Ostdeutschland nur noch »Männer im Alter von siebzehn bis fünfzig Jahren« – eine Vorsichtsmaßnahme, die, sollte das Geheimdokument in die falschen Hände geraten, die Aufmerksamkeit bewußt auf jene »kräftigen deutschen Männer« lenkt, die kurz darauf auch in Stalins Jalta-Wunsch zum Wiederaufbau der von Deutschen zerstörten Sowjetunion im Zentrum stehen. Diese bis in den Geheimbefehl waltende Vorsicht schließt sich an eine Kette ähnlicher Maßnahmen an, die das Bild vom heroischen Vaterländischen Krieg sowohl außen- als auch innenpolitisch zementieren sollen. Bisher kreisten die Tabus für Kriegsberichterstatter der Roten Armee und deren Kameramänner vor allem um die Unbesiegbarkeit der eigenen Soldaten, Tabus, deren Bruch mit dem Tode geahndet werden. So dürfen kaum gefallene, auf jeden Fall weder verwundete noch in Kriegsgefangenschaft geratene Sowjetsoldaten erwähnt, photographiert oder gefilmt werden – ein Sowjetsoldat ist unverwundbar, und niemals ließe er sich gefangennehmen.

Mit dem Einmarsch der Roten Armee in Feindesland wird das russische Helden-Bild um eine Nuance erweitert, den humanen Umgang des Soldaten mit der feindlichen Zivilbevölkerung. So lagern noch heute im zentralen Moskauer Filmarchiv ganze Rollenstapel mit nachgestellten Szenen, in denen der frisch gewaschene Sowjetsoldat den kleinen Fritzen zu essen gibt und ihnen über die Köpfe streicht, in denen er der deutschen Bevölkerung mit korrekter Freundlichkeit begegnet. In keinem Tagesbericht, auf keinem Zentimeter Zelluloid ist eine der zahllosen Grausamkeiten festgehalten, mit denen die Heeresgruppen und ihr Gefolge ganz Ostpreußen, Pommern, Schlesien und Ostbrandenburg überzogen haben. Wahrhaftige Zeugnisse finden sich allenthalben im Schatten der offiziellen

Lesart, die bitter bezahlten Erlebnisberichte des Majors Lew Kopelew oder ein erhalten gebliebener Privatbrief vom 1. Februar 1945, in dem die Rotarmistin Nina Demidowa aus Ostpreußen nach Hause schreibt: »Von den Deutschen sind nur noch Greise und Kinder da, junge Frauen wenig, und auch die werden totgeschlagen. Überhaupt, was hier geschieht, das läßt sich weder sagen noch beschreiben ...« Ansonsten herrscht das Bild eines soldatischen Heroismus, suchen wir vergeblich nach wenigstens einem Photo, das die massenhafte Deportation deutscher Frauen und Mädchen festgehalten hat ...

CHARLOTTE S.: *»Völlig verdreckt und abgemagert kamen wir an.«*

Ungeachtet der Propaganda und einer bis in den Geheimbefehl waltenden Vorsicht füllen sich in Ostdeutschland die Sammellager zum Abtransport nach Rußland; füllen sie sich zunächst in Ostpreußen mit überwiegend weiblichen Zivilisten. Die sechzehnjährige Charlotte S. aus Elbing, die mit ihrer Schwester und zwei weiteren Frauen der Familie nach nächtelangen, brutalen Verhören über die Landstraßen Richtung Osten getrieben wird, erreicht nach tagelangem Fußmarsch das Sammellager Insterburg:

»Völlig verdreckt und abgemagert kamen wir an, eine stützte sich an der anderen. Wir wurden in riesigen Räumen zu jeweils mehreren hundert Menschen untergebracht. Der Raum war derart überfüllt, daß an Liegen nicht zu denken war, selbst Sitzen war kaum noch möglich. Sobald man aufstand, fand man keinen Sitzplatz mehr. Die Verhältnisse im Lager waren katastrophal und demütigend: Zweimal am Tag ging es gruppenweise zu einem bombastischen Donnerbalken, die Posten sahen uns höhnisch bei unserer Notdurft zu. An einer Seite der riesigen Grube hatten sie ein Transparent angebracht, darauf stand ›Zur Führermesse‹ ... In unserem

Massenquartier gab es an der Tür eine Blechtonne, zu der man aber nicht durchkam, ohne jemanden zu treten. Die Ruhr war ausgebrochen, die Tonne schwappte über, und die Frauen in der Nähe mußten auch noch mit diesem Übel fertig werden. Was hatten die Russen mit uns vor? Es wurde gemunkelt, wir kämen nach Rußland.

Dann war es so weit, wir wurden aufgerufen. Personen mit gleichem Namen wurden sofort getrennt. In Zehnerreihen bewegte sich unser armseliger Haufen – Frauen und Mädchen im Alter von dreizehn bis dreiundsiebzig Jahren, alte Männer und kleine Jungen – in Richtung Bahnhof. Unmengen von Posten mit Gewehr und Bajonett bewachten uns. Wir Gefangenen mußten, bedingt durch die Ruhr, unsere Notdurft auf der Straße verrichten, das konnten auch die Posten nicht verhindern. Das war für mich die Gelegenheit: Ich setzte mich in die Hocke, bis die Reihe mit meiner Schwester Gretchen mich erreicht hatte. Auf diese Art fuhren wir am Ende doch noch in einem Waggon zusammen ...

Mit ›Dawai, dawai – bistra!‹ wurden jeweils zwischen vierzig und siebzig Personen in einen Waggon gesperrt. Noch heute, wenn ich Viehtransporte sehe, muß ich an diese Zeit denken ... Der Zug war endlos lang, so zweitausend bis dreitausend Menschen sollen auf dem Transport gewesen sein, wieviel genau, das werden wir wohl nicht mehr herausbekommen. Die Türen wurden verschlossen, und der Zug setzte sich in Bewegung. Ein fürchterliches Weinen und Klagen begann. Besonders die Frauen, die ihre unversorgten Kinder zurücklassen mußten, befanden sich am Rand der Verzweiflung. Kein Mensch erhörte sie. Gott wurde angefleht, aber auch er erhörte ihr Klagen und Bitten nicht. Was dachte sich der liebe Gott? Sicher: ›Sie rufen nur nach mir, wenn sie in Not sind.‹ Oder haben wir aus unserem früheren Leben etwas zu büßen? Auch ich versuchte, mich mit meinem Glauben zu trösten, doch das gelang mir damals noch nicht.

Es gab in unserem Waggon eine etwa zehn Zentimeter

breite schräge Rinne nach draußen, das war die Toilette. Wer darauf mußte – und wir mußten ständig, es grassierte ja die Ruhr –, der bespritzte oft absichtslos eine der am nächsten sitzenden Frauen, das war bei dieser Enge nicht zu vermeiden. Als wir in Insterburg losfuhren, es muß so um den 9. April herum gewesen sein, war es draußen schon richtig frühlingshaft. Jetzt wurde es allmählich kälter, wir fuhren also gen Osten ... In unserem Waggon gab es einmal am Tag ein Stück scharfen Käse, sonst nichts. So überboten sich Hunger und Kälte, doch der Durst wurde geradezu unerträglich. Auf den Lippen bildete sich eine braune Kruste.

Jeden Tag öffneten sich die Schiebetüren – die Toten wurden herausgeholt und im Schnee begraben. Nachts liefen die Posten über die Dächer und klopften die Wände ab. Oft standen wir auf einem Nebengleis und mußten warten, bis der Gegenzug in Richtung Deutschland vorbei war. Durch einen Spalt sahen wir die Panzer und Geschütze auf dem anderen Zug. Unsere Frauen, die ein paar Worte Russisch sprachen, riefen in diesen Wartezeiten manchmal nach den Posten und baten um Wasser. Wir bekamen dann meist etwas aus dem Tank. Es ging aber nur ein kleiner Becher durch die Ritze, so wurde noch die Hälfte des Wassers verschüttet. Auf diese Art erreichten wir Leningrad; dort konnte man durch die Spalte russische Frauen sehen, die Eisenbahnschienen verlegten. Nun ahnten wir, was auf uns zukommt: Wenn schon die eigenen Frauen zu solcher Schwerstarbeit herangezogen werden, was würden sie dann für uns bereithalten?

Irgendwann war es so weit, der Güterzug war endgültig zum Stehen gekommen. Alles raus aus dem Waggon! In einem Waldgelände, auf freier Strecke mit Schnee bis zu den Hüften, standen wir da, kaum eine konnte noch laufen. Alles stürzte in den Schnee, dort stopften wir uns erst mal voll damit, um den quälenden Durst zu löschen. Dann ging es los ... irgendwohin, quer durch menschenleeres, verschneites Gelände. Gretchen konnte bald nicht mehr weiter, wie viele andere Mädchen auch. Die Kraft hatte sie verlassen. Daraufhin legten die Russen die Gewehre an und drohten, alle zu erschießen. Ich versuchte, meiner Schwester Mut zu machen, ich konnte sie doch nicht dort liegenlassen. Mit vereinten Kräften schafften wir es schließlich. Nach vielleicht sechs Kilometern, am Ende über einen weiten, zugefrorenen See, schleppten wir uns durch die Tore eines Barackenlagers ...«

GERTRUD K.: »*Je weiter der Zug nach Osten rollte, desto kälter wurde es.*«

In irgendeinem der überfüllten Säle im Sammellager am Insterburger Pregeltor wartet unruhig auch Gertrud K. auf das, was kommen wird. Das fünfzehnjährige Mädchen, das in einem Dorf bei Insterburg zur Welt kam und nur unweit des Lagers die Handelsschule besuchte, sitzt mutterseelenallein im Menschengewühl. Gertruds Vater wurde schon Wochen zuvor während der Flucht der Familie von Rotarmisten mitgenommen und kurz darauf auch die Mutter. Im Insterburger Sammellager nimmt sich zunächst eine ältere Mitgefangene des Mädchens an. Beim Verladen werden die beiden getrennt.

»Anfang April 1945 hieß es plötzlich: ›Alles raus und antreten zum Zählappell!‹ Das Verlesen unserer Namen dauerte Stunden. Da sie zum Beispiel meinen Familiennamen nicht Kriwitzki, sondern Kriwitzkaja aussprachen und auch noch den Vornamen meines Vaters anfügten, ergaben sich für mich einige Schwierigkeiten. Sie benutzten beim Zählen ›Rechenmaschinen‹, das waren Holzrahmen mit auf Draht gereihten, farbigen Holzkugeln. Genau so einen Rechenrahmen hatte ich als Kind zum Spielen besessen.

Unter schärfster Bewachung, die Maschinenpistole stets auf uns gerichtet, ging es in Marschkolonne durch die Theaterstraße. Schuttberge bedeckten den Bürgersteig und eine Straßenhälfte. Vom Insterburger Schloß erkannte ich nur noch die Reste der stehengebliebenen Grundmauern. Unvermittelt kamen mir die Tränen, der Krieg schaute mich an. Das letzte Mal war ich hier im Oktober 1944 vorbeigekommen, als Fuhrmann Peglau uns mit Flüchtlingsgepäck zum Bahnhof fuhr.

Jetzt stand auf dem Bahnhof ein langer Zug mit Viehwaggons für uns bereit ... so ein ›Pullman‹ mit Breitspur-Wagen. Es hieß, wir würden alle nach Rußland gebracht. Und wo waren meine Eltern?

Brutal wurden wir von den Posten in die Waggons gestoßen, Frauen und Männer getrennt, etwa fünfundvierzig Personen in einen Waggon. Weder Stroh noch Pritschen waren vorhanden. So saßen wir, vor Kälte zitternd, auf dem Waggonboden. Je weiter der Zug nach Osten rollte, desto kälter wurde es. Schon gab es die ersten Kranken infolge mangelhafter Verpflegung und der schneidenden Kälte. In der Waggonmitte stand ein eiserner Ofen. Irgendwann unterwegs erhielten wir dann täglich einen Arm voller Birkenholz zum Ofenheizen. Dadurch hatten wir wenigstens für kurze Zeit etwas Wärme. Für unsere Notdurft befand sich eine Öffnung in einer Waggonecke. Von dieser Stelle rückten alle, soweit das in der drangvollen Enge überhaupt möglich war, ab.

Anfang April hatte sich der streng verriegelte Transport in Bewegung gesetzt. Während der dreiwöchigen Fahrt gab es kein warmes Essen, kein warmes Getränk. Bei längerem Halt auf freier Strecke durften wir uns mit Trinkwasser aus Gräben oder Tümpeln versorgen. Dies war meist eine trübe, braune oder schwarze Brühe, je nach der Bodenbeschaffenheit. Infolgedessen erkrankten viele an Ruhr, etliche starben. Die Toten wurden am Ende des Zuges nackt in leere Waggons gestapelt und mitgeführt. Die Transportliste mußte offenbar mit der Anzahl der Menschen im Zug, ob tot oder lebendig, übereinstimmen. Der Tod schaffte immer wieder Platz für die Lebenden. Ich glaube, so jeder zehnte hat diese Fahrt nicht überstanden ...

In das winzige, vergitterte und vereiste Fenster unterhalb des Waggondaches hauchten wir während der Fahrt regelmäßig ein Guckloch, um die Gegend zu erkunden. Über unseren ›Ausguck‹ konnten wir weder Ortschaften noch Ansiedelungen ausmachen. Beim Stillstand des Zuges schrien die Posten draußen und hoben drohend ihre Waffen, sobald sich ein Gesicht von innen zeigte. Die Posten trugen mittlerweile lange Pelze, das Fell nach innen gekehrt, sowie Pelzkappen und Filzstiefel. Bei längeren Aufenthalten, meistens nachts, stiegen sie auf die Waggons und klopften die Wände, Türen und Radachsen mit Eisenhämmern ab. Auf diese Weise prüften die russischen Begleitmannschaften, ob die Gefangenen Waggonbretter gelöst hatten. Was müssen sie für eine Angst vor uns gehabt haben; wir waren Zivilisten, im Alter von fünfzehn bis fünfundsechzig Jahren, und unbewaffnet.

Vom ersten Tag unserer Verschleppung an befielen uns die in den Waggons beheimateten Kopf- und Kleiderläuse, und zwar mit Brachialgewalt. Sie müssen so ausgehungert gewesen sein, daß sie uns Tag und Nacht keine Ruhe ließen. Emsig vermehrten sie sich auf unseren Köpfen und in den Kleidern. Aus Mangel an Erfahrung im Umgang mit Läusen konnten wir uns ihrer Zudringlichkeit nicht erwehren – sie blieben in jedem Fall die Sieger ... man konnte ihnen nicht entrinnen, sie wechselten rein zufällig zeitweise ihre Opfer.

Heute, nach neunundvierzig Jahren, habe ich genug Abstand, um über diese Erlebnisse schreiben zu können. Ich habe fast genauso lange gebraucht, um überhaupt davon erzählen zu können. Man muß sich vergegenwärtigen, was wir damals seelisch gelitten haben. Die Frauen wußten nichts über das Schicksal ihrer zurückgebliebenen Kinder – wir Jugendlichen im Alter von fünfzehn Jahren nichts über unsere Eltern ...

Anfang Mai war der für uns bestimmte Zielort erreicht: Karpinsk in Sibirien! Begleitet von wüsten sexistischen Flüchen der Rotarmisten nahmen wir neben dem Zug Aufstellung. Der Zählappell zog sich wieder endlos lange hin, bei der Anzahl der Verschleppten, einschließlich der Toten, ein für die Posten mit ihren primitiven ›Rechenmaschinen‹ schwie-

riges Unterfangen. In der Dunkelheit ging es in Marschkolonne durch ein Spalier von russischen Einwohnern. Wir
waren von Kopf bis Fuß mit einer Dreckkruste überzogen
und sahen schreckenerregend aus. Die russische Bevölkerung schaute mit entsetzten Gesichtern auf diesen Elends-
zug, viele beschimpften, bespuckten und bedrohten uns. Die
Posten hatten Mühe, die aufgebrachten Einwohner abzu-
drängen. Und dann spürte ich plötzlich, wie mein Rücken
kalt wurde: Jemand hatte mit einem scharfen Messer meinen
Mantel aufgeschlitzt, vom Kragen bis zum Saum ...«

Vereinzelt setzt die Verhaftung ostdeutscher Zivilisten zum
Zweck der Deportation bereits Ende Januar ein. Erst im Februar jedoch kommt System in jene Aktion, in der nun NKWD-
Spezialeinheiten der SMERSCH (»Tod den Spionen«) Hand in
Hand mit den jeweiligen Heeresgruppenführern auch »lebende
Reparationen« für Rußland konfiszieren. Den Höhepunkt,
auch in der Belegungsstärke der bald völlig überfüllten Sammellager, erreicht die Maßnahme zum NKWD-Befehl Nr. 7467
im März 1945. Nach der Devise »möglichst große Massen in
möglichst kurzer Zeit« werden die sogenannten Spione nun
hastig kontingentweise aus dem jeweiligen Eroberungsbereich
zusammengeschleppt.

In Nord-Ostpreußen, das durch die Truppen der 3. Belorussischen Front unter Armeegeneral Tschernjakowski besetzt ist,
wird Insterburg zum Hauptsammellager. Knapp 47 000 Zivilisten werden hier im Frühjahr 1945 verwahrt und durchge-
schleust, so viele, wie in keinem anderen Sammellager Ostdeutschlands. Die überwiegende Mehrheit davon sind Frauen
und Mädchen. In insgesamt zweiundzwanzig Massentranspor-
ten werden sie auf die europäische oder sibirische Seite des
Urals verfrachtet, in die Nähe von Finnland oder ans Kaspische
Meer ... Außer von Insterburg gehen in Nord-Ostpreußen noch
je ein »Pullman« von Ragnit und Kalvarya aus, drei von Tapia.
Auch hier befinden sich in den Waggons Richtung Rußland
vorwiegend weibliche Zivilisten.

Gemischter fällt die »Spionen-Ernte« dagegen in Danzig-Westpreußen und im südlichen Ostpreußen aus – Gebiete, die in der Hand von Truppen der 2. Belorussischen Front unter Marschall Rokossowski sind. Hier werden Zivilisten von kleineren Sammellagern wie Deutsch-Eylau und Thorn, vor allem aber von Zichenau, Soldau und ab Mitte März auch von Graudenz aus auf die russische Breitspurbahn gesetzt. Der Deportationskalender des Deutschen Roten Kreuzes (Stand: Dezember 1951) verzeichnet im Bereich Rokossowski zwar ebenfalls eine Deportationsquote von insgesamt etwa 51 000 Zivilisten, doch halten sich nach Zeugenaussagen Frauen und Männer in etwa die Waage.

Auch hier wird die Altersgrenze nach oben und unten korrigiert: Statt der kräftigen, zur Arbeit und zum Waffentragen fähigen Männer, die der Befehl Nr. 7467 suggeriert, sind Kinder im Alter von zwölf oder dreizehn Jahren in westpreußischen Sammellagern durchaus keine Seltenheit. Unter den alten Menschen wiederum, die zusammengetrieben wurden, ist der Verlust schon vor dem Eintreffen in einem Sammellager hoch. Nur wenige von ihnen waren den Gewaltmärschen gewachsen. Wer jedoch nicht mehr laufen konnte, wurde kurzerhand am Straßenrand erschossen und liegengelassen. So tauchen sie in keiner Deportationsliste auf. An ihrer Stelle ergriff man neue Opfer, bis das Soll wieder stimmte. Aufgefüllt wird das deutsche Verschleppungskontingent in den Lagern auch mit polnischen Frauen und Männern, die entweder der falschen »Klasse« angehörten oder als »sowjetfeindlich« denunziert wurden. Als Zwischenstationen in Städten, in denen Sammellager errichtet werden, dienen vor allem Zuchthäuser, Kasernen oder Barakkenlager, in denen bis vor kurzem polnische und russische Zwangsarbeiter von Deutschen eingesperrt wurden. In Ausnahmen, wie beispielsweise in Zichenau, werden auch die Siedlungshäuser mittlerweile geflohener oder ebenfalls verschleppter »Heim-ins-Reich«-Deutscher umfunktioniert.

Erna B.: »*Am schlimmsten waren die Zählappelle.*«

In Soldau füllt sich die riesige städtische Gefängnisanlage. Hier, wie auch in Zichenau oder Graudenz, treffen Menschen nach mitunter zehntägigen Gewaltmärschen völlig erschöpft ein. Andere werden zwar im Güterwaggon oder per Lkw angeliefert, doch hat auch von ihnen ein großer Teil bereits mehrwöchige »Reise«-Strapazen hinter sich, wie die vierundzwanzigjährige Erna B., die aus einem entfernten, Pommerschen Dorf in der Nähe von Köslin hierher transportiert wurde. Der Grund: Das Deportationskontingent aus Pommern verteilten die Sowjets, da bis in diese Region keine Schienen der Breitspurbahn verlegt wurden, kurzerhand auf Sammellager des Warthelandes, Ostbrandenburgs, West- und Ostpreußens. Die Wegstrapazen sind entsprechend groß. Erna B. zum Beispiel, die mit einer Gruppe von Mädchen und Frauen zwischen dreizehn und dreißig Jahren zu »Aufräumarbeiten« mitgenommen wurde, hat bereits eine mehrere hundert Kilometer lange Odyssee hinter sich, als sie mit schmerzenden Gelenken in Soldau eintrifft. Nach dem ersten langen Marsch und einer Woche Aufenthalt in der Bublitzer Kirche war ihre Kolonne bei zwanzig Grad Kälte noch tagelang Richtung Konitz gelaufen. Von hier aus folgte, nach neuerlichem Aufenthalt in einer Kirche, die letzte und wohl qualvollste Etappe des Antransportes – eine Endlosfahrt auf der Ladefläche eines offenen LKW, auf der Erna vier Tage und Nächte nur in gepreßter Enge auf ihren Fersen sitzend zubrachte. So wird die Ankunft in Soldau zunächst fast als Erlösung begriffen:

»... Als wir endlich am Ziel waren und aussteigen durften, schmerzten die Fuß- und Kniegelenke so sehr, daß wir uns nur ganz schleppend vorwärtsbewegen konnten.

Wir waren nun in der Stadt Soldau angelangt, wo uns eine große Gefängnisanstalt erwartete ... Die Unterkunft bestand aus Sälen, in denen wir wie die Heringe aneinandergepreßt auf dem Boden lagen. In Soldau gab es – nach allem, was wir

163

bisher mitgemacht hatten – gutes Essen. Nur nützte das nicht viel, richtig essen konnte kaum eine mehr: Wir waren krank, viele hatten bereits die Ruhr. Ich war auch sehr krank, hatte hohes Fieber und unentwegt Schwindelanfälle. Das gab Probleme vor allem mit der Toilette, die bereits ein Stück russischer Kultur darstellte: Unten ein tiefer, langer Graben – oben drüber eine ebenso lange Stange, auf der wir dann wie die Hühner saßen. Schwindlig durfte auf der Stange niemandem werden ... da wäre man glatt unten gelandet.

Nach vier Tagen war unsere Zeit in Soldau abgelaufen. Mittags mußten wir antreten, in Fünferreihen. Dann folgte eine endlose Zählerei, am Abend waren wir damit noch nicht fertig. Von beiden Seiten haben sie uns gezählt, und jedesmal kam ein anderes Ergebnis heraus. Dann überlegten sie hin und her; schließlich holte einer der Posten eine lange Stange, die von einer Seite zur anderen reichte. Zwei Posten faßten nun an jeweils einem Ende an, und nun wurde mit der Stange gezählt. Auch das mußte dreimal wiederholt werden, ehe das Ergebnis akzeptiert wurde ...

Auf dem Bahnhof wartete bereits eine lange Reihe Waggons auf uns. Ich war mit meiner Freundin und vielen Mädels aus unserem Dorf zusammen, was unsere Lage ja ein wenig erträglicher machte. Doch als wir verladen wurden, hat man uns bewußt auseinandergerissen. Ich fand mich plötzlich in einem Waggon mit ostpreußischen Mädchen wieder. Doch auch mit denen habe ich mich gut verstanden. In unserem Waggon waren zu Fahrtbeginn etwa dreißig bis fünfunddreißig Frauen, verteilt auf zwei Etagen. Einmal am Tag gab es was zu essen, jeweils zwei Tassen Suppe pro Person, dazu zwei Stückchen getrocknetes Brot. Zum Trinken gab es Wasser aus dem Tank. Die Türen aller Waggons waren von außen verriegelt; es war ziemlich dunkel, nur durch ein kleines Fenster drang ein Lichtstrahl herein ...

So verging ein Tag nach dem anderen, wir rollten nach Osten. Geweint wurde sehr viel, alle hatten Heimweh und niemand wußte, wohin es geht und was mit uns passieren wird. Wer unterwegs starb, wurde rausgeworfen und blieb liegen ...

In irgendeiner russischen Stadt wurden dann ein paar Waggons abgehängt, die in eine andere Richtung weiterfuhren. Leider saß in einem dieser Waggons auch meine Freundin.

Nach drei Wochen Fahrt durften wir endlich aussteigen und mußten uns erst mal die Augen bedecken, weil das ungewohnte Tageslicht blendete. Wir waren so schwach auf den Beinen, daß viele vor dem Zug zusammensackten. Schließlich ging es mit uns in eine Badeanstalt und zur Entlausung – wir alle waren starr vor Schmutz, über drei Wochen hatten wir uns kein einziges Mal gewaschen, und die Läuse hatten von uns längst Besitz ergriffen. Nur wurde leider auch die Reinigung zur Tortur: Vor dem Bad mußten wir nackt an drei Offizieren vorbeidefilieren, die sich lautstark und grimassierend über unsere Körper lustig machten. Es war furchtbar demütigend ... Und dann fehlte ein Teil der entlausten Kleider. Die Sachen hatten sich die Russinnen in der Entlausungsanlage einkassiert; dazu alle Kämme, davon tauchte kein einziger wieder auf. Es herrschte eine furchtbare Aufregung. Doch was sollten wir tun, wir waren Gefangene! Es sei alles in der Entlausung verbrannt, wurde uns mitgeteilt. So kam es, daß manche Mädchen plötzlich ohne Kleid oder ohne Mantel dastanden, einen Ersatz gab es nicht ...

In welcher Stadt wir uns nun befanden, wußte niemand. Wir wurden in eine Kleinbahn gesteckt. Die war in Windeseile so voll, daß kein Mensch mehr reinpaßte. Es mußten aber alle mit! Also wurde ich mit einem anderen Mädchen ins Gepäcknetz geschoben. Zusammengerollt wie ein Igel haben wir da oben etwa achtundvierzig Stunden verbracht, in ständiger Atemnot.

Man war also schon einiges gewöhnt, und kaum dachte man, nun hat man das Schlimmste überstanden, folgte eine neue Schreckensvariante: Nachdem wir aus der Kleinbahn befreit waren, erwarteten uns zehn bis zwölf Lastwagen, die uns ins Lager Nogatka in den Bergen des Ural bringen sollten. Jeweils dreißig Frauen bestiegen ein Auto, dabei stürmte und schneite es bereits, daß man kaum die Augen öffnen konnte. Und etliche hatten ja nur noch die halbe Kleidung an. So standen wir dicht gedrängt im Schneesturm auf der Ladefläche, als die Höllenfahrt losging. Über Stock und Stein, und vor allem durch knietiefe Löcher, die voller Wasser waren. Der Lastwagen hing völlig auf der Seite, so daß das Wasser über die Ladefläche und unsere Füße lief. Wir schrien vor Verzweiflung und Angst, worauf die Fahrer das Tempo noch mehr beschleunigten ...

Das ging über etliche Stunden so, bei Schneesturm und eisiger Kälte. Und dann standen wir vor Postentürmen und einem drei Meter hohen Stacheldrahtzaun. In diesem Augenblick schreckte uns das Bild gar nicht – Hauptsache, unter irgendein Dach kommen!

Die Ankunft im Lager Nogatka war am 17. April 1945 ...«

Am nächsten kommt dem im NKWD-Befehl Nr. 7467 vorgegebenen Auswahlprinzip – Männer im Alter von siebzehn bis fünfzig Jahren – noch die Deportationspraxis in Schlesien. Zwar greifen auch hier russische Kommandos (teilweise gemeinsam mit polnischen) immer wieder Frauen und Mädchen auf, doch machen diese innerhalb der Gesamtzahl von etwa 62 000 verschleppten schlesischen Zivilisten am Ende nur etwa ein Zehntel aus. Der Grund für diese Auslese liegt weniger in einer auf Schonung der Frauen bedachten Stimmung als vielmehr in dem Umstand, daß in Schlesien, der bevölkerungsreichsten ostdeutschen Provinz, noch genügend männliche Zivilisten greifbar sind.

Ganze Scharen beispielsweise lassen sich aus den bereits Anfang Februar von Truppen der 1. Ukrainischen Front unter Marschall Konjew eingenommenen schlesischen Gruben rekrutieren: Die vom Waffendienst freigestellten Bergleute, die nun kurzerhand von ihrem schlesischen Schacht in einen russischen verfrachtet werden, wo mehr als die Hälfte von ihnen umkommt. Bereits am 10. Februar 1945, also noch während der

Krim-Konferenz, hängt die Stadt Hindenburg voller Aufrufe, nach denen sich sämtliche Männer im Alter von siebzehn bis fünfundfünfzig innerhalb von achtundvierzig Stunden registrieren lassen müssen, angeblich für Arbeiten im rückwärtigen Frontgebiet. Mitzubringen sind eine Schlafdecke, warme Wäsche sowie Verpflegung für zwei Wochen. Der Argwohn hält sich in Grenzen. Zwar drängen sich nun vor den Kommandanturen Männer mit Freistellungsbegehren, die lieber die stillstehenden Betriebe vor Ort in Gang bringen möchten, doch wird der Meldepflicht im wesentlichen nachgekommen – allen voran von ortsansässigen Kommunisten, die mit ihrer frühzeitigen Meldung einen günstigen Arbeitsplatz zu ergattern hoffen und die am Ende wie alle anderen in Rußland landen.

Sobald sich auf einem Polizeiamt 1000 Männer gesammelt haben, werden sie als Zivilkolonne Richtung Gleiwitz in Marsch gesetzt. In der zum Sammellager umfunktionierten Kaserne bleibt noch genug Zeit, denunzierte NSDAP-Genossen herauszufischen, die dann eine Sondertour erwartet. Der große Rest wird samt Invaliden, Rentnern und Jugendlichen verladen. Zurück bleiben nur Prothesenträger – und jene, die bereits im Sammellager gestorben sind oder sich selbst das Leben genommen haben. Neben dieser für die Sowjets vergleichsweise bequemen Art der Zuführung im oberschlesischen Bergbaurevier kommen selbstverständlich auch die sonst gebräuchlichen Methoden zur Anwendung. Noch während der Krieg an den niederschlesischen Fronten tobt, werden von Krakau, Sanok und Sambor, von Gleiwitz und Beuthen aus mindestens dreiundzwanzig Transportzüge mit je 2000 Männern und Frauen auf den Weg Richtung Osten geschickt. Im April folgen zwei Züge aus Auschwitz und einer aus Breslau nach.

Die neunzehnjährige Else I. aus Järischau trifft mit einer Gruppe niederschlesischer Mädchen und Frauen Ende März im Sammellager Beuthen ein, von wo aus sie am Ostersonntag nach Sibirien deportiert wird. Im umfunktionierten Gefängnis von Beuthen sind die Schikanen des russischen Wachpersonals im Verhältnis zu anderen Sammellagern extrem, und es werden

167

noch immer Frauen aus den Zellen zum Vergewaltigen herausgeholt.

Überall in den Ostprovinzen rollen in diesen letzten Kriegsmonaten Güterzüge voller Kampfgerät aus den Weiten der Sowjetunion heran und kehren mit Menschen gefüllt zurück, deutschen Kriegsgefangene und deutschen Zivilisten ... Im befreiten Westpolen werden aus den Sammellagern Lentschütz und Kutno vor allem umgesiedelte Volksdeutsche abtransportiert, vorwiegend Männer, da ein Teil der Frauen und Kinder rechtzeitig evakuiert wurde, ein anderer sich bereits in polnischen Internierungslagern befindet. Gerade in dieser Frage kommt es immer wieder zu heftigen polnisch-russischen Rangeleien, wobei die Sowjets deutlich zeigen, wer der eigentliche Herr im polnischen Haus ist. Die polnischen Behörden hatten bereits unmittelbar nach der Befreiung einen Großteil der deutschen Zivilbevölkerung in polnischen Straf- und Arbeitslagern interniert, die Sowjets wiederum tauchen ständig in ebendiesen Lagern auf, um sich arbeitsfähige Deutsche zur eigenen Verwendung herauszuholen. In jedem Fall gehen dem Abtransport nach Rußland schwere Mißhandlungen voraus. Außerdem beginnt in den Sammellagern eine intensive Suche nach Ukrainern, die in die Identität von Volksdeutschen geschlüpft sind; sie werden im Fall einer Enttarnung sofort erschossen.

Zum »Sammelbecken« Marschall Schukows, dessen 1. Belorussische Front direkt auf die mittlere Oder vorrückte, zählen neben Westpolen auch das Wartheland, Ostbrandenburg und ein Teil Ostpommerns. Über Zwischenlager wie Schneidemühl und Landsberg, kleinere Sammellager wie Wreschen, Gnesen, Montwy bzw. Frankfurt/O. sowie die Hauptlager Posen und Schwiebus wird im Frühjahr 1945 das Schukowsche »Zivilisten-Kontingent« Richtung Osten abtransportiert. Wie auch in anderen Gebieten herrscht weitgehend das Zufallsprinzip, teils werden aber auch Regionen systematisch geräumt, wie das Beispiel des vom DRK-Suchdienst aufgeschlüsselten Kreises Züllichau-Schwiebus zeigt: In achtzig Ortschaften, also fast dem gesamten Kreis, werden deutsche Zivilisten ausgehoben. Auch hier »bedienen« sich zuerst Stalins Truppen, bevor ein Teil der arbeitsfähigen deutschen Bevölkerung in polnischen Lagern verschwindet.

An Schwiebus, ein riesiges Barackenlager, aus dem erst wenige Wochen zuvor russische und ukrainische Zwangsarbeiter befreit wurden, erinnern sich die ehemaligen Insassen mit wiederkehrendem Schrecken. Es grassierte eine Ruhr-Epidemie, und der nur selten verstummende Geschützdonner vermischte sich bald mit einem anderen Geräusch, dem einer russischen Lokomotive, die man unweit des Lagers auf dem Gleiskörper manövrieren sah und die den Abtransport nach Rußland ankündigte.

Bericht des Arztes Dr. S. von Sivers über das Lager Schwiebus

Die Zustände im Sammellager Schwiebus schildert auch Dr. S. von Sivers, der Ende Februar 1945 das Lagertor zunächst als Deportationskandidat passiert, jedoch schon bald als Lagerarzt eingesetzt wird:

»... Gegen Abend wurden die ersten Kranken in ein weiteres Zimmer gebracht, das gleichfalls durch eine Tür mit dem Vorraum verbunden war. Hier befanden sich sechs Doppelpritschen, also zwölf Bettstellen für Kranke. Bis zur Dunkelheit waren auch hier alle Plätze belegt. Es handelte sich – soweit ich mich erinnere – um Lungenentzündungen und Darmerkrankungen, die sich in kürzester Zeit zu Dysenterie entwickelten. Im Augenblick verfügte ich noch über keinerlei Arzneimittel, konnte den Kranken nur mit heißen Umschlägen, Ruhe und der Möglichkeit, sich auszustrecken, helfen. So wenig es war, empfanden sie es alle als eine große Wohltat, unter erträglicheren Bedingungen ruhen zu können und die Gewißheit einer ärztlichen Betreuung zu haben – sicherlich äußerst wenig, aber doch ein gewaltiger Kontrast zu den Umständen, unter denen sie bis dahin hatten leiden müssen ...

Die Zustände im Lager waren furchtbar. In alle Baracken wurden die Gefangenen in gleicher Weise hineingepfercht, doch waren nicht in allen die nötigen Bretterzwischenlagen eingebaut worden. In eine Nachbarbaracke sind sogar, wie ich später erfuhr, 170 Mann hineingetrieben worden. Schon nach zwei Nächten wurden in den Baracken ohne Bretterlagen einige Insassen totgetreten, die dank Sauerstoffmangel Tobsuchtsanfälle bekamen oder wohl einfach zusammenbrachen. Ich habe den Eindruck gewonnen, daß die Unterbringungsart der lawinenartig anschwellenden Menge verhafteter Zivilpersonen der russischen Militärverwaltung völlig über den Kopf wuchs und daß sich ein Teil der unverständlichen Roheiten und Brutalitäten, die sich hier im Frühjahr 45 abspielten, durch das Fehlen jeglichen Überblicks und den Mangel an Organisationsfähigkeit erklären lassen ... Einmal z. B. erschwerte mir ein heftiges Schneetreiben mein Amt, die Lüftung der Krankenbaracke zu regeln, als plötzlich ein Schuß aus nächster Nähe fiel. Er galt, wie wir am nächsten Morgen erfuhren, einem Gefangenen, der sich aus dem Fenster der Nebenbaracke gebeugt hatte, um frische Luft zu schnappen. Die Kugel war durch seinen Oberkörper gedrungen, und er verschied in kürzester Zeit. Im übrigen waren wir – oder wenigstens ich – gegen das häufige Schießen im Lager durch die vorherigen Erfahrungen mit Rotarmisten recht abgestumpft. Es erfolgte, wie mir die Soldaten öfter beteuert hatten, um die Gewehre zu ›reinigen‹!

Anfang März herrschte eine recht kühle Witterung, und die Fensterscheiben unseres Lazaretts waren ausgeschlagen. Im Laufe des Tages wurden immer neue Kranke in unser Haus gebracht, und es mußten weitere Stuben für die Patienten eingerichtet, d. h., weitere Mengen an Stroh herbeigeschafft werden. Wohl schon an diesem ersten Tag trug man einige schwerkranke Frauen zu uns, die unter Bewußtseinsstörungen litten. Es gelang, für diese Patientinnen die Kammern im zweiten Stock frei zu machen ... Bereits an einem der ersten Tage lernte ich auch meinen russischen

Vorgesetzten, den Majorarzt Gr., kennen – ein Sibirier aus Tomsk. Er war ein Mann, etwa Ende vierzig, groß und stattlich, mit offenen, regelmäßigen und klugen Zügen, der sich von vornherein zu mir in einer besonders taktvollen Art verhielt. Während unserer dreimonatigen Zusammenarbeit hörte er sich stets meine Vorschläge an und besprach alle vorhandenen Möglichkeiten, um sowohl das Los der erkrankten Gefangenen zu erleichtern als auch dem drohenden Umsichgreifen der Ruhr-Epidemie vorzubeugen. Dank seiner Bemühungen erhielt ich einen kleinen Vorrat an wichtigen Arzneien, einige Injektionsspritzen und diverse Ampullen herzstärkender Mittel. Abgesehen davon, daß ich diesem Mann mein Leben verdanke, indem er meinen schon befohlenen Abtransport nach Sibirien hintertrieb, denke ich mit großer Achtung und warmen Gefühlen an diesen prächtigen Menschen. An eine Krankendiät oder Verbesserung der Verpflegung war jedoch nicht zu denken – in dieser Hinsicht wäre nichts zu machen, hieß der Bescheid. Abgesehen davon, tat der Majorarzt alles nur Denkbare, um den Kranken zu helfen.

Zu tun gab es für mich mehr als genug. Täglich wurden neue Fälle eingeliefert, und zu ihnen kamen noch diejenigen, die während des Antretens zum Abtransport ins Innere Rußlands zusammenbrachen.

Doch gab es allmählich Veränderungen. Die Fenster im Lazarett wurden verglast, die ausgehobenen oder eingetretenen Türen durch neue ersetzt, größere Mengen von Stroh, jedoch keine Decken, herbeigeschafft und immer wieder Kranke ins Lazarett geschleppt ...

In diesen Tagen begann auch das ›Antreten‹ auf dem Hof, das Aufrufen und Sortieren der nach Osten zu Verschickenden und ihr Verladen in die Güterwagen, die auf dem breiten russischen Gleis herangerollt waren. Die ersten Abtransporte erfolgten, soweit ich mich entsinnen kann, um den 10. März herum. Sie entlasteten das überfüllte Lager, in dem sich bereits über 2000 Menschen angesammelt hatten. Bei dem ersten Transport wurde, trotz meines Einspruchs, ein Teil Kranker, ja Schwerkranker, mitverladen. Auch diese mußten stundenlang auf dem aufgeweichten Hof des Lagers herumstehen. Nicht selten geschah es, wie bereits erwähnt, daß einer der Angetretenen ohnmächtig zusammenbrach und dann ins Lazarett getragen wurde. Auf diese Weise gelang es ab und an, ein Opfer vor der Verschickung zu bewahren. Diese Prozeduren mit Antreten, Aufrufen, Warten und Verladen wiederholten sich jede Woche ein- bis zweimal und fanden erst Ende Mai mit der Übergabe des Lagers und seiner praktischen Auflösung ihren Abschluß. In diesen etwa zweieinhalb Monaten mögen schätzungsweise 12 000 bis 14 000 Menschen durch das Lager Schwiebus gegangen sein. Über den ersten Transport im März übrigens, der bis Orenburg geleitet wurde und in den zentralrussischen Winter geriet, erzählte mir der Majorarzt nach vielen Wochen, daß das ein ›sehr schwerer‹ gewesen sei und daß etwa 300 Gefangene unterwegs gestorben wären …

Wie schon erwähnt, nahmen die Erkrankungen besonders an Dysenterie zu, mit ihnen aber auch die Zahl der Todesfälle unter den durch die kärgliche Ernährung und die schlechte Unterbringung geschwächten Gefangenen. Ich entsinne mich, daß ich dem Majorarzt 20 Todesfälle in einer einzigen Nacht melden mußte! Wo sind die Namen, wo die Erinnerung an diese wohl fast ausnahmslos unschuldigen Opfer des bolschewistischen Terrors geblieben? Keiner weiß etwas von ihnen, und ihre Angehörigen warten vielleicht noch heute auf ihre Rückkehr, auf einen letzten Gruß oder mindestens eine Nachricht, die der quälenden Ungewißheit ein Ende bereiten könnte …

Als das Sterben im Lazarett nicht geringer werden wollte, bat mich eines Tages der Majorarzt um einen, wie er sagte, großen Gefallen. Augenscheinlich waren ihm von seiner übergeordneten Stelle Vorwürfe wegen der hohen Sterblichkeit im Lager Schwiebus gemacht worden, und er wollte die Zahl der Toten um ein Geringes herabsetzen. Kurzum, er bat mich, bei einem Teil der Entschlafenen im offiziellen Krankenjournal den Vermerk ›gestorben‹ durch ›abtransportiert‹ zu ersetzen. Ohne Gewissensbisse habe ich diesen Wunsch erfüllt, da weder den Lebenden noch den Verstorbenen irgendein Nachteil aus meiner ›Fälschung‹ erwuchs, ich aber dem Majorarzt einen sichtlichen Gefallen erweisen konnte ...«*

Nach kurzer Zeit wird ein russischer Arzt eingeflogen, der die Ursachen der hohen Sterblichkeit unter den zu Deportierenden erkunden soll. Er hört den Schilderungen über die Ruhr-Epidemie durch den deutschen Lagerarzt aufmerksam zu und scheint erleichtert über die plausible Begründung. Irgendwelche Folgen hat seine Inspektion jedoch nicht, das Sterben geht weiter.

EVA-MARIA S.: *»Der Tod schaffte immer wieder Platz für die Lebenden.«*

Im Lager Schwiebus, das im Verhältnis etwa zwei Drittel Männer und ein Drittel Frauen durchlaufen, trifft im Frühjahr 1945 auch Eva-Maria S. ein, abgeschoben aus einer NKWD-Zentrale, in der das sechzehnjährige Mädchen über viele Tage vergewaltigt worden ist. Eva-Maria S. gehört nicht zu den Ruhropfern – sie erleidet einen schweren Rheumaanfall. Um den 20. März herum eingetroffen, gilt sie als transportfähig und wird zehn Tage später verladen:

»Wir mußten dann unter schwerer Bewachung einen Bahndamm hochklettern. Oben, auf dem Gleisbett, standen die Waggons bereit. Die Russen hatten ja die Breitspur bis Schwiebus verlegt.
    Als wir losfuhren, waren wir etwa neunzig Menschen in einem Waggon. Es gab da drin zwei Bretterlagen, also vier

* Auszug aus dem Bericht »Das Gefangenenlager in Schwiebus« von Dr. S. von Sivers, in: »Unsere märkische Heimat«; Serie 1953/54

173

Pritschen, und auf jeder Pritsche lagerten eng aneinanderge-preßt zwischen zwanzig und fünfundzwanzig Frauen ...

Außerdem hatten wir ein kleines Eisenöfchen drin. Für die Notdurft gab es eine Holzrinne, und das war zunächst schwie-rig für uns. Wir waren ja noch alle sehr genierlich und haben, wenn jemand auf die Rinne mußte, irgend was davorgehal-ten. Das hat sich aber bald gegeben, wir hatten ja andere Probleme ... Irgendwann, in einer scharfen Kurve, kippte dann auch der Ofen um. Der ganze Waggon war voller Qualm und alles schrie durcheinander. Wir wagten nun gar nicht mehr zu heizen, weil wir dachten, der kippt wieder um, und dann bricht hier noch Feuer aus im Waggon. Wir konnten ja nicht raus, wir waren fest verriegelt ...

Die Fahrt ging erst durch Polen, wo öfter Steine gegen die Waggonwände flogen. Das war aber nicht das Schlimm-ste, in Polen war noch wenig von Zerstörung zu sehen. Das Schlimmste war für mich Weißrußland. Wir konnten ja durch den Stacheldraht aus einem Fensterchen sehen, und da war plötzlich nur noch verbrannte Erde, zerstörte Dörfer, ge-sprengte Fabriken ... Und es war so, als wären auch noch die Bäume verbrannt. Als ich das sah, und das nahm gar kein Ende, da fiel mir mein Cousin ein, was der bei uns zu Hause von Polen erzählt hatte. Mein Cousin war ein ganz sanfter Junge. Der ist zur SS gezogen worden, weil er groß war und so ein bißchen rothaarig, nicht blond, mehr rothaarig. Den hat-ten sie zur SS gezogen und der hat erzählt, was mit den Menschen in Polen passiert ist. Da habe ich zum ersten Mal so etwas erfahren. Sein Bruder, aber an den habe ich nur eine schwache Erinnerung, der war auch bei der SS, und die haben da unten in Galizien Partisanen gejagt. Da hat man in irgend-einem Dorf alle Männer und Frauen zusammengetrieben und das ganze Dorf eingeäschert. Der Cousin ist da plötzlich losgerannt, in das Dorf gerannt; ist wahrscheinlich durchge-dreht, weil er die Schreie nicht ertragen konnte. Und dann bekam die Familie meiner Tante eine Nachricht, er sei für Führer, Volk und Vaterland gefallen ... Was da wirklich passiert war, haben sie von einem erfahren, der dabei war und später in Urlaub kam. Und das war plötzlich alles da, als ich diese Dörfer sah. Vorher hatte ich das ja gar nicht richtig verstanden, ich war ja in einer heilen Welt aufgewachsen, wo es keine Aggressionen gab. Wir hatten zu Hause viele Bücher, und das eine – ›Im Westen nichts Neues‹ – habe ich mehrmals gelesen; es war das einzige, das ich mehrmals gelesen habe. Doch als der Zug durch Weißrußland fuhr, fiel mir immer wieder die Geschichte von Galizien ein. ›Verbrannte Erde‹ – den Begriff kannte ich damals schon, das weiß ich noch.

Ich kann mich nicht mehr an alle Einzelheiten des Transportes erinnern, nur daran, daß bei uns im Waggon mehrere gestorben sind. Und daß ich einmal eine völlige Lähmung hatte. Ich weiß nicht, was passiert war, ich konnte plötzlich nur noch die Augen bewegen, sonst nichts mehr. Die anderen Mädchen merkten aber glücklicherweise, daß ich noch lebe, sonst hätten sie mich vielleicht auch noch rausgeschmissen.

Ich habe dann selbst Tote mit weggetragen, habe mich freiwillig dazu gemeldet. Da waren noch die Worte der Russin in meinem Ohr, mit der ich eine Nacht im Keller dieser furchtbaren NKWD-Zentrale gesessen habe: ›Mädchen, wenn du Sibirien überleben willst, dann mußt du fleißig arbeiten und die Sprache lernen ...‹. Die Russin war meine Kassandra. Also habe ich mich gleich auf dem Transport gemeldet, die Toten mit wegzuschaffen. Das haben wir dann, ich meine, erst mal ist man ja zusammengesackt, so schwer waren sie. Die wurden von anderen Mädels rausgereicht und dann im Kohlewaggon oben auf die Kohlen geschmissen. Wenn die Gefangenen unten Kohlen für die Öfchen rausholten, rutschten die gefrorenen Leichen nach. Irgendwo unterwegs, da waren wir schon in Sibirien, haben wir mal auf freier Strecke gehalten – da erinnere ich mich, haben wir etwa dreißig Tote aus dem Kohlewaggon rausgeholt. Es wurde nur etwas Schnee neben den Gleisen beiseite geschippt, der Boden war ja steinhart gefroren … Wieviel insgesamt auf dem Transport gestorben sind, weiß ich nicht.

Mir ging es seelisch sehr schlecht, das war ja bei allen so, doch wenn es Arbeit gab, habe ich mich sofort gemeldet. Einmal hielten wir, weil wir etwas zu essen bekommen sollten. Das war dort, wo die große Panzerschlacht war, ich glaube, Jasma hieß das, Jasma und Brijansk – dort hielten wir. Und da habe ich mich zum Essenholen gemeldet. Es herrschte dort gerade die Tauwetterzeit, und wir mußten einen Hügel hinaufsteigen. Da ging uns der Matsch fast bis zu den Knien. Als wir oben waren, stand da plötzlich ›Deutsches Soldatenheim‹ … Dort hatten die Russen gekocht für uns, eine richtige dicke Suppe. Das waren so große Kessel, die schleppten wir dann zu unseren Waggons. Ich erinnere mich, dort nahm mich eine Russin beiseite und fragte mich, wann die deutschen Soldaten zurückkämen. Der ist es wahrscheinlich ganz gut gegangen dort oben, oder sie hatte einen deutschen Freund – ich weiß es nicht. Irgendwie hat das aber gut getan, daß sich auch mal jemand positiv an deutsche Soldaten erinnerte … Das Essen in Jasma war das einzige warme auf der ganzen Fahrt.

Wir landeten dann erst mal in Moskau, haben dort einige Tage gestanden und wurden irgendwann in die Banja gesteckt. Von dort aus ging es weiter, Richtung Sibirien. Wir waren ausgemergelt, die Sachen nach wochenlangem Tragen zerlumpt, und so ziemlich alle waren krank …«

Bericht der Augenzeugin Rimma Pawlowna

Am 20. April 1945 trifft im Bergbaugebiet Stalinsk ein Transport deutscher Frauen ein. Vorgesehen für Eva-Maria und ihre Leidensgefährtinnen ist ein Lager unweit von Prokobjewsk, das sich Tyrgan nennt. Augenzeugin der Ankunft ist die sechzehnjährige Rimma Pawlowna, die mit ihren Eltern seit 1933 in Prokobjewsk lebt.

Rimma Pawlowna, die sonst in der Ziegelei arbeitet, sitzt mit im Führerhäuschen einer Kleinlok, als diese ein paar abgekoppelte Waggons aus Deutschland Richtung Tyrgan ziehen soll:

»Als der erste Frauentransport ankam, war ich dabei, ich habe das alles gesehen. Zunächst hieß es nur: In den Waggons sind gefangene Deutsche! Wir staunten nicht schlecht, als da plötzlich Frauen drin waren. Daß Männer in Kriegsgefangenschaft kamen, das war ja irgendwie ›normal‹ – aber Frauen? Und sie waren ja noch so jung! Es wurde nicht gesagt, wer sie waren oder woher sie kamen, sondern nur: ›Gefangene Deutsche.‹ Da fiel uns nichts anderes ein als: ›Das sind auch Leute von der Front, vielleicht Krankenschwestern oder so was! Bei uns gab es ja auch Frauen an der Front. Wir wären nie auf den Gedanken gekommen, daß es sich hier um zivile Bevölkerung handelt ...

Der ›Kuckuck‹ – so hieß damals unsere Lok – endete mit den Waggons in einer Sackgasse, dort wurden die Frauen dann entladen und unter strengster Bewachung ins Lager getrieben. Das fand damals sehr abgeschirmt statt, niemand durfte sich nähern. Ich habe das ja nur gesehen, weil ich auf der Lok mitgefahren bin.

Die Frauen wurden also entladen und von den Wachposten querfeldein in Marsch gesetzt. Und da blieb der Rest ... Wir mußten am Waldrand Gruben im harten Boden ausheben, für die Toten vom Transport. Wir haben irgendwelche Bretter zusammengenagelt und die Toten damit zum Birkenwald transportiert. Es gab in dieser Gegend damals noch keine Häuser, das war hier alles dichter Wald. Der ist erst in späteren Jahren abgeholzt worden, der war damals dicht und fast unpassierbar.

Die ersten Gräber haben wir gleich nach Ankunft der Frauen am Waldrand ausgehoben, ich kann noch zeigen, wo das war. Später kamen noch die Toten aus den Lagern dazu. Es gab hier ein Frauenlager und ein Männerlager. Vor allem in den ersten Monaten nach der Ankunft muß eine große

Sterblichkeit geherrscht haben, das war ja eine sehr schwere Zeit. Und so war der Birkenwald bald voller Massengräber, aber das war streng geheim, da wußte niemand genau, wo die waren. Die Gefangenen haben ihre Toten selbst dahingebracht und auch die Gruben ausgehoben, und das Wachpersonal durfte darüber nicht sprechen. Später sagten die Einheimischen immer: ›Sammelt keine Pilze in diesem Waldstück, da sind die Massengräber der Deutschen!‹ ... Es hieß immer nur ›Massengräber der Deutschen‹ ...

Tyrgan war ein reines Frauenlager, das hat bis 1949 bestanden. Ich kenne einen Mann, der war damals Lageraufseher. Und der hat die letzte Frauengruppe noch zum Heimtransport begleitet. Er sagt, das war im Herbst 1949. Dann wurde das Lager aufgelöst.«*

SIGRID B.: *»Es ging ums nackte Überleben.«*

Der Transport von Schwiebus nach Tyrgan dauert quälende drei Wochen. Der Zug jedoch, in dem sich die vierjährige Sigrid B. mit ihrer Mutter und ihrer Tante befindet, ist ein halbes Jahr unterwegs. Die Frauen und Kinder aus Idasheim werden in kein Sammellager gesteckt, sondern in Posen mit ihren Fuhrwerken gleich auf ein Abstellgleis umgeleitet:

»Dort sind wir dann in Viehwaggons verladen worden, alle Familien aus Idasheim und all die Zivilisten in unserem Treck, die auch von der Oder ins Wartheland zurückgeschickt worden waren.

Bevor wir einstiegen, wurden uns sämtliche Pferde requiriert und ein Großteil des Gepäcks. So jedenfalls hat es meine Mutter erzählt, ich selbst war ja damals noch klein. Wir mußten in die Waggons klettern, die wurden dann zugenagelt. Angeblich soll draußen, auf den Waggonwänden ge-

* Interview mit Rimma Pawlowna, Prokobjewsk 1993

standen haben ›25 Jahre Zwangsarbeit.‹ In Rußland erfuhren wir dann, wir seien tatsächlich zu fünfundzwanzig Jahren Zwangsarbeit verurteilt. Das wurde uns einfach so mitge-teilt – und fertig. Dem war ja nie ein Verhör vorausgegangen, wir sind immer nur auf der Landstraße gewesen ...

Die einzige, die noch rechtzeitig entkommen ist, war meine Cousine. Wir wurden ja auch von Polen bewacht, und meine Cousine war ein junges Mädchen, ihre Mutter war bereits unterwegs umgekommen. So hat sie da einem der Polen schöne Augen gemacht; und der hat sie nachts prompt aus dem Bannkreis geschmuggelt. Durch meine Cousine wußten unsere restlichen Verwandten überhaupt, daß wir verschleppt worden sind.

Und dann wurde gesagt: ›Naja, die eine Tante ist schon tot, und die Sigrid ist etwas kränkelnd – wer weiß, ob die das überleben ...‹ Meine Cousine blieb noch bis 1947 in Polen, dann ist sie nach Kanada ausgewandert. Und wir befanden uns nun auf dem Weg nach Sibirien.

Unendlich lange waren wir unterwegs, und als wir schließlich in Kasachstan eintrafen, hatten wir nicht mehr allzu viele Sachen auf dem Leib. Etliches wurde geklaut, wenn der Zug irgendwo tagelang hielt, das meiste aber wurde im Laufe der Wochen und Monate verkauft, so nach und nach, irgendwann buchstäblich vom Leibe weg. Es ging bereits auf dem Transport ums nackte Überleben, wir bekamen ja überhaupt nichts zu essen, das gesamte halbe Jahr über nicht. Da mußte jeder sehen, wo er bleibt, und wer nicht irgendwas aufzugabeln vermochte, der ist eben auf der Strecke geblieben und verhungert.

Gearbeitet werden mußte bei jedem Halt, und der dauerte manchmal zwei Wochen. So zwei oder drei ältere Frauen, die ohnehin keine Kraft mehr hatten, durften im Waggon bleiben und auf uns Kinder aufpassen, alle anderen mußten zur Arbeit raus. Arbeiten, das hieß ausschließlich: Leichen schleppen und Massengräber freihacken. Immer dort, wo wir gerade hielten, mußten meine Mutter, meine Tante und die anderen Frauen Gruben in den gefrorenen Boden hauen, mit Pickeln oder Spitzhacken. Ob die Toten Russen waren oder Deutsche, das konnte man meist gar nicht mehr unterscheiden, höchstens noch, ob jemand Soldat war oder Zivilist, Mann oder Frau …

Vor diesen Einsätzen hat es meiner Mutter und meiner Tante immer gegraut, denn das ging selten ohne Schießereien oder Vergewaltigungen ab. Meine Mutter hat gesagt, sie wußte nie, ob sie am Abend wieder in den Waggon zurückkehren wird oder selbst in so einer Grube liegt. Denn beim Gräberhacken standen immer eine Menge Soldaten um die Frauen herum, und wenn das nicht schnell genug ging mit dem Hacken, dann wurde zur Abschreckung mal eine erschossen. Das Leben galt überhaupt nichts mehr – überall lagen Massen von Toten, auch aus den Waggons wurden ständig welche herausgeworfen. In manchen Gegenden, in denen schon Kälte herrschte und die Leichen gefroren waren, mußten die auseinandergehackt und in die Gruben hineingestapelt werden wie Holzstücke … Wenn der Mensch so etwas wochenlang macht, kann er verrückt werden.

Und zwischenrein wurden immer wieder Frauen zum Vergewaltigen weggezerrt. Da sagten die Soldaten einfach: ›Du mitkommen, du – und du auch!‹ Und dann machten sie sich über sie her – da sind auch nicht alle Frauen aus dem Wald zurückgekommen … Das erschütterndste aber, so erzählte mir meine Mutter mal, als ich erwachsen war, das waren die Frauenleichen, die man so übel zugerichtet hatte. Wir waren da ja längst auf russischem Boden, das konnten also keine deutschen Frauen mehr gewesen sein. Vielleicht waren das Strafaktionen, wenn eine mit dem Feind angebändelt hatte – ich weiß es nicht. Eine, die hatte gerade entbunden, da lag das Neugeborene daneben und der Frau – sie war schon steifgefroren – steckte ein Stock in der Scheide … Der Anblick hat meine Mutter ihr Leben lang verfolgt, trotz allem, was wir selbst durchmachen mußten.

Es sind viele umgekommen unterwegs, auch von unserem

Transport. Unsere Gruppe aus Idasheim hat sich aber doch einigermaßen über die Fahrt gerettet, man half ja einander, so gut es ging. Nur der kleine Werner von der Nachbarsfamilie – er war noch ein Jahr jünger als ich – hat den Transport nicht überlebt, der ist unterwegs erfroren. Der Junge wurde aber nicht aus dem Zug geworfen, den haben die Frauen unter den Schienen beerdigt. Haben ihn in etwas Stoff eingewickelt und, als der Zug das nächste Mal hielt, direkt im Gleisbett begraben. Und als wir in Kasachstan ankamen, hat sich kurz darauf die Lehrerin von Idasheim das Leben genommen – die Frau mit den beiden adoptierten Kindern. Sie war einfach am Ende ihrer Kraft und hat das Leben nicht mehr ausgehalten. Um die Kinder haben sich dann die anderen mit gekümmert.

Ich sagte schon, daß wir vor allem durch meine Tante aus Nordenham überlebt haben. Sie konnte Karten legen und ist immer wieder betteln gegangen, um etwas Brot oder auch Milch zu organisieren. Damit hat sie uns mehr oder weniger bis zum Zielort durchgefüttert. Und sie konnte Russisch sprechen, das hat viel geholfen. In den sibirischen Städten standen manchmal Frauen am Zug, die Piroggen oder Brot zum Tausch anboten. Da wurde dann immer meine Tante vorgeschickt. Bei ihr fielen die Faschisten-Flüche geringer aus als sonst, und manche haben sie vielleicht auch für eine Russin gehalten. Ihr Mann stammte aus der Ukraine, der war Kommunist, und so hatten die beiden mal eine Zeitlang in Leningrad gelebt. Nun saß der Mann in Nordenham, in der Nähe von Bremerhaven, und wartete vergeblich auf die Rückkehr seiner Frau, die nur mal schnell zu ihrer Schwester ins Wartheland gefahren war, um sich ein Kostüm nähen zu lassen. Es gibt furchtbare Schicksalswendungen ...

Der Transport ging durch den Ural, über Petropawlowsk und Karaganda. Und als schon wieder tiefer Winter war, sind wir in der kasachischen Steppe angekommen. Allerdings nicht alle, unterwegs wurden immer wieder Waggons abgezweigt. Wir sind auch abgezweigt worden. Wir standen irgendwo ein paar Tage, wie so oft, und dann kam noch eine zweite Lok dazu … Zwei Züge fuhren nun in verschiedene Richtungen.

Zu Ende war die Fahrt für uns in Tschartanda, einer Kreisstadt zwischen Karaganda und Alma-Ata … In der Entfernung liegt das etwa auf einer Ebene mit Tibet. Auf dem Bahnhof Tschartanda sind wir auf Lkws umgeladen und auf verschiedene Dörfer verteilt worden. Unseres lag zwölf Kilometer von der Stadt entfernt, ein Lehmhüttendorf, in dem wir mit ein paar anderen Frauen und Kindern aus Idasheim unterkamen. In der Gegend lebten Kasachen, dazu ein paar Russen, Ukrainer und Wolga-Deutsche – Menschen, die irgendwann hierher verbannt worden sind.

Nun befanden auch wir uns in der Verbannung … und wußten nicht, warum. Es war eine andere Welt: Ringsum nur Steppe, eine unendliche Weite. Dazu im Winter Schneestürme, 45 Grad Kälte und das ganze Jahr über ein scharfer Wind. Wir standen in dieser Welt ohne irgendeine Orientierung. Untergebracht wurden wir zunächst einmal in den Hütten der Dorfbewohner – meine Mutter, meine Tante und ich bei Ukrainern …«

3. Zahlen

Mit dem 8. Mai 1945, dem Tag der militärischen Kapitulation Deutschlands, sind die Deportationen, von wenigen Nachzüglertransporten abgesehen, beendet. Den verschleppten Zivilisten steht eine jahrelange Leidenszeit in Stalins Arbeitslagern bevor, die viele nicht überleben.

Bei allen Auswüchsen, aller Brutalität, verlief die Ausführung des NKWD-Befehls Nr. 7467 generalstabsmäßig und – was Zeitspanne und geographisches Ausmaß betrifft – nach einem ausgeklügelten Plan: Stalins Geheimdienst nutzte das Kriegschaos, um Fakten zu schaffen, bevor die Reparationskommission der Alliierten sich gegründet hatte. Er umfaßt (von einigen Übergriffen auf die Westufer jener Städte abgesehen, die an der Oder beziehungsweise an der Neiße liegen) genau jenen östlichen Teil Deutschlands, der nach Absprache der Alliierten ohnehin an Polen fallen soll und jenen Streifen Ostpreußens, den Stalin selbst zu annektieren gedenkt.

Das Kapitel »Lebende Reparationen« ist für Marschall Stalin damit nicht abgeschlossen: Aus »seiner« Besatzungszone wird er noch einmal 26 000 Spezialisten herausholen – Wissenschaftler, Ingenieure, Techniker und Facharbeiter mit ihren Familien, manchmal auch einen ganzen Betrieb – und sie für fünf Jahre zum »Denken in der UdSSR« zwangsverpflichten. Auch für die niederen Arbeiten werden von 1946 bis 1948 aus der SBZ noch einmal Tausende von Menschen verschleppt. Diesen Deportationen gehen Inhaftierungen und Willkür-Urteile voraus.

Neben der Kriegsbeute »Zivilist« wandert auch ein Millionenheer deutscher Soldaten in russische Gefangenschaft, dazu die Kollaborateure der Wlassow-Armee und eine große Zahl europäischer Pechvögel aus jenen Ländern, in denen nun die Rote Armee Fuß gefaßt hat. So wie Hunderttausende Ungarn oder auch jene 300 polnischen Mädchen und Frauen, auf deren Spuren ich 1993 zufällig stieß: Offenbar aus polnischen Adelsfamilien stammend, endete für 200 von ihnen die Schwerstarbeit in einem sibirischen Sumpf mit dem Tod.

Die über ein riesiges Gebiet verstreuten Lager sind bald gefüllt. Um wenigstens einigermaßen arbeitsfähig zu sein, müssen die Lagerinsassen soweit versorgt werden, daß sie zumindest vorübergehend ein Werkzeug halten können; ansonsten hätte sich nicht einmal der Transport gelohnt. Es ist anzunehmen, daß das – durch Erschöpfung und Krankheiten bereits stark geschwächte – Kontingent ostdeutscher Zivilisten, das bis zur Kapitulation Deutschlands deportiert worden ist, vom Diktator und seinen NKWD-Beratern als ausreichend betrachtet wird. Ergänzt wird es schließlich noch durch 10 500 Memeldeutsche – und längst schon »eingetaktet« in die Fabriken und Schächte der »Trud-Armee« sind die 300 000 Wolgadeutschen, die bereits unmittelbar nach dem Bruch des Hitler/Stalin-Paktes in die sibirischen Gruben oder kasachischen Steppen verschleppt worden sind. Und mag die Deportation von Teilen der feindlichen Bevölkerung noch mit dem Wort »Kriegsschuld« bemäntelt werden, so ist eine andere Verschleppungsaktion Stalins an Zynismus kaum zu überbieten: Nicht nur Hunderttausende von Soldaten der Roten Armee, die sich vom Feind haben gefangennehmen lassen, ergänzen (sofern sie nicht gleich erschossen wurden) in Straflagern das große multiethnische Arbeitsheer, sondern auch jene zahlreichen Zivilisten des Sowjetvolkes, die vom Feind zur Zwangsarbeit nach Deutschland verschleppt wurden und die nun noch einmal für ein paar Jahre zur Gehirnwäsche und zum Abschöpfen ihrer verbliebenen Arbeitskraft nach Sibirien wandern. Der Grund: Sie hatten »Feindberührung«! Die Deportation der Zivilisten aus Südosteuropa und Ostdeutschland fügt sich so in eine imperiale Verschleppungswelle von Nicht-Kombattanten ein, bei der nicht individuelle Schuld den Ausschlag gibt, sondern der geographische Zufall und die Gottesgabe, eine Axt halten oder eine Lore schieben zu können.

Nicht unterschlagen werden soll indes, daß es in der großen Zahl der für den Zweiten Weltkrieg und das Leid Europas mitverantwortlichen Nationalsozialisten wenigstens einige gibt, die sich nicht rechtzeitig aus den Ostgebieten abzusetzen vermochten. Sie tauchen, ergänzt durch inhaftierte Nazis aus der SBZ, in einer geheimen NKWD-Studie – angefertigt von General-Leutnant A. Kobulow – auf und werden unter der Rubrik »B« registriert, während über die restlichen Zivilisten der Buchstabe »G« verhängt wird. Es heißt dort:

»Durch die streng geheime Anordnung Nr. 7467 vom 3. Februar 1945 wurde auch der Abtransport verhafteter Deutscher aus der Kategorie der Leiter der örtlichen nazistischen Partei- und Administrationsorgane vorgesehen. Insgesamt wurden an solcherart verhafteten Deutschen (Internierte der Gruppe ›B‹) 61 573 Menschen abtransportiert.

Außerdem wurden in Erfüllung der streng geheimen Anordnung des Ministerrats der UdSSR vom 23. Dezember 1946, Nr. 2728–1124, noch 4579 verhaftete Deutsche aus der Kategorie der Mitarbeiter von Partei- und Administrationsorganen des nazistischen Deutschlands aus den Gefängnissen des deutschen Innenministeriums nach der UdSSR verbracht. Insgesamt wurden also 66 152 Internierte der Gruppe ›B‹ (Arretierte) in die UdSSR verbracht und in den Lagern des Innenministeriums für Kriegsgefangene untergebracht.

Spätere Veränderungen in der zahlenmäßigen Zusammensetzung der Internierten der Gruppen ›G‹ und ›B‹ werden durch folgende Angaben nach dem Stand vom 20. Januar 1950 belegt:

	Gruppe G	Gruppe B	Insgesamt
1. Angekommen insges.:	205 520	66 152	271 672
2. Abgegangen insges.:	205 270	62 675	267 945
darunter:			
a) heimgekehrt	164 521	36 943	201 464
b) verstorben	40 740	25 732	66 472
c) andere Abgänge (Selbstmord, Ertrinken usw.)	9	–	9

Die Gesamtzahl der in diesem geheimen Dokument auftauchenden Zivilisten von 271 672 entspricht nur annähernd der realen Zahl jener, die nach Recherchen des Deutschen Roten Kreuzes am Ende tatsächlich verschleppt worden sind. Auch dürfte die Sterberate unter den mit 205 520 angegebenen deportierten Zivilisten der Gruppe »G« nach dem gleichen Prinzip korrigiert worden sein, das im Sammellager Schwiebus bereits den sibirischen Majorarzt zur Retusche veranlaßt hatte. Gleichwohl kann man dem Geheimdokument auch keine allzu krasse Fälschung unterstellen. Es läßt die 132 000 vorwiegend weiblichen – verschleppten Volksdeutschen aus Ungarn, Rumänien und Jugoslawien außer acht und bezieht sich ausschließlich auf den Befehl Nr. 7467, der Ostdeutschland galt. In diesem Ausschnitt nähert es sich dem Rechercheergebnis einer Gruppe deutscher Historiker an, die 1961 in ihrem Standardwerk »Die Vertreibung der deutschen Bevölkerung aus den Gebieten östlich der Oder-Neiße« die Gesamtzahl der nach Rußland verschleppten deutschen Zivilpersonen mit etwa 218 000 beziffert. Das ergibt – die Zivilisten von Balkan und Ostdeutschland einmal zusammengerechnet – eine Deportationszahl von 450 000 Menschen.

Daß die Zahl der aus diesen Gebieten in den letzten Kriegsmonaten nach Rußland Verschleppten heute – dreißig Jahre später – vom Suchdienst des DRK mit 530 000 Personen angegeben wird – Zivilisten, von denen etwa 229 000 in russischen Lagern den Tod fanden, während von den 26 000, meist ausreichend versorgten und anständig behandelten »Spezialisten« nur hundert umgekommen sind, hat wohl mit den überaus komplizierten Recherchen zu tun, vor allem aber damit, daß die Sowjets selbst zu keinerlei Auskunft über ihr Völkerrechtsverbrechen bereit waren. Noch 1988 leugnet Gorbatschow die Verschleppungsaktion und bezeichnet sie als »böswillige Erfindung des Westens«.

Auch wenn die exakte Zahl derer, die das Deportationsschicksal ereilte, nicht mehr feststellbar sein dürfte, so ist doch dem unermüdlichen Einsatz des DRK-Suchdienstes zu danken, daß sich das chaotische Bild über Jahre wie in einem Puzzle sortierte: Danach nahm die Zahl der Deportierten zu – die der Verschollenen aber ab. In der unmittelbaren Nachkriegszeit ist es unmöglich, den Umfang der Deportationen überhaupt zu erfassen: circa drei Millionen Zivilpersonen werden unter der deutschen Bevölkerung vermißt. Wie viele davon umgekommen, wieviele in polnische oder russische Lager verschleppt worden sind oder sich in anderen europäischen Internierungslager befinden, ist zunächst kaum auszumachen. In mühseliger Kleinarbeit werden »Fahrpläne« für jedes Sammellager erstellt, wird jeder aus einem russischen Lager nach Westdeutschland Heimkehrende nach sämtlichen Namen befragt, an die er sich erinnern kann. Das erste Resultat dieser Massensuchaktion findet sich im Deportationskalender von 1951, der bereits darauf hinweist, daß die bisher ermittelte Zahl der Rußland-Transporte nicht die endgültige sein wird. Das Resultat muß bereits drei Jahre später, nachdem die Berichte von Eisenbahnern und Lagerärzten, Heimkehrern und Vertriebenen weitgehend eingespeist, die Heimatortskarteien, privaten Suchmeldungen und DRK-Postkarten aus Rußland ausgewertet sind, stark nach oben korrigiert werden.

Die Arbeit des DRK-Suchdienstes gilt nicht dem Erstellen einer Systematik, sondern dem Aufspüren von Einzelschicksalen, um verzweifelten Angehörigen Auskunft geben zu können. Offen bleibt – worüber keine deutsche Statistik und kein russisches Dokument Auskunft gibt – der genaue Anteil der Mädchen und Frauen unter den Verschleppten. Recht allgemeine Notate wie »mindestens die Hälfte der deportierten Zivilisten« lassen sich höchstens noch dahingehend präzisieren, daß der Anteil an Frauen und Mädchen in Ostpreußen, Rumänien und Jugoslawien außerordentlich hoch, in Schlesien oder Ostbrandenburg dagegen eher gering war. In dieser nicht unwesentlichen Frage ist man auch heute noch auf Schätzungen angewiesen.

Wohl für immer unaufgeklärt wird das Schicksal von 422 000 ostdeutschen Zivilisten – Frauen, Männer und Kinder – bleiben, von denen nach Auskunft des DRK Augenzeugen glaubwürdig berichteten, daß sie von russischen, teils auch von polnischen Soldaten mitgenommen wurden, und die von diesem Moment an verschollen sind, verschollen bis zum heutigen Tag. Ein Teil dieser spurlos Verschwundenen dürfte den Deportationsopfern zuzurechnen sein, obwohl sie in keiner Statistik erfaßt sind:

- Jene, die schon das deutsche Sammellager nicht erreichten, weil sie auf irgendeiner Landstraße »schlappmachten« und dort erschossen liegenblieben. Und die keiner kannte.
- Jene, die zwar noch das Tor eines Sammellagers passierten, dort aber von der Ruhr, von Dystrophie oder anderen Krankheiten dahingerafft wurden. Die in einem der Massengräber in unmittelbarer Nähe des Sammellagers liegen und die keiner kannte.
- Und jene schließlich, die zwar Landstraße und Sammellager überlebten, nicht aber den Transport nach Rußland – die irgendwo unterwegs, bei irgendeinem Halt, unter einer Schneedecke verschwanden. Auch hier kannte – da Freunde und Verwandte vor dem Einstieg oft bewußt auseinandergerissen wurden – nicht jeder Waggonnachbar den anderen ...

Mag auch der Anteil dieser »Auf-dem-Wege-Verschollenen« unter den 422 000 für immer ungeklärt bleiben – sie haben verdient, daß wir ihrer gedenken.

Teil III

IN STALINS ARBEITSLAGERN

Die Endstationen der Transporte verteilen sich über das riesige Sowjetland. Manche der Zivilisten sind in Karelien, gar an der Eismeerküste angekommen, andere im Kaukasus oder im Donezbecken, im Ural, in der kasachischen Steppe oder einem sibirischen Bergbaugebiet. In Hunderten, der Oberhoheit des NKWD unterstehenden Lagern finden sie sich wieder. Doch kaum einer von ihnen wird die kommenden Jahre an ein- und demselben Ort verbringen. Als mobile Einsatzsklaven lernen sie während der nächsten Jahre die russische Lagerwelt kennen, manche durchlaufen bis zu zehn verschiedene Stützpunkte.

Für Gertrud, Eva-Maria, Charlotte und Hunderttausende anderer Frauen, auch Männer und Kinder, beginnt eine weitere, die längste Strecke ihres Leidensweges. Keine von ihnen weiß, warum sie hier ist und wie lange die Lagerzeit dauern wird. Ein Jahr, zehn Jahre, und werden sie überhaupt nach Hause zurückkehren? Eine Ungewißheit, die so zermürbend ist wie die fehlenden Nachrichten über das Schicksal von Eltern und Geschwistern.

Die meisten der Angekommenen sind bereits so geschwächt, daß sie gar nicht einsatzfähig sind. So werden sie zunächst in Quarantäne gehalten, um wieder zu Kräften zu kommen. Was die Gefangenen nicht wissen: Gerade das erste Jahr ihres Lageraufenthaltes wird das »Höllenjahr« sein, das nicht überlebt, wer stark geschwächt oder schwer krank ist. Die außerordentlich hohe Sterblichkeit im Jahr 1945/46 ist jedoch nicht mehr die Folge barbarischer Grausamkeiten – Vergewaltigungen und Brutalitäten durch das Wachpersonal sind von nun an verboten –, sondern einer völlig unzureichenden Verpflegung bei gleichzeitig geforderter hoher Arbeitsleistung, des Nichtvorhandenseins von Ärzten und Medikamenten.

GERTRUD K.: *»Die Bewacher trieben uns zur Planerfüllung.«*

Die Insterburgerin »Gertruda Kriwitzkaja«, wie sie von nun an während der nicht endenden Zählappelle gerufen wird, kommt Anfang Mai im sibirischen Lager Karpinsk an. Doch während andere Transporte in Erdhütten oder verdreckten Baracken untergebracht werden, aus denen zuvor die russischen Strafgefangenen ausquartiert worden sind, betreten Gertrud und ihre Mitgefangenen ein neu errichtetes Lagergelände:

»Das Holz war frisch, es roch noch nach Wald. Die Holzpritschen in den Baracken waren doppelstöckig, in vier durchgehenden Reihen angeordnet. Sie bestanden aus ungefugten, weit auseinanderklaffenden Brettern mit breiten Zwischenräumen. Matratzen oder Strohsäcke gab es nicht, die Kälte kroch vom Boden hoch. Und weder erhielten wir Decken, noch war im Raum ein Ofen vorhanden. So schliefen wir in voller Bekleidung auf den rohen Brettern, als Kopfkissen diente uns ein schräggestelltes Brett.

Eine Flucht war völlig ausgeschlossen: Die Lagerumzäunung bestand aus einem drei Meter hohen, undurchsichtigen Bretterzaun, auf dessen Oberkante mehrere Reihen Stacheldraht gespannt waren. Davor, im Drei-Meter-Abstand, noch ein zusätzlicher – wie man uns sagte, elektrisch geladener – Stacheldrahtzaun; das war der Niemandslandstreifen. Und außerhalb des Lagers sahen wir an allen vier Ecken einen mit Scheinwerfern ausgerüsteten Wachturm, der rund um die Uhr von Posten mit schußbereiter Maschinenpistole besetzt war. Die Posten hatten den Befehl, bei Betreten des Niemandslandstreifens durch einen Gefangenen sofort von der Schußwaffe Gebrauch zu machen – dieser Fall trat übrigens nur ein einziges Mal ein ... Das Ganze wirkte also äußerst bedrohlich, und wir fragten uns, warum die Sowjets vor uns Zivilisten solche Angst hatten. Andererseits wäre eine Flucht ohnehin aussichtslos gewesen – 6000 Kilometer überwindet man nicht ohne Hilfe, ohne etwas Eßbares und irgendeine Orientierung, das wäre glatter Selbstmord gewesen.

Den Lagereingang zierte ein riesiges Doppeltor mit knallroten Transparenten in russischer Sprache. Daneben stand die Postenbaracke. Für die nächsten Monate war die Welt für uns an diesem Bretterzaun zu Ende; was dahinter lag, habe ich bei Tage nie gesehen. Drinnen, im Gelände, gab es getrennte Frauen- und Männerbaracken, eine Baracke für Ruhr- und Typhuskranke, die Küchenbaracke und einen Friseur. Karpinsk – das war ein Torf-Lager, die Gefangenen wurden hier zum Torf-Stechen eingesetzt. Ich erst mal nicht. Zusammen mit fünf anderen Mädchen wurde ich der Lagerküche als Küchenhilfe zugeteilt. Das war eine gute Sache. Wir durften die Suppen- und Kaschakessel reinigen und uns dadurch sattessen. Leider währte die Freude nur kurz. Da den Russen bekannt war, daß wir verlaust sind, wurde beim Lagerfriseur die Kontrolle jedes Gefangenen angeordnet. Alle verlausten Köpfe wurden kahlgeschoren, darunter auch meiner. Daraufhin war ich meine beneidenswerte Arbeit in der Lagerküche los, in dieser Beziehung waren die Russen sehr eigen.

Nur allmählich begann ich, die Tragweite meiner Verschleppung zu erfassen; man brauchte seine ganze Kraft, um den Tag zu überstehen. Da war zum Beispiel der unermüdliche Kampf gegen die Kleiderläuse, die am ganzen Körper einen schier unerträglichen Juckreiz hervorriefen. Sie nisteten mit Vorliebe in den Kleidernähten, dort war es offenbar besonders warm. In meiner Strickjacke steckte in jeder Masche eine dicke, fette Laus – es war unmöglich, sie alle zu entfernen. Ich steckte die Jacke in einen Eimer mit kaltem Wasser, in der Hoffnung, sie würden ertrinken. Als auch das nichts nützte, warf ich die von meiner Mutter gestrickte Jacke schweren Herzens fort.

Für die Essensrationen erhielt jeder von uns eine leere Konservendose und einen Holzlöffel. Beides trugen wir fortan ständig bei uns. Unsere männlichen Leidensgefährten versahen unsere Blechbüchsen mit einem Drahtbügel, damit wir die heiße Wassersuppe beim Tragen nicht verschütteten. Unser Speiseplan bestand aus 500 Gramm Brot, naß und klebrig, verteilt auf zwei Portionen zum Frühstück und Abendbrot. Dazu je ein viertel Liter schwarzer, ungesüßter Tee. Mittags gab es einen halben Liter heißes Wasser ohne feste Bestandteile. Wenn man Glück hatte, schwammen ein Stück Kohlblatt, vereinzelte Linsen, Erbsen mit Maden oder zerkochte Fischgräten bzw. Fischaugen umher. Fast nie ein Kartoffelstück und schon gar kein Fettauge. Der Kascha bestand aus zwei Eßlöffeln Graupen oder Hirse oder wäßrigem Kartoffelbrei ohne Fett ... Monatelang gab es die gleiche Menüfolge. Und ganz selten, quasi außer der Reihe, einen Teelöffel Zucker auf die Hand. Das war eine Köstlichkeit: Wir stippten das nasse Brot in den Zucker und genossen beides. Insgesamt reichte die Nahrung nicht, um den Hunger zu stillen. Es ist mir bis heute nicht gelungen, die Kalorienzahl dieser Verpflegung auszurechnen. Bedrückend war es, mitansehen zu müssen, wie Männer die ausgespuckten Fischgräten mit dem Zeigefinger von den Holztischen pickten und sie in den Mund schoben. Wir litten ja alle unter diesen Hungerrationen, die Männer aber offenbar noch weit mehr.

Infolge der mangelhaften Ernährung sind im Lager Karpinsk viele an Hungertyphus, Flecktyphus und Tbc gestorben. Wer an einer solchen Seuche erkrankt war, erhielt seine Ration in der Krankenbaracke durch eine Öffnung in der Tür gereicht – diese Baracke durften wir anderen nicht betreten. Die Toten wurden von den noch lebenden Insassen der Baracke vor die Tür gelegt, am nächsten Morgen splitternackt auf einen Bretterwagen geladen und, mit Chlorkalk bestreut, im Massengrab beerdigt. Dafür wurden zwei Männer ausgesucht, die sogenannten Totengräber, sonst durfte niemand mit.

Es war ein furchtbarer Anblick: Die Leichen lagen kreuz und quer auf dem Wagen, Arme und Beine hingen über die Wagenbretter ... Es starben so viele am Anfang, manche auch an Hoffnungslosigkeit. Und zehn Prozent hatten bereits den Transport nach Sibirien nicht überlebt ...

Wie lange würden wir hier durchhalten? Daß Deutschland bereits kapituliert hatte und der Krieg beendet war, hatten uns die russischen Bewacher am 9. Mai 1945 zur Kenntnis gebracht. Sie jubelten, rissen die Arme hoch und riefen immer wieder: ›Giitler kapuut, Woina kapuut, skorro domoi!‹ Das bedeutet: ›Hitler tot, der Krieg ist aus, bald geht es nach Hause‹ ... Leider war dem nicht so. Nicht für sie, und erst recht nicht für uns. Wir alle hatten ja bereits einen Vorgeschmack von diesem menschenverachtenden System erhalten, so glaubte niemand mehr an eine baldige Heimkehr. Hatte ich schon gesagt, daß ich hier, im Lager, diesen pockennarbigen Mongolen-Offizier wiedersah, der mich im März in Ostpreußen gefangengenommen hatte? Man konnte gar nicht vergessen, was vor diesem Lager passiert war ... Mein sechzehnter Geburtstag, Mitte Mai, verlief tränenreich und ansonsten wie jeder andere Tag auch – hungernd, frierend, hinter Stacheldraht. Wir hatten keine Uhr und keinen Kalender, doch es gab Experten im Lager, die stets das genaue Datum wußten. Und durch den Stand der Sonne konnten wir fast exakt die Uhrzeit bestimmen ...

Es dauerte nicht lange, da erkrankte ich an Rheuma: Die ständige Unterkühlung in der Baracke und meine dünne Kleidung verursachten an meinem rechten Knie zunächst eine unförmige Schwellung – das Knie konnte ich weder bewegen noch belasten. An beiden Schienbeinen färbte sich nun die Haut dunkel, und es zeigten sich Schwellungen, die äußerst schmerzhaft waren. Ich wurde einem russischen Arzt vorgestellt, die Diagnose: Gelenk- und Muskelrheumatismus. Medikamente waren nicht vorhanden, doch vom Arbeitskommando war ich vorübergehend befreit. Eine Kameradin überließ mir ihre mit Katzenfell gefütterte Jacke, die ich dankbar über die Beine legte – das Katzenfell erzeugt angenehme Wärme auf der Haut und linderte ein wenig die Schmerzen.

Im Sommer, nach meiner Gesundung, wurde ich wie die anderen zum Torfstechen eingesetzt. Mit spitzen Spaten stachen wir rechteckige Stücke in Ziegelform aus dem Moor. Eine andere Arbeitsgruppe stapelte den Torf pyramidenförmig zum Trocknen auf. Im Sommer wurde es richtig heiß – die Sonne brannte im tiefliegenden Moor auf uns herab, Stechmücken peinigten uns, der Magen knurrte. Und die Bewacher trieben uns unentwegt zur Planerfüllung an, Ausruhen war also nicht drin. Die große Sterblichkeit setzte sich fort, auch Ruhr und Herzschwäche raffte nun etliche hinweg. Vor Einbruch des Winters wurde dann sortiert: Wir ›noch Arbeitsfähigen‹ wurden aus diesem Lager fortgebracht, die Schwerkranken blieben zurück ...«

Die inzwischen sechzehnjährige Gertrud lernt nun Swerdlowsk im Südural kennen. Hier herrscht ein strenges Kontinentalklima, mit heißen Sommern und sehr kalten Wintern. Nach der Hitze im Moor erlebt die Gefangene, was achtundvierzig Grad Kälte bedeuten. Ihr gefriert der Atem unter der Nase, die Augenbrauen färben sich weiß vom Rauhreif, beim Atmen schneidet die Kälte in die Lunge:

»Wir fanden uns in einem Lager mitten im Wald wieder, keine andere menschliche Behausung in der Nähe. Unsere Unterkünfte bestanden aus alten Blockhäusern mit winzigen Fenstern. Selbst am Tag war es hier drin dämmrig, die kahle Glühbirne an der Decke spendete nur trübes Licht. In der Raummitte stand ein hoher Ziegelofen, um den herum sich an den Wänden die doppelstöckigen Pritschen zogen. Es war Anfang November 1945, als wir hier ankamen, und bereits tiefer Winter. Wir waren zum Holzfällen ausersehen und erhielten jetzt eine wattierte Kleidung, mit der wir uns bereits kaum mehr von den russischen Bewachern unterschieden – eine lange wattierte Hose, die unten zugebunden wurde, eine wattierte Jacke und die herunterklappbare Pelzmütze. Nur Filzstiefel erhielten wir nicht; statt dessen Gummiüberziehschuhe, die mit Schnur oder Draht über einer Art Stiefeletten zusammengebunden wurden, damit wir sie im hohen Schnee nicht verlieren ... Unterwäsche gab es nicht, wir zogen die Sachen einfach auf die nackte Haut. Die Wattejacke steckten wir in die Hose, um wenigstens die Nieren einigermaßen warmzuhalten ...

Dann ging die Knochenarbeit los. Um sechs Uhr war Wekken, da gab es 200 Gramm Brot und einen viertel Liter heißen Tee. Um sieben Uhr nahmen wir am Geräteschuppen unser Werkzeug in Empfang – eine stumpfe Baumsäge und eine stumpfe Axt. Danach ging es unter Bewachung in den Wald. Der Schnee reichte uns bis über die Knie, man versuchte, in die Fußstapfen der Vorderfrau zu treten. Ausgezehrt und vom Hunger geschwächt, wie wir waren, sollten je zwei Gefangene zwei Kubikmeter Holz abliefern – gefällt, abgeästet, zersägt und gestapelt. Die Zweige mußten zusammengetragen und verbrannt werden. Die Norm war nicht zu schaffen: Schon beim Einkerben des Baumes mühten wir uns mit der stumpfen Axt unsäglich ab, die Bäume hatten ja einen enormen Umfang. Wir benötigten für das Fällen eines Baumes und alle Nebenarbeiten einen ganzen Tag. Der umgesägte Baum versank erst mal im tiefen Schnee, die Säge klemmte. Wir suchten einen dicken Ast, den wir als Hebel ansetzten, um den Stamm anzuheben. Das war bei unserem körperlichen Zustand die blanke Knochenarbeit. Da bereits der auf der Baumkrone lastende Schnee beim Sägen auf uns niedergegangen war, dampften und schwitzten wir, der getaute Schnee lief uns den Rücken runter. Die Russen kennzeichneten für jedes Team die zu fällenden Bäume, damit ausreichend Abstand gehalten wird. Trotzdem kam es immer wieder zu Unfällen. Einmal gab es auch Tote, als sich ein Baum während des Herabstürzens drehte, zurückschlug und dabei ein paar Menschen erfaßte ...

Das Verbrennen der Zweige übernahm der russische Bewacher, der fror noch mehr als wir. Auch wir Gefangenen durften uns kurzfristig aufwärmen – der Körper kühlte ja bei diesem extremen Frost sehr schnell wieder aus. Beim Aufwärmen am Feuer verursachte der Funkenflug mitunter kleine Brandlöcher auf unserer Wattekleidung – wenn man nicht darauf achtete, glühte die Watte unter dem Oberstoff weiter. Am Abend waren unsere Gesichter rußgeschwärzt. Wir sahen ohnehin wie Ungeheuer aus – dreckig, abgemagert, zerlumpt, und wir bewegten uns wie Greise. An den Ästen blieb so mancher Fetzen Stoff von unserer abgerissenen Kleidung hängen. Wir wuschen uns, wenn überhaupt, mit aufgetautem Schneewasser, Seife hatten wir nicht ...

Wie gesagt, die Norm war nicht zu schaffen. Die Androhung von Brotentzug war da ein grausames Druckmittel, um das letzte aus unseren ausgemergelten Körpern herauszuholen. Da wir als Zivilverschleppte nicht der Genfer Konvention unterstanden, erhielten wir nur 500 Gramm Brot täglich, während den Wehrmachtsangehörigen in den Kriegsgefangenenlagern 700 Gramm Brot zustanden. Arbeiten mußten wir aber genauso viel ... Bei Dunkelheit traten wir den Rückweg an, der Gedanke an das Stückchen Brot trieb uns vorwärts. Der Weg durch den Wald war lang. Ältere Männer setzten sich vor Erschöpfung manchmal, an einen Baum gelehnt, in den Schnee. Die körperliche Schwäche rief eine namenlose Müdigkeit hervor, und es bestand bei der Kälte die Gefahr des Einschlafens und Erfrierens. Die russischen Bewacher jagten also die Erschöpften fluchend und drohend wieder hoch und trieben sie wie Tiere hinter uns her. Auch hier, wie schon im Lager zuvor, waren es vor allem die männlichen Zivilisten, die quasi mit dem Leben abgeschlossen hatten.

Wir lieferten am Geräteschuppen unser Werkzeug ab, um es am anderen Morgen wieder in Empfang zu nehmen, und faßten unsere Ration. Manchmal rösteten wir das Stückchen Brot im Ofen, um den Durchfall, der viele von uns quälte, zu bekämpfen. Der Hunger war unsäglich, denn mittags gab es nichts zu essen. Nach der Einnahme unserer Hungerration dämmerten wir bleischwer dem nächsten Morgen entgegen, selbst die Läuse nahmen wir kaum noch wahr ... So ging das tagein, tagaus ... der Winter ging allmählich vorüber. Unsere Gedanken reichten nur von einem Essenfassen bis zum nächsten. Bei der körperlichen Schwerstarbeit war unsere karge Nahrung ›zum Sterben zuviel, zum Leben zu wenig‹. Die Bewacher hielten uns ständig vor, wir müßten aufbauen, was die Deutschen zerstört hätten. Warum erlaubten sie uns dann nicht einmal das Sattessen?«

1946, bevor der Sommer anbricht, setzen die endlosen Zählappelle wieder ein, die den Winter über etwas vernachlässigt worden waren – die Zivilisten beginnen, auf einen Heimattransport zu hoffen. Doch statt nach Hause geht es für etwa dreißig Frauen auf die Kolchose. Auf Feldern, die bis zum Horizont reichen, rutscht Gertrud nun den ganzen Tag über bei brütender Hitze durch Unkraut, um Mohrrüben, rote Beete und Weißkohl zu ernten. Bald sind ihre Handflächen von Blasen übersät. Als sie Fieber bekommt und sich nicht mehr auf den Beinen halten kann, stellt die Kolchose-Ärztin bei der sechzehnjährigen Deutschen eine Lungenentzündung fest. Die Spuren dieser Erkrankung werden Jahre später bei Röntgenaufnahmen als »schwere Tuberkulose« diagnostiziert – doch im Sommer 1946 steht erst einmal fest, daß die Gefangene für Monate bei der Feldarbeit ausfällt:

»Von nun an blieb ich tagsüber als Kranke in der Baracke. Täglich mußte ich bei der Ärztin, trotz des Dauerfiebers, zur Kontrolle erscheinen. Erschöpft sank ich danach jedesmal auf meine Pritsche. Ich lag dort fest und hatte Zeit, in meiner Kleidung nach Läusen zu suchen und in den Stoppelhaaren nach Kopfläusen. Die hatten sich wieder so vermehrt, daß ich sie von den nachgewachsenen, kurzen Haaren mit den Fingerspitzen abziehen konnte. Viel Sinn hatte das nicht – die ganze Baracke war total verlaust. Wir erhielten kein Entlausungsmittel. Die Läuse fraßen sich stellenweise in die Kopfhaut hinein, sie lebten von unserem Blut. Das Kämmen war eine schmerzhafte Prozedur, der Kamm verhakte sich im

Schorf der eitrigen Entzündungen. Wir waren, seitdem wir uns in Sowjetrußland befanden, dem Ungeziefer hilflos ausgeliefert ...

Als ich mich nach Monaten etwas besser fühlte, wurde ich der ›Sumpf-Brigade‹ zugeteilt. Unser Arbeitseinsatz bestand darin, das Sumpfgras abzumähen. In der Tageshitze bis zu den Knien im Sumpf stehend, wurden wir dabei von Mücken und Fliegen hartnäckig umschwärmt. Iwan, unser Bewacher, hatte die Länge der zu mähenden Strecke mit Schritten abgemessen. Das war nun wieder die Norm, die wir erfüllen sollten ... und nicht erreichten. Trotzdem habe ich in der Gefangenschaft die Feststellung gemacht, man kann alles erlernen, wenn man dazu gezwungen wird.

Barfuß im Sumpf stehend, muß ich mir etwas in die Fußsohle eingetreten haben – unter der Haut bildete sich eine mit Blut gefüllte Blase, die bald die halbe Fußsohle bedeckte. Aus Furcht, sie könnte platzen, bewegte ich mich nur humpelnd auf der Ferse fort. Iwan muß das beobachtet haben, denn eines Morgens stand er mit einem Panjewagen vor der Baracke und sagte: ›Komm mit zum Doktor!‹ Wir fuhren ins Hauptlager, kamen dort nach etwa zwei Stunden an. Im Hauptlager gab es tatsächlich ein Spital. Ein russischer, ziemlich betagter Arzt waltete hier, er wirkte vertrauenerweckend. Im Hauptlager war alles anders. Die angelernte ungarische Krankenschwester – auch sie eine Verschleppte – kam mir im schneeweißen Kittel wie ein Wesen aus einer anderen Welt vor. Und die Holzhäuser im Lager, zwei davon doppelstöckig und mit hübschen Balustraden versehen, wirkten ebenfalls wie ein Überbleibsel aus einer längst versunkenen Welt. Die verschleppten Frauen aus Rumänien und Ungarn, die hier untergebracht waren, trugen zum großen Teil noch ihre heimatliche Folklorekleidung, was mich schmerzhaft an meine verlorene Zivilisation erinnerte, denn auch in Ostpreußen trugen wir ja im Sommer Dirndlkleider ...

Während Iwan irgendwelche Vorräte besorgte und damit unsichtbar war, öffnete der Arzt über einer kleinen Nierenschale die Blutblase. Nach dem Anlegen eines Verbandes konnte ich endlich wieder einigermaßen auftreten. Ich war schon fast draußen, da faßte ich mir ein Herz und ging noch einmal zu dem väterlich wirkenden Arzt zurück. Ich bat ihn, mich zum Hauptlager zu überstellen. Aufgrund meiner miserablen körperlichen Verfassung hatte ich inzwischen Angst, meine Heimat nie wiederzusehen. Der Arzt meinte, ich solle erst mal zur Kolchose zurückkehren, alles weitere würde sich finden. Dabei blieb es dann auch.

Im Herbst 1946 – die ersten Anzeichen des im Ural rasch einsetzenden Winters machten sich bereits bemerkbar – war ich noch immer in der Wildnis, weitab vom Hauptlager. Die Strapazen waren die gleichen wie vorher, doch die Bewachung lockerte sich allmählich. Wir lebten auf der Kolchose schon ohne Einzäunung und fühlten uns dadurch ein wenig freier. Mit Iwan, einem schmächtigen, einarmigen russischen Soldaten, der für uns Brigadier und Bewacher zugleich war, kamen wir gut zu Rande. Iwan war ruhig und freundlich, etwas einfältig – und er schikanierte uns nicht. Das mag eine Rolle gespielt haben, daß zwischen ihm und Hilde, einer Mitgefangenen, ein Verhältnis entstanden war und Hilde bald auch die Nächte mit ihm teilte. Das war zwar etwas merkwürdig, doch profitierten wir anderen auch ein wenig davon …

An ein Erlebnis erinnere ich mich noch: Eines Tages entdeckten wir auf einer Waldlichtung mehrere Holzbaracken, die bewohnt waren. Mütter mit kleinen Kindern waren kürzlich, so erfuhren wir, in einer Nacht- und Nebelaktion von ihren Ehemännern getrennt und hierher verschleppt worden. Es waren Nachkommen von Wolgadeutschen aus dem Gebiet um Saratow, und sie sprachen gut Deutsch. Sie berichteten weinend, daß sie ihre gewohnte Umgebung – ohne Angabe von Gründen und nur mit Handgepäck versehen – hätten verlassen müssen. Über den Verbleib ihrer Ehemänner konnten sie keinerlei Angaben machen. Vermutlich waren mal wieder umfangreiche Umsiedlungsaktionen im Gange, Zwangsverschickungen zwecks Erschließung neuer Gebiete im asiatischen Raum. Das ständige Verschieben und Vermischen von Menschen und deren Kulturen schien also auch nach dem Krieg kein Ende zu nehmen ...

Bei einsetzendem Frost fiel den Russen plötzlich ein, das auf den Feldern in Garben gebundene Getreide einzufahren. Die Ähren waren bereits schwarz und schimmlig, zu Eis gefroren und entsprechend schwer. Den Russen machte der Anblick des wertlosen Korns nichts aus, sie lachten und scherzten miteinander und trieben uns nebenbei zur Eile an. Nach dem Getreide kamen die Kartoffelfelder an die Reihe. Mit Eispickeln und spitzen Spaten bearbeiteten wir die gefrorene Erde, um die ebenfalls gefrorenen Kartoffeln zu ›ernten‹. Wir waren, wie immer, ausgehungert und schoben uns heimlich ein paar Eiskartoffeln durch unsere löchrigen Hosentaschen in die unten zugebundenen Hosenbeine. Das Schmutzwasser lief an den Beinen herunter, von der Kälte auf der Haut ganz zu schweigen. Aufgetaut waren die Erdäpfel weich wie Schwamm und schwarz. Wir kochten sie in unseren Konservendosen und aßen sie trotzdem. Im aufgetauten Zustand konnte man das Wasser mit den Fingern aus der Kartoffel pressen. Die Russen gaben nach der Kartoffelernte Vollzugsmeldung nach Moskau. Daß die gefrorenen Kartoffeln zum menschlichen Verzehr ungeeignet waren, spielte dabei keine Rolle. Unserer Verpflegung wurden sie auch beigemischt ...«

Allmählich sind die meisten der gefangenen deutschen Frauen auf der Kolchose so geschwächt, daß sie als Arbeitskräfte ausfallen. Sie werden nun ins Hauptlager überstellt: Ins Lager 1801 bei Swerdlowsk, in dem hinter Stacheldraht bereits 1200 Deportierte vegetieren. Zurück bei Iwan bleibt nur Hilde. Sie bleibt freiwillig, ihr weiteres Schicksal ist unbekannt. Im Spital des Hauptlagers hat inzwischen die Ärztin Ljuba den Platz des alten Doktors eingenommen. Die Diagnose, die sie den meisten von der Kolchose antransportierten Frauen stellt, darunter auch Gertrud: Dystrophie ... Unterernährung, mit ihren sicht-

baren Folgen wie einem geschwollenen Gesicht, geschwollenen Beinen und einem Schweregefühl, als schleppe man bei
jedem Schritt Gewichte mit sich herum.

Im Hauptlager 1801 lernt Gertrud K. eine neue Gruppe von
Verschleppten kennen: Die Volksdeutschen vom Balkan, die
hier etwa die Hälfte aller Lagerinsassen ausmachen. Von den
Neuankömmlingen sprechen sie nur als »Reichsdeutsche« –
ein Begriff, der Gertrud fremd ist. Für die Volksdeutschen sind
die Reichsdeutschen schuld an ihrer Deportation; und so kom-
munizieren sie im Lager über einen langen Zeitraum ausschließlich mit ihresgleichen. Für das Mädchen aus Ostpreußen bilden sie ein Lager innerhalb des Lagers; auch genießen
sie ein paar Privilegien, von denen die »Reichsdeutschen« nur
träumen.

Nach einem Kniff in den Po, der der Prüfung der Muskulatur
gilt, durch die Lagerärztin Ljuba wird Gertrud der Arbeitskate-
gorie III zugeteilt, den Schwächsten: Für die Sechzehnjährige
bedeutet das Schneeschippen, also »leichte Arbeit«. Doch ihr
Körper ist bereits so ausgezehrt, daß sie nicht einmal hier die
Norm schafft. Als Gertrud 1947, nach der Schneeschmelze, mit
einer Holzschaufel Eisenbahnschwellen unterschottern muß,
landet sie – am Ende ihrer Kräfte – erneut im Spital:

»In den meisten Fällen kamen die hier Eingewiesenen nicht
mehr lebend heraus. Meine Lagerkameradinnen hatten auch
mich, wie sie mir später sagten, bereits abgeschrieben. Im
Spital standen nur jeweils zwei Betten im Zimmer, mit weißen Laken und einer Wolldecke. Seit zwei Jahren war es das
erste Bettuch und die erste Decke, die ich zu Gesicht bekam.
Ich erhielt ein großes Stück duftender Seife. Auch gab es hier
keine Wanzen, dafür auf der Etage eine richtige Toilette, wir
mußten nicht den Lagerabort benutzen. Toilette und Wasch-
raum erreichte ich nur noch taumelnd vor Schwäche. Meine
volksdeutsche Bettnachbarin aus Rumänien versorgte mich
oft mit ihrer eigenen Lagerkost, sie hatte ganz gute Beziehungen. Für ihre Hilfe danke ich ihr noch heute – wer weiß, ob

ich es sonst geschafft hätte, jemals wieder auf die Beine zu kommen ...

Medikamente gab es im Spital nicht, nur merkwürdig bitter schmeckende Tropfen. Auf Wunden wurde sparsam ein gelbliches Pulver gestreut, die Russen nannten es ›Penizillin‹. Ich sah, daß Wunden mit Toilettenpapier verbunden wurden – ansonsten gab es kein Toilettenpapier. Auch Zeitungspapier war kostbar, weil es von Rauchern zum Drehen von Zigaretten benötigt wurde. Ich war wochenlang im Spital. Während dieser Zeit verstarben wieder in der Mehrzahl Männer, sie erholten sich einfach nicht mehr ...

Nach meinem Spitalaufenthalt verordnete mir die Lagerärztin Arbeit in der Küche – ein Privileg, das mich völlig überraschte. Ich mußte – das heißt, ich durfte – nun wieder Suppen- und Kaschakessel reinigen, wie schon zu Beginn meiner Deportation. Dort, in der Lagerküche, erblickte ich einmal durch die offenstehende Tür der Vorratskammer einen Butterblock, etwa zwanzig bis fünfundzwanzig Kilogramm schwer. Dazu schneeweiße, fette Speckseiten, Corned beef und Zucker in Stücken. Nach meinem Empfinden waren diese Produkte für uns Gefangene bestimmt, gegessen haben es aber die Russen. Nur, wenn eine Ärztekommission im Lager angesagt war, erhielten wir plötzlich Weißbrot, gut ausgebacken. Dann gab es ausreichend zu essen, der Lagerhof wurde geharkt und mit Blumenbeeten und weißen Steinen verschönt. War die Kommission fort, verschwanden die Verschönerungen und natürlich auch die ausreichenden Essensportionen. Die Ärztekommission erschien einmal pro Jahr. Ihre Mitglieder haben sich nie die Mühe gemacht, mit uns Verschleppten zu sprechen, um z. B. etwas über die Lagerbedingungen zu erfahren. Und noch immer starben viele an Unterernährung ...«

Von der Küche wird Gertrud irgendwann in die Wäscherei abkommandiert. Und als sie eines Tages am aufsichtführenden Lageroffizier und der Ärztin Ljuba vorbeigeht, schnappt sie einige Worte auf, die offenbar ihr gelten. Der Offizier deutet auf sie und sagt: »Sie muß bald in den Schacht«. Die Ärztin antwortet: »Nein, sie hat ein krankes Herz«. Ljuba ist Militärärztin der Roten Armee und gilt als Respektsperson, ihr Wort hat Gewicht. Doch Gertrud ist erschrocken – wieso hat sie ein krankes Herz? Die Intervention der Lagerärztin wendet das Schicksal am Ende nicht ab: 1948 kommt Gertrud K. in den Schacht bei Swerdlowsk, ein Goldbergwerk, in dem Quarz und mit feinen Goldblättchen durchzogenes Erz abgebaut wird. Die Achtzehnjährige wird hier ins Vier-Schicht-System »eingetaktet«, die Normerfüllung jeweils am schwarzen Brett ausgehängt.

Daß Gertrud auch noch diesen kräfteverschleißenden Abschnitt ihrer Gefangenschaft überlebt, verdankt sie wohl einem unerwarteten Ereignis. Im Spätherbst 1948 wird bei der Postausgabe plötzlich auch ihr Name aufgerufen – sie erhält eine Rot-Kreuz-Karte aus Hamburg. In fünfundzwanzig genehmigten Worten schreibt ihr die Großmutter, daß sie von Gertruds Eltern noch immer keine Nachricht habe und wie sehr sie sich über ein Lebenszeichen ihrer Enkelin freuen würde. Fünfundzwanzig Worte sind es, die den Überlebenswillen des Mädchens enorm steigern. Ein Jahr zuvor, als die Lagerleitung einmal monatlich eine Rot-Kreuz-Karte genehmigte, hatte auch Gertrud nach Hause geschrieben, in der Annahme, ihre Eltern seien längst wieder in Insterburg eingetroffen. Nun, ein gutes Jahr später, erhält sie Antwort aus Hamburg. Die Eltern sind noch nicht gefunden, doch gibt es nun endlich einen Menschen, der weiß, daß sie sich in Rußland befindet und daß sie lebt.

HILDEGARD N.: *»Der Hunger war das Schlimmste.«*

Auch Hildegard, eines von elf Kindern des Fleischermeisters N. aus der Kleinstadt Rößel/Ostpreußen, geht von Insterburg aus auf den Transport nach Rußland. Nachdem bereits 1943 innerhalb eines Vierteljahres die Todesnachrichten dreier zur

Wehrmacht eingezogenen Söhne eingetroffen waren, wird nun, im Frühjahr 1945, auch die restliche Familie auseinandergerissen. Zunächst holen russische Soldaten den Vater und die älteste Schwester zum Verhör ab, von dem sie nicht zurückkehren. Zwei Wochen später kommen die fünfzehnjährige Hildegard und ihre siebzehnjährige Schwester Theresia an die Reihe, dazu noch drei Cousinen, die sich ebenfalls im Fluchtgehöft aufhalten.

Familienangehörige werden bei diesem Transport nicht – wie sonst üblich – auseinandergerissen, und so überstehen die fünf Mädchen der Großfamilie N. die strapazenreiche Fahrt gemeinsam:

»Am 16. April 1945 jagten uns die russischen Soldaten mit aufgepflanztem Gewehr zum Bahnhof. Immer fünfundvierzig Frauen wurden in einen Waggon gestopft. Der Zug hatte insgesamt dreiunddreißig Waggons, und überall waren nur Frauen und Mädchen drin. Es gab keine Heizung und kein Stroh, so saßen wir alle eng aneinandergepreßt auf den blanken Holzbrettern. An der Rinne, die als Klo diente, wollte niemand sitzen, weil es dort besonders kalt war und nach Urin stank. Die meiste Zeit saß dort ein fünfzehnjähriges Mädchen, das noch kurz vor unserer Ankunft im Lager Kopeisk gestorben ist ...

Einmal während der ganzen Fahrt haben wir aussteigen dürfen, das war in Brest, kurz hinter der russischen Grenze. Von da an bekamen wir jeden Tag zwei Scheiben trockenes Brot, dazu einen Becher Wasser, in dem manchmal Kaulquappen schwammen. Da meine Schwester Thea und ich zwei Becher besaßen, gaben wir dem Mädchen, das an der Rinne hockte, einen ab, damit auch sie trinken kann: Wer keinen Becher besaß, bekam überhaupt nichts. Das Mädchen war bereits schwer krank. Es hatte furchtbare Vergewaltigungen hinter sich, hatte starke Schmerzen und weinte vor Heimweh. Es waren sehr viele Jugendliche in unserem Waggon. Das Mädchen, das neben mir saß, war auch erst fünfzehn Jahre alt, genau wie ich. Es litt unter hohem Fieber und rief immer wieder nach der Mutter. Man konnte ja nicht helfen, sondern nur trösten – es war so ein unvorstellbares Leid ...

Nach vierzehn Tagen, genau am 1. Mai 1945, traf unser Transport im Lager Kopeisk ein. An dem Tag gab es bereits einen langen Zählappell, doch der am 8. Mai war der schlimmste: Den ganzen Tag über standen wir auf dem Appellplatz, wurden wieder und wieder gezählt, das nahm gar kein Ende. Ich erinnere mich, daß viele Frauen umfielen, wir hatten ja keine Kraft mehr. Ich selbst litt unter rasenden Kopfschmerzen ... Richtig krank wurde ich gleich in den ersten Wochen. Das war die Zeit, in der sehr viele Frauen und Mädchen in unserem Lager starben. Meine Schwester hat mir geholfen, damit ich nicht aufgebe. Sie kam immer ans Fenster der Krankenbaracke und sagte: ›Iß und trink, sonst kommst du unter die Birken ...‹ Jede Nacht fuhr der Leichenwagen durchs Lager – deutsche Kriegsgefangene holten die Toten heraus und brachten sie zum Massengrab.

Ich hatte Glück, der Tod ist an mir vorbeigegangen. Kaum war ich wieder auf den Beinen, mußte ich zur Arbeit. Arbeit, das bedeutete: Kohlengrube! Wenn wir aus dem Schacht kamen, mußten wir noch beim Bau von Baracken helfen und nachts für die Küche Wasser schleppen und Kohleneimer. Oder auch Massengräber ausheben. Unsere Toten mußten bald von den Lagerinsassen selbst beerdigt werden. Und das war eine harte Zusatzarbeit, denn es starben im ersten Jahr am Tag zwischen fünfzehn und fünfundzwanzig Menschen. Jede dritte Nacht wurden wir rausgeholt, um unsere Toten ›unter die Birken‹ zu bringen. Ich habe das alles nur schwer verkraftet, ich war ja damals erst fünfzehn Jahre alt.

Eines Tages war auch meine Cousine Anni unter den Toten. Als sie starb, kamen nachts meine beiden anderen Cousinen, Klara und Hedwig, mit zum Massengrab, sie wollten ihre Schwester zur letzten Ruhestätte begleiten. Es war ein Gang der tiefen Verzweiflung, wir hatten ja kaum noch Tränen, aber durch Annis Tod stand uns unser aller Schicksal wieder ganz deutlich vor Augen. Meine beiden Cousinen kamen im November 1945 mit einem Krankentransport zurück nach Deutschland – meine Schwester Thea und ich nicht; wir kamen auf eine Kolchose. Wir haben furchtbar geweint.

Anton – so hieß auf der Kolchose unser Lagerleiter –, Anton war ein Wolgadeutscher und selbst verschleppt. Er war sehr nett und brachte uns junge Mädchen in der Gärtnerei unter. Damit hatten wir es doch ein wenig leichter als auf dem Feld, wo nach einer harten Norm geschuftet werden mußte.

Auf der Kolchose hat es mich wieder erwischt: Ich bekam Typhus! Sofort wurden mir die Haare abgeschnitten und kurz darauf der Kopf völlig kahlgeschoren. Ich habe das alles jedoch nur im Unterbewußtsein wahrgenommen, denn ich hatte hohes Fieber und lag drei bis vier Wochen fest, beinahe ohne Besinnung. Die Mitgefangenen hatten mich bereits aufgegeben. Doch irgendwie schaffte es mein Körper, über den Berg zu kommen. Ich lernte wieder essen und gehen ... und nach und nach kehrte auch mein Erinnerungsvermögen zurück. Eine mitgefangene Polin hat mich in dieser schweren Zeit sehr lieb und selbstlos betreut und mir immer wieder Wermuttee eingeflößt. Ich glaube, vor allem ihr verdanke ich, daß ich heute noch lebe. Allerdings wurde sie selbst bald schwer krank – ich war damals noch viel zu schwach und kann nicht sagen, wo sie plötzlich geblieben ist. Ich habe später gebetet, sie möge noch unter den Lebenden weilen ...

Mit Anbruch des Winters wurden wir ins Lager zurückgebracht und mußten nun im Sägewerk arbeiten. Arbeitsrechtliche Vorschriften gab es dort nicht. Dadurch erlitt ich einen Unfall mit einem Stromkabel und lag wieder drei Wochen im Lazarett ...«

Im Sommer 1946 kommen Hildegard und ihre Schwester auf die Sowchose in Smolino. Hier sind die Lebensbedingungen noch primitiver als im Lager Kopeisk: Kein elektrisches Licht, Waschen im See und Schlafen im Schafstall. Zu essen gibt es abwechselnd Melde- und Brennesselsuppe, dazu ein Stück Brot. Und für Hildegard einen Privateinsatz des Natschalniks:

»Eine Zeitlang mußte ich das Feld des Natschalniks hüten. Da schlief ich nachts in einem Erdbunker, während ein deutscher Kriegsgefangener das Feld bewachte. Tagsüber war es umgekehrt, am Tage schlief der Kriegsgefangene, und ich mußte wachen ...

Im nächsten Winter arbeiteten wir in der Traktorenfabrik von Tscheljabinsk: Immer zehn Stunden, im Wechsel Tag- und Nachtschicht, und jede Schicht, ohne was zu essen. Erst, wenn wir zurück im Lager waren, gab es Essen – Kohlsuppe und ein Stück Brot. Das war schon wenig genug, doch wir waren nach der Arbeit meist so kaputt, daß wir nur noch mit Mühe den Löffel zum Mund führen konnten. Allein der Fußweg zur Fabrik war etwa sechs bis acht Kilometer weit ... Wir mußten jeden Tag arbeiten, auch an Sonn- und Feiertagen. Wenn die Fabrik wegen eines Feiertags geschlossen war, mußten wir auf öffentlichen Latrinen Scheiße stemmen gehen oder irgendwelche Schienenstränge reinigen.

Der Hunger war immer das Schlimmste, wir bekamen ja nur Kohlsuppe und trockenes Brot und nur ganz selten etwas Zucker. Die Kälte habe ich nicht so stark empfunden, weil es ja trockener Frost war. Wir hatten Filzstiefel mit Fußlappen, Pelzmützen und Watteanzüge. Das war zwar alles nicht sehr sauber, aber es wärmte wenigstens. Der Hunger war schlimmer, der hat uns die ganze Lagerzeit über verfolgt. Einmal haben wir gestreikt, weil es eine Woche lang kein Brot gab, nur dünne Kohlsuppe. Wie hat man das durchgehalten? Ich weiß es nicht. Ich war ja nur ein Meter fünfzig groß und wog im Lager nur noch etwa fünfunddreißig Kilo; wenn ich mal ›gesund‹ war, auch etwas mehr ...

Meine Schmächtigkeit hat mir einmal ziemlichen Ärger bereitet. Auf unserem Anmarsch vom Lager Tscheljabinsk zur Traktorenfabrik kamen wir regelmäßig an zwei Lagern vorbei, in denen russische Strafgefangene verwahrt wurden. Mitunter kam es vor, daß so ein Strafgefangenenzug uns überholte – die Russen wurden ja noch schneller vorwärts getrieben als wir. Sobald sie sich näherten, mußte unsere Zivilisten-Kolonne zur Seite treten und sie vorbeilassen. Bei diesen Überholmanövern mußte man schon aufpassen, daß einem nicht die Schapka oder der Schal geklaut wurde, das war dann unwiderruflich verloren. Und einmal – wir standen wieder am Rand, die Strafgefangenen zogen an uns vorüber – schnappte mich plötzlich so ein Kerl und hob mich hoch, um mich mitzuschleppen. Ich wußte erst gar nicht, wie mir geschah – der hob mich wie ein Bündel hoch und wollte mich weiterreichen. Da habe ich ihn in den Arm gebissen, daß er aufschrie und mich fallen ließ. Ich stürzte durch diese grölende Männermasse zu meiner Kolonne zurück, mir schlug das Herz bis zum Halse vor Angst. Als die Bewacher der Russen mitbekommen hatten, was passiert war, schossen sie wie wild in die Luft und schrien herum. Dann mußten die Strafgefangenen in die Knie und den Rest auf Knien an uns vorbeirobben. Der ganze Zug mußte runter, als Kollektivstrafe. Der eine Kerl hat sich bestimmt nur einen Streich erlaubt. Ich allerdings habe mich von nun an, sobald ein solcher Zug hinter uns anrückte, sofort im Hintergrund in Sicherheit gebracht. Doch eines muß man sagen: Mit ihren eigenen Strafgefangenen gingen die Russen noch unbarmherziger um als mit uns ...

Nach etwa einem Jahr – wir waren gerade wieder im Hauptlager – trafen wir plötzlich auf unsere älteste Schwester Maria. Sie war ja zusammen mit unserem Vater verschleppt worden und erzählte uns sofort, was wir bereits geahnt hatten: Unser Vater war tot. Wir hatten oft an die beiden gedacht und uns gefragt, wo sie wohl jetzt sind, wie es ihnen geht. Auch in unserem Lager waren ja alle älteren Menschen schon in den ersten Wochen gestorben, und unser Vater war drei-undsechzig Jahre alt ... Trotzdem klammerten wir uns immer wieder an die Hoffnung, er könnte eine Ausnahme sein. Als wir nun von Maria die Wahrheit erfuhren, hat uns das total mitgenommen – unser Vater hat nicht einmal den Transport überlebt, er gehört zu denen, die da irgendwo an einer Zugstrecke liegen ...

Ende 1946 erhielten wir die ersten Klappkarten, um nach Hause zu schreiben. Nach Ostpreußen brauchten wir allerdings gar nicht erst zu schreiben, wurde uns mitgeteilt, dort wären längst alle Deutschen raus. Also ließen wir uns die Adresse vom Suchdienst des Deutschen Roten Kreuzes geben und schrieben dorthin. Nach einem halben Jahr erhielten wir Antwort: Unsere Mutter sei mit ihrer Schwester und unserem jüngsten Bruder nach Mecklenburg evakuiert worden, und die Adresse war auch angegeben. Wir atmeten auf: Sie also lebte und hatte wenigstens eines von ihren elf Kindern noch bei sich ... Wir schrieben sofort nach Mecklenburg, und weil wir drei Schwestern waren, hatten wir drei Karten, konnten also mehr schreiben. Doch nun mußten wir unserer Mutter ja als erstes die furchtbare Nachricht überbringen, und so haben wir am 9. März 1947 geschrieben: ›Unser liebes Muttilein, Tante Anne und Seppi! Mit Riesenfreude und Dank Euren l[ieben] Brief erhalten. Der Herrgott nahm unseren l[ieben] Papa zu sich (30. 3. 45). Gesundheitlich geht's gut. Betet! Schreibt oft Briefe. Herzliche Geburtstagsgrüße = Küsse an alle. Es grüßt Euch recht herzlich und lieb Eure Maria, Thea und Hildchen.‹ Man durfte ja nicht schreiben, wie es einem wirklich geht – außerdem hätten wir unsere Mutter nicht noch mit weiteren Sorgen beladen wollen ...«

СОЮЗ ОБЩЕСТВ КРАСНОГО КРЕСТА и КРАСНОГО ПОЛУМЕСЯЦА
СССР

Почтовая карточка военнопленного   Бесплатно
Carte postale du prisonnier de guerre   Franc de port

Куда (Adresse)   *Suchstelle Berlin*
(страна, город, улица, № дома, округ, село, деревня)

Отправитель (Expéditeur)   *Theresia Nieswandt*
Фамилия и имя военнопленного
Nom du prisonnier de guerre

Почтовый адрес военнопленного   СССР, Москва
Adresse du prisonnier de guerre   Красный крест П/Я 102/2

Зак. 89

5/χ 46.

Suchstelle Berlin!

Bitte, Nachforschungen über den Verbleib meiner Mutter, Frau Martha Nieswandt geb. Juzilowski, zuletzt bis etwa zum 1. April 1945 bei August Korioth in Soweiden Kr. Rößel Ostpr. wohnhaft gewesen.

Theresia Nieswandt.

Suchmeldung, die Hildegard N.s Schwester Thea Ende 1946 vom sibirischen Lager aus nach ihrer Mutter aufgegeben hat.

210

Erinnerungen des deutschen Kriegsgefangenenarztes
Dr. med. Werner Dietrich

Knapp drei Wochen vor Hildegard N., ihrer Schwester Thea und den drei Cousinen trifft der erste Zivilisten-Transport in Kopeisk ein – Waggons mit zweitausend Menschen, die von Westpreußen aus auf den Weg in ein russisches Arbeitslager geschickt worden waren. Die Ankunft dieser ersten Zivilisten sowie den Gesundheitszustand sämtlicher im April und Mai 1945 im Lager Kopeisk eintreffenden Frauen und Männer schildert in einer für diese Dokumentation verfaßten Niederschrift der ehemalige Stabsarzt der Deutschen Wehrmacht Dr. med. Werner Dietrich, der im Januar 1943 im Kessel von Stalingrad mit einer schweren Verwundung in sowjetische Kriegsgefangenschaft gerät und seit November 1944 im Raum Tscheljabinsk/Kopeisk als Lagerarzt für deutsche Kriegsgefangene eingesetzt wird:

»Am 12. April 1945 gab es in unserem Kriegsgefangenenlager Nr. 102/3 in Kopeisk eine überraschende Veränderung: Völlig ungewohnt kamen die Brigaden der Kriegsgefangenen bereits gegen Mittag von der Arbeit zurück. Sie mußten sofort ihre Sachen packen und – zwecks eines Lagerwechsels – wieder in Marschkolonnen antreten. Schon in der Toreinfahrt kam ihnen ein langer Zug deutsch sprechender Zivilisten entgegen, der nun die soeben frei gewordenen acht Erdbaracken des Lagers beziehen sollte. Wir rissen die Augen auf: Es handelte sich ausschließlich um Zivilisten, etwa 1200 Frauen und 800 Männer im Alter von fünfzehn bis fünfundsechzig Jahren, das heißt, halbe Kinder ebenso wie Alte, kaum noch Arbeitsfähige ... Ihr Anblick war erschütternd. Sie kamen aus dem Raum Zempelburg in Westpreußen und waren vier Wochen unterwegs gewesen – zusammengepfercht in Viehwaggons und nur minimal verpflegt. Durch die miserablen Transportbedingungen waren bereits viele unterwegs gestorben, doch auch der Gesundheitszustand der in Kopeisk Ankommenden war erschreckend.

Ich wollte, da ich circa zwanzig schwerkranke Kriegsgefangene im Lagerlazarett zu betreuen hatte, auf Anordnung der russischen Lagerärztin am nächsten Tag mit diesen Kranken per Lkw in unser neues Kriegsgefangenenlager nachfahren, zuvor aber noch Lazarett und Ambulanz an eine Ärztin aus dem Transport der Zivilinternierten übergeben. Als ich dies tun wollte, fing besagte junge Frau an zu weinen: Sie gestand mir, sie sei gar keine Ärztin, habe sich nur während des Transportes dafür ausgegeben, um ihre Überlebenschancen auf der Fahrt zu erhöhen. Was nun? Da unter den 2000 Zivilinternierten kein Arzt war, befahl mir meine russische Lagerärztin schließlich, bis auf weiteres mit den Schwerkranken hierzubleiben und die ärztliche Versorgung auch der Zivilisten zu übernehmen. Ich gehörte damit zu einem sogenannten Nachkommando von Kriegsgefangenen im Lager für Zivilinternierte, das nun erst mal die Organisation der wichtigsten Lagerfunktionen für die Ankömmlinge übernahm – Küche, eine deutsche Lagerverwaltung und eben die ärztliche Versorgung mit Ambulanz und Lazarett. Einen meiner Kriegsgefangenensanitäter durfte ich zur Betreuung der Patienten im Lager behalten. Außerdem fand ich nach einigem Suchen unter den Zivilisten eine Krankenschwester, die ich sofort ins Lazarett holte. Schwester Marianne Bülow, eine junge Frau von etwa fünfundzwanzig Jahren, war zwar Kinderschwester, fand sich aber trotz anfänglicher Bedenken schnell in den schwierigen Verhältnissen zurecht und wurde mir eine große, absolut zuverlässige Hilfe in Ambulanz und Lazarett.

Wir hatten nun rund um die Uhr zu tun. Gleich in den ersten Tagen nach Ankunft der Zivilinternierten fand durch die russische Ärztin und mich eine ärztliche Untersuchung der Gefangenen auf Gesundheitszustand und Arbeitsfähigkeit statt. So etwas hieß ›Kommissionierung‹ und wurde von den Kriegsgefangenen stets als ›Arschbackenvisite‹ bezeich-

net: Der zu Untersuchende wurde aufgefordert, sich um-
zudrehen, und der Arzt erfaßte mit einer Hand die Gesäß-
muskulatur, um deren Größe und Konsistenz festzustellen.
Dies war ein aussagefähiges Zeichen für den Kräftezustand
des Untersuchten. Bei Frauen allerdings wurden in den meisten Fällen, insbesondere, wenn die Patientinnen schon sehr
schwach waren, nur die Mammae, die Brüste, begutachtet.
Sie waren in reduziertem Kräftezustand selbst bei jungen Frauen sehr schlaff und völlig fettarm. Aufgrund des
Gesundheitszustandes erfolgte nun die Einteilung in Ar-
beitsgruppen. Es gab die Kategorien I = sehr gut, II = gut,
III = ausreichend ... und ›oK‹, was wir als ›ohne Kraft‹
bezeichneten. Als arbeitsfähig galten nur die Gruppen I bis
III, wobei die Arbeit dem jeweiligen Kräftezustand angepaßt
werden sollte. Die Gruppe ›oK‹ blieb im Lager und verrichtete leichtere Lagerarbeit. Wer krank oder bereits so schwach
war, daß er nicht einmal mehr der Gruppe ›oK‹ zugeteilt
werden konnte, kam ins Lazarett.

Das Ergebnis der ersten Kommissionierung der Zivilisten
war erschütternd: Arbeitsgruppe I gab es überhaupt nicht.
Der Gruppe II ließen sich verschwindend wenige zuordnen
und der III von den 2000 Angekommenen höchstens 300. Mit
anderen Worten: Nicht mal ein Fünftel der Frauen und Männer waren nach den wochenlangen Transportstrapazen einsatzfähig. Das Lazarett dagegen füllte sich von Tag zu Tag,
bald umfaßte es vier Baracken mit insgesamt etwa 800 Patienten. Dazu kamen noch 100 bis 150 Gefangene, die täglich
die Ambulanz aufsuchten. Die bei den Zivilinternierten am
häufigsten diagnostizierten Krankheiten waren Dystrophie,
Abmagerung mit zunehmender allgemeiner Schwäche und
Wassersucht (Hungerödemen), sowie Herzschwäche (Herzinsuffizienz) und Hautausschläge.

Die Dystrophie – eine Erkrankung, die wir Ärzte vor dem
Krieg und vor der Gefangenschaft noch nie gesehen hatten –
bestand darin, daß der Organismus durch ständige Unterernährung seine gesamten Fettpolster und wesentliche Teile

der Muskulatur verlor und in zunehmendem Maße abmagerte. Durch eine gleichzeitige Herzschwäche entstand die Wassersucht – die ausgezehrten Patienten litten unter dicken Beinen durch eine Ansammlung von Wasser oder auch unter Wasseransammlungen im Bauchraum. Bei der Dystrophie unterschied man zwischen den Graden I, II und III. Bei der Dystrophie II war die Abmagerung bereits sehr stark; bei Dystrophie III, die wir glücklicherweise in unserem Lager gar nicht beobachteten, war sie extrem, und der Tod trat durch Herzversagen ein. Behandelt werden konnte eine Dystrophie nur durch eine bessere Verpflegung. Dies wurde im Rahmen der bescheidenen Möglichkeiten versucht, wobei sich unsere russische Lagerärztin Dr. Abramowna sehr stark für die Patienten einsetzte.

Sophie Abramowna war etwa vierzig Jahre alt, Majorärztin im NKWD und Jüdin. Ich muß sagen, das war eine sehr gute Ärztin, die bereits ihr Herz für die Kriegsgefangenen gezeigt hatte. Nun kümmerte sie sich mit der gleichen Fürsorge auch um die Zivilinternierten, die ihr eine große Dankbarkeit und Achtung entgegenbrachten. Der Rahmen der Behandlungsmöglichkeiten war zu dieser Zeit und unter den extremen Umständen natürlich sehr eng gesteckt. Hautausschläge zum Beispiel waren vor allem die Folge schlechter hygienischer Verhältnisse auf dem Transport. Im Lager wurde nun im Rahmen der Möglichkeiten auf Hygiene geachtet, und die Gefangenen konnten einmal pro Woche in die Banja, das heißt zum Duschen in unsere Badeabteilung gehen und wurden dabei auch vorsorglich entlaust. Für die Herzinsuffizienz dagegen hatte ich nur zwei Medikamente; es waren Kampfer und Coffein. Und auch für die Hautausschläge verfügte ich nur manchmal über etwas Zinksalbe. Überhaupt hatte ich ja nur sehr wenige Medikamente und auch nur ein paar Instrumente zur Behandlung meiner etwa 800 Kranken in den Lazarettbaracken und den einhundert bis einhundertfünfzig Frauen und Männern, die täglich zu mir in die Ambulanz kamen. Manchen konnte ich helfen, oft jedoch blieb die

Psychotherapie das einzige, was wir tun konnten. So erinnere ich mich einer jungen Patientin, eine etwa zweiundzwanzigjährige Frau, die Dystrophie im Stadium I bis II hatte und bei der plötzlich akutes Herzversagen auftrat, so daß sie bewußtlos wurde. Von Nachbarpatientinnen alarmiert, lief ich, so schnell ich konnte, in meine Ambulanz und holte dort die einzige mir zur Verfügung stehende Spritze und Coffein. Dann spritzte ich ihr mit einer leicht verbogenen Kanüle einen Kubikzentimeter Coffein direkt ins Herz und konnte dadurch den Herzstillstand beheben. Zwei Tage später half aber auch das nicht mehr ... die Patientin starb.

Die Arbeitsfähigen der Gruppen I bis III hätten nun eigentlich in einem Schacht in Kopeisk arbeiten sollen, so, wie zuvor die Kriegsgefangenen. Aufgrund des katastrophalen Gesamtgesundheitszustandes sorgte aber Dr. Abramowna dafür, daß zunächst keine Arbeitsbrigade in den Schacht hinunter mußte, sondern nur leichtere Arbeiten über Tage zu verrichten waren. Mit der russischen Ärztin habe ich nicht nur gut zusammengearbeitet, wir haben uns auch gut verstanden. Durch ihren Rang als Majorärztin im NKWD hatte sie auf die russische Lagerführung Einflußmöglichkeiten, die sie zum Wohle der Internierten nutzte. So wurden beispielsweise auch die Kommissionsuntersuchungen auf ihre Anordnung hin etwa alle zwei Wochen wiederholt – sonst war ein Abstand von vier Wochen üblich. Sophie Abramowna erreichte auch, daß ich als Lagerarzt bei den Zivilinternierten bleiben durfte, nachdem ich bereits aus einem anderen Lager angefordert worden war.

Im Rückblick muß ich sagen, daß diese sechs Wochen meiner Tätigkeit im Zivilinterniertenlager Kopeisk ärztlich die schwerste Zeit meines Lebens war. Unschuldig verschleppte Zivilisten, darunter fünfzehnjährige Kinder und alte Männer und Frauen unter den Bedingungen eines sibirischen Gefangenenlagers ärztlich und menschlich zu betreuen, ist hart. Die meisten waren schwer dystrophisch und psychisch depressiv, und viele von ihnen haben ja auch diese furchtbare

Zeit nicht überlebt. Die Männer waren entweder ganz jung – zwischen fünfzehn und achtzehn Jahren – oder aber alt und krank, d. h. eben nicht mehr militärdienstfähig. Das bedeutete natürlich, daß sie auch als Arbeitskräfte in Sibirien kaum zu gebrauchen waren, wenn man sie ärztlich korrekt beurteilte.

Unter den jüngeren Frauen gab es ein paar robuste, die sich erstaunlich schnell in der neuen Situation zurechtfanden, andere befanden sich in einer tiefen Depression. Von den Frauen sind mir mehrere im Gedächtnis geblieben, so zum Beispiel Schwester Marianne, die ja eigentlich Kinderschwester war und nun mit einem Heer von Schwerkranken zu Rande kommen mußte. Marianne Bülow hat ganz wesentlich dazu beigetragen, daß wir den Zivilinternierten wenigstens etwas ärztliche und menschliche Hilfe zukommen lassen konnten. Sie gehörte ja selbst zu den Verschleppten und hat sich für ihre Mitgefangenen völlig verausgabt. Im Sommer 1945 – ich war bereits aus dem Lager abgezogen – ist sie an Fleckfieber erkrankt, sie hat sich bei der Pflege von Fleckfieberkranken angesteckt. Schwester Marianne ist von Dr. Abramowna daraufhin mit dem nächsten Krankentransport nach Deutschland zurückgeschickt worden. So konnte sie meiner Mutter ein Lebenszeichen von mir überbringen, denn ich galt ja seit Stalingrad als vermißt ...

In Erinnerung geblieben ist mir auch eine Frau Wollschläger, etwa vierzig Jahre alt. Sie hatte zu Hause drei kleine Kinder unversorgt zurücklassen müssen – sie war beim Einkaufen aufgegriffen und in den Transport gesteckt worden. Man kann sich vorstellen, in welchem psychischen Zustand diese Frau war. Trotzdem hat sie sich sehr bald gefaßt und dann mit mütterlicher Fürsorge für viele der zum Teil sehr jungen Mädchen gesorgt. Ihr war es zu verdanken, daß viele der jüngeren Deportierten ihre Depressionen überwanden und einigermaßen mit ihrem Schicksal zurechtkamen. Im Gedächtnis geblieben sind mir da vor allem drei Schwestern, das waren Mädchen im Alter von fünfzehn, achtzehn und zwanzig Jahren. Um sie kümmerte sich Frau Wollschläger in rührender Weise, denn vor allem die jüngste, sie hieß Ilse, war mit ihren fünfzehn Jahren in einem desolaten psychischen Zustand.

Bei Frau Wollschläger fällt mir noch eine Episode ein, die auch zum Dasein in einem russischen Lager gehörte: Zu unserem Kriegsgefangenen-Nachkommando gehörte ein sogenannter Antifa-Aktivist. Das war ein Studienrat aus Berlin, der – angetrieben von ständigem Hunger – sehr schnell nach seiner Gefangennahme sein ›sowjet-kommunistisches Herz‹ entdeckt hatte. Wir wußten das und vermuteten auch, daß er Spitzeldienste leistete. Hunger kann sehr weh tun, und nicht selten hat er bei Kriegsgefangenen zu einer opportunistischen Sinneswandlung geführt, oder besser gesagt, zur ›Gesinnungslumperei‹. Bei Herrn Studienrat zeigte sich das besonders deutlich, als er am 8. Mai 1945 in jeder Baracke des Lagers – auch in der Krankenbaracke, in der ich gerade Visite machte, die ich selbstverständlich auf sein Geheiß hin sofort unterbrechen mußte – in schwülstigen Reden das Ende des Krieges bekanntgab und in Lobeshymnen auf Stalin, den großen Führer der Werktätigen aller Länder, ausbrach sowie auf die glorreiche Rote Armee, die Deutschland befreit habe. Er erntete eisige Ablehnung und Bestürzung, vor allem bei den vor der Verschleppung vielfach vergewaltigten Frauen. Doch das volle Kochgeschirr, das sich der ›Antifa-Aktivist‹ jeden Abend zusätzlich aus der Küche abholen durfte, war sicherlich nicht nur der Lohn für schwülstige Reden. Anders jedenfalls ist es nicht zu erklären, daß plötzlich Frau Wollschläger, die Mutter der drei Kinder, vom Politoffizier wegen angeblicher Zugehörigkeit zur NS-Frauenschaft arg in die Mangel genommen wurde, nachdem sich Herr Studienrat bei Lazarettbesuchen mehrfach ›nett‹ mit ihr unterhalten hatte …

Dem Mann bin ich später noch zweimal begegnet: Zunächst 1948 in Tscheljabinsk – da erhielt er gerade eine spezielle Ausbildung auf der Antifa-Schule, und ich kam gerade in ein Straflager, wegen ›antisowjetischer Gesinnung‹... Und dann, man höre und staune: Im Frühjahr 1956 traf ich ihn durch Zufall in einem Berliner Theater wieder. Inzwischen war der ›Herzblut-Kommunist‹ Oberstudienrat an einem Westberliner Gymnasium geworden. Seine Spitzel- und Antifa-Vergangenheit in Sibirien hatte er völlig verschwiegen, und zwar nicht nur vor seiner Schulbehörde und den kirchlichen Vorgesetzten, sondern auch vor seiner Frau. Er erschrak sehr, als er mich sah, denn ich war ja ein unangenehmer Zeuge seines Verhaltens in sowjetischer Gefangenschaft. Ich stellte ihn zur Rede und zwang ihn, wenigstens seinem kirchlichen Vorgesetzten zu ›beichten‹. ... Er avancierte später noch zum Oberstudiendirektor und Schulrat – und jeder hielt ihn für einen anständigen, ehrenwerten Mann. Doch das ist schon wieder ein anderes Thema ...

Am 28. Mai 1945, als meine russische Ärztin gerade auf einer Dienstreise war, wurde unser ›Nachkommando‹ quasi handstreichartig aus dem Lager abgezogen und in ein Kriegsgefangenenlager versetzt. Dort hörte ich dann einige Wochen später, im Zivilinterniertenlager Kopeisk sei eine Fleckfieber-Epidemie ausgebrochen, bei der nun sehr viele starben. Es war jene Epidemie, bei der sich auch Schwester Marianne infiziert hat. Ich bedauerte in dieser Zeit besonders, dort nicht mehr helfen zu können – ich hatte ja bereits 1943, in den ersten Monaten meiner Gefangenschaft in Stalingrad, Fleckfieber gehabt und war damit gegen eine Zweitinfektion immun ...«

CHARLOTTE S.: *»Man konnte die Toten nicht verscharren, weil die Erde gefroren war.«*

Der Transportzug, in dem sich die sechzehnjährige Charlotte S. aus Elbing und ihre Schwester Gretchen befinden, ist über Leningrad gefahren und hat dann Kurs in Richtung Norden genommen. Irgendwo auf freier Strecke, in einem Waldstück mit hüfthohem Schnee, war Endstation. Über kilometerweit verschneites und menschenleeres Gelände haben sich die erschöpften Mädchen zu einem Barackenlager im Gebiet Petrosawodsk geschleppt. Der zugefrorene See – letzte Etappe ihres Anmarsches – ist ein Ausläufer des Onega-Sees. Doch nur etwa 1200 Zivilisten treffen im Lager mit seinen sechs Baracken ein – für die anderen Waggons dieses Insterburger Deportationszuges geht die Fahrt tiefer hinein nach Karelien ...

Wie in allen Lagern gibt es auch am Onega-See nur rohe Holzpritschen zum Schlafen, dienen Schuhe oder Bretter als Kopfkissen. Auch hier behält jede Gefangene nachts sämtliche Sachen an, die sie am Tag auf dem Leib trägt.

In einer Mischung aus Angst und Staunen nimmt Charlotte S. die fremde Umgebung wahr, in der sie nun – wie lange? – unter der Aufsicht von NKWD-Offizieren verwahrt bleiben wird:

»... In der Mitte des Lagers war ein Brunnen, aus dem es aber kaum möglich war, Wasser zu holen – er war tief und vereist. In der Nähe des Brunnens befand sich die Stolowa, der Eß- und Küchenbereich. Unserer Baracke sechs gegenüber, am Tor, stand ein Schuppen. Von seiner Decke hingen Reisigbesen, am Boden wurden unsere Arbeitsgeräte gelagert. Später war der Schuppen die Leichenhalle ...

Durch den Stacheldrahtzaun sahen wir weitere Baracken, hier wohnten unsere russischen Betreuer. Die Frauen, eingehüllt in Wattejacken und Kopftücher, trugen Schüsseln mit roten Beeren in die Häuser. Wo hatten sie die wohl her? Es lag doch noch hoher Schnee! Am zweiten Tag nach unserer Ankunft erhielten wir unsere erste Mahlzeit. Die Suppe war menschenunwürdig. Obwohl wir unsagbaren Hunger hatten, wollte sie nicht rutschen. Das Brot war naß und schwer, wir konnten es kneten. Es gab in unserem Raum einen gemauerten Herd, so legten wir das Brot darauf und rösteten es, denn auf diese Art soll es gut gegen die Ruhr sein, unter der viele von uns litten. Gretchen fand bei ihren Sachen noch zwei

219

Maggiwürfel ... Wir hörten von anderen Mädchen, hinter dem Eßraum, unterm Schnee, lägen alte Blechdosen. Wir suchten und fanden sie auch. Verrostet, scharfkantig und verbeult sahen sie schrecklich aus. Also schrubbten wir sie mit Sand, schlugen mit einem Nagel und einem Stein zwei Löcher rein – ein krummer Draht wurde als Henkel eingezogen, wir hatten ein Koch- und Eßgeschirr. Später wurden Holzschüsselchen und Holzlöffel ausgeteilt, aber für alle Mädchen reichten auch diese nicht. Wer keinen Löffel hatte, mußte die Suppe trinken ...«

Wie Gertrud K. im sibirischen Lager Karpinsk, wird auch Charlotte S. zunächst zum Bäumefällen eingesetzt. Anschließend sind die Wurzeln zu roden, eine neue Straße soll hier entstehen. Nicht nur die Arbeitsabläufe, auch die Strapazen ähneln sich. Doch gibt es einen »kulturellen« Unterschied: Nach der Rückkehr vom Schuften, vor dem Lagertor, müssen die Frauenkolonnen von Petrosawodsk singen, um ihrer Freude Ausdruck zu verleihen. In ohnmächtiger Wut schreien sie »Es zittern die morschen Knochen« aus ihren Kehlen heraus – den russischen Bewachern gefällt das Lied gut.

Nicht lange nach ihrer Ankunft werden die Schwestern aus Elbing zu einer anderen Arbeit herangezogen:

»Im Lager wurden nun auch Frauen zu Aufräumarbeiten benötigt. Leere Baracken mußten gereinigt, der Hof von Unrat befreit werden. Eine Mitgefangene erzählte mir, sie habe in einem großen Kübel Frauenleichen gefunden – es waren unsere ersten Toten. Man konnte sie nicht verscharren, weil die Erde gefroren war ...

Auch Gretchen und ich wurden bald für eine andere Arbeit eingeteilt. Links im Lager stand ein leeres Gebäude, dort sollten die Wände einen Anstrich erhalten. Wir bekamen Gefäße mit ungelöschtem Kalk und ein Büschel Bast zum Anlegen. Ein paar Tage ging alles gut. In dieser Zeit wurde uns beim Appell mitgeteilt, Hitler habe Selbstmord begangen, bald kämen wir nach Hause. Wir fingen wieder an zu hoffen.

Es dauerte nicht lange, und ich bekam einen scheußlichen Ausschlag, auf dem sich eine gelbe Kruste bildete. Ich wurde bezichtigt, dies absichtlich herbeigeführt zu haben, um nicht arbeiten zu müssen. Man unterstellte mir, ich hätte Zahnpasta gegessen – deshalb der gelbe Schorf. Woher ich die Zahnpasta haben soll, konnte mir allerdings niemand sagen. Später gestand man mir, der Ausschlag sei eine Folge des Kalkes gewesen, der in die aufgekratzten Wunden der Wanzenbisse gelangt sei ...

Als Gretchen irgendwann einen Spritzer Kalk in den Hals bekam und danach starke Schluckbeschwerden hatte, mußte sie ins Krankenrevier. Ich kam wieder zur Arbeit in den Wald. Am Abend besuchte ich dann meine Schwester. Die Ruhr machte ihr zusätzlich große Beschwerden: Sie konnte nichts essen und wurde immer schwächer. Verzweifelt versuchte ich, sie zu trösten. In dieser Zeit erhielten wir jeden Tag ein Stück Zucker und eine Papirossa – da mir die Zigarette nicht schmeckte, tauschte ich sie gegen Zucker ein. Am Lagerzaun fand ich ein Himbeergestrüpp, dessen Zweige ich kleinschnitt, um sie zu Tee zu kochen. Jeden Tag legte ich zwei Stückchen Zucker in den Tee und brachte ihn Gretchen – sie mußte doch wieder zu Kräften kommen! Meine Schwester freute sich, wenn ich kam, doch es ging ihr nicht besser, sie war schon sehr schwach. Und plötzlich durfte ich die Krankenbaracke nicht mehr betreten – es war Typhus ausgebrochen. Am nächsten Tag ging ich wieder hin und wurde dafür mit Karzer bedroht. Nun versuchte ich, Gretchen am Fenster zu sprechen. Sie schleppte sich mit letzter Kraft zu mir hin, und nun bat auch sie mich, nicht mehr zu kommen – sie müsse es sonst büßen. Sie flüsterte: ›Ich werde sterben, doch du mußt nach Hause fahren, um allen meine Grüße zu bestellen ...‹ Die Tränen liefen mir übers Gesicht, meine Füße trugen mich kaum noch, die Mädchen in meiner Baracke versuchten, mir Trost zu spenden.

Am nächsten Tag gehe ich zum Eßraum, da ruft mir eine unserer deutschen Schwestern, so ein richtiges Biest, zu: ›Wenn du deine Schwester sehen willst, dann geh in die Leichenhalle!‹ Es war wie ein Schlag auf den Kopf. Zitternd und unter der Begleitung anderer Mädchen schleppte ich mich zum Schuppen. Da lag sie – nackt, zwischen vielen anderen Mädchen und Frauen. Die Läuse liefen ihr über Kopf und Körper ... das war meine Schwester, die da lag ... Ich bekam einen Weinkrampf, die anderen brachten mich aus dem Schuppen weg. Den Tag werde ich nie vergessen, es war der 21. Juni 1945. Zur ›Beerdigung‹ ließen mich meine Leidenskameradinnen nicht mitgehen, die seelische Tortur wollten sie mir ersparen. Und ich wußte ja auch so, daß die Leichen mit großen Handkarren in den Wald gebracht wurden, dort hatten unsere Frauen ein großes Loch graben müssen. Ich hätte nicht ausgehalten, wie meine Schwester da hineingeworfen wird. Die Decken, mit denen die Leichen auf dem Weg zugedeckt waren, kamen wieder zurück, die wurden für die nächsten Toten gebraucht.

Später sagte man mir, Gretchen sei an einer im Hals geplatzten Ader gestorben, sie sei innerlich verblutet. War das eine Folge des Kalkes? Und eine Kameradin erzählte, Gretchen soll – als ich den Schuppen bereits verlassen hatte – noch einmal die Augen geöffnet haben ... Wurde sie lebendig begraben? Der Gedanke ließ mich lange Zeit nicht los.

Meinen Eltern habe ich später nie gesagt, wie meine Schwester gestorben ist. Die hatten ja schon so furchtbar gelitten, als mein Bruder in Rußland gefallen war – und dann noch die Flucht und Vertreibung aus der Heimat ...

Die Tage im Lager wurden immer grausamer, jeden Tag starben mehr Menschen. Wann waren wir dran? Ich betete, Gott möge mich auch sterben lassen, ich konnte einfach nicht mehr.

Die Frauen, die am schwächsten waren, wurden im Lager oder im Krankenrevier eingesetzt. So auch eine Frau aus meiner Baracke, sie hieß Hertha. Und sie erzählte mir, daß eine von unseren Frauen, eine Hochschwangere, im Revier lag. Dort stand im Gang eine große Blechtonne als Toilette. Als die schwangere Frau diese benutzte, setzten die Preßwehen ein: Das Kind wurde geboren – es fiel in die Tonne mit Kot und Urin und ertrank. Hertha mußte es dann herausholen, es waschen, auf ein Blech legen und den NKWD-Offizieren zeigen ... die diesen Vorfall belächelten. Es war ein Wunder, daß nicht noch mehr Frauen durch die vielen Vergewaltigungen schwanger geworden sind ... ein Wunder und ein Glück.

Der Arzt im Lager konnte kaum helfen, er hatte nur ein Pulver für alle Krankheiten, das selten half. Für meinen Ausschlag gab es in dieser Zeit noch nichts. Wir Gefangenen litten alle sehr, einige unserer Mädchen wurden über all dem Leid verrückt. Eines lief plötzlich zum Tor und rief dem Posten auf dem Turm zu: ›Laß mich raus, meine Mutter steht da vorn, sie holt mich ab!‹ Der Posten gab ein paar Warnschüsse ab. Ein anderes Mädchen sah ich in dieser Zeit eingesperrt in einem Keller, ich glaube, es war die Baracke vier. Sie war an Füßen und Händen gefesselt, saß auf schmutzigem Stroh, die Haare hingen ihr wüst vom Kopf – das Schälchen mit Kascha wurde ihr mit der Stange zugeschoben ... Der Tod konnte da nur noch eine Erlösung sein. Als das Sterben zunahm, bekamen die Russen Angst, daß auch sie krank werden und sterben könnten. Es wurden Gefäße mit Chlorwasser aufgestellt, wir mußten unsere Eßgefäße, Löffel und Hände darin spülen. Darüber hinaus zwang man uns, eine grüne Brühe zu trinken – es waren aufgebrühte Kiefernzweige, unsere tägliche Ration Vitamine. Ohne ›Vitamine‹ gab es kein Kascha. Auch in den Plumpsklos wurde dick Chlor gestreut.

Und wieder mußte ich die Arbeit wechseln, diesmal ging es mit einem kleinen Boot über den See. Wir sollten am anderen Ufer mit Pferden Baumstämme aus dem Wald holen, die dann zu Flößen verarbeitet wurden. Es war nun schon sehr heiß am Tag, und die Bremsen setzten den Pferden furchtbar zu. Deshalb wurde die Arbeit nach einigen Tagen auf Spätabend und Nacht verlegt. Wir fuhren nun erst am Abend über den See – es wurde ja hier am Polarkreis im Sommer nicht mehr dunkel. Nun setzten uns aber die Mükken entsetzlich zu. Zwischen vierundzwanzig und ein Uhr konnten wir überhaupt nicht arbeiten – wir krochen dann unter unsere Jacken und sperrten von innen mit Hölzchen jedes Knopfloch zu. Über unseren Köpfen rauschten die Mückenschwärme, als würden Flieger angreifen. Nachts nach ein Uhr wurde es dann plötzlich sehr kühl ... Gegen fünf Uhr morgens fuhren wir zurück ins Lager. Auch diese Fahrten über den See werde ich mein Leben lang nicht vergessen: Das Wasser lag ganz still, am Ufer hohe Kiefern, die Sonne stand dahinter, die Äste brachen ihre Strahlen ... und über dem Wasser lagen vereinzelt Nebelschwaden. Das war alles so unwirklich: Da drüben starben die Menschen und hier war ein Frieden – schöner kann keine Andacht sein. Unserem Wachposten ging es wohl ebenso, er erlaubte uns, für eine Weile einfach ruhig dazusitzen und der Natur zu lauschen. Wir waren nur wenige Mädchen in diesem kleinen Boot, und alle waren ganz ruhig ...

Zurück im Lager, holte uns jedesmal sofort der grausame Alltag wieder ein. Vor allem der Hunger setzte uns zu: Gierig suchten wir Brennesseln und Melde und kochten sie am Lagerfeuer auf Steinen. Einen Russen hörten wir mal zu einer Ziege sagen: ›Nun fressen die deutschen Schweine auch noch euer Futter.‹ Der Hunger ließ Menschen eben Dinge tun, die sie zuvor nie für möglich gehalten hätten; der Selbsterhaltungstrieb war da stärker als das Gewissen oder eine gute Kinderstube ...«

Als im Juli 1945 eine Kommission im Lager auftaucht, werden die Gefangenen untersucht und – je nach Arbeitsfähigkeit – in Gruppen aufgeteilt. Eine Kameradin, die Russisch spricht, schnappt von zwei Offizieren auf, im ersten Vierteljahr seit der Ankunft am 15. April bis zum Verlassen des Lagers am 19. Juli

1945 seien etwas über 600 der deutschen Frauen und Mädchen gestorben – das ist mehr als die Hälfte der hier Eingetroffenen.

Für einen Teil der Überlebenden, darunter auch Charlotte S., geht es nun tiefer in die karelischen Wälder hinein:

»Unser Aufbruch kam ganz plötzlich, unsere Äxte und Sägen lagen noch auf der anderen Seite des Sees, unter den Sträuchern im Wald. Mit dem Lastwagen ging es weiter in die karelischen Wälder. Wir fuhren an Hütten vorbei, auf deren Dächern Fische zum Trocknen lagen. Irgendwann wechselten wir auf ein Schiff und fuhren nun in die völlige Einsamkeit. Die Wege führten uns an hoch aufgestapelten Baumstämmen vorbei zu unserem nächsten Quartier – völlig verdreckten Bunkern ohne Licht. Das waren solche Erdhöhlen, sie waren sehr eng und voller Wanzen und Mäuse. Doch es war Sommer und noch warm, so konnten wir die Jagd nach unseren Läusen vor dem Bunker vornehmen. Als Toiletten dienten hier die Schützengräben.

Mein Ausschlag wurde immer schlimmer: Wenn ich nachts krumm lag, konnte ich mich am Morgen nicht mehr gerade hinstellen, lag ich aber gerade, konnte ich meine Arme und Beine tags darauf nicht mehr anwinkeln, ohne daß der Schorf platzte und das Blut lief. An einem Bein zählte ich 150 Geschwüre. Auch an den Armen, am ganzen Gesäß und im Gesicht hatte ich diesen Aussatz. Ich war nicht die einzige, die damit geplagt war, anderen Mädchen ging es nicht besser. Eine junge, nette Ärztin pinselte alle Stellen täglich mit Jod ein, mehr konnte auch sie nicht tun …

An unserem neuen Arbeitsplatz sollten die gestapelten Holzstämme auf große Schiffe verladen werden. Da wir von oben anfangen mußten, kletterten wir auf den Stapel hinauf, von wo wir dann die Stämme runterrollten. Und eines Tages passierte es – der Stapel geriet ins Rutschen, ich sauste mit ihm hinunter. Vor Schmerzen konnte ich kaum mehr aufstehen: Der Schorf war überall abgerissen, das Blut lief mir an Armen, Beinen und im Gesicht herab. Setzen konnte ich mich überhaupt nicht mehr. Mit noch ein paar Mädchen, auch sie waren krank, schickte uns nun die Ärztin einen Kilometer weiter, in eine Hütte im tiefen Wald. Hier saßen wir fest und kamen uns vor wie Aussätzige. Der kurze Zwischenaufenthalt hatte allerdings auch einen Vorteil: Im Wald fanden wir massenhaft Beeren und Pilze! Wir wurden richtig satt davon. Die Preiselbeeren und Himbeeren kochten wir zu Marmelade, wobei eine gelbe Beerenart, die wir bis dahin nicht kannten, den Zucker und die Gelatine ersetzte. Auch die Pilze kochten wir, sie schmeckten selbst ohne Salz vorzüglich. Diese Waldbeeren und Pilze waren eine nahrhafte Ergänzung zu den Verpflegungsrationen, die täglich eine von uns aus dem Bunkerlager holen mußte. Wir erhielten Trokkenprodukte – kleine getrocknete Fische, bei denen der Sand zwischen den Zähnen knirschte, und getrocknetes Brot. In dieser Waldhütte haben wir uns trotz der Schmerzen und des Gefühls, ausgestoßen zu sein, etwas erholt. Kurz, bevor wir zurück ins Bunkerlager kamen, verlief sich noch eines der Mädchen beim Beerensammeln – sie wurde erst nach drei Tagen von Einheimischen gefunden und ins Lager gebracht. Wir erkannten sie nicht wieder, ihr Gesicht und der Körper waren von Mücken fürchterlich zugerichtet.

Die Tage wurden kürzer, und unvermittelt fing es an zu schneien. Die Schützengräben mußten wir nun im Dunkeln aufsuchen, und dabei mußte jeweils eine von uns Wache halten, da wir jetzt nachts öfter die Wölfe heulen hörten. Es war schaurig. Unsere Bewacher ermahnten uns, aufzupassen: Sobald wir etwas sehen, das leuchtet wie Taschenlampen, dann seien es Wölfe ...«

Am 18. Oktober 1945 – es ist der siebzehnte Geburtstag von Charlotte – werden hundert Mädchen per Lastwagen aus den Erdbunkern herausgeholt und weiter hinauf in den Norden gebracht. Die Fahrt geht in ein Barackenlager nahe Medweshjegorsk am Abfluß des Onega-Sees, wo eine Bahntrasse übers Wasser gezogen werden soll. Die medizinische Versorgung im neuen Lager ist besser. Charlotte wird im Krankenrevier solange eigenes Blut von der Vene in den Oberschenkel injiziert, bis der Ausschlag wenigstens geringfügig abheilt.

Das Arbeitspensum allerdings bleibt hart wie zuvor: Bei vierzig Grad Kälte muß sie im Wechsel Bäume fällen und Schnee schippen. Die niedrigen Temperaturen und der eisige Wind machen den Gefangenen zu schaffen. Die Brunnen sind eingefroren, zu essen gibt es nur noch Kascha. Doch verschafft plötzlich eine Begabung Charlottes gleich zwei Dutzend Mädchen eine willkommene Heimarbeit:

»Da ich immer gern gebastelt und genäht habe, machte ich aus alten Binden und einem Teil der Watte auf meinen Wunden einfach mal einen kleinen Schneemann – ein gezogener Faden ergab die Nase, aus einem kleinen Stoffrest nähte ich den Hut. Dazu fertigte ich aus einem roten Stoffrest einen Weihnachtsmann. Der Kommandant sah das und befahl mir, samt meinen Bastelergebnissen mitzukommen. Ich geriet in Panik – was hatte ich gemacht? Hatte ich bolschewistisches Eigentum zerstört?

Mit zitternden Knien folgte ich ihm zu einem Holzhaus. Dort, im Büro, saß ein NKWD-Offizier, dem ich die Püppchen zeigen mußte. Er betrachtete sie genau und fragte: ›Kannst du noch mehr solcher Sachen machen?‹ Ich antwortete: ›Wenn ich Material habe, dann schon.‹ Daraufhin gab er mir Papier und Bleistift. Ich solle aufschreiben, was ich brauche, er würde es dann aus Leningrad herbeischaffen – ich aber müsse mir noch ein paar Mädchen suchen, die auch solche Sachen machen können …

Erleichtert kehrte ich in die Baracke zurück und suchte mir gleich fünfundzwanzig Mädchen zusammen. Nach einiger Zeit bekamen wir einen Raum, in dem wir basteln durften. Natürlich war auch hier immer ein Wachsoldat dabei. Zwar erhielten wir nicht einmal die Hälfte der bestellten Materialien, trotzdem machte es Spaß. Es waren ein paar Wochen zum Aufatmen: Wir saßen im Warmen, und die Arbeit war nicht schwer. Von der Ärztin erhielten wir Watte, Mullbinden und verschiedene Tabletten, mit denen wir die in Wachs getauchte Watte färbten. Wir haben daraus kleine Vögel geformt – wir wußten ja, es geht darum, Tannenbaumschmuck herzustellen. Für die Vögel brauchten wir nun allerdings auch Schwänze – wir baten unseren Posten, dem Pferd des Offiziers, das immer vor dem Schlitten am Büro steht, ein paar Haare vom Schwanz abzuschneiden. Erst lehnte er ab, doch dann brachte er uns doch ein Stück Pferdeschwanz. Unsere Vögel sahen toll aus. Wir gerieten nun in einen regelrechten Basteleifer, fertigten Girlanden, sägten kleine Sachen aus Holz und mußten am Ende sechzehn große Kisten packen …

Als das nun vorbei war, ging es wieder raus in die Kälte. Wir mußten Bahnstrecken freischaufeln. Dabei gab es, wenn die Lokomotive herankam, nur wenige Ausweichmöglichkeiten, wir liefen dann jedesmal um unser Leben. Und dann passierte es: Ein junges, blondes Mädchen schaffte es nicht rechtzeitig – der Zug riß ihm beide Beine ab. Wir waren erschüttert: Nun hatte endlich das große Sterben aufgehört und dann so etwas …

Ungefähr zur gleichen Zeit wurde im Lager ein Kind geboren. Alle wollten für Mutter und Kind etwas tun, sogar die Russen. Doch das Kind starb. Als Weihnachten nahte, wurden wir alle von Unruhe und Traurigkeit erfaßt. Wie sollen wir das überstehen? Wir durften mit einem Posten in den Wald, fanden aber nur eine kleine Kiefer. Tannen wachsen in dieser Region nicht. Der Baum wurde dann mittels einer Blechdose befestigt. Kerzen haben wir mit Wollfäden und Wachs selbst gezogen und mit Draht am Baum befestigt, Watteflöckchen auf die Zweige gelegt und Papierschlangen aufgehängt. Es war soweit: Unsere magere Brotration hatten wir trotz großen Hungers bis zum Abend aufgespart, mit Brot und einem Becher heißem Wasser wollten wir das ›Fest‹ begehen. Dann wurde es ganz still: Wir zündeten die Kerzen an und begannen ›Stille Nacht, heilige Nacht‹ zu singen. Das Schluchzen in unseren Reihen wurde immer lauter, ein Mädchen erlitt einen Herzanfall. Wir löschten die Kerzen, legten uns auf die Pritschen und weinten uns in den Schlaf. Ich betete, nicht noch ein zweites Weihnachten in Rußland verbringen zu müssen ...

Am Silvesterabend wurden drei Mädchen und ich plötzlich gerufen, auf ein Auto geladen und in die Stadt gefahren. Angst überfiel uns – die Erinnerung an die furchtbaren Vergewaltigungen vor unserer Verschleppung war ja längst nicht verblaßt. Was wollten die Russen von uns?

Vor einem großen Wohnhaus mußten wir absteigen, in einem Zimmer Platz nehmen und warten. Nichts geschah. Dann, gegen zweiundzwanzig Uhr, wurden wir plötzlich in ein Nebenzimmer geholt und trafen dort auf den NKWD-Offizier aus unserem Lager. Im Zimmer stand ein großer Weihnachtsbaum, geschmückt mit unseren Bastelarbeiten – ein Teil des Baumschmuckes befand sich noch in einer unserer Kisten. Und dann gab es da auch noch eine Kiste mit Äpfeln und eine Tüte Pralinen. Als wir die Tüte sahen, lief uns das Wasser im Mund zusammen, wir wußten ja gar nicht mehr, wie Pralinen aussahen. Der Offizier forderte uns auf, zuzugreifen. Den Rest sollten wir auf den Baum hängen, nicht, wie wir es kannten, erst den Baum schmücken und dann den Rest essen ... Wir aßen aber kaum etwas, irgendwie hatten wir Angst vor der ›Rechnung‹. Als der Baum fertig behängt war, mußten wir ins andere Zimmer zurück. Wieder verging eine lange Zeit und nichts passierte. Dann plötzlich hörten wir Sirenen – das Jahr 1946 hatte begonnen ... Mir liefen die Tränen übers Gesicht. Meine Gedanken wanderten zu Gretchen, die nun in einem russischen Massengrab lag, und von Gretchen nach Hause: Was ist mit meinen Eltern, den anderen Geschwistern – leben sie noch? Denken sie jetzt an uns, wo sind sie? Gegen ein Uhr bekamen wir vom NKWD-Offizier Konserven, Äpfel und Brot geschenkt, dann wurden wir durch unseren Wachposten wieder ins Lager zurückgebracht. Wir atmeten auf – nichts war geschehen. Als wir jedoch unsere Baracke betraten, fanden wir diese leer vor – all unsere Mädchen waren weg. Was sollte das heißen? Gegen Morgen kamen sie dann, total erschöpft: Nach der Tagesarbeit hatte man sie in der Silvesternacht noch zum Schneeschaufeln herausgeholt ...

Viele schauten uns an, als wären wir daran schuld, und irgendwie fühlten auch wir uns mies. Erst, als wir begannen, unsere Geschenke zu verteilen, wurde die Stimmung freundlicher. Doch irgendein Mißtrauen blieb auch bei mir: Was sollte diese Aktion? Wollten sie uns vier wirklich nur belohnen oder sollte bewußt Unruhe unter uns Gefangenen entstehen? Die Antwort darauf erhielt ich schon bald. Nach ein paar Tagen wurde ich mitten in der Nacht vom Lagerkommandanten geweckt – ich solle mitkommen! Er hatte es eilig, ich durfte mir nichts weiter anziehen als meine Schuhe und die Wattejacke. Er führte mich über den Hof ins Büro des NKWD-Offiziers. Dort waren außer ihm noch andere Männer in Uniform versammelt. Höflich wurde ich aufgefordert, mich zu setzen. Das ganze war mir unheimlich, wieder hatte ich Angst. Was wollen die von mir? Sie teilten mir mit, man hätte mich gut behandelt und nun müßte auch ich etwas dafür tun. Und was? Ich solle ihnen erzählen, wie die Stimmung unter uns Frauen sei und ob wir viel über den Bolschewismus schimpfen. Meine Antwort: ›Wir alle sind unschuldig hier, wir haben Hunger und wollen nach Hause.‹

Das genügte den Herren nicht, und sie wurden deutlicher: Man erwarte von mir vertrauliche Meldungen über Mitgefangene, kurz: Sie wollten mich zur Denunziantin machen. Nach der Offerte schickte man mich zurück ins Lager. Dieser Vorfall wiederholte sich mehrere Male – und jedesmal verboten sie mir, mit irgend jemandem darüber zu sprechen. Das war eine äußerst bedrückende Situation für mich, ich fühlte mich von der ganzen Welt verlassen. Warum gerade ich? Jetzt hätte ich Gretchen so sehr gebraucht ... Nach einiger Zeit wurde ich wieder gerufen. Mir wurde mitgeteilt, ich hätte auf die Verwaltung des Lagers geschimpft und mit anderen über diese nächtlichen ›Treffen‹ gesprochen. Als ich sagte, daß das nicht stimmt, wurde ich vierundzwanzig Stunden in einen Karzer gesperrt, ohne Essen, Trinken und Toilette. Danach wurde ich nicht mehr geholt ...«

Kurz darauf wird Charlotte mit einem Teil der Frauen auf Lkws verladen – es geht noch weiter hinauf in den Norden, in Richtung Bjelomorsk. Das Mädchen aus Elbing atmet auf – nur weg hier, ganz gleich, wohin ...

Im Lager am Weißmeerkanal verschlechtert sich ihr gesundheitlicher Zustand, nimmt auch der Ausschlag wieder zu. Charlotte kommt in ein Krankenrevier außerhalb des Lagers – in ein Krankenzimmer, das sie mit jenem blonden Mädchen teilt, dem kurz zuvor beide Beine abgefahren wurden, und einer jungen Frau aus Elbing, die bei der Verschleppung ihr siebenjähriges Kind zurücklassen mußte. Wie bitterer Hohn erscheint es den dreien, als im Krankenrevier ein Telegramm verlesen wird: Stalin bedankt sich bei den Erbauern des Weißmeerkanals für ihre großartige Leistung; er bedankt sich bei Kriegsgefangenen und auch bei den deutschen Frauen.

Bald flüstert sich herum, ein Rücktransport nach Deutschland sei geplant. Charlotte wird in ein Sammellager gebracht und sieht dort die bekannten Viehwaggons bereitstehen. Als sie verladen wird, klettert sie mit bangem Hoffen hinein. Doch der Zug rollt Richtung Südosten ...

Im September 1946 trifft Charlotte S. mit 300 Frauen am Rande des Urals ein. Ihr stehen noch einmal zwei Jahre Aufenthalt in russischen Arbeitslagern bevor.

CHARLOTTE H.: »*In der Steppe herrschten fünfzig bis sechzig Grad.*«

Auch die achtundzwanzigjährige Charlotte H. aus dem Danziger Fahrradladen wird zusammen mit ihrer Schwester verschleppt. Über eine lange Strecke hatte die Mutter von Charlotte und der siebzehnjährigen Ruth es geschafft, den Töchtern nicht von der Seite zu weichen. Schließlich wurde sie doch als »zu alt« aussortiert. Im Torbogen eines Hauses, irgendwo zwischen Pommern und Westpreußen, winkte sie Charlotte und Ruth ein letztes Mal zu.

Nach einem qualvollen Viertagemarsch ins Sammellager Graudenz werden die Schwestern am 17. April 1945, zusammen mit etwa 2000 Frauen und Männern, verladen. Die dreiwöchige Fahrt gleicht der von Gertrud, Hildegard und Charlotte S. – endloses Stehen auf irgendwelchen Nebengleisen, Hunger, erste Läuse, Durchfall und Tote, die unterwegs ins Freie gelegt werden.

Vom Selbstmord Hitlers erfahren Charlotte und Ruth während eines Zwischenhaltes am Rande von Moskau: Die Salut-Schüsse reißen nicht ab, und der Posten vor ihrem Wagen ruft immer wieder: »Gitler kaput!«

Irgendwann, Charlottes Gesundheit ist von der Fahrt bereits stark angegriffen, nähert sich der Graudenzer Deportationszug seinem Bestimmungsort:

»Wir bemerkten das schwere Ziehen der Lokomotive und ahnten, daß wir auf dem Weg ins Gebirge sind. Am 6. Mai 1945 waren wir am Ziel, ich erinnere mich, daß es ein Spätnachmittag war. Nicht weit von unserem Ausstieg sahen wir schon das Barackenlager. Wir waren in Kimpersai angekommen, am Fuße des Urals – eine Steppe, die etwa 800 Meter über dem Meeresspiegel lag. Am Tor des Lagers stand ein Mann mit einem kleinen Pferdewagen. Es war ein Ukrainer, er war sehr scheu. Sich sichtbar vor russischen Offizieren in acht nehmend, teilte er uns mit, wo wir uns befänden. Seine Begrüßung – ›Na, ihr werdet hier noch allerhand erleben‹ – war alles andere als ermutigend. Wir schleppten uns durchs Tor. Und wieder, wie schon so oft, wurden unsere Sachen nach Scheren, Messern und dergleichen durchsucht. Danach ging es schubweise zum Baden und Entlausen. Infolge der Strapazen war ich bereits so schwach, daß ich mich kaum mehr auf den Füßen halten konnte. Kameradinnen halfen mir beim Ausziehen.

Das Lager war in zwei Abteilungen unterteilt – die eine Seite für Männer und die andere für Frauen, dazwischen war ein Zaun. Um das ganze Lager herum war ein doppelter Stacheldrahtzaun gezogen. Auf der Männerseite befanden sich die Banja und die Küche, sowie die Ambulanz, zu der wir jeweils mit Erlaubnis des Postens gruppenweise durchgelassen wurden. In der ersten Zeit war es streng untersagt, mit den Männern ein Wort zu wechseln ...

Am Morgen nach unserer Ankunft kam der Kommandant mit einem Dolmetscher, einem Ukrainer, in die Baracken und erkundigte sich nach unserem Befinden. Dann gab er uns bekannt, daß wir jetzt eine dreiwöchige Quarantänezeit vor uns hätten, mit einem festen Tagesprogramm. Das begann früh um fünf Uhr mit Wecken und anschließendem Frühsport, danach waren die Baracken sauberzumachen und Brote zu holen, die auf die Baracken verteilt wurden – jede von uns erhielt 600 Gramm Brot, das allerdings kaum eßbar war. Wasser war Mangelware, Wasser gab es hier in der ganzen Zone nicht. Jeden Morgen kam ein Kamel und brachte eine Tonne Wasser ins Lager zum Trinken, Waschen und Auswaschen unserer Eßbüchsen. Die ersten Tage waren recht erholsam, wir hatten nichts anderes zu tun als Essenholen, Saubermachen und Schlafen. Wir bekamen Spritzen gegen Typhus und Cholera. Aus den Reihen der männlichen Zivilisten wurde einer zum Kommandanten bestimmt – er war dem Befehl des NKWD-Offiziers unterstellt und für Ordnung und Sauberkeit im Männerlager verantwortlich. Für die Frauen spielte sich dann das gleiche ab, auch wir erhielten eine Kommandantin aus unseren Reihen – sie hieß Frau Lehrke.

In der Quarantänezeit haben wir Frauen öfter Andachten gehalten. Wir sangen alle Lieder, die wir kannten, und besuchten uns gegenseitig in den Baracken. Bei schönem Wetter setzten wir uns zum Gebet draußen auf die Wiese. Der NKWD-Offizier hatte nichts dagegen.

Als dann die Arbeitszeit begann, mußten wir am Tor antreten und wurden in eine Grube geführt, unweit des Lagers. Jede bekam einen Spaten in die Hand, dann ging es los mit Planieren. Ein ukrainischer Meister beaufsichtigte uns. Wir legten Eisenbahnlinien für den Erzzug. Es war für uns eine ungewohnte und schwere Arbeit, viele waren ja noch sehr schwach, und der Boden war steinhart. Mittags hatten wir eineinhalb Stunden frei, während dieser Pause gingen wir ins Lager. Wenn es möglich war, legten wir uns auf die Holzpritschen. Es war Sommer geworden, und in der Steppe herrschten inzwischen fünfzig bis sechzig Grad in der Sonne.

Schon während der ersten Arbeitstage bekam ich eine schwere Mandelentzündung. Ich meldete mich nicht bei der Ambulanz, weil ich fürchtete, ins Lazarett zu kommen. Dort wurden die Haare geschoren und starben täglich Menschen. Die Leichen wurden nachts mit dem Kamel auf den Friedhof gebracht; männliche Zivilisten waren zum Schaufeln der Massengräber eingeteilt. Meine Füße schwollen infolge der Hitze und meiner Dystrophie stark an, so daß mir schließlich nichts übrig blieb, als die Ambulanz aufzusuchen. Die russische Ärztin machte mir Vorwürfe, wieso ich nicht früher gekommen sei. Die Ärztin hieß Anna Pawlowna und war eine gute und menschenfreundliche Frau. Sie war allerdings nur kurz da und wurde dann durch zwei kriegsgefangene deutsche Ärzte ersetzt, die aus dem Lager Orsk kamen. Ich wurde also krankgeschrieben, durfte in der Baracke bleiben und wurde nur noch zu leichteren Arbeiten herangezogen. Von nun an verrichtete ich Hilfsarbeiten in der Ambulanz. Und weil ich Dystrophie hatte, erhielt ich täglich ein kleines Stück Butter, 600 Gramm Weißbrot und ab und zu eine kleine Zuwendung, mit der ich dann meiner Schwester, wenn sie abends todmüde vom Schippen kam, noch eine kleine Freude bereiten konnte.

Plötzlich, es war kurz nach der Quarantänezeit, hieß es, am Montag um sechs Uhr müßten alle marschbereit sein – wir kämen mit einem Transport nach Hause. Wir waren richtig ausgelassen vor Freude; diese Botschaft erhielten wir am

Freitag. Am Sonntag dann mußten wir antreten: Der deutsche Kommandant hatte die Aufgabe, die frohe Botschaft zu dementieren. Die Leitung der Zeche hatte ihr Veto eingelegt – der Transport fiel also ins Wasser, und unsere Hoffnung war dahin. Anfang September ging dann tatsächlich ein Transport nach Deutschland, mit etwa fünfzig Schwerkranken. Dadurch erwachte in uns wieder ein Funken Hoffnung. Es schwirrten ja ständig irgendwelche Gerüchte herum – man klammerte sich an solche aus der Luft gegriffenen oder von russischen Offizieren erfundenen Parolen, um dann wieder in Verbitterung zu versinken.

So vergingen die ersten Monate im ständigen Wechsel von Hoffen und Enttäuschung. Zwischendurch versuchten wir ein wenig zu vergessen, daß wir Gefangene sind. Das war natürlich nur außerhalb der schweren Arbeit möglich. Wir durften inzwischen Kontakte zum Männerlager aufrechterhalten, und dort gab es einen Kameraden, der mitunter ›Bunte Abende‹ organisierte. Er stellte Gedichte und Sketche aus dem Kopf zusammen – zum Notieren der Texte dienten Holztäfelchen, die nach dem Gebrauch mit Glasscherben abgescheuert wurden. Unter uns hat sich tatsächlich ein Kulturleben entfaltet: Das Frauenlager bildete einen Chor, in dem auch ich mitsang und den ich später selbst leitete – das Männerlager ebenso. Sie hatten da einen ganz tollen Solisten, einen Tischler. Und einmal haben wir in der Stube des deutschen Stabsarztes gesungen, da spielte sogar ein Kamerad auf einer alten Gitarre. Singen kann mitunter eine große Hilfe sein …

Im September fiel der erste Schnee, und von da an hörte es bis zum Mai des nächsten Jahres kaum mehr zu schneien auf. Mitunter setzten Schneestürme ein, die fast Orkanen glichen. Wenn so ein Sturm über die Steppe hereinbrach, sah man kaum noch die Hand vor Augen. Unsere Arbeitsbrigaden fanden dann mitunter den Weg ins Lager nicht zurück und trafen erst nach langem Umherirren ein.

Im November 1945 kam ein Kind zur Welt: Eine junge

Frau, die schwanger nach Rußland verschleppt worden war, gebar im Lager ihr Töchterchen. Nun trat man an mich heran, ich solle das Kind taufen. Erst wehrte ich mich – ich war zwar ziemlich bibelfest, aber kein Pfarrer –, doch schließlich willigte ich ein. In einer kleinen abgetrennten Stube innerhalb der Baracke, in der die Mutter mit ihrem Säugling wohnte, fand die schlichte Tauffeier statt. Das Kind erhielt den Namen Eva-Maria. Und es blieb am Leben … Das war ein unbeschreibliches Gefühl: Sonst sahen wir immer nur Menschen sterben, und nun war ein Kind auf die Welt gekommen! Es kam mit seiner Mutter auf einem der nächsten Krankentransporte nach Deutschland zurück.

Anfang April 1946 nahmen die Schneestürme immer mehr zu. Wenn ich morgens die Ambulanz betreten wollte, mußte ich mir manchmal Hilfe holen, da die Haustür völlig verschneit war. Eines Abends ging wieder so ein furchtbares Schneetreiben los – ich befand mich gerade in der Tischlerei, um Holz und Hobelspäne zum Heizen für den nächsten Morgen zu holen. Der Tischler – der, der so gut singen konnte – erklärte sich bereit, mich in die Ambulanz zu bringen. Als wir ein Stück gegangen waren, bemerkten wir plötzlich, daß wir die Orientierung verloren und den falschen Weg eingeschlagen hatten – man konnte kaum noch die Hand vor den Augen sehen. Über Umwege und nach mühevollem Stapfen erst gelangten wir ans Ziel.

Noch schlimmer erging es den Brigaden draußen, die trafen nun mit Stunden Verspätung im Lager ein. Nach diesem Erlebnis quartierten sich zwei Mädchen und ich erst mal in der Ambulanz ein. Als wir am nächsten Morgen aufwachten, waren wir völlig eingeschneit – vor der Tür reichte der Schnee bis zum Rand des Daches. Glücklicherweise befand sich neben der Ambulanz die Schuhmacherwerkstatt, so konnte man uns unsere Essensrationen durch ein kleines Türchen reichen. Erst am Abend wurden wir befreit: Eine Männerbrigade, die vom Arbeitseinsatz zurückkehrte, begann, uns freizuschaufeln. Wir holten Wasser und Brennmaterial, und dann wiederholte sich das ganze: Am nächsten Morgen waren wir wieder eingeschneit. Das dichte Wirbeln hielt drei Tage und drei Nächte an. Das war im April, wo zu Hause schon die Wiesen voller Osterglocken sind ...

Meine Schwester Ruth gehörte einer Außenbrigade an. Bei diesem furchtbaren Schneesturm mußte sie den ganzen Tag draußen arbeiten. Schienen legen, Schneezäune versetzen und Häuser vom Schnee freischaufeln. Mitunter mußten sie mit Kreuzhacken losschlagen, weil der Sturm den Schnee so fest zusammengepreßt hatte. Es waren fünfundvierzig Grad Kälte draußen, und etwa 600 Gefangene mußten zur Außenarbeit, auch ältere Männer und ganz junge Mädchen. Ruth ist fast verzweifelt da draußen. Wenn am Horizont die Schneewolken aufzogen, schwoll der Wind in rasender Geschwindigkeit zum Sturm an und jagte wie entfesselt die Schneewirbel über die Steppe, als wollte er sagen: ›Wer seid ihr kleinen Menschen?‹ Dann sah Ruth ihre Kameradin nicht mehr, die einen Meter daneben stand. Sie konnte die Augen nicht mehr öffnen, der Orkan riß den Atem von Mund und Nase weg. Da halfen auch die dicken Wattesachen nichts ... Einmal kam ich abends nach solch einem Schneesturm in die Baracke. Die Brigade meiner Schwester war nicht rechtzeitig zurückgekommen, und ich machte mir wahnsinnige Sorgen. Sie waren abgetrieben worden und hatten es irgendwie geschafft, zum Lager zurückzufinden. Da lagen oder saßen sie nun alle erschöpft auf ihren Pritschen und schluchzten und weinten vor sich hin. Niemand hatte mehr die Kraft, seine vereiste Kleidung abzulegen. Auch Ruth saß da und weinte leise. Sie zitterte am ganzen Leib, an Wimpern und Augenbrauen hing festgefrorenes Eis ...

Am nächsten Tag kamen die Brigaden gar nicht mehr aus den Baracken.

Mitte April – eine Schwester und ich saßen gerade mit dem Stabsarzt in der Ambulanz – kam aus dem Dorf der ukrainische Arzt, der die Aufsicht über das Lager hatte. Er brachte den beiden deutschen Ärzten die Nachricht, sie müßten beide wieder zurück ins Kriegsgefangenenlager. Moskau habe nicht genehmigt, daß Ärzte aus Kriegsgefangenenlagern in Lagern von Zivilinternierten wirkten ... Wir waren total geschockt. Schon in drei Stunden hatten sie abmarschbereit zu sein. Ich habe noch ein paar Mädels vom Chor zusammengetrommelt für ein Abschiedslied, dann sah man zwei feldgraue Gestalten im Nebel verschwinden ... Wer sollte jetzt für die vielen Kranken sorgen? Wir hatten unter den männlichen Zivilisten auch einen Zahnarzt und einen Frauenarzt, die kamen jetzt verstärkt zum Einsatz.

Schon bald nach diesem Ereignis passierte die nächste Merkwürdigkeit: Bei einem der üblichen Appelle wurden plötzlich die Namen von etwa einhundert Männern und achtzehn Frauen verlesen, die sich für einen Transport fertig machen sollten. Natürlich dachten wir sofort wieder an einen Heimattransport, doch seltsam war, daß ihr Abtransport von einer ungewöhnlich großen Anzahl von Posten mit aufgepflanztem Gewehr abgesichert wurde. Und nach und nach sickerte dann durch, daß diesen Gefangenen irgendein politischer Verdacht angehängt worden war. Sie wurden nun auf verschiedene Lager verteilt. Zu den Selektierten gehörte leider auch mein Gesangspartner, der Tischler. Der ganze Vorfall war vermutlich eine Folgeerscheinung: Irgendwann – es mag im November 1945 gewesen sein – war eine größere Kommission von NKWD-Leuten ins Lager gekommen. Jeder wurde verhört, so ein- bis zweimal. Diese Vernehmungen spielten sich meistens in der Nacht ab: Wir wurden einzeln herausgerufen und nach Angehörigen, Besitztum, politischer Betätigung und so weiter befragt. Alles wurde in ein Protokoll aufgenommen ...«

Charlotte bleibt in der Ambulanz und qualifiziert sich im Lauf der Monate zur Schwester des Frauenlazaretts. Daß sie im Sommer auch vom Einsatz auf der Kolchose verschont bleibt, hat jedoch vor allem mit ihrem Gesangtalent zu tun, das zunehmend auch unter der russischen Lagerleitung Bewunderer findet: Pfingsten 1946 stellt der Kultur- und Propagandaoffizier eine kleine Gefangenenkapelle zusammen, die auf die Kolchose fährt, um die Mitgefangenen mit Musik zu erfreuen. Charlotte ist als Sopranistin dabei. Und auch die »Bunten Abende« im Lager finden ihre Fortsetzung – bald wird die junge Frau aus Danzig von ihren Mitgefangenen zur »Nachtigall von Kimpersai« gekürt. Von der Lagerleitung erhält sie für ihren Kultureinsatz mal ein paar Gummischuhe als Prämie, mal fünfzig Rubel.

Doch auch zu weniger erfreulichen Arbeiten wird Charlotte herangezogen:

»Etwas abgelegen vom Lager befand sich ein Friedhof. Die Gräber dort sollten gerichtet werden, dazu nahm man das Sanitätspersonal. Wir bewaffneten uns mit Spaten und Spitzhacken und machten uns daran, die ungeordneten Gräber ein wenig zu begradigen. Das machte zwar eine Menge Arbeit, doch der Anblick gestaltete sich nun menschenwürdiger. Unter manch einem Hügel lagen mehrere tote Kameraden von uns – um diese Stätte mußten wir einen Zaun aus Stacheldraht ziehen. Ich legte auf jedes Grab ein Kreuz aus Steinen ...

Allmählich leerte sich das Lager. Erst ging ein neuer Krankentransport nach Deutschland, und im Januar 1947 wurden gleich mehrere Transporte mit Erschöpften ins Lager Nickel bei Orsk abgeschoben. Bei uns wurde daraufhin das Lazarett verkleinert und mit der Ambulanz zusammengelegt. Anfang März ging dann wieder ein Transport nach Nickel ab, wieder vorwiegend mit Schwachen und Kranken. Und diesmal war meine Schwester Ruth dabei! Es hieß, sie sollten mit dem nächsten Heimattransport – die Heimattransporte gingen immer über das Lager Nickel – nach Deutschland kommen ... Doch daraus wurde nichts: Ruth kam in Nickel zur Schwerstarbeit in eine Fabrik. Hätte ich das gewußt, hätte ich darum gekämpft, daß sie in Kimpersai bleiben darf, denn hier konnte ich doch ein wenig für sie sorgen. Als einziger Trost blieb mir die Nachricht, daß wir bald alle von Kimpersai nach Nickel übersiedeln würden ...

Da unser Lager nun immer mehr zusammenschmolz und am Ende im Lazarett kaum noch was zu tun blieb, kam ich im September 1947 noch auf die Kolchose, quasi als Doppelkraft für Feldarbeit und Ambulanz. Es war die Zeit der Kartoffelernte. Ich mußte sofort die Norm schaffen, das heißt, sechzig Körbe am Tag mit jeweils etwa fünfzig Pfund. Nach der Kartoffelernte kam die Mohrrüben- und die Kohlernte dran. Doch nun war das Gemüse am Morgen oft schon so gefroren, daß man es kaum mehr anfassen konnte.

Da ich auch hier als ›Nachtigall‹ bekannt war, holte mich der Natschalnik nach der Arbeit in sein Büro, zum Vorsingen – dafür spendierte der Koch etwas Gutes aus der Küche. Und eines Abends wurde ich gebeten, bei einer russischen Müllersfamilie zu singen, auch das besserte mein Abendbrot erheblich auf ...

So vergingen die Tage, und ich wartete sehnsüchtig darauf, nach Nickel verlegt zu werden. Von Ruth hörte ich nichts, eine geheime Briefverbindung zwischen den beiden Lagern war streng verboten, und es wurde gefilzt. Umgekehrt klappte es eher: Wenn Mitgefangene nach Nickel verlegt wurden, konnten sie mündlich ein paar Nachrichten übermitteln ... Am 14. Oktober war es endlich soweit, wir sahen den Kommandanten kommen und wußten: Jetzt geht es los! Noch einmal wurden wir nach Kimpersai zurückgebracht, wo ich sämtliche Medikamente und Instrumente in Kisten verpakken mußte – gegen vier Uhr morgens war ich fertig. Vor uns lag ein Weg von 120 Kilometern im offenen Lastkraftwagen, doch mit jedem Kilometer würde ich mich Ruth ein wenig nähern ...

Am Spätabend des 15. Oktober 1947 passierten wir das Tor zum Interniertenlager Nickel ... und da stand sie auch schon, zwischen den vielen Wartenden. Der Anblick meiner Schwester durchschnitt mir das Herz – Ruth war bis aufs Skelett abgemagert. Auch andere meiner Kameradinnen sahen nicht

besser aus. Schon in diesem ersten Moment der Wieder-
begegnung begriff ich: Es gibt schlimmere Lager als Kimpersai ...«

ERNA B.: »*Mitunter drückte uns ein russisches Mütterchen*
ein Stück Brot in die Hand.«

Das Lager, in dem die vierundzwanzigjährige Erna B. aus Pommern eintrifft, gehört zu diesen schlimmeren – und stellt damit
den Normalfall dar.

Nach der dreiwöchigen Fahrt im Viehwaggon, der sich von
Soldau aus in Bewegung setzte, ging die Odyssee für Erna im
Gepäcknetz einer Kleinbahn weiter und schließlich auf der of-
fenen Ladefläche eines von Schneestürmen umtobten Lastwa-
gens. Am 17. April 1945 erreicht der Lkw-Troß mit deutschen
Zivilisten das Lager Nogatka im Ural – eine Ansammlung von
Baracken, deren Fenster derart undicht sind, daß die Frauen am
Morgen eingeschneit und steif vor Kälte erwachen.

Für Erna B. ist Nogatka im Ural-Gebirge das Ende der Welt.
Im Halbdunkel einer Glühbirne liegen die erschöpften Frauen
auf Holzpritschen ohne Strohsack und Decken; auch hier wechseln bereits während der ersten vierzehn Tage, der Quarantänezeit, zahlreiche Schwache und Kranke ins Lazarett hinüber, von
wo die meisten nicht zurückkehren. Fünfzehn bis zwanzig Tote
werden Nacht für Nacht aus dem Lager geholt und zwei Kilometer weiter in Gruben abgeladen, die auf einer Lichtung
inmitten des Waldes ausgehoben worden sind.

Erna, einer Holzfällerbrigade zugeteilt, erfährt auf einem
Sonderappell von der Kapitulation Deutschlands:

»Am 8. Mai 1945 mußten wir draußen auf dem Appellplatz
antreten. Es wurde uns mitgeteilt, daß der Krieg aus sei und
Deutschland ihn verloren habe. Der Lagerkommandant hielt
eine sehr lange Ansprache. Er sagte: ›Ihr seid nun Gefangene
in unserem Land, auf sowjetischem Boden. Und da ihr den

Krieg verloren habt, müßt ihr die Schulden eures Landes an die Sowjetunion abarbeiten: Wer gut arbeitet, der darf als erster nach Hause fahren‹ ... Und in dieser Art ging es weiter. Nach der Rede, die in ein mehrstündiges Stehen eingebunden war, durften wir in die Baracken zurück. Von nun an strebten wir alle dem einen Ziel zu: Durch tüchtige Arbeit rasch wieder nach Hause zu kommen! Schon bald allerdings merkten wir, daß das vollmundige Versprechen des NKWD-Offiziers nur ein Trick war, den letzten Rest Kraft aus uns herauszupressen. Die Norm gefällter, zersägter und gestapelter Stämme betrug gleich am Anfang sieben bis acht Meter pro Tag, das war natürlich kaum zu schaffen. Viele haben nun geschindert, um die Norm möglichst noch überzuerfüllen und als erste in die Heimat zurückzukommen ... doch gerade jene, die sich restlos verausgabten, waren die ersten, die starben. Die Norm zu schaffen, strebte jede von uns an – und als wir das Pensum erreicht hatten, wurde sie kurzerhand heraufgesetzt. Von Nach-Hause-Fahren war überhaupt keine Rede mehr, dafür fing nun das Strafen an: Wer die neue Norm nicht schaffte, bekam abends kein Essen. Das war absurd – man schaffte die Norm nicht, weil man zu schwach war, und bekam dafür die Abendration gestrichen, wodurch man noch schwächer wurde. Strafverschärfend sperrte man nicht vollwertige Arbeitskräfte nachts noch in den Bunker, ein nasses Verließ, das vielen den Rest gab. Da kam schon das Gefühl auf, die Russen wollten uns deutsche Gefangene noch absichtlich dezimieren.

Mit den Polen war das anders. Im Lager Nogatka waren ja neben deutschen Frauen und Männern auch noch Polen interniert, und die bildeten innerhalb der Gefangenenhierarchie so eine Art obere Kaste. Ausschließlich sie wurden als Brigadiere eingesetzt beziehungsweise zu Aufsichtsarbeiten im Lager herangezogen. Und in jedem Fall bevorzugt: Während wir beispielsweise nur Wasser zu trinken bekamen, erhielten Polen Tee oder Kaffee. Im Wald waren sie als Brigadiere unsere unmittelbaren Antreiber, und ich würde

sagen, sie gingen noch brutaler mit uns um als die Russen ...
Die russischen Posten ließen den ›kulturellen Rahmen‹ des
Arbeitstages gestalten. Um an unseren Platz im Wald zu gelangen, mußten wir jeweils morgens steile Hänge hinauf- und
abends wieder herunterkraxeln. Und dann auf dem Heim-
marsch singen. Eines Tages – daran erinnere ich mich, als
wäre es heute – regnete es den ganzen Tag in Strömen, es
schüttete vom Himmel wie aus Kannen. Natürlich mußten
wir durcharbeiten, obwohl kein trockener Faden mehr an
unserem Leib war. So haben wir neben der gewohnten Erschöpfung noch vor Nässe und Kälte gezittert auf dem Heimweg. Und nun sollten wir auch noch singen! Keine von uns
bekam den Mund auf. Nach allem war uns zumute, nur nicht
nach Singen. Die russischen Posten brüllten und fuchtelten
mit ihren Gewehren herum, doch wir schleppten uns weiter
in Richtung Lager – klitschnaß und stumm. Schließlich wurden sie so wütend, daß sie bei unserer Ankunft kurzerhand
die Baracken abschlossen, wir also nicht hinein konnten.
Nun standen wir zur Strafe noch eine weitere Stunde auf dem
Hof – noch immer regnete es strömend – und mußten singen ... Wir hatten keine Möglichkeit, uns zu wehren. Wir
waren Gefangene, und auch solche Demütigungen gehörten
zum Abtragen einer Schuld, die wir triefenden Mädchen und
Frauen auf dem Hof doch gar nicht auf uns geladen hatten.

Schon kurz danach war der Winter fast nahtlos in einen
brütend heißen Sommer übergegangen, mit einer Mücken-
plage, vor der es kein Entrinnen gab. Binnen kürzester Zeit
sahen wir völlig entstellt aus. Bei etlichen schwollen Gesichter und Beine derart an, daß sie ins Lazarett gebracht werden
mußten. Dort kam ein großer Teil der von Mücken Infizier-
ten nicht wieder heraus, die Infektion breitete sich rasch wie
eine Seuche im ganzen Lager aus.

Und dann ging ein Teil der Polen auf Transport. Sie kamen
in ein anderes Lager – und wir atmeten auf. Ihre Schikanen
vor allem gegenüber den deutschen Männern hatten immer
mehr zugenommen. Es gab da im Lager extra ein Brigadier-

zimmer für Polen. Dorthin holten sie abends mitunter deutsche Männer, die ihre Norm nicht geschafft hatten, weil sie bereits zu schwach waren. Die wurden dann am Abend von den Polen so furchtbar geschlagen, daß sie am nächsten Morgen nicht mehr aufstehen konnten. Etliche sind ein paar Tage nach dieser Tortur auch gestorben. Wir waren also froh, nun wenigstens einen Teil dieser brutalen Kerle los zu sein. Leider wurde im August auch ein Transport mit Deutschen zusammengestellt, und zwar mit den besten Arbeitern aus dem Wald. Ich sage ›leider‹, denn sie kamen nicht nach Hause, sondern in eine Kohlengrube. Darunter waren auch die Zwillingsschwestern aus Ostpreußen, mit denen ich mich angefreundet hatte.«

Vier Wochen später geht auch Erna B. auf Transport, zusammen mit fünfzig Frauen und einer Handvoll Männern. Nachts, gegen dreiundzwanzig Uhr, passiert die Kolonne das Lagertor, marschiert dann die ganze Nacht hindurch und kommt im Morgengrauen in einer größeren Stadt an. Die stundenlange Wartezeit auf den Zug, während der die Sonne aufsteigt, nutzen die Frauen zum gegenseitigen Entlausen – ein Ritual, das nicht nur bei den Einheimischen an der Tagesordnung ist, sondern längst auch bei den deutschen Gefangenen.

Der Zug bringt die Kolonne aus dem Lager Nogatka in ein anderes, ebenfalls im Ural gelegenes:

»Und wieder marschierten wir durch ein Lagertor. Doch hier war alles anders: Auf dem Hof brannte elektrisches Licht, und beim Verrichten der Notdurft brauchten wir nicht mehr auf einer Stange zu sitzen. Auch die Baracken waren sauberer und hell erleuchtet – Läuse und Wanzen allerdings fühlten sich auch hier zu Hause. Die Brigaden lagen bereits im Schlaf, als wir eintrafen und auf die Baracken verteilt wurden. Uns empfing die jeweilige Stubenälteste. Als ich nun auf meine Pritsche zusteuerte, rief mich jemand, der durch den Lärm wach geworden war, beim Namen – es war ein Mädel aus unserem Dorf! Bei allem Elend empfand ich das als ein Geschenk Gottes. Wir fielen uns um den Hals und weinten erst mal vor Freude. Dann erzählten wir – obwohl todmüde – die halbe Nacht. Und weil das Mädchen kein Hemd mehr besaß und fürchterlich fror – ich aber bei der Verschleppung zwei übereinander gezogen hatte, konnte ich ihm eines abgeben, worauf ihm gleich wieder die Tränen übers Gesicht liefen. Wir hatten ja in dieser Zeit stets ›nahe am Wasser gebaut‹; und in der Fremde ein bekanntes Gesicht wiederzufinden, das war schon etwas Besonderes. Wir haben uns, solange wir zusammen waren, gegenseitig geholfen. Bis auf die Arbeit, die schwer blieb, war es im neuen Lager besser. Hier gab es Kaffee statt Wasser, ich war richtig sprachlos. Manchmal gab es auch Tee, auf jeden Fall täglich einen Teelöffel Zucker, ein Stück Fisch, und einmal pro Woche eine Portion Tabak. Den brauchten wir Mädchen zwar nicht, doch er war gut zum Tauschen: Die Männer kamen, gaben uns ihren Zucker, und wir gaben ihnen dafür den Tabak.

Die Arbeit, wie gesagt, war auch hier sehr schwer, die Norm hoch. Ich wurde nun einer Brigade in der städtischen Stein- und Tonfabrik zugeteilt und mußte schwere Schlepp- und Stemmarbeiten verrichten. In kurzer Zeit war ich auf vierundvierzig Kilo abgemagert. Hier kam alle vier Wochen eine Kommission ins Lager, zur ›Fleischbeschauung‹, wie wir es nannten. Dann mußten wir uns nackt ausziehen und einzeln vor drei Offiziere treten, den Lagerarzt und den Kommandanten. Sie empfingen uns stets mit einem spöttischen Lächeln, und wir haben uns jedesmal furchtbar geschämt ...

Der Arzt verstand kein Deutsch, und die Prozedur endete meist mit einem unbarmherzigen Resultat: Man konnte den ganzen Körper voller Ausschlag und Geschwüre haben und war immer noch Kategorie I, also voll leistungsfähig.

Im Oktober 1945 bildete sich ein Geschwür in meinem Bein. Ich konnte plötzlich weder gehen noch stehen und wurde krankgeschrieben. Das Bein schwoll immer mehr an und wurde flammend rot, und eines Morgens war die Haut am Schienbein aufgeplatzt. Ich hatte nun ein großes Loch im Bein und durfte vierzehn Tage in der Baracke bleiben, dann mußte ich wieder in die Fabrik. Durch die Arbeit wurde es nun nicht besser, im Gegenteil: Der Winter kam, und die Wunde heilte nicht. Es wuchs da wildes Fleisch heraus, ich hatte furchtbare Schmerzen, wurde aber nicht mehr krankgemeldet. Bis zum April 1946 lief ich mit einem offenen Bein herum, dann erst begann die Wunde allmählich zu heilen und bildete eine breite, sechs Zentimeter lange Narbe. Die schmerzt noch heute, wenn schlechtes Wetter ist ...

Weihnachten in Rußland verlief für uns stets nahrungsfrei – wir bekamen einfach nichts zu essen, ich weiß auch nicht, warum. Das erste ›Fest‹ auf fremdem Boden war das schlimmste und wohl auch tränenreichste, das drückte furchtbar auf die Seele. Wir hatten ja noch keinerlei Nachricht von unseren Familien. So eilten unsere Gedanken zwar nach Hause, doch keine wußte, ob sie überhaupt noch ein Zuhause hat. Zu essen gab es nichts am Heiligen Abend, so lagen wir auf unseren Pritschen und weinten. Und hofften, allerdings vergeblich, doch noch ein Stück Brot zu kriegen ...

Die Monate schleppten sich dahin wie wir selbst – und plötzlich, im Mai 1946, kam die Überraschung: Wir durften schreiben! Beim ersten Mal nur zehn Worte, später waren es dann zwanzig Worte und am Ende durften wir die Karte vollschreiben. Im Mai 1946 schrieb ich also zehn Worte nach Hause, an meine Eltern – und war völlig verunsichert, ich wußte ja gar nicht, ob sie inzwischen wieder zu Hause angelangt waren ... Von nun an wartete ich fieberhaft auf Antwort – und ging in der Zwischenzeit erneut auf Transport, zusammen mit neunundneunzig anderen Mädchen und Frauen. Wir kamen, etwa 200 Kilometer von der Stadt weg, in ein kleineres Lager, in dem wir hundert Frauen die einzigen Gefangenen waren. Wir wurden hier zum Streckenbau im Wald eingesetzt, mußten eine Eisenbahnstrecke ausbessern. Das war zwar wieder eine schwere Arbeit, doch fanden wir sie erträglich, weil wir hier ohne Posten arbeiten durften und uns damit schon fast als halbfreie Menschen fühlten. Zur Arbeit gingen wir lediglich mit einem russischen Bahnmeister. Der Sonntag war erstmals frei – wir durften in den Wald gehen, in dem es im Sommer von wilden Erdbeeren, Himbeeren und Pilzen nur so wimmelte. Diese Zeit im Außenlager empfanden wir wirklich als Erholung ... wir konnten freier atmen, hielten uns ständig an der frischen Luft auf statt in der Fabrik.

Am 12. September erreichte mich die erste Nachricht von meinen Eltern! Ein paar Zeilen, die meine Mutter geschrieben hatte. Ich war so glücklich, daß ich nichts essen konnte, ich habe nur immer wieder die Karte gelesen und geweint. Ich war eine der ersten, die Post bekamen ... und nun hofften natürlich alle. Hier, im Waldlager, hatte ich mich mit einer jungen Frau aus Ostpreußen angefreundet. Sie hieß Ida und hatte ein fröhliches Naturell, wir verstanden uns, als wären wir Schwestern. Ida war schon verheiratet und wartete nun auf Post von ihrem Mann ...

Und dann kam der 23. September 1946. Wir fuhren wie jeden Morgen zur Arbeit. Ida war richtig ausgelassen, weil es so schön war draußen und sie sich die Heimfahrt schon vorstellte. Sie trällerte wie eine Nachtigall und konnte sich gar nicht beruhigen. Ich sagte zu ihr: ›Ida, sing nicht so viel – ist man am Morgen schon so fröhlich, dann folgt am Tage nichts Gutes.‹ Und sie: ›Ach, was kann uns noch passieren, wir fahren ja bald nach Hause‹ ... Doch Ida fuhr nicht mehr nach Hause, sie hatte genau noch eine halbe Stunde zu leben. Das kam so: Wir mußten immer auf den offenen Waggons der Züge sitzen, zwischen Draht, Blech und allerhand altem Gerät. Und dann mußten wir stets vom fahrenden Zug abspringen, der fuhr nun nicht allzu schnell. Wir sprangen also wie immer, und dann passierte das Unglück in blitzartiger Geschwindigkeit: Ida blieb mit ihrem Mantel an einem langen Eisenstück hängen, als sie abspringen wollte, und hing plötzlich kopfüber an der Waggonwand. Und noch bevor der Zugführer etwas bemerkte und halten konnte, riß der Mantel ab.

Sie kam unter die Räder, ihr Kopf wurde direkt vom Rumpf abgetrennt. Das alles ging so wahnsinnig schnell, wir standen wie versteinert und brauchten eine Zeit, um zu begreifen, was passiert war. Sie hatte ja gerade noch gesungen.

Nun hatten wir so viele Menschen sterben sehen, und dennoch brachen wir in Tränen aus. Das Unglück mit Ida steckte uns noch lange in den Gliedern. Wir begannen, ein Grab zu schaufeln; währenddessen rannte eine Gefangene ins Lager zurück, um den Arzt und den russischen Offizier zu holen. Als sie ankamen, wurde Ida zur letzten Ruhe gebettet. Es war erst eine Stunde seit ihrem Tod vergangen, ihr Körper war noch ganz warm. Und während wir das Grab zuschaufelten, sangen wir unter Schluchzen ›Wo findet die Seele die Heimat, die Ruh‹ und ›Ich hatt' einen Kameraden‹ ... Das war eine solch ergreifende Stimmung, daß plötzlich auch dem Offizier die Tränen kamen. Idas Grab haben wir mit großen Steinen bedeckt – dort im Wald gab es eine Menge Wölfe, die hätten sonst die Leiche ausgescharrt. Jeden Morgen, wenn wir zur Arbeit fuhren, sind wir zuerst an das Grab gegangen und haben für Ida gebetet. So verging die letzte Zeit hier draußen für mich sehr einsam, und ich fuhr ohne Freundin zurück ins Hauptlager ...«

Hier angekommen, erwartet Erna wieder die Fabrikarbeit, mit strenger Bewachung, schlechtem Essen, hinter Stacheldraht. Die Kraft der jungen Frau aus Pommern schwindet zusehends.

Im Jahre 1947 heißt es plötzlich, die guten Arbeiter erhielten jetzt zehn Tage Pause, zum Ausruhen. Niemand glaubt daran, die Gefangenen halten das für einen der üblichen Scherze. Lachen kann niemand darüber, die Gesichter sind hart geworden in diesen Jahren des Hungers und der aufzehrenden Arbeit. Und dann wird tatsächlich ein Extra-Zimmer eingerichtet, mit fünf Bettgestellen samt Strohsack, einem Tisch und einer Bank. Für jeweils zehn Tage dürfen nun abwechselnd jeweils fünf Männer und fünf Frauen ins Ruhe-Zimmer einziehen. Am 8. August 1947 kommt Erna B. an die Reihe:

»Es war leider keine Erholung für mich – kurz zuvor hatte ich von zu Hause die Nachricht bekommen, daß mein Vater gestorben sei. Das lag nun wie Blei auf meinem Gemüt. Ich mußte immer daran denken, wie er mir beim Abschied gesagt hatte: ›Wir sehen uns nicht wieder‹ ... Somit hatte er recht behalten. Nun kam es gerade darauf an, hier durchzuhalten, nun wollte ich wenigstens meine Mutter wiedersehen. Doch ich habe in diesen zehn Tagen kaum etwas zugenommen, obwohl die Bedingungen im Ruhe-Zimmer günstig waren: Wir brauchten uns an nichts zu beteiligen, konnten morgens so lange schlafen, wie wir wollten, und abends rief uns niemand zum Appell. Die Ration wurde uns aufs Zimmer gebracht, wir durften soviel essen, bis wir satt waren! Am 18. August verließ ich das Zimmer und wurde wieder in die Fabrikarbeit ›eingetaktet‹.

Am 27. Januar 1948 hatte ich einen Unfall in der Fabrik: Beim Abladen eines Waggons rutschte ich aus, fiel gegen eine Wand und kugelte mir das linke Schultergelenk aus. Ich wurde sofort ins Lager gebracht, wo mir ein deutscher Arzt unter Narkose die Schulter wieder einrenkte. Eine Woche lang trug ich den Arm in der Binde und kam dann für leichtere Arbeiten in die Lagerküche. Schon nach vierzehn Tagen mußte ich wieder zum Außendienst – nun aber nicht mehr in die Fabrik, sondern zum Häuserbau, wo ich zusammen mit anderen Mädchen schwere Steine die hohen Leitern hinauftragen mußte. Das waren jeweils so vierzig bis fünfzig Kilo, die auf dem Rücken befestigt wurden. Mein Arm schmerzte noch immer stark, doch das kümmerte niemand mehr. Und als man mich dann in den Straßenbau versetzte, wurde die Arbeit noch schwerer: Im Straßenbau mußten wir Steine karren, sie mit schweren Eisenhämmern bearbeiten, Sand schleppen und dann die Steine auf der Straße glatt und gleichmäßig einklopfen.

Und diesmal hatten wir mit den Posten Pech, sie waren besonders streng und gönnten uns nicht die kleinste Ruhepause. Oft wurde uns schwindlig vor Hunger und Müdigkeit, dazu brannte ab Mai die Sonne auf uns ausgedörrte Gestalten. Wir arbeiteten nun mitten in der Stadt, und mitunter kamen ein altes russisches Mütterchen oder ein alter Mann vorbei und drückte einer Gefangenen ein Stück Brot in die Hand oder ein paar Pellkartoffeln. Das hat uns sehr angerührt. Die Menschen hier waren ja selbst sehr arm, doch es gab unter ihnen wirklich warmherzige und hilfsbereite. Unsere Wachposten gehörten nicht dazu – sobald einer die Übergabe bemerkte, nahm er uns das Brot weg und aß es selber auf. Einmal – ich stand gerade tief gebeugt und klopfte Steine – hielt mir plötzlich jemand einen Zwanzig-Rubel-Schein vor die Augen: Ich griff danach, und ehe ich richtig aufschauen und mich bedanken konnte, war die gute Fee schon wieder ein paar Meter weg … es war ein ganz altes Mütterchen. Der Posten hatte es glücklicherweise nicht gesehen. Und so hatte ich plötzlich zwanzig Rubel und konnte für mich und meine Kameradinnen ein paar ›Bulkis‹ kaufen, also Brötchen …

Da der Hunger nie abnahm und die schwere Arbeit nur unter Aufbietung aller dünnen Reserven zu bewältigen war, entschloß ich mich irgendwann, mich am Schwarzmarkt zu beteiligen. Ich besaß noch eine Strickjacke, die ich stets sorgsam hütete, um sie wieder mit nach Hause zu nehmen. Doch inzwischen bestand die Frage, ob ich mich selbst bis zur Heimfahrt durchbringen würde. So verkaufte ich schweren Herzens und knurrenden Magens zunächst die acht bunten Knöpfe der Strickjacke – sie brachten mir eine Flasche Milch und ein Stück Brot ein, mit Butter bestrichen. Das war zwar nicht viel, doch taten mir Butter und Milch wirklich gut. Danach verkaufte ich die ganze Jacke: Dafür bekam ich nun eine Flasche Milch, ein Stück Butter und einen Eimer Kartoffeln. Die Frage war nur, wie ich meine Tauschware ins Lager bringen sollte – am Tor wurden wir ja stets von der Wache gefilzt. Meist stand da ein achtzehnjähriger, deutscher Zivilist, den sie bei der Wache eingesetzt hatten. Den nannten wir nur den ›Jagdhund‹, weil er wirklich nichts durchgehen ließ – der war noch eifriger und rücksichtsloser als die Russen beim Suchen. Diesmal hatten wir Glück. Ich verteilte die Kartoffeln unter die Brigade, die Butter kam an die Brust, die Milch tranken wir gleich an Ort und Stelle aus. Die Kartoffeln verschwanden in den Hosenbeinen, wir hatten ja lange Hosen an. Dann näherten wir uns mit klopfendem Herzen dem Lagertor – und atmeten auf: Der ›Jagdhund‹ hatte diesmal keinen Dienst!

Ein andermal hatte ich weniger Glück. Ich versetzte meinen Unterrock und erhielt dafür eine Büchse Konservenfleisch. An der Wache stand der ›Jagdhund‹ und fischte mir die Büchse aus dem Hosenbein – weg war sie, und mir blieb überhaupt nichts. Nach dem Unterrock hatte ich nichts mehr zu verkaufen ...

Ja, die Deutschen waren mitunter schlimmer als die Russen. Einige waren hier als Kommandanten eingesetzt, und einer von denen – er hieß Groß – war die Brutalität in Person. Wenn es zum Beispiel sonntags regnete, brauchten wir von seiten der Russen keinen Hofdienst zu machen. Sobald aber dieser Groß da war, hat der uns mit dem Stock aus der Baracke getrieben, selbst bei strömendem Regen. Und wenn wir abends todmüde von der Arbeit kamen, holten wir uns normalerweise erst unser Essen und erledigten danach die Hofarbeit. Nicht so, wenn Groß auf dem Hof stand: Sofort mußten wir die Hofarbeit verrichten, und wenn wir vor Hunger in die Knie gingen ... Wir hatten eine furchtbare Wut auf den – der war ja ein Verschleppter wie wir!

Ein Jahr später – ich war bereits in einem anderen Lager – wurde uns von russischen Offizieren mitgeteilt, der deutsche Kommandant vom Lager Biljaurezk, Groß, sei zu fünfundzwanzig Jahren Zwangsarbeit verurteilt worden, wegen Sabotage. Wir hatten dem Kerl immer eine Strafe gewünscht, doch fünfundzwanzig Jahre Zwangsarbeit fanden wir dann doch zu hoch. Wir hatten ja über die Jahre etliche russische Zwangsarbeiter gesehen und wußten, was das bedeutet ...«

Im Herbst 1948 wird Erna B. zusammen mit hundert Frauen und zwanzig Männern nach Oktjabrsk verlegt, in das Lager Oktoberstadt im Ural, unter Gefangenen das »Öllager« genannt. Die Türme der Wachposten fehlen hier, der Stacheldrahtzaun ist niedriger als bisher, nur die Arbeit ist ebenso hart wie immer – diesmal muß Erna Rinnen für die Erdölleitung ausschachten.

Erstmals treffen die Deportierten im neuen Lager auf deutsche Kriegsgefangene, dazu auf 500 ungarndeutsche Zivilisten, Frauen und Männer, die – wie es bereits Gertrud K. im Lager Swerdlowsk erlebte – von den Neuankömmlingen nur als den »Reichsdeutschen« sprechen.

In Oktjabrsk zieht sich die Gefangene Erna B. eine Rippenfellentzündung zu, die sich später zur chronischen Krankheit auswächst.

Die Hoffnung auf Heimkehr, unzählige Male enttäuscht, begleitet Erna über das vierte Weihnachten in der Fremde, während des auszehrenden Schachtens bei dreißig Grad Kälte oder vierzig Grad Hitze. Wann endlich ist die Deportation überstanden? Immer häufiger kämpfen die Gefangenen nicht nur mit Hunger und Krankheiten, sondern auch mit der inneren Unruhe; die Stimmung wechselt zwischen Hoffnung und Niedergeschlagenheit. Deshalb läßt sich die Lagerleitung zu Beginn des Jahres 1949 etwas einfallen:

»Wir hatten in Oktjabrsk im Lager einen großen Saal, außerdem gab es eine Gefangenenkapelle, die nach und nach aufgebaut wurde. Für ein Akkordeon mußten wir zum Beispiel mal alle einen Sonntag zusätzlich arbeiten, von dem Geld wurde dann das Instrument gekauft. Samstags abends und manchmal auch ab Sonntagnachmittag wurde nun getanzt – dabei sollten wir unser Leid und Heimweh vergessen und den ständigen Hunger. Die erste Zeit wollte niemand tanzen, uns stand der Kopf nicht nach Lustbarkeit. Dann kam so eine Art Befehl: Wer nicht mitmacht, wird eingesperrt! Die alten Männer und Frauen nicht, die blieben verschont. Wir jüngeren Frauen aber sagten: ›Wir gehen erst dann tanzen, wenn die Nachricht kommt, wir dürfen nach Hause.‹ Auf diese Nachricht haben wir noch eine ganze Weile warten müssen ...«

ELSE I.: »*Gesungen werden mußte immer.*«

Die neunzehnjährige Else I. vom Järischauer Berg in Niederschlesien wird am Ostersonntag 1945 von Beuthen aus nach Rußland verladen. Doch die Unterbringung im Gefängnis Beuthen ist derart katastrophal, daß die meisten bereits krank den Waggon besteigen:

»In Beuthen herrschte das blanke Chaos – die Zellen waren verdreckt, die Kübel liefen über, und wir durften nicht raus. Jeweils zu zehn Frauen wurden wir in eine Einzelzelle gepfercht, da war atmen kaum noch möglich. Verzweifelt kritzelten wir unsere Namen in die Wand, auf eine Bekannte hoffend, die nach uns kommt und unser Lebenszeichen weitergibt. Nicht nur in den Zellen herrschte Chaos, sondern auch draußen auf dem Hof, wo ständig Neuzugänge eintrafen. Meistens waren es Männer, die aus dem Bergbau von Oberschlesien stammten. Wir beobachteten vom Zellenfenster aus immer das Hereinfluten und Antreten neuer Leidensgenossen, das Gebrüll der Posten. Und plötzlich erkannte ein Mädchen aus unserer Zelle seine Mutter da unten auf dem Hof! Es schrie verzweifelt, doch die Mutter hörte es nicht in diesem Lärm und Chaos. Die Mutter des Mädchens kam in einen anderen Transport, nach Murmansk am Eismeer, und ist dort im Lager gestorben.

Schon in den Zellen wurden wir von Krankheiten und Ungeziefer befallen und waren durch die schlechte Ernährung bereits so geschwächt, daß wir uns beim Abtransport kaum auf den Beinen halten konnten. Im Gefängnis hatten die Wachposten immer wieder von Sibirien gesprochen, doch ich wollte das einfach nicht glauben, ich wußte keinen Grund dafür – was hatten wir denn verbrochen? Erst später, als ich durch die Waggonritzen russische Dörfer sah, wußte ich, daß es stimmt ...

Diese wochenlange Fahrt nach Rußland hat mich total erschüttert. Das Leid in den Waggons, die vielen Kranken und Toten ... das Bild, wenn der Zug in irgendeiner menschenleeren Öde stand und wir, halbtot vor Durst, auf der Erde lagen, um Schmutzwasser aus irgendwelchen Pfützen zu schlürfen ... Doch es war nicht nur unser eigener erbärmlicher Anblick, der mich entsetzte – wir sahen ja das gleiche auch draußen. Wir sahen durch die Ritzen vollkommen zerstörte russische Dörfer, sahen zerlumpte und ausgemergelte Kinder ... es war ein doppeltes Elend, das einen anstarrte, eines drinnen und eines von draußen.

In diesem Viehwaggon kam mir ein furchtbares Bild wieder hoch. Es waren mehr Fetzen einer Erinnerung. Ich stand auf der Landstraße bei Järischau, als eine lange Kolonne völlig ausgemergelter Gestalten vorbeigetrieben wurde – es waren Juden aus dem Konzentrationslager Groß Rosen, wie meine Mutter mir später sagte. Und meine Mutter hatte Wasser bei sich und wollte es den Gefangenen zu trinken geben – und der Posten jagte sie weg und bedrohte sie mit der Waffe ... Das Bild war plötzlich da auf der Fahrt durch diese zerstörten Dörfer. Ich war erschüttert und völlig durcheinander. Wir Kinder hatten ja an den Nationalsozialismus geglaubt, weil unsere Lehrer uns dafür richtig begeistert hatten. Das waren gar nicht meine Eltern, das waren unsere Lehrer, und ich war wirklich gern im BDM.

Damals, an der Landstraße, befiel mich zum ersten Mal die Fassungslosigkeit darüber, was Menschen anderen Menschen antun können. Und dieses Gefühl kehrte zurück, wenn ich durch die Waggonritzen schaute oder die ausgezehrten Frauen und Mädchen in unserem Waggon sah ... Ganz schlimm wurde es, wenn wir durch Kriegsgebiete rollten, auf dem Nebengleis irgendeines Bahnhofs ankamen und zwischen den niedergebrannten Häusern die vielen zerlumpten und elternlosen Kinder auftauchten, um unsere Waggons mit Steinen zu bewerfen – ich wurde dann ganz starr vor Trostlosigkeit, Trauer und Schamgefühl ... Je weiter es in den Osten ging, desto kälter wurde es, die Innenwände der Waggons waren bald mit dickem Reif überzogen. Als wir Ende April dann im westsibirischen Kemerowo eintrafen, war bereits ein Teil der Zuginsassen draußen auf der endlosen Strecke geblieben ... Unser Transport bestand aus 2000 Deportierten, davon sollen Ende Oktober 1949 nur noch 400 zurückgekehrt sein.

Das Lager, in das wir Ankömmlinge nun gebracht wurden, befand sich außerhalb der Stadt Kemerowo auf freiem Feld. Es war ein Hauptlager für Kriegsgefangene und Zivilinternierte, also ein richtig großes Kriegsgefangenenlager, in dem außer deportierten Zivilisten auch deutsche und japanische Kriegsgefangene untergebracht waren. Es bestand aus zahlreichen Lehmbaracken, die aufgrund der klimatischen Verhältnisse in Sibirien vorwiegend unter der Erde lagen. Da auch die Beleuchtung recht trübe ausfiel, fühlte man sich immer etwas eingegraben. In diesem Lager gab es nur eine einzige Frauenbaracke. Geschlafen wurde hier auf zwei Holzetagen, Decken oder Strohsäcke gab es nicht – ich vermute, das war in allen Baracken gleich. Die Sowjets verfuhren ja immer nach einem militärischen Prinzip, mit Antreten, Marsch und endlosen Appellen ... Also wurde aus unserer Mitte eine Barackenälteste rekrutiert. Damit hatten wir nun Pech: Unsere Barackenälteste war eine Gefängnisaufseherin aus Liegnitz. Ihr Umgang mit uns war ein einziges Brüllen und Schimpfen, sie behandelte uns wie zuvor ihre Häftlinge. Doch sie konnte Russisch, weil sie aus Bessarabien ›heim ins Reich‹ geholt worden war, und das reichte den Sowjets, sie zur Barackenältesten zu machen, der Rest war ihnen egal ...

Ich blieb nun viereinhalb Jahre in dieser unwirtlichen Gegend. Die ersten zwei arbeitete ich in Kemerowo, in einer Ziegelei. Immer im Schichtwechsel, zu jeweils zwölf Stunden. Wir mußten auf speziellen Kiepen Ziegelsteine schleppen und Güterwaggons damit beladen. Durch die scharfen Kanten der Ziegelsteine hatten wir ständig aufgerissene und blutige Hände, Handschuhe gab es lange Zeit nicht. Wir arbeiteten die ganze Woche durch, auch sonntags, und jede mußte ran – nicht mal bei Fieberkranken machte man da eine Ausnahme. Vor allem in diesen ersten zwei Jahren gab es eine hohe Sterberate. Die Ernährung war äußerst schlecht, und ständig dezimierten sich die Arbeitskräfte durch Typhus, Ruhr oder Dystrophie. Wegen des unerträglichen Hungers überwanden wir irgendwann unser Schamgefühl und unsere Hemmungen und gingen zu russischen Einwohnern betteln. Sie hatten Mitleid und viel Verständnis für unsere Lage und halfen uns, obwohl sie selbst nur das Nötigste zum Leben hatten. Kemerowo, das war ja eines der großen Verbannungsgebiete Stalins, und so kannten hier viele unsere Situation aus eigenem Erleben. Das Betteln brachte uns immer wieder ein Stückchen Brot oder ein paar Kartoffeln, die wir gierig aßen, um in dieser erbarmungslosen Welt überleben zu können. Es war natürlich streng verboten, und einmal erwischte mich der Lagerkommandant dabei, das brachte mir dann einen Tag ›Karzer‹ ein.

Eine Zeitlang war ich in der Ziegelei als Motoristin tätig. Der Motor war eine Maschine, die den Lehm verarbeitete, also die Mischmaschine. Im Winter wurde diese Arbeit problematisch: Bei vierzig Grad Minus kam der Lehm gefroren mit der Lore aus dem Schacht hoch. Die Walze konnte die großen gefrorenen Klumpen nicht verarbeiten – dann sprang der Treibriemen runter und die Maschine stand. Der Brigadier brüllte und bezichtigte mich der Sabotage. Unser Brigadier war auch ein Deutscher, auch ein Zivilinternierter. Er schikanierte uns, wo es ging, selbst die völlig Erschöpften, die gar nicht mehr arbeitsfähig waren. Das war so eine bestimmte Sorte Mensch, solche habe ich später auch in der DDR erlebt, so innerlich erkaltete Leute, denen der andere Mensch egal, der eigene Vorteil aber der einzige Maßstab fürs Handeln ist, die typischen ›Radfahrer‹. Der Brigadier bekam, im Unterschied zu uns, reichlich zu essen. Und dann hat der – gemeinsam mit dem russischen Brigadier, der auch nicht besser war – noch das wenige Brot für uns Arbeiter verschoben. Da nun der deutsche Brigadier auch Sachen im Lager gestohlen und verschoben hatte, wurde er irgendwann von den Russen verhaftet und in ein russisches Straflager gebracht. Von dort kam dann die Nachricht, er habe Selbstmord verübt ...

Die Russen hatten auch solche Experten. Einige Wachposten kannten überhaupt kein Erbarmen. Schikanen und ständiges Durchzählen waren bei ihnen an der Tagesordnung und für uns Gefangene eine schwere Zusatzbelastung. Und dann dieses Singen: Auch wenn wir noch so erschöpft von der Arbeit kamen, gesungen werden mußte immer, das war gleich so von Anfang an. Zum Singen war uns nie zumute, wir schafften ja vor Müdigkeit kaum den Weg zurück ins Lager. Und immer mußten wir singen – Volkslieder, auch Wehrmachtslieder hörten sie ausgesprochen gern. Die Wachhabenden forderten unbedingten Gehorsam. Wer sich nur das kleinste Vergehen zuschulden kommen ließ, kam in den Karzer, in einen Bunker ohne Essen und ohne Licht. Einmal war es mir passiert, daß ich morgens vor Erschöpfung verschlafen habe – auch das brachte mir einen Tag ›Karzer‹ ein ...

Ich erinnere mich, immer nur gearbeitet zu haben. Wir mußten bei jedem Wind und Wetter raus, auch bei fünfundvierzig Grad Minus. Früh, in der Dunkelheit, ging es unter Bewachung hin ... am Abend todmüde wieder zurück. Oder umgekehrt, wenn man Nachtschicht hatte. Ein Tag glich dem anderen, es war eine bedrückende Eintönigkeit, die aber stets existentiellen Charakter trug. So hatten wir kaum was zu essen und fast nichts zum Reinigen unserer verlausten und von der Arbeit in der Ziegelei völlig verdreckten Körper. Um Seife zu bekommen, mußte man etwas zum Tauschen haben, und so habe ich manchmal mein karges Brot noch gegen Seife getauscht. Furchtbar setzte uns auch das Ungeziefer zu:

Unentwegt hatten wir unsere Baracke gründlich zu schrubben. Trotzdem machten sich Ratten, Mäuse, Wanzen und vor allem Läuse immer wieder breit wie Haustiere, das Barackenschrubben reichte da nicht ...

Viereinhalb Jahre sind eine qualvolle, endlose Zeit unter solchen Bedingungen. Man stumpft ab, und die Gedanken kreisen irgendwann nur noch um das eine – Überleben, um nach Hause zurückkehren zu können ... Den Mut zum Durchhalten haben mir vor allem die Wolgadeutschen auf der Kolchose gegeben. Ich war in der zweiten Hälfte der Internierungszeit außer in der Ziegelei auch mal längere Zeit auf einer Baustelle, in einem Chemiewerk und eben auf der Kolchose eingesetzt. Hier konnten wir uns richtig an Kartoffeln satt essen. Ansonsten waren die Lebensbedingungen auch hier archaisch – geschlafen wurde in einem Stall auf Stroh, und waschen konnten wir uns nur in Pfützen. Doch da waren die Wolgadeutschen, die Stalin 1941 von der Wolga nach Sibirien verschleppt hatte und die hier auf der Kolchose lebten. Mit ihnen verbrachten wir unsere wenigen freien Stunden. Sie hatten ja nun ein ähnliches Schicksal wie wir, und so tauschten wir unsere Geschichten aus und sangen zusammen wehmutsvolle Lieder. Den Gedanken an die Rückkehr in die Heimat nicht aufzugeben, das habe ich von ihnen gelernt, auch den Mut zum Leben und zum Aushalten der Strapazen ...

Mut war tatsächlich so nötig wie ein eiserner Überlebenswillen: Von den Frauen aus unserer Baracke sind ja während der Lagerzeit zwei Drittel gestorben – an Auszehrung, an einer Epidemie, an Unterkühlung oder irgendeinem Ausschlag ... Das zieht auch die noch Lebenden mit runter. Ich wollte nach Hause, und zwar, ohne später im Spiegel mein Gesicht anspucken zu müssen: Im Lager trat wiederholt der NKWD an uns heran, um die politische Gesinnung der Mitgefangenen zu erforschen. Da wurde jede einzeln geholt. Ich erinnere mich noch, daß sie mich fragten, ob ich für die Sowjetunion arbeiten will und mir dafür besseres Essen versprachen. Gleichzeitig wurde Schweigepflicht über das Gespräch auferlegt und mit Strafe nach Gesetzen der SU gedroht. Ich hatte furchtbare Angst und fragte mich, wieso sie gerade mich holen. Ich sagte erstmal weder Ja noch Nein, erzählte das Ganze aber sofort meinen Kameradinnen. Später wurde ich wieder geholt, da wußten sie schon, daß ich geplaudert hatte. Noch einmal fragten sie mich, ob ich mit ihnen zusammenarbeiten wolle – und diesmal habe ich deutlich Nein gesagt. Danach ließen sie mich in Ruhe ...«

EVA-MARIA S.: *»Vom Totengräber bis zur Traktoristin habe ich alle Arbeiten verrichtet.«*

Die sechzehnjährige Eva-Maria S., aus Ostbrandenburg, die vor ihrer Verschleppung unzählige Male vergewaltigt und dann vom Sammellager Schwiebus aus verladen wurde, ist am 20. April 1945 im sibirischen Bergbaubezirk Stalinsk eingetroffen. Das etwas abgelegene Ankunftslager Tyrgan finden die Frauen völlig verschneit vor, so daß sie erst mal Schneemassen beiseite schaufeln müssen, um sich überhaupt Zugang zu den Erdbaracken zu verschaffen.

Eva-Maria packt, soweit es ihre Kräfte erlauben, zu. »Mädchen, wenn du Sibirien überleben willst, mußt du fleißig arbeiten und die Sprache lernen« – diese Worte einer Russin im Ohr, hatte sie sich bereits auf dem Transport zum Herausschleppen von Toten aus den Waggons gemeldet und zum Heranschleppen von Essenskübeln. Mit dem festen Willen, Sibirien zu überleben, meldet sich das sechzehnjährige Mädchen nach der Ankunft und dem ersten Schneeschippen zum Totenkommando:

»Das war schon seelisch sehr belastend, es starben ja gerade in der ersten Zeit so viele Menschen. Wir legten die Toten auf eine Plaschatka, das war so eine Art Holztrage, und schleppten sie hinauf zum Birkenwäldchen, wo wir zuvor flache

Massengräber aus dem gefrorenen Boden gestemmt hatten. Die Gefangenen starben nicht in dieser Zeit, sie verreckten ... In der ersten Zeit hatten wir noch Quarantäne, und niemand drängte sich ins Totenkommando. Doch ich wollte ja überleben und das hieß: Russisch lernen und fleißig arbeiten.

Ansonsten war ich bemüht, nicht aufzufallen, immer irgendwie in der Mitte zu bleiben. Die Posten waren ja außerordentlich brutal. Als ich einmal in einer Kolonne nicht schnell genug mitkam, schlug mir einer mit seinem Gewehrkolben über den Schädel. Seitdem leide ich immer mal wieder unter Kopfschmerzen und Konzentrationsstörungen ...

Im Sommer 1945 kam ich mit einer Gruppe in ein anderes, höher gelegenes Lager, das hieß Krasno-Gorka. Hier fanden wir bereits volksdeutsche Frauen aus Oberschlesien vor. Sie konnten natürlich auch Deutsch, sprachen aber vorwiegend polnisch, wenn wir in der Nähe waren. Die meisten von ihnen waren uns nicht gerade zugetan und ließen uns dies auch bei jeder Gelegenheit spüren. Sie hatten die Lagerorganisation in der Hand und teilten uns regelmäßig für die schwersten Arbeiten ein; bei der Essensausgabe erhielten wir die dünne Brühe – die Graupen-, Kohl- oder Kartoffeleinlagen landeten fast ausschließlich in oberschlesischen Eßnäpfen ... Da in Krasno-Gorka das Sterben weiterging, wir Gefangenen aber unter permanentem Hunger litten, haben wir einmal Frauen, die in unserer Baracke gestorben waren, in einem Winkel versteckt und sie erst einen oder sogar zwei Tage später gemeldet, um noch ihre Essensrationen abholen zu können. Der Überlebenswille hatte viele Gesichter, auch unvergeßlich schwarze ...

In Krasno-Gorka blieben wir nicht allzu lange, doch ich erinnere mich, daß es dort in der Nähe noch ein weiteres Lager gab, mit japanischen Kriegsgefangenen. Die traten einmal in den Streik, und das hat uns sehr imponiert. Sie streikten, weil man ihnen den Reis vorenthielt, der ihnen nach einem russisch-japanischen Abkommen zustand. Wie gesagt, das machte großen Eindruck auf uns – es zeigte ein Selbstbewußtsein, das wir nicht hatten. Wir hatten nie gelernt, uns zu behaupten, und waren auch viel zu schwach – den Hunger und die mörderische Arbeitsnorm ließen wir hilflos-apathisch über uns ergehen. Wir waren schon froh, wenn wir früh aufwachten und auf den Beinen stehen konnten.

In meiner viereinhalbjährigen Gefangenschaft habe ich mehrere Lager durchlaufen und alle möglichen Arbeiten verrichtet: Ich war Totengräber und habe im Schacht gearbeitet, im Sägewerk und in der Ziegelei, in einer Glühlampenfabrik, auf dem Bau – und natürlich auf der Kolchose. Dort war ich im Lauf der Jahre mal Schweinehirt, mal Traktorist. Und im ersten Sommer habe ich Kolba geerntet – das ist so ein maiglöckchenähnliches Gewächs, das nach Zwiebel schmeckt. Die Pflanzen mußten wir bündelweise ernten, die wurden eingesäuert und dann im Winter zu Suppe gekocht. Während der Gefangenschaft bin ich mit meinen vierzig Kilo Gewicht kaum mal über die Kategorie III rausgekommen. Doch sobald irgendwo ein ›Spezialist‹ gesucht wurde, habe ich mich gemeldet. Auf diese Weise bin ich auf der Kolchose zur Traktorfahrerin geworden. Der Natschalnik fragte, ob jemand den Traktor lenken könne – ich meldete mich sofort, obwohl ich noch nie auf einem solchen Ding gesessen habe. Und irgendwie ging es dann ...

1948, als ich schon im Lager Leninsk war, haben mir meine mühselig angesammelten Sprachkenntnisse geholfen. Ich war da auf einer Baustelle eingesetzt, beim Wohnungsbau, und verrichtete wie alle Knochenarbeit. Und als der Mann an der Mischmaschine ausfiel und der Brigadier fragte, ob jemand von uns eine Betonmischmaschine bedienen könne, habe ich mich ohne Zögern gemeldet. Ich habe den Ablauf ziemlich schnell kapiert und mußte nun morgens immer vor den anderen auf der Baustelle sein, um den Zement, Kalk und Sand mit Wasser anzurühren, damit die Bauarbeiter bei Arbeitsbeginn gleich loslegen konnten. Dafür bekam ich einen Sonderpropusk. Das war so ein Schein, der mir erlaubte, das

Lager allein zu verlassen. Das war schon ein ungeheures Privileg: Ich konnte ein bißchen herumlaufen und meine Russisch-Kenntnisse zur Anwendung bringen. Morgens, als ich wieder einmal allein auf der Baustelle war, kam ich mit einer älteren Frau ins Tauschgeschäft: Ich trug ihr heimlich das Bruchholz von der Baustelle zusammen und erhielt von ihr dafür Essensreste ...

Mit den Einheimischen ins Gespräch zu kommen war mir wichtig, es half mir auch psychisch beim Überleben – diese trostlose Lagerisolation drückte ja zusätzlich aufs Gemüt. Ganz in der Nähe der Baustelle befand sich ein Gefängnis. Und einmal, ich stand gerade an meiner rotierenden Mischmaschine, kam ein sibirischer Einwohner herangeschlendert, ein junger Mann mit zwei kleinen Kindern – das eine hatte er auf dem Arm, das andere umklammerte seinen Oberschenkel. Der Mann wartete auf den Einlaß zur Besuchszeit im Gefängnis, der wollte seine Frau besuchen. Und so kamen wir etwas ins Gespräch. Er erzählte mir, daß seine Frau auf die Kolchose dienstverpflichtet war, das gab es ja bei uns auch. Sie war für siebzig Tage dienstverpflichtet, und er war im Krieg. Und nun kam er vorzeitig zurück, weil der Krieg aus war. Als seine Frau erfahren hat, daß er zurück ist, ist sie einfach drei Tage früher von der Kolchose abgehauen, und dafür wurde sie nun eingesperrt. Das hat mich ganz schön schockiert – der Mann kommt nach Jahren aus dem Krieg zurück und seine Frau wird eingesperrt, wegen der natürlichsten Regung, die es in einem solchen Moment gibt ...

Wenn man Russisch konnte, erfuhr man mehr über das Land, in das wir verschleppt worden waren, über das Land und die Menschen hier. Und manchmal gab es bei solchen zufälligen Begegnungen auch eine menschliche Nähe, so wie bei dem Mann mit den kleinen Kindern. Und dann die vielen elternlosen Kerlchen, die da herumstreunten ... Ich hatte Mitleid mit ihnen, das hat das eigene Leid manchmal vergessen gemacht. Sie trotteten so dahin, kleine Jungen mit Schiebermützen über alten Gesichtern ...

Kriegsgefangenenpost.

СОЮЗ ОБЩЕСТВ КРАСНОГО КРЕСТА и КРАСНОГО ПОЛУМЕСЯЦА
СССР

Почтовая карточка военнопленного
Carte postale du prisonnier de guerre

Besplatno
Franc de port

(Кому) Destinataire) Fam. Paul Stege   Schulzendorf
Deutschland   Kr. Ruppin   b/Gransee
Куда (Adresse) russische Zone
(страна, город, улица, № дома, округ, село, деревня)

Отправитель (Expéditeur)
Фамилия и имя военнопленного   Eva-Marie Stege
Nom du prisonnier de guerre

Почтовый адрес военнопленного C.C.C.P. Лагер 1104/III
Adresse du prisonnier de guerre

16-я тип. Зак. 595

den 21.9.1949

Meine Lieben!
Von Euch noch keine Nachricht.
Bin noch gesund.
Liebe Eltern, recht herzlichen Glück-
wunsch zu Euren Geburtstagen
Baldiges Wiedersehen
hoffend grüßt, küßt
Euch Eva!

VK 16.11.44
Ln 20.11.44

*Die erste Karte, die Eva-Maria S. aus der Lagerhaft nach Hause
schicken durfte. 25 Worte waren erlaubt.*

263

Rußland den 5.2.1949

Mein liebes Brüderchen,
zu Deinem 9. Geburtstag
wünsche ich Dir alles
Gute und vorallem Ge-
sundheit sei immer
hübsch artig und bereite
Heim Jahr!
Herzliche der Mutti und dem Papa stets
zum Freude. Du bist jetzt bestimmt
schon ein großer Junge und wenn ich nach Hause
werd' ich Dich garnicht mehr erkennen. Lernst Du
auch immer fleißig in der Schule? Sei nur immer
fleißig und artig und bete jeden Abend zum lieben
Gott daß unsre Mutti und unser Papa noch recht
lange leben und daß auch ich bald zu Euch komme
Auf ein baldiges Wiedersehen grüßt Euch Dein Sohn ... ...

Rußland den 8.3.1949

Meine innig geliebten Eltern und Geschwister!
Recht herzliche, liebe Sonntagsgrüße sendet Euch
aus weiter Ferne Eure Evi! Hoffentlich erhaltet
Wie geht es Euch ihr Lieben, hoffe daß ihr alle gesund
seid von mir kann ich ein gleiches berichten. Wie ist es
sonst bei Euch alle beim alten? Bekommt ihr meine
Post regelmäßig von Euch seid 20 Sept die letzte Post kann
mir nicht erklären wieso?
Hier wird es schon almählich wieder wärmer und das
Heimweh,
nach Euch nach der lieben Heimat wird immer größer
und die Sehnsucht immer stärker. Hoffentlich ist der
Tag der so lang ersehnten Heimkehr nicht mehr weit.
Seh ich denke nur jeden Tag an Euch und freue mich schon
so auf das Heimkommen. Will immer auf den lieben Gott vertrauen, denn nur er allein kann uns helfen. Will nunschlie
ßen, in der Hoffnung auf ein recht baldiges Wiedersehen
grüßt und küßt Euch, Eure stets an Euch denkende Evi!
Nochmals alles Gute. Gesegnete Ostern wünscht Euch Evi!

*Weitere Karten von Eva-Maria S. nach Hause, geschrieben 1949,
im letzten Jahr der Lagerhaft.*

1948, im Lager Leninsk-Kusnezk, wurde die Situation ein wenig erträglicher. Das war so ein kleines Zivilinternierten-Lager, mit zweihundert Mädchen und Frauen und etwa dreißig Männern – vor allem jüngere, die älteren waren ja schon fast alle gestorben. In Leninsk gab es in größeren Abständen eine Politschulung. Da kamen irgendwelche Deutschen aus der Antifa-Schule – die haben uns erklärt, wie es zum Krieg kam, wer den Krieg angefangen hat und daß wir uns vom Faschismus lösen sollen ... Manchmal haben sie auch Filme gezeigt, und das waren die besseren Momente. Ansonsten wurde Stalin gelobt und einiges über die KPdSU erzählt und über Politökonomie, das sollten wir dann auswendig lernen. Und das russische Alphabet mußten wir schreiben. Dadurch habe ich die kyrillischen Buchstaben gelernt, sprechen konnte ich ja schon einigermaßen. Es war aber nicht freiwillig und immer so ein Druck dahinter: Sie sagten, daß jeder im Politunterricht eine bestimmte Note erreichen muß, ich glaube, es war fünf oder sechs, oder wenigstens vier – sonst darf er nicht nach Hause fahren ...

Die Politschulungen kamen bei uns Frauen nicht so gut an, wir warteten ja sehnsüchtig darauf, nach Hause zu kommen. Aber es war auch die Zeit, in der wir ganz allmählich zu spüren begannen, daß wir Menschen sind. Es starben jetzt nur noch wenige im Lager, und manchmal kam sogar ein Kind zur Welt. Vorher, in Stalinsk, hatten wir zum Teil mit Kriegsgefangenen zusammengearbeitet, mit deutschen Soldaten und ungarischen Offizieren. Da entstanden mitunter heimliche Freundschaften, und einige Mädchen wurden schwanger – die kamen dann mit dem nächsten Krankentransport nach Deutschland ... Auch hier, im Lager Leninsk, entdeckte nun so mancher, daß er nicht nur Arbeitssklave ist, sondern ein fühlendes Wesen ... Ich erinnere mich da an Lieselotte, eine junge Mitgefangene, und Heinz – der war als Jugendlicher verschleppt worden und hat sich nun rührend um Lieselotte gekümmert. Die beiden waren richtig verliebt und mehr als ein Jahr zusammen – ich meine, soweit das in einem

Arbeitslager möglich war – als im Oktober 1949 die Heimtransporte einsetzten. Lieselotte hat ihren Heinz nach der Rückkehr geheiratet; die beiden sind heute noch zusammen. Ja, auch das gab es im letzten Jahr der Gefangenschaft, und irgendwie nahmen wir alle Anteil an so einer Lagerliebe – wir hatten ja durch Rußland unsere ganze Jugendzeit verloren ...«

ANNEMARIE M.: *»Man konnte ja nicht ewig seinem Leid nachhängen.«*

Annemarie M. ist am 1. März 1945 von Wreschen aus auf Transport gegangen – bekleidet nur mit einem Kleid und einer dicken Strickjacke, die sie noch rasch überzog für ein Verhör unweit des Pfarrhauses Mohrin.

Wie unter fast allen Deportierten herrscht auch im Waggon der jungen Frau aus Danzig-Langfuhr eine fatalistische Stimmung, doch die Fünfundzwanzigjährige läßt sich nicht anstecken. Annemarie hat ihre beiden kleinen Töchter im Pfarrhaus zurücklassen müssen, doch sie weiß sie bei den Schwiegereltern in guter Obhut. Sie hat Angst, unterwegs krank zu werden. Sie hat Durst wie alle, dennoch ist das Lutschen von Eiszapfen für sie tabu, wodurch ihr die Ruhr erspart bleibt. Doch glaubt sie zunächst nicht daran, daß sie nach Rußland kommen – und als es daran keinen Zweifel mehr gibt, nicht daran, daß es lange dauern wird:

»Ich hätte nie gedacht, daß es sich über Jahre hinziehen würde. Wer konnte schon so etwas denken? Es gab doch in dieser Hinsicht keinerlei Erfahrung für uns. Wir wußten nur, daß wir nun auf einem Trip irgendwohin sind – doch warum, und was das nun auf sich hatte und was daraus werden sollte – keine Ahnung! So, daß ich eigentlich nur gedacht habe: ›Naja, das geht irgendwann bald vorüber, ein paar Monate vielleicht.‹ Es war ja nun auch absehbar, auch in Deutschland schon, daß dieser Krieg nicht mehr lange dauern würde ...

Die Ankunft in Stalinogorsk glich einem Spießrutenlauf: In einem langen, bewachten Zivilistenzug ging es zum Lager, und am Straßenrand standen die Menschen und schrien. Einige spuckten nach uns, andere warfen Steine. Ich verstand ja die Sprache nicht, sah nur die Gesichter – und die waren haßerfüllt. Doch im Lager, in Stalinogorsk, haben wir dann auch die sowjetische Siegesfeier erlebt, also das Kriegsende. Und da habe ich gedacht ›Jetzt ist der Krieg aus, jetzt kommen wir nach Hause.‹ Es gab ja am 9. Mai 1945 im Lager einen großen Festakt, und da wurden wir Gefangenen auch mit einbezogen. Über den Lagerfunk kamen die Siegesfeiern, und es wurden auch Filme gezeigt, ich glaube, das waren sowjetische Wochenschauen ... Das wurde groß gefeiert, die Wachmannschaften und alles, was noch so an Personal rumschwirrte, sang und tanzte, das nahm gar kein Ende. Und ich war froh, daß der Krieg nun vorbei ist und ich zurückkomme. ›Irgendwas‹, dachte ich, ›wird sich nun ergeben.‹ Naja, und so hat man dann weitergedacht ... von Tag zu Tag, von Woche zu Woche, von Monat zu Monat.

Doch eigentlich hat man sich dann von Tag zu Tag gehangelt, immer darauf bedacht, sich nicht fallenzulassen. Das wurde nun ein Überlebenskampf, da mußte man seine Gefühle verdrängen, sonst war man gleich verloren – Schwermut durfte man überhaupt nicht an sich ranlassen.

Der erste Winter war der schlimmste. Da wurden wir, eine kleine Gruppe von Frauen, ins Quellgebiet des Don gebracht, zum Buchweizen-Dreschen. Wir wohnten da in einer kleinen Hütte, so ungefähr zwanzig Frauen. Es gab ein Eisenöfchen und zusammengenagelte Holzpritschen. Die Hütte stand in einem Tal, und oben, auf der Anhöhe, waren diese Semljankas, also diese großen Erdhütten. Dort waren russische Strafgefangene untergebracht, und die wurden sehr schlecht behandelt. Wir haben da oben ja immer unser Essen abholen müssen. Und das waren Russen, die sich in deutsche Kriegsgefangenschaft begeben haben, statt sich vorher zu erschießen, und Rußlanddeutsche, die versucht hatten, mit den deutschen Truppen Richtung Reich zu fliehen … Oh ja, die wurden sehr brutal behandelt, und irgendwie war ihnen auch klar, daß ihnen noch Schlimmes blühen würde, daß sie nicht so bald rauskamen – die kannten ja die Verhältnisse in Rußland bereits …

Bei uns da unten in der Hütte war das ganz anders. Wir dachten immer noch: ›Na, wenn der Winter vorbei ist, haben wir es bestimmt geschafft.‹ Die Arbeit war sehr hart. Wir wurden bei fünfundzwanzig Grad Minus auf Lkws verladen und auf endlose Felder gefahren, zum Buchweizen-Dreschen. Das war für die Buchweizengrütze. Und das Dreschen fand mitten im Winter statt – na, warum nicht? Der Schnee lag dort nicht ganz so hoch wie wohl im Norden oder in Sibirien, die Don-Quellen liegen ja nur einige hundert Kilometer südlich von Moskau … Also, da droschen wir dann Buchweizen und kratzten die Reste zum Verladen zusammen – ansonsten wurde dort mit großen Gebläsen gearbeitet.

Donnerwetter noch mal, das war eine ziemlich schlimme Zeit für mich. Aus den Klamotten kam man überhaupt nicht heraus, hatte Kopf- und Kleiderläuse. Mit dem Essen ging es, da bin ich ja eher eine spartanische Natur. Gekocht wurde oben im Straflager in einer Semljanka. Und früh, vor der Arbeit, holte man sich seine erste Kascha-Ration. Man kraxelte quer durchs Gelände, weil es da keinen Weg gab, und runterzu rutschte ich auf dem Hintern den Abhang herab, mit der Suppe in der Hand. Abends bekamen wir vierhundert Gramm Brot und wieder Kascha, mit etwas Öl drauf. Nein, es war nicht das Essen; es war die Gesamtsituation, die schwere Arbeit und die mangelnde Hygiene. Das war dort eine sehr einsame Gegend. Wenn wir in der Hütte lagen, heulten die Wölfe um uns herum, die kamen dort ziemlich dicht ran. Das war vor allem nachts problematisch, wenn man mal raus mußte. Die Hütte stand ja inmitten von Feldern.

Und dann bekam ich plötzlich mitten im Winter das Wolhynische Fieber. Vier Wochen lag ich in der Hütte fest, hatte keine Schmerzen, sondern immer nur hohes Fieber. Einen

Arzt gab es dort nicht, nur eine russische Krankenschwester – oben im Straflager. Das war auch eine Gefangene, die aber ganz gut Deutsch sprach. Sie war Zwangsarbeiterin in Deutschland gewesen und kam nun, wie die meisten Zwangsarbeiter, erst mal in ein sowjetisches Umerziehungslager, zur Gehirnwäsche. Sie hatte es allerdings etwas leichter als andere Strafgefangene, durch ihren Beruf. Ja, und diese Schwester von da oben hat sich um mich gekümmert. Doch ausrichten konnte man gegen das Wolhynische Fieber damals nicht allzu viel – ein bißchen Tee, ein bißchen Brot und Petroleum auf den Kopf, gegen die Läuse. Doch irgendwie hat mein Organismus das überstanden …

Im Frühjahr 1946 kamen wir dann in ein Kriegsgefangenenlager, dort waren die Lebensumstände ein bißchen leichter und die medizinische Versorgung besser. Im Kriegsgefangenenlager – ich glaube, es war das Lager 14 – gab es auch gefangene deutsche Offiziere. Und das fand ich schon schokkierend: Die wurden von den Russen besser behandelt als wir Zivilisten oder die einfachen Soldaten, sie brauchten nicht zu arbeiten und bekamen eine bessere Verpflegung … Die Zeit im Lager 14 ist mir ansonsten im Gedächtnis geblieben als eine, in der ich nicht arbeiten konnte, weil mein Körper von Geschwüren übersät war. Das war eine äußerst schmerzhafte Angelegenheit, man hatte ja kein Fett mehr am Leib, und da ging das fast bis an die Knochen. Mein lieber Schwan, wenn ich die Beine früh runterließ, schossen mir vor Schmerz die Tränen in die Augen. Geschwüre waren ja an der Tagesordnung in den Lagern, doch ich hatte das besonders schlimm, an meinen Beinen sind Narben bis zum heutigen Tag geblieben …

Also die ersten zwei Jahre, wie gesagt, kam man nicht zum Nachdenken, die waren mit dem blanken Überleben ausgefüllt. Hätte ich, sagen wir mal, meine Kinder allein zu Hause zurücklassen müssen, wäre das sicher eine zusätzliche schwere Belastung gewesen. Doch ich wußte sie ja im Pfarrhaus in Sicherheit bei meinem Schwiegervater. Ich habe mir

nie vorgestellt, daß ihnen was passiert sein könnte, besonders, weil der Krieg ja nun zu Ende war. Nein, so etwas habe
ich nie gedacht – im Gegenteil, ich nahm an, daß inzwischen
auch mein Mann wieder aufgetaucht sei. Und es kommt noch
was hinzu: Je mehr die Zeit vergeht, Monat für Monat, Jahr
für Jahr, desto mehr entfernt man sich von allem, was vorher
gewesen ist. Das ist schon merkwürdig, das kann sich niemand vorstellen, der das nicht selbst erlebt hat. Doch es ist
so – es ist eine fremde und sehr harte Welt, die dir als Gefan-
genem ihre eigenen Gesetze diktiert, die Erinnerungen werden von ganz existentiellen Problemen aufgesogen …

Ab 1946 war ich immer in irgendeinem Kriegsgefangenenla-
ger, immer innerhalb einer Brigade von zwanzig bis vierzig
Frauen. Da habe ich Glück gehabt – die Schwerstarbeiten im
Schacht oder bei Eiseskälte im Wald sind mir durch diese
Konstellation erspart geblieben. Ich wurde nun meist inner-
halb des Lagers eingesetzt. Eine Zeitlang habe ich als Friseur-
hilfe gearbeitet, also den Landsern den Topfschnitt verpaßt.
Ein andermal war ich Lazaretthilfe, doch das war schon ein
Jahr später. Und zwischendurch kam ich auch mal auf den
Bau. Auf alle Fälle habe ich immer versucht, Russisch zu lernen. Das hat sich als vorteilhaft erwiesen, außerdem habe ich
einiges über die Menschen dort erfahren. Viele deutsche Soldaten und vor allem die Offiziere lehnten ab, überhaupt ein
Wort Russisch zu sprechen. Ich nicht, ich war ja nun einmal in
diesem Land, da wollte ich mich auch mit den Menschen ver-
ständigen können … Und allmählich fing man auch wieder an
zu leben … man konnte ja nicht ewig seinem Leid nachhängen, da hätte man ja gleich in die Grube fahren können.

1947 haben wir Frauen uns beispielsweise am Schwarz-
markt beteiligt: Wir sparten uns von unseren Rationen pro
Woche ein Brot zusammen und tauschten das auf dem
Schwarzmarkt gegen ein Kilo wunderbaren brasilianischen
Kaffee! Der kam aus amerikanischen Hilfslieferungen. Die
Russen aber waren damals nicht so wild auf dieses fremde
Gesöff, sie hielten sich lieber an Tee. Auf diese Art gab es am

Sonntag bei uns Frauen dann eine ›Kaffeestunde‹ – da tankten wir auf, erzählten und sangen miteinander. Einmal in der Woche bekamen wir ja auch Weißbrot, davon hoben wir einen Teil auf, vermischten ihn mit dem Kaffeegrund und etwas Zucker – und fertig war unsere Sonntagstorte ... Auch Kultur spielte in den Kriegsgefangenenlagern eine große Rolle, die Russen waren sehr interessiert daran. Die haben Instrumente gekauft, und unter den Kriegsgefangenen waren ja auch ein paar Berufsmusiker oder begabte Laien. So gab es immer eine große Kapelle, und an den Wochenenden wurden Tanzabende veranstaltet – dazu kamen dann übrigens sogar Zivilrussen ins Lager. Ich selbst habe in einer Theatergruppe mitgewirkt, wir haben Sketche einstudiert und einmal ein Stück von Ernst Toller. Ja, Kultur haben die Russen sehr unterstützt, das wollten sie, das war ja auch für ihre Leute sehr schön ...

Politschulungen dagegen gab es bei uns im Lager nicht, überhaupt keine.

Meine letzte Station war ein Kriegsgefangenen-Lazarett Nähe Skopin, das lag südlich von Rjasan, also auch nicht so weit von Moskau entfernt – etwa 300 Kilometer, was für russische Verhältnisse gar keine Entfernung ist. Ich war also dort im Lazarett eingesetzt. Das ergab sich so; ich war vorher schon, weil ich ziemlich schnell Russisch gelernt hatte, als Dolmetscher zwischen russischen und deutschen Ärzten gefragt. Im Lazarett gab es verschiedene Stationen, eine Tbc- und eine Chirurgenstation, auch eine Innere Abteilung. Dort arbeiteten auch deutsche Ärzte, die in Kriegsgefangenschaft waren. Und ich habe immer ein bißchen übersetzt – das gefiel dem russischen Oberarzt gut, so durfte ich bleiben. Ich habe also dort zusammen mit anderen Frauen aus unserer Brigade Soldaten gepflegt, ihnen manchmal auch etwas vorgesungen – dort im Lazarett sind ja noch etliche gestorben, an den verschiedensten Krankheiten. Und zwischenrein habe ich eben gedolmetscht. Skopin ist eine sehr schöne, altrussische Stadt, berühmt wegen des erhaltenen Stadtkerns.

In meinen Lagerjahren habe ich die Menschen wirklich kennengelernt, da gab es kein Verstecken, da sah man genau, wer ein anständiger Mensch ist und wer nicht. Insgesamt, so würde ich sagen, waren die Frauen solidarischer. Doch auch das Verhältnis zwischen Russen und Deutschen war sehr aufschlußreich. Hier im Lazarett gestaltete es sich ganz normal, es wurde da unproblematisch miteinander gearbeitet. Die russischen und die deutschen Ärzte zum Beispiel lernten voneinander, denn auch die Deutschen hatten ja etwas einzubringen, bei Operationen und so ... das wurde aufgenommen und akzeptiert. Und der russische Oberst-Arzt war ziemlich großzügig, das war ja nun schon im Frühjahr 1948; er hatte so einen großen eingezäunten Benzinkanister mit 500 Liter Wasser drin, also eine Art ›Sowjet-Swimmingpool‹ – da durften wir Frauen uns regelmäßig duschen, das hat er erlaubt. Es waren auch Werkstätten im Lazarett, die waren nun mit Zivilisten von draußen besetzt, da kam man auch miteinander in Kontakt. Doch irgendwie blieb einem damals noch allerhand verschlüsselt. Ich erinnere mich zum Beispiel an die Schneiderin, eine freundliche, aber sehr feine Dame – na, ich glaube, die hat auch mal bessere Tage gesehen ... Oder der Schumacher – nun hing ja in allen Werkstätten ein Stalin-Bild – und einmal, daran erinnere ich mich, hat der Schuhmacher hinter sich, also auf das Stalin-Bild gezeigt und ausgespuckt ... Das ist einem aber erst später alles klar geworden, auch, was das für ihn hätte bedeuten können, da fehlten mir damals noch die Zusammenhänge. Auf jeden Fall gab es zwischen Russen und Deutschen so ein praktisches Miteinander. Und ich muß sagen, ich habe damals eine Menge hilfsbereiter Leute kennengelernt – das war nicht mehr wie 1945 in Stalinogorsk, als wir durch diese Menschengasse zum Lager mußten ...

Ja, nun war ich also im Lazarett. Und von dort gingen ab und zu Krankentransporte und Entlassungen nach Deutschland – Soldaten und Offiziere und immer mal wieder eine meiner Leidensgefährtinnen ... Und ich dachte manchmal:

›Mensch, vielleicht bist du jetzt auch mal dran!‹ Sie gaben da immer diese Listen raus, doch ich stand nie drauf. Und dann bekam ich die Gelbsucht – also eine dieser Seuchen, das waren ja für die Russen alles Seuchen – und nun war ich selbst Patientin im Lazarett ...«

HELGA, P.: *»Einen Tag vor Weihnachten wurde meine Tochter geboren – in Brest-Litowsk.«*

Helga P., Tochter eines Schuhmachermeisters aus Königsberg, Mark Brandenburg, wäre beinahe schon 1946 entlassen worden. Eine Fahrtunterbrechung führt dazu, daß Helga noch sechs Jahre länger in Rußland bleiben muß.

1945 kam die sechzehnjährige zunächst ins Lager Tyrgan, in das sich am gleichen Ankunftstag auch Eva-Maria S. durch die Schneemassen schleppte. Noch im nächsten Lager – Krasno-Gorka, in dem die oberschlesischen Frauen in der Mehrzahl sind, treffen beide Mädchen gemeinsam ein. Danach trennen sich ihre Wege: Helga kommt nach Stalinsk und wird dort 1946 aufgrund einer schweren Dystrophie auf die Liste für einen Heimtransport nach Deutschland gesetzt.

Der Zug kommt nicht weit – unterwegs bricht in den Waggons Typhus aus, die Fahrt wird unterbrochen. Sämtliche Waggoninsassen des Heimkehrertransportes werden dem Lazarett Mednogorsk im Ural zur Quarantäne überstellt.

Das Nachhausefahren ist damit für Helga vorbei. Da sie nicht zu den Typhuskranken gehört und ihre Dystrophie im Lazarett ein wenig behoben werden kann, gilt sie bald wieder als vollwertige Arbeitskraft und wird ins Ural-Lager Nickel überstellt. Dort fand bereits Charlotte H. ihre Schwester Ruth zum Skelett abgemagert vor – Nickel zählt zu den Frauenlagern mit besonders brutalen Arbeits- und Lebensbedingungen. Nachdem Helga P. ein paar Monate lang auf einer Baustelle schwere Steine und Mörtel geschleppt hat, sind ihre im Lazarett ein wenig stabilisierten Kräfte wieder aufgezehrt:

»Diejenigen von den 200 Frauen im Lager Nickel, die kräfte-
mäßig am Ende waren, kamen im März 1947 nach Resch, in
ein kleines Außenlager. Das war nun ein gemischtes, da
waren auch deutsche Kriegsgefangene und Polen. Nun, wir
Frauen durften uns etwas ausruhen und gaben uns in dieser
Zeit der Illusion hin, nun tatsächlich nach Hause zu kommen – ich hatte es ja beinahe schon einmal geschafft ...
Natürlich wurde auch diesmal nichts draus: Kaum konnten
wir uns wieder einigermaßen auf den Beinen halten, ging es
schon auf die nächste Baustelle.

Diesmal wurden Holzhäuser gebaut, so aus richtigen
Baumstämmen. Und wir Frauen haben so eine Schlacke-
Watte bekommen, damit sollten wir die Rillen zwischen den
Balken ausfugen. Als wir nun das erste Mal auf die Baustelle
kamen, war der Brigadier noch gar nicht auf uns vorbereitet,
denn da gab es noch einen Haufen Ukrainer aus einem
Straflager, die dort unter strengster Bewachung arbeiteten.
Also, der Brigadier wußte zunächst nicht recht, was er mit
uns anfangen sollte. Der mußte erst mal solche Keile für uns
anfertigen, für die Schlacke-Watte. Und ich mußte schon die
ganze Zeit furchtbar austreten. Und während der die Keile
fertigte, bin ich zum Gebüsch gegangen ... Plötzlich spüre
ich einen Aufprall am Oberschenkel, zunächst nichts weiter
als einen schmerzhaften Aufprall ... dann wurde es heiß, ich
faßte hin, und da rann mir auch schon das Blut zwischen den
Händen durch ... mir wurde schwindlig, dann bin ich zusammengesackt. Der Brigadier hat einfach hinter mir herge-
schossen, ohne mich anzurufen, und nun hatte ich einen
glatten Oberschenkeldurchschuß ... Der Brigadier kam sofort gerannt und ordnete an, eine Trage zu bauen. Das war ein
polnischer Jude, der war eigentlich nicht schlecht, der hat nur
überreagiert wegen der vielen Strafgefangenen. Ich wurde
nun ins Lager gebracht und mußte nachher die Schuld auf
mich nehmen, denn an diesem ersten Arbeitstag mußten wir
morgens am Tor antreten, bevor wir rausgingen. Sonst wurden wir immer von Zivilkonvois zur Arbeit begleitet, diesmal

aber mit militärischer Bewachung wegen der ukrainischen Strafgefangenen. Und am Tor war uns gesagt worden, daß niemand vom Weg abweichen darf, sonst würde sofort geschossen. Das hat auch niemand getan – nur, ich wußte ja nicht, daß das auch für die Baustelle gilt, da durften wir ja sonst immer austreten gehen ...

Nun lag ich also etwa acht Tage im Lager-Lazarett, dann wurde ein Transport zusammengestellt – alle Polen durften nach Hause fahren. Und damit hatten wir nun auch keinen richtigen Arzt mehr. Das Bein eiterte aber in dieser Zeit stark. Es kam dann oft ein russischer Offizier, dem hat das leid getan, der bot mir etwas hilflos was zu rauchen an – das war gut gemeint, aber nicht gerade das, was ich brauchte ...

Die Wunde verheilte irgendwie, doch so richtig ist das Bein nie mehr in Ordnung gekommen ... damit habe ich noch heute Schwierigkeiten, das schwillt immer mal wieder an ...«

Ende April 1947 humpelt Helga P. durch ein anderes Lagertor, unter einem Spruchband hindurch, auf dem steht: »Wer nicht arbeitet, der darf auch nicht essen!« Alles scheint schlimmer zu werden statt besser, das Mädchen mit dem kranken Bein schafft nicht die geforderte Norm. Die Versetzung auf die Kolchose empfindet Helga daher trotz mieser Lebensbedingungen fast als Erlösung, vor allem kann sie sich richtig satt essen an Kartoffeln. Nach weiteren Lagerwechseln landet die inzwischen Neunzehnjährige im Sommer 1948 im Lager Sugreß im Ural, der letzten Station, die sie bis 1950 nicht verlassen wird. Hier arbeitet Helga unter anderem mit einem jungen deutschen Zivilisten zusammen, der aus Ostpolen stammt und von Posen aus nach Rußland transportiert wurde:

»Wir arbeiteten dort an einem Staudamm, dort habe ich ihn kennengelernt. Das waren erst mal nur Blicke und so ... Später habe ich mir beim Schälen der Baumrinde das Eisen in den Finger gehauen und war wieder krankgeschrieben. Ich war nun also im Lager, und dort sind wir uns langsam auch nähergekommen. 1949 ging das ja alles schon etwas lockerer zu, wir Mädels zum Beispiel waren nicht mehr in riesigen Baracken, sondern inzwischen in kleinen Zimmern untergebracht, immer so etwa sechs bis sieben … Ja, und er war Brigadier. Er konnte ja Polnisch, weil er aus Ostpolen stammte – damit hatte er es leichter gehabt in Gefangenschaft, er wurde von Anfang an als Brigadier eingesetzt … Und 1949 nun, nachdem viele Kriegsgefangene aus dem Lager nach Hause gefahren sind, hatte er ein kleines Zimmer für sich … Da ist es dann halt passiert, ich wurde schwanger.

Damit war ich nun keine Ausnahme unter den Gefangenen, in unserem Lager waren schon mehrere kleine Kinder, die alle in Rußland gezeugt worden sind, zehn vielleicht. Eine Frau bekam 1949 sogar schon ihr zweites Kind. Und dann hatten wir eine Finnin, die ist mit drei Kindern im Lager gewesen. Die hat sie aber noch aus Finnland mitgebracht: Sie wurde damals samt ihren drei Kindern festgenommen, die waren also schon über fünf Jahre mit im Lager … Außerdem hatten wir noch einen Knirps, einen deutschen Jungen, der mit zwölf Jahren verschleppt worden ist – der ist auch erst 1950 mit einem Transport nach Hause gekommen, da war er schon siebzehn Jahre alt. Ich weiß noch, als er ankam, da war er ein richtig kleiner Junge, der blieb immer bei uns im Frauenlager. Die Russen haben da ein bißchen Rücksicht genommen, der hat die erste Zeit immer nur den Laufburschen gespielt. Trotzdem war das furchtbar für den kleinen Kerl, der hatte ja niemand …

Nun war ich also schwanger. Und zum ersten Mal im Leben verliebt trotz Lagerbedingungen und der noch immer schweren Arbeit. Die Kriegsgefangenen waren inzwischen alle weg, es gab nur noch Zivilisten im Lager – vielleicht 200 Frauen und 150 Männer … Und nun sollte im Frühjahr 1950 ein großer Transport nach Hause gehen. Da wurde extra der Aktivälteste in die Kommandantur gerufen; der hat im Lager immer die Politschulungen durchgeführt, auch ein verschleppter Zivilist. In der Kommandantur hat er uns Frauen nun angeschwärzt – das hat der den Männern selbst erzählt, die nachher reinkamen. ›Die Frauen‹, hat er gesagt, ›sind politisch nicht einwandfrei, die haben überhaupt kein Interesse an den Schulungen gezeigt ...‹. Und wissen Sie, was das für uns zur Folge hatte? Daß wir nicht fahren durften. Der Heimtransport bestand also nur aus Männern, wir Frauen waren noch nicht ›reif genug‹ ...

Drei Männer, darunter auch mein Brigadier, blieben freiwillig bei uns: In vier bis sechs Wochen, so tröstete man uns, ginge der nächste Transport, mit dem kämen wir dann alle heim ... Etwa vier Wochen später bestiegen wir 200 Frauen samt Kindern und den drei Männern tatsächlich den Heimtransport ... doch wir kamen nur bis Brest-Litowsk, dann war plötzlich Schluß! Wir wurden ausgeladen, von den Männern getrennt – die kamen in ein Männerlager und wir in ein Frauenlager ... ›Moskau‹ hieß das eine, das andere ›Minsk‹

Das war im Juli 1950, und nun gab es massenhaft Verzweiflungsausbrüche: Fünf Jahre Lager ... endlich auf dem Heimweg – und nun das! Wir saßen in Brest-Litowsk, erhielten wie immer keine Information und wurden wieder zur Arbeit eingeteilt ... Ich war inzwischen hochschwanger und gesundheitlich ging es mir nicht gut, deshalb wurde ich zur Arbeit in die Waschküche gesteckt. Die anderen Frauen mußten zum Arbeiten raus aus dem Lager: Waggons mit Getreide beladen, auf dem Bau schinden oder einen Gefallenenfriedhof in Ordnung bringen ... Die psychische Situation, in der wir uns befanden, kann man gar nicht schildern. Ein Mädchen, das mit vierzehn Jahren verschleppt wurde und inzwischen einundzwanzig war, ist in diesem Lager noch verrückt geworden ...

Dann, im Herbst 1950, kamen die Männer plötzlich weg! Vorher hatten mein Brigadier und ich uns ein paarmal gesehen, jeweils am Sonntagnachmittag: Da kriegten sie einen Lkw gestellt – das Männerlager befand sich ja ein ganzes Ende weg – und durften uns besuchen. Und nun wurden sie ein letztes Mal herübergebracht, um sich zu verabschieden:

Für das gesamte Männerlager ging es wieder zurück nach Rußland, in den Schacht von Stalino … Ich war fassungslos – inzwischen hatte ich schon einen ziemlich dicken Bauch –, ich habe gedacht, jetzt ist alles aus! Schon am nächsten Morgen sollte es losgehen. Am nächsten Morgen, gleich nach dem Aufstehen, sind wir Frauen alle raus. Unser Lager befand sich direkt neben den Bahnschienen, und so hofften wir, daß die Lkws hier vorbeikämen. Und dann kamen sie wirklich. Absteigen durfte niemand mehr, doch die Lkws hielten noch einmal, es waren ja mehrere, voll mit Kriegsgefangenen und Zivilisten. Und nun begannen sie tapfer zu singen: ›Muß i denn, muß i denn zum Städtele hinaus …‹ Wir Frauen haben bitterlich geweint. Ich habe gedacht, mein Herz bleibt stehen, also, ich war vollkommen fertig.

Einen Tag vor Weihnachten 1950 wurde meine Tochter geboren – in Brest-Litowsk. Sie kam gesund auf die Welt, und das war das wichtigste. Die Lebensumstände für einen Säugling im Lager waren ja nicht gerade berauschend: Ich hatte kaum Milch bei dieser dürftigen Ernährung. Auch gab es keine Nuckel und keine Flasche, und so habe ich meinen Winzling von vornherein mit dem Alu-Löffel füttern müssen … Wenn ich zur Arbeit mußte, habe ich mein Kind in eine Holzkiste gelegt und durch den Schnee gezogen. Eines Tages gab es eine freudige Überraschung: Ich wurde zur Wache gerufen, mußte in die Kommandantur. Dort saß ein Offizier, der war aus Stalino gekommen – und der brachte mir einen Gruß aus dem Männerlager, von meinem Brigadier! Und da er wieder zurückfuhr, durfte ich drei, vier Zeilen schreiben – auf diese Art teilte ich meinem Brigadier die Geburt unserer Kleinen mit … Der Gruß aus Stalino war ein wichtiges Zeichen, der hat mich wieder aufgebaut. Nun wußten wir voneinander, daß wir leben … und daß wir zu dritt sind.

Es dauerte nicht lange, da erhielt ich wieder Grüße aus Stalino und etwas erarbeitetes Geld von meinem Brigadier – sie bekamen jetzt Rubel für ihre Arbeit im Schacht … Das machte nun einiges leichter: Zwar durfte ich das Lager nicht verlassen, doch die Russen brachten mir ein paar ›Produkti‹ mit, dazu einen Nuckel und eine Milchflasche ...

So ging das Jahr 1951 dahin, das nächste brach an ... Noch immer wurden wir als Stalins Faustpfand zurückgehalten, inzwischen war auch noch der Korea-Krieg ausgebrochen. Doch die Bedingungen im Lager waren leichter geworden: Ich bewohnte in der Baracke ein kleines Zimmer, gemeinsam mit einer anderen Mutter und unseren beiden Kindern. Meine Arbeit bestand nun darin, vorn an der Wache den Schlagbaum zu bedienen – aber nur stundenweise; währenddessen haben ältere Frauen auf meine Kleine aufgepaßt. Die fing ja nun schon an zu sprechen und zu laufen.

Dann, am 19. Mai 1952 – meine Tochter war fast anderthalb Jahre alt – wurden die Frauen des gesamten Lagers zusammengeholt: Der Kommandant teilte uns mit, wir würden morgen nach Hause fahren! Wir sollten aber nicht als Feinde der Sowjetunion zurückkehren, sondern als Freunde – wir seien die unschuldigen Opfer des Hitlerfaschismus ...

Das war ein merkwürdiges Gefühl: Freudentränen wechselten ständig mit Zweifeln – schon zweimal in diesen sieben Jahren Rußland durfte ich nach Hause fahren und war in Deutschland nicht angekommen ...

LOTTE, W.: »*Der 17. Juni 1953 hat uns ein weiteres Jahr Rußland beschert.*«

Lotte, die junge Bankangestellte aus Königsberg, die zwei Jahre unter barbarischen Umständen in der Stadt eingeschlossen war und lange gegen eine Drüsenphlegmone ums Überleben kämpfte, wurde im Juni 1947 mit ihrer Mutter und anderen Königsberger Frauen vom NKWD verhaftet und im »Gruppenverfahren« zu fünf Jahren Straflager verurteilt, wegen Staatsverleumdung! Nach einer ärztlichen Kontrolle im Königsberger Polizeigefängnis hat man die Frauen, von denen manche sieben, andere zehn, die Ukrainerinnen im Schnitt fünfzehn bis zwanzig Jahre erhielten, in mehr oder minder Arbeitsfähige eingeteilt. Lotte wurde von ihrer Mutter getrennt und mit etwa dreißig Frauen auf einen Lkw verfrachtet, später in einen Viehwaggon umgeladen.

Ohne jede Winterkleidung erleidet Lotte, als sie nach vierzehntägiger Fahrt durch Schneegebiete im Lager Gorki eintrifft, eine Nervenentzündung in beiden Schienbeinen, die sie bis zum Lebensende als chronischer Schmerz begleiten wird. Lotte und ihre Kameradinnen gehören, ohne dies zu wissen, zur Nachhut der verschleppten Zivilisten – zu den Ersatzsklaven, die Heimkehrer oder Tote in Schacht und Industrie ersetzen sollen. Gerade in den späten vierziger Jahren wird der aus den Schauprozessen der dreißiger Jahre berüchtigte § 58 in der Sowjetunion noch einmal aktiviert, werden nicht nur Deutsche aus sowjetisch besetzten Gebieten willkürlich verhaftet, verurteilt und verschleppt, sondern auch massenweise Intellektuelle aus der Sowjetunion selbst.

Lotte W. steht eine »Lagerrundreise« bevor, die denen der anderen verschleppten Frauen ähnelt: Gorki, Saratow, Kuibyschew, Swerdlowsk ... mit dem Unterschied, daß sie jeweils in Straflager eingeteilt wird. Sie näht Uniformhosen am Fließband einer Textilfabrik und arbeitet in einer Gärtnerei, wo sie nach dem Verzehr einer giftigen Wurzel tagelang bewußtlos im Lazarett liegt ... Im Winter 1949 kommt sie ins Lager Solikamsk am Nordzipfel des Urals, wo das Thermometer mitunter auf minus fünfzig Grad fällt. Sie wird einer Waldarbeiter-Kolonne zugeteilt und schuftet dort, bis eine russische Ärztin sie aus dem Martyrium befreit: Lotte gilt nach einer medizinischen Untersuchung als kaum arbeitsfähig ...

Das Lager Solikamsk ist mit etwa 600 Frauen belegt, in Baracken getrennt nach Verurteilungs-Paragraphen. Etliche von ihnen dürfen 1949 bereits ohne Konvoi zur Arbeit, was nicht nur die Gefangenschaft erleichtert, sondern auch Schwangerschaften zur Folge hat. So wird in Solikamsk ein kleines Kinderheim für den Nachwuchs der Häftlingsfrauen eingerichtet.

Lotte W. lernt Olga kennen, eine ukrainische Krankenschwester, die Deutsch spricht:

»Ich durfte ja nicht mehr zur Waldarbeit, und da hat mich Olga als Nachtwache für das Kinderheim vorgeschlagen. Ich mußte zuvor eine Prüfung ablegen, die ich auch bestand, weil ich zu Hause mal einen Rot-Kreuz-Kurs besucht hatte. Und nun durfte ich nachts die Säuglinge betreuen. Zu meiner Zeit gab es im Lager etwa vierzig kleine Kinder. Ihre Mütter sind morgens zum Stillen gekommen und haben sich danach auf den Weg zur Arbeit gemacht. Mittags kamen sie wieder stillen und abends auch. Es waren alles Kinder von russischen Frauen. Sie haben ihre Säuglinge selbst gebadet und zur Nacht fertiggemacht. Sie haben mit ihnen noch ein wenig gespielt und sind dann in die Baracken zum Schlafen gegangen ... Später bin ich in die Ambulanz übergewechselt; vor allem habe ich nun versucht, Russisch zu lernen. Wir hatten da eine polnische Jüdin, die kam aus der Ukraine. Sie hat mir erst mal das russische Alphabet aufgeschrieben und immer wieder mit mir Russisch gesprochen: ›Ohne Russisch kommen Sie hier gar nicht durch!‹, hat sie gesagt. Sie hatte zehn Jahre Straflager erhalten ... und zu Hause fünf Kinder. Das war eine Lehrerin, eine polnische Jüdin aus der Ukraine – als ich das Lager verließ, hatte sie noch ein paar Jahre ...

Ich habe oft an meinen Mann gedacht. Ich liebte ihn sehr und war sicher, daß er noch lebt und auf mich wartet. Um meine Mutter machte ich mir große Sorgen – ich habe immer gedacht: ›Wo wird sie sein, was wird sie jetzt machen?‹ Es kam ja keine Nachricht von draußen.

Wir durften manchmal schreiben, knapp eine Seite, die Briefe mußten aber offen bleiben. Und ich hatte immer schon so einen Verdacht, daß das Ganze nur eine Beruhigungspille für die Häftlinge war, daß die Briefe gar nicht rausgehen. Ich war ohnehin vorsichtig, habe immer nur Positives geschrieben – und später hat sich dann auch rausgestellt, daß das nur eine Gesinnungsschnüffelei war ...

Um meine Mutter machte ich mir ständig Sorgen. Und dann, 1950, passierte etwas Schreckliches: Ich sah plötzlich eine Frau in ihrem Mantel durchs Lager laufen! Ich habe den Mantel sofort erkannt, ich hatte ihn ja selbst genäht – aus einer grauen Wolldecke, mit schwarzem Kragen aus einem Samtrest ... Unsere Wohnungen in Königsberg waren ja geplündert worden, doch die graue Wolldecke hatten sie uns gelassen, und daraus habe ich meiner Mutter dann einen Mantel genäht, weil wir nichts zu heizen hatten. 1947, als wir verhaftet wurden, sagte der NKWD-Offizier zu uns: ›Ziehen Sie sich einen Mantel an‹ – obwohl es mitten im Juni war. Der wußte schon, was uns bevorsteht. Meine Mutter hat dann den Mantel angezogen. Und nun spazierte der hier durch ein russisches Lager – mit einer anderen Frau darin! Mir gefror das Blut in den Adern ... Ich bin sofort losgegangen und habe in Erfahrung gebracht, daß eine Frauengruppe aus Königsberg eingetroffen sei, drei Jahre nach meiner eigenen Deportation. Es war eine kleine Gruppe. Und nun stellte sich heraus, daß das die Überlebenden jenes Lagers waren, in das auch meine Mutter gekommen ist, nachdem wir getrennt wurden. Sie gehörte ja zu den Schwächeren, die blieben gleich in Königsberg: In einem russischen Lager auf der anderen Seite des Pregels ... Aber wo war meine Mutter? Eine Krankenschwester aus Königsberg hat mich dann beiseite genommen, sie gehörte auch zu den Neuankömmlingen ... Meine Mutter ist noch 1947 gestorben, in diesem Lager am anderen Pregelufer. Sie war ja schon geschwächt, durch die Hungerjahre, die wir hinter uns hatten – und nun bekam sie auch noch die Ruhr dazu, das hat sie nicht mehr überlebt. Sie war fünfundvierzig Jahre alt ...

Ich habe ihren Tod kaum verkraftet, auch später nicht. Ich sah uns immer da stehen, auf diesem Zellenflur, als wir uns in die Arme nahmen ... Und nun, im Lager Kolikamsk, wurde ich mit dieser Nachricht konfrontiert und hatte Mühe, meine Gefühle zu bezwingen. Doch da war immer noch dieser Mantel! Abends, wenn ich zum Essen ging, sah ich ihn – die

Neuen waren ja in einer anderen Baracke untergebracht. Dann mußte ich umdrehen und zurückgehen, ich kriegte gar kein Abendbrot mehr runter. Ich bin überhaupt nicht mehr losgegangen, nur, um diesen Mantel nicht sehen zu müssen. Das ging so eine Weile, ich konnte mit niemandem darüber reden. Irgendwann ist das meinen Mitgefangenen aufgefallen; sie wollten wissen, warum ich nie mehr zum Essen mitgehe. Sie haben mich dann solange bekniet, bis ich mit der Sprache rausgerückt bin. Daraufhin sind sie zu der Frau gegangen und haben sie gebeten, den Mantel auszuziehen. Die Frau hat gesagt, sie habe nichts Warmes zum Anziehen gehabt und die Tote hätte ihn nicht mehr gebraucht ... Das konnte ich sogar verstehen, doch ich wurde mit diesem Anblick einfach nicht fertig.«

Lotte quält sich wie alle Gefangenen über die Zeit – Monat um Monat, mit Krankheiten und Kälte, miserablen hygienischen Bedingungen und einer Sperrstunde, die um zwanzig Uhr alle Häftlinge in die Baracken zwingt. 1952 ist ihre Strafzeit abgelaufen. Lotte geht davon aus, nun nach Hause fahren zu dürfen:

»Eines Tages wurde ich in ein Büro der Kommandantur bestellt. Mir wurde meine Entlassung mitgeteilt, und ich sollte nun ansagen, wohin ich entlassen werden wolle. Ich sagte natürlich: ›Nach Hause, nach Königsberg‹. Und da wurde mir ganz schnell der Zahn gezogen – also nach Königsberg, das ginge nicht, ich sollte ein anderes Ziel angeben. Nun fiel mir das Jahr 1947 wieder ein: Kurz vor unserer Verhaftung hatte der NKWD alle noch lebenden Deutschen registriert und uns mitgeteilt, daß wir wegkommen sollten aus unserer Heimatstadt – die hieß ja nun schon Kaliningrad. Was da nun genau war, wußte ich natürlich nicht, auch nichts von der Vertreibung der Deutschen aus den gesamten Ostgebieten – ich war ja fünf Jahre völlig abgeschnitten von jeder Information ... Nun fragte mich der Offizier noch mal, wohin ich

entlassen werden wolle. Ich war ganz verunsichert, und nun
sagte ich: ›Nach Deutschland‹. ›Nein, das geht jetzt auch
nicht‹, antwortet der nun, ›vielleicht später, aber jetzt brau-
chen wir erst mal eine Zwischenstation ...‹ Ich verstand
überhaupt nichts und sollte nun erneut sagen, wo ich hin
will. Also meinte ich etwas vage: ›Soweit wie möglich in die
Nähe von zu Hause ... dorthin, wo es wärmer ist und Obst
gibt ...‹ Ich hatte ja die ganzen fünf Jahre kein Obst gesehen;
auf der Kolchose konnte man mal eine Tomate oder eine
rohe Kartoffel essen, doch bei Obst wußte ich schon gar nicht
mehr, wie das aussieht. Bei ›Entlassen‹ oder ›nach Hause‹ war
mir irgendwie Frühling eingefallen – wahrscheinlich, weil ich
schon so lange in dieser Kältezone war ... So, und bei den
Stichworten ›Wärme‹ und ›Obst‹ steht plötzlich die Sekretä-
rin auf – das war eine Ukrainerin, wahrscheinlich auch eine
Gefangene – und holt ein Buch mit den Ortsverzeichnissen
der Ukraine. Sie läßt es einfach auffallen und tippt mit dem
Finger auf einen Ort: ›Charol‹, sagt sie, ›das liegt bei Poltawa.
Die Gegend kenne ich ein wenig, da ist es gut, da können Sie
hinfahren ...‹ Tja, und da bin ich nun hingefahren, mit dem
Zug. Ich bekam eine Fahrkarte, die ging über Moskau nach
Poltawa ...

In Moskau bin ich an einem Morgen angekommen und
mußte irgendwie von einem Bahnhof zu einem anderen
gelangen. Ich habe mich dann durchgefragt und bin mit der
Metro gefahren. Das war ein Erlebnis – diese Metrostationen,
das hat mich beinahe erdrückt ... das waren ja damals alles
schon Marmorpaläste – und ich kam aus dieser ewig grauen
Lageröde ... Ich war fasziniert und bin auf jeder – wirklich
jeder – Station ausgestiegen, um mir die Mosaike und diese
Marmorpracht anzuschauen. Da war jede Station in einer
anderen Farbe gestaltet ... Zwei Tage später, früh um vier
Uhr, kam ich dann in Poltawa an, auf dem Bahnhof. Der Ort
Charol lag außerhalb, so etwa drei, vier Kilometer entfernt,
und die mußte man normalerweise laufen. Nur, wenn ein
Zug ankam, stand am Bahnhof ein Lkw, so ein Omnibuser-

satz, ein Lastwagen mit Bänken drauf – der fuhr dann in den jeweiligen Ort hinein.

In Charol habe ich mich auf der Polizeistation gemeldet, habe mein Verslein aufgesagt, woher ich komme und dem Polizisten dort meine Papiere übergeben, darunter diesen Entlassungsschein aus dem Lager. Und dann war es aus … dann begann ich zu heulen wie ein Schloßhund, ich konnte mich überhaupt nicht mehr fassen – ich war doch frei, was sollte ich hier in diesem fremden Ort? Der Polizist war sehr nett und hat versucht, mich zu beruhigen. Er holte was zu trinken – die trinken da heißes Wasser und lutschen ein Stück Zucker dazu – und fragte mich, ob ich ein bißchen Geld hätte, er würde mich dann im Hotel unterbringen. Ich hatte ungefähr 200 Rubel, von der Arbeit im Lager, und so ist er mit mir losgezogen, ins ›Hotel‹. Das war so eine Art Arbeiterwohnheim, da gab es eine Etage für Männer und eine Etage für Frauen; in den Zimmern waren jeweils vier Betten drin und vier Schränke, solche Mannschaftsschränke. Und da konnte man nun eine Schlafstelle kaufen, da wurde immer nur ein Bett verkauft. Nun hatte ich also hier ein Bett im Hotel … irgendwo in der Ukraine. Hier sollte ich bleiben, bis ich gerufen werde.

Ich durfte mich waschen, bekam von der Portiersfrau ein Glas heißen Tee und dann habe ich mich in mein Bett verkrochen …«

Lotte wartet, was nun passiert, läuft in der Stadt herum und erlebt zum erstenmal den Handel auf einem Basar. Eines Nachts wird sie plötzlich von einer Polizistin geweckt: Sie solle aufstehen, der Natschalnik sei auf der Polizeistation eingetroffen und wolle sie sprechen …

Das klingt bedrohlich, doch auch der Natschalnik erweist sich als freundlicher Mann. Nur weiß er nicht recht, was er mit der Deutschen anfangen soll. Zunächst bringt er sie in der Brotfabrik zum Arbeiten unter, dann macht er sich auf Quartiersuche:

»Nach ein paar Tagen bin ich dann in eine ukrainische Familie gekommen – eine Mutter mit drei Kindern, dazu Großmutter und Großvater. Sie bewohnten ein kleines Häuschen, die alten Leute auf der einen, die Mutter mit den Kindern auf der anderen Seite. Das Haus war sehr klein, hatte nur zwei Zimmer – und ich kam zur Mutter und den Kindern. Die wohnten in einer Art Küchenraum, mit einem großen russischen Ofen, da haben die beiden Jungs draufgelegen. Die Mutter und die Tochter schliefen hinter einem Vorhang und ich nun in einer anderen Ecke des Zimmers ... Das war schon seltsam – ich lebte nun in einer wildfremden Familie. Doch irgendwie hat das auch gut getan, ich fühlte mich ja hier völlig verloren. Der Großvater war ein Modellbauer, und die Leute waren wirklich freundlich. Ich habe mich dort eingelebt, ging morgens zur Brotfabrik und später in die Butterfabrik – doch meine Gedanken kreisten immer wieder um Deutschland ... Inzwischen hatte ich Verbindung zum Deutschen Roten Kreuz aufgenommen, um meinen Mann und meinen Vater suchen zu lassen, die beide im Krieg waren, als Königsberg eingeschlossen wurde. Außerdem hatte ich noch eine Tante in Berlin ... Mit meinen Kameradinnen im Lager Solikamsk stand ich auch noch in Verbindung. Die deutschen Frauen, die noch dort waren, gerieten ja nun alle in die gleiche Situation wie ich: Sie wurden zwar entlassen, durften aber nicht nach Deutschland zurück ...Nun kannten sie mich alle aus der Ambulanz, und ich schrieb ihnen, sie sollten doch auch hierher kommen. Sie trudelten dann nacheinander hier ein, insgesamt acht Frauen, ein paar davon aus Königsberg. Nicht alle wurden direkt in Charol untergebracht, manche kamen auch auf umliegende Kolchosen. Doch wir durften einander besuchen – wir hatten ja einen Bewegungsspielraum von hundert Kilometern im Umkreis, weiter durften wir uns allerdings nicht entfernen.

Und dann traf die erste Post aus Deutschland ein! Meine Tante aus Berlin meldete sich. Von der hatte ich noch die Adresse im Kopf gehabt, der hatte ich direkt geschrieben.

Von ihr erfuhr ich, daß mein Vater lebt, daß er inzwischen aus der Kriegsgefangenschaft entlassen worden ist. Und bald darauf schrieb mir mein Vater auch selbst. Im Brief lag die Nachricht vom Tod meiner Mutter – mein Vater überbrachte mir eine Nachricht, die ich schon wußte –, und daß er wieder geheiratet hat. Das hat mich schmerzlich berührt – vom Kopf her verstand ich das alles; wir schrieben ja inzwischen das Jahr 1953, und mein Vater hatte nach meiner Mutter geforscht und erst geheiratet, nachdem er die Todesurkunde in den Händen hatte. Und das Leben geht ja auch weiter ... Doch ich steckte noch tief im ›Vergangenen‹, und da gehörten meine Eltern eben zusammen. Auf jeden Fall schrieb mir mein Vater, daß er sich sehr auf mich freue ...

Da mein Vater den Krieg überlebt hatte, ging ich nun selbstverständlich davon aus, daß auch Ewald Heinrich – mein Mann – noch lebt. Ich bat meinen Vater, dringend nach ihm zu forschen. Tja ... und dann traf der zweite Brief meines Vaters ein, und den habe ich jahrzehntelang nicht verarbeiten können: Vorsichtig teilte er mir mit, daß Ewald lebt ... und daß er mich für tot hat erklären lassen, um wieder heiraten zu können. Dem Brief lag eine Kopie meiner eigenen Todesurkunde bei! Das hat mich niedergeschmettert. Mein Mann hat überhaupt nicht nachgeforscht, ob es mich noch gibt. Das ist, als wenn ein Mensch, den du liebst, Erde auf dein Gesicht schüttet, obwohl du atmest ... dich einfach durchstreicht, um ein neues Leben anfangen zu können.

Das habe ich nie verwunden. Ich war da einfach zu naiv, hatte mir nie etwas anderes vorgestellt, als daß mein Mann auf mich wartet. Ohne diese Überzeugung hätte ich die furchtbare Zeit vielleicht gar nicht durchgestanden ... Seltsam, die anderen Frauen waren da skeptischer, die hatten nicht so auf ihre Männer gesetzt – die kannten sie vielleicht besser als ich meinen. Die haben oft gesagt: ›Na, so lange hält der das nicht durch, der hat sich bestimmt getröstet.‹ Nur ich habe voller Überzeugung dagegengesetzt: ›Mein Mann macht das nicht, da bin ich sicher.‹ Und gerade die Skeptischen haben ihre

Männer wiedergefunden. Die hatten zwar meist inzwischen ein Verhältnis, doch sie haben ihre Frauen nicht fallen lassen und letztlich auf sie gewartet. Sicher, manche sind nachher auseinandergegangen, weil sie nicht wieder richtig zusammenfinden konnten – doch einfach für tot erklären lassen hat keiner seine Frau. Ich war die einzige ...

Im Spätfrühjahr 1954 wurde ich auf die Polizeistation bestellt. Ich mußte ja zwischenrein öfter mal zur Polizei – meist, weil ich dolmetschen sollte für die Frauen, die nach mir ankamen. Und nun bin ich wieder hin, und diesmal sagt der Natschalnik schnörkellos: ›Ihr könnt nach Hause fahren!‹ Das kam nun sehr überraschend, das mußte sich erst mal setzen – wie lange hatten wir auf diesen einen Satz warten müssen ...

Ich fragte den Natschalnik, wieso erst jetzt, wieso nicht schon früher. Und nun teilte er mir mit, wir hätten eigentlich schon ein Jahr zuvor fahren sollen. Doch dann sei in Berlin, am 17. Juni 1953, ein Aufstand ausgebrochen und unsere Rückfahrt daraufhin von Moskau zurückgekurbelt worden. Das war ein Ding: Wegen des 17. Juni mußten wir ein Jahr länger hierbleiben, der hat uns ein weiteres Jahr Rußland beschert ...

Nun sollte es endlich losgehen. Wir hatten noch irgendetwas einzureichen, das mußte nach Poltawa geschickt werden, und von dort sollten dann die Papiere kommen. Wir warteten nun jeden Tag, und es zog sich hin: Mal war die Sachbearbeiterin krank geworden, mal fehlte der Schlüssel für einen bestimmten Tresor ... Als es dann soweit war, gab es eine böse Überraschung: Einige durften nicht mitfahren ... sie mußten in Rußland bleiben, für immer! Das kam so: Unmittelbar nach der Entlassung aus dem Lager bekam man hier ein Papier zum Unterschreiben vorgelegt. Ich auch, aber ich habe das nicht unterschrieben – das war kaum leserlich, doch da ich mittlerweile ganz gut Russisch konnte, habe ich mir das entziffert. Und da stand sinngemäß, daß man mit diesem Schreiben die deutsche Staatsangehörigkeit aufgibt und die sowjetische annimmt ... Das hatten mir irgendwelche Uniformierten 1952 vorgelegt, worauf ich sagte: ›Meine deutsche Staatsangehörigkeit gebe ich nicht auf.‹ Sie versuchten dann, mir einzureden, die hätte ich längst verloren, weil ich fünf Jahre von Deutschland weggewesen sei ... Ich wußte nicht, ob das stimmt, doch unterschrieben habe ich nichts.

Ein solches Papier hatten sie nun auch allen anderen vorgelegt. Die meisten konnten aber nicht mal die kyrillischen Buchstaben lesen. Und einige von unseren Frauen hatten das unterschrieben, weil es ihrer bisherigen Erfahrung in der Gefangenschaft entsprach, daß man die vorgelegten Papiere unterschreiben muß. Die hatten also 1952/53 ihre Unterschrift unter das Papier gesetzt, ohne zu ahnen, was das bedeutet ... Und denen wurde nun mitgeteilt, daß für sie Deutschland gar nicht ansteht, weil sie ja sowjetische Staatsbürger sind! Die Frauen sind zusammengebrochen nach dieser Nachricht. Was später aus ihnen geworden ist, weiß ich nicht ...«

SIGRID, B.: *»Ich kannte gar nichts anderes als Gefangenschaft.«*

Das vierjährige Mädchen ist mit Mutter und Tante sowie den anderen Frauen und Kindern aus Idasheim mitten im Winter in der kasachischen Steppe eingetroffen – nach einem halben Jahr Transportzeit. Doch den aus Idasheim Deportierten steht kein Lagerleben bevor wie anderen verschleppten Zivilisten – mit langen Bretterreihen, auf denen die Gefangenen in ihren ewig naßkalten Klamotten wie die Sardinen liegen, den Festmeter-Normen im Wald, dem Schacht oder Bohlenschleppen am Bahndamm, den Heerscharen von »Partisanski« – den Läusen, Flöhen und Wanzen, die ganzen Barackenbelegungen die Haut zerfressen. Die Idasheimer werden auf die Lehmhütten bereits Verbannter verteilt, Sigrid zum Beispiel kommt mit

Mutter und Tante bei Ukrainern unter. Verbannte sind, mit Ausnahme der einheimischen Kasachen und der russischen Kommandanten, hier fast alle: Kasachstan ist ein großes multiethnisches Deportationsgebiet, in dessen windgepeitschten Steppen Ukrainer neben Kaukasiern, Balten neben Don-Kosaken und den Frauen und Kindern der »Wlassow-Verräter« ums Überleben kämpfen. 1941 kamen – quasi über Nacht – Hunderttausende Rußlanddeutsche hinzu, verschleppt von der Wolga und der Krim, der Ukraine und dem Altai.

Die große Mehrheit der Verbannten sind Frauen, Kinder und Greise, Überlebende zahlreicher mörderischer Transporte und des Ausgesetztseins in der blanken Ödnis. Gemeinsam ist ihnen, daß sie nicht wissen, ob ihre Männer, Väter und Söhne – falls die nicht bereits vor ihren Augen erschossen wurden – noch leben und wenn ja, in welchem der unzähligen Straf- und Arbeitslager in der riesigen Sowjetunion sie sich befinden. Die Massenverbannung von »Diversanten und Spionen« wird sich bis zum Tode Stalins hinziehen und findet noch einmal einen Höhepunkt, als ein Großteil der 250 000 Volksdeutschen aus der Ukraine eintrifft, die mit den deutschen Truppen Richtung Westen flohen und von den Angloamerikanern auf den Wunsch Stalins an diesen wieder ausgeliefert wurden.

Die Verbannten in den Dörfern sind zur Selbstkontrolle angehalten: Für jeweils zehn Personen wird ein Gruppenführer beziehungsweise eine Gruppenführerin bestimmt, die – gleich, ob sie lesen und schreiben können oder nicht – wöchentlich Listen über den Bestand ihrer Gruppe anzufertigen und dem zuständigen russischen Kommandanten zu bringen haben, der meist im nächsten größeren Ort sein Quartier hat. Das Entfernen aus der vorgegebenen Bannmeile ist strengstens verboten. Das Dorf, in dem die Idasheimer Frauen und Kinder eintreffen, umfaßt etwa zwanzig Familien, die meist in kleinen, selbstgebauten Lehmhütten leben. Unkompliziert werden die Neuankömmlinge aufgenommen, jeder kennt die Situation aus eigener Erfahrung. Neben Ukrainern gibt es im Dorf noch Kaukasier und Tschetschenen – aufsässige Völker, deren Verbannte hier im Aul leben –, für das deutsche Kind ein arabisches Labyrinth. An ihre Ankunft hat Sigrid B. nur dunkle Erinnerungen:

»Ich weiß noch, daß ich ständig krank war, die meisten Kinder von uns waren am Anfang krank und auch einige Erwachsene. Ich hatte ganz schlimmen Bauchtyphus, auch die Ruhr und später Malaria. Wir hatten ja so gut wie nichts zu essen und kaum etwas zum Anziehen. In den Wintern fiel die Temperatur mitunter auf minus fünfundvierzig Grad, und ständig jagte der Wind um die Hütten. Gewohnt haben wir das erste Jahr – nein, ich glaube, es waren die ersten zwei Jahre – mit einer anderen Familie in einem Raum. Meine Mutter und meine Tante mußten erst selbst eine Lehmhütte für uns bauen. Danach hatten wir einen Raum für uns, nur wir drei – die Tante schlief in der einen Ecke und Mama und ich in der anderen. Und vorn gab es noch eine kleine Küche. Das war dort alles sehr archaisch: Wir hatten zum Beispiel einen Feldstein als Herd, ein Stein mit einem Loch in der Mitte, in dem wir mit Hilfe eines anderen Steins Körner zermahlten. Später haben Mama und die Tante einen aus Lehmziegel gebaut – wir hatten einen Tümpel in der Nähe, von dort schleppten wir Sand heran und formten dann Ziegel, die in der Sonne trockneten. Aus Lehm hat meine Tante sogar einen Kleiderschrank geformt – der hielt, fiel nicht in sich zusammen. Aber das war erst später – die ersten Jahre hatten wir nur das, was wir auf dem Leibe trugen.

Gearbeitet wurde das ganze Jahr über auf der Kolchose. Im Sommer mußten die Felder bewässert werden – das waren riesige, endlose Flächen, auf denen Tomaten, Kohl oder Kartoffeln wuchsen. Oder es wurden Bewässerungsgräben ausgeschachtet – je nachdem, was gerade dran war. Meine Mutter kam dann bald in den Kuhstall als Melkerin. Früh fuhr im Dorf ein Pferdewagen los, der hat alle Arbeitskräfte eingesammelt – spätabends kam der Pferdewagen zurück. Im Winter allerdings habe ich meine Mutter nur selten gesehen: Wenn die Schneestürme losgingen, mußten sie alle im Kuhstall schlafen, weil sie nicht mehr wegkamen. Wenn das losging, dann hast du tagelang kaum die Hand vor Augen gesehen. Die Frauen im Kuhstall mußten aber trotzdem jeden Tag das Vieh zur Tränke führen – die Kühe mußten ja trinken. Es waren so viele, daß die Menschen nicht ausreichten zum Wasserschleppen. Dann sind sie mit den Kühen im Schneesturm los – haben sich an den Händen gefaßt, um einander nicht zu verlieren. Die Kühe sahen sie ja auch nicht mehr, die haben sich am Schall der Menschenrufe orientiert ... Wenn meine Mutter lange im Kuhstall geschlafen hatte, dann stanken die Sachen durch und durch.

Die Erwachsenen mußten alle zur Arbeit fahren, wir Kinder blieben dann im Dorf zurück. Es gab da eine Oma, die hat ein bißchen auf uns aufgepaßt. Wir haben gespielt, wenn die Erwachsenen weg waren, außerdem gab es im Dorf immer was zu tun: Den Sommer über mußten wir Schafdung stapeln oder Kuhdung, damit wir im Winter genügend zum Heizen hatten – im Winter kamen ja schnell mal minus fünfundvierzig Grad zusammen, und der Winter dort dauerte ein halbes Jahr. Also mußten wir alle ran. Der Dung, das war die Hauptarbeit im Sommer. In der Kolchose gab es etwa 500 Schafe, da gab es genug zum Einsammeln. Wir Kinder hatten jeder so eine Parzelle, haben den Dung mit dem Spaten ausgestochen und zum Trocknen gestapelt – Holz gibt es ja in der Steppe nicht. Ich bin auch Kuhdung sammeln gegangen: Der kam in einen Sack rein, dann habe ich den auf dem Rücken nach Hause gebuckelt und immer schön gestapelt, damit wir im Winter nicht erfrieren. Ich hatte ja in der ersten Zeit nicht einmal Schuhe, bin auch im Winter barfuß raus. Wenn ich mal pullern mußte, dann habe ich mich irgendwo in den Schnee hinter die Hütte gehockt. Das durfte meine Mutter aber nicht sehen. Mama hat dann heimlich etwas Schafwolle in der Kolchose geklaut und mir ein paar Socken gestrickt.

Das mit dem Klauen, das mußte sie erst mal lernen. Am Anfang, da war sie mal auf dem Weizenfeld und hat noch gedacht, wenn sie den ganzen Tag schuftet, kann sie wenigstens die Körner auflesen ... sie hat gedacht, das ist erlaubt, und hat die Körner in ein Säckchen gepackt. Dann hat eine Frau auf russisch versucht – deutsch sprechen war verboten – ihr klarzumachen, daß sie dafür gehängt werden kann und daß sie das heimlich machen muß. Das konnte meine Mutter nicht, und die anderen haben eindringlich auf sie eingeredet, daß sie das machen muß, weil wir sonst vor die Hunde gehen. Naja, und dann hat sie sich überwunden – so hatten wir immer mal ein paar Körner und konnten einen Weizenfladen auf unserem Steinofen backen ... Zu essen gab es die erste Zeit sehr wenig, ich erinnere mich, immer Hunger gehabt zu haben. Manchmal brachte Mama etwas Milch aus dem Kuhstall mit. Aber ich erinnere mich auch, an den Hufen von Schweinen geknabbert zu haben. Später, als ich in die Schule kam, wurde es besser, da hatten wir dann schon ein paar Gänse und Hühner. Die waren aber nicht von der Kolchose, die hat meine Tante durch Kartenlegen verdient – neben ihrer Arbeit. Auf der Kolchose wurde nur in Naturalien bezahlt – in Weizen oder Kartoffeln, das war aber zu wenig zum Leben. Wir waren ja Gefangene, und so wurde uns im Jahr soundsoviel zum Leben zugeteilt ...«

Die gefangenen Frauen schuften das ganze Jahr, ohne einen freien Tag, und bleiben dem Staat am Ende immer etwas schuldig. Sigrids Mutter zum Beispiel ißt auf der Kolchose, wo für alle gekocht wird. Der Preis des Essens wird eingetragen und am Ende addiert – es kommt immer minus raus. Bis zu Stalins Tod muß jede Wohneinheit pro Jahr 250 Eier abgeben, auch wenn sie, wie alle Neuankömmlinge die ersten Jahre, keine Hühner besitzen. Der Gegenwert wird berechnet und den Frauen von ihren erarbeiteten Naturalien abgezogen:

»Es war ein Hungerkreislauf – und wenn wir die Tante nicht gehabt hätten, wären wir auf die Dauer schwerlich durchgekommen. Sie hatte mit dem Kartenlegen bei den Alteingesessenen ein Huhn verdient, eine Glucke. Dann haben wir Gänseeier unter die Glucke gelegt ... und auf einmal hatten wir Gänse. Da ging es uns schon ein bißchen besser, und meine Mutter konnte mir zur Einschulung einen Mantel kaufen ...

Aber am Anfang ... da war nur der Hunger. Die Ukrainer zum Beispiel, die waren ja schon länger verbannt, und die bekamen manchmal Pakete mit Äpfeln von ihren Verwandten aus der Ukraine. Die auf dem Transport verfaulten Äpfel haben sie gleich aus dem Paket rausgeschmissen. Und wir haben uns dann draufgestürzt.

Das Leben war sehr hart in der Steppe. Doch ich glaube, die Erwachsenen sind schlechter zu Rande gekommen, vor allem mit der Gefangenschaft. Ich wuchs ja von vornherein so auf, ich kannte gar nichts anderes. Klar, in der Kolchose gab es einen Kindergarten, wo bei jeder Kleinigkeit geprügelt wurde – doch da bin ich dann eben immer abgehauen ... Meine Mutter und meine Tante konnten vor nichts weglaufen, die mußten das alles aushalten, die hatten immer furchtbares Heimweh. Am schlimmsten ist es meiner Tante ergangen. Die Gefangenen wurden nachts öfter zum Verhör abgeholt, und meine Tante war sehr widerspenstig. Meine Mutter nicht, die war verängstigt und hat allem sofort Folge geleistet, was befohlen wurde – doch meine Tante hat sich gewehrt. Die wurden also nachts abgeholt und in die Kommandantur gebracht, zum russischen Kommandanten. Der wohnte im Ort – natürlich nicht in einer Lehmhütte, sondern in einem richtigen Finnhaus, zusammen mit seiner Familie. Der war einer der wenigen, die nicht verbannt waren ... Besonders oft wurde nachts meine Tante geholt. Ich kann mich noch erinnern, wie sie sie abgeholt haben: Da mußte sie an der Wand stehen und wurde brutal abgetastet und geschlagen, die wehrte sich gegen die Gewalt. Diese Posten haben ihr angedroht, sie nach Sibirien zu schicken. Da hat sie gebrüllt: ›Na, ich bin doch schon in Sibirien, wo wollt ihr mich denn noch hinschicken!‹ Sie hat immer gesagt: ›Das ist kein Kommunismus . . .‹ Ihr Mann war ja in der Kommunistischen Partei. Und in der Kommandantur hingen neben Lenin und Stalin auch Porträts von Marx und Engels. Und wenn sie dorthin mußte – da waren außer dem Kommandanten manchmal auch noch der Dorfsowjet und der Kolchosvorsitzende – haben die immer auf Marx und Engels gezeigt und gesagt: ›Hier, die kommen auch von euch, die Kommunisten.‹ Und meine Tante: ›Das haben die aber nicht gewollt!‹ . . . Sie gab jedenfalls nicht klein bei. Nur, wenn wir unter uns waren, hat sie oft geweint – sie hatte ja in Nordenham drei Kinder und einen Mann, der gar nicht wußte, wo sie ist. Sie war noch jung und nur mal zu ihrer Schwester gefahren, um sich ein Kostüm nähen zu lassen . . . Manchmal kam sie noch glimpflich über die Verhöre. Doch einmal – da war ich ungefähr sechs – wurde sie mit einem gebrochenen Arm zurückgebracht, im Pferdewagen. Im Nachbardorf gab es eine Krankenstation, dort hat sie dann gelegen, und man hat versucht, ihr den Arm wieder zu richten. Das war aber ein komplizierter Bruch, den haben sie nicht wieder hingekriegt. Meine Tante ist nach ihrer Rückkehr invalidisiert worden wegen des Armes, den konnte sie nie mehr richtig bewegen . . .

Geschlagen wurde bei jeder Kleinigkeit. Bei meiner Tante nehme ich aber an, daß sie sich auch gegen die Vergewaltigungen gewehrt hat, die gehörten dort zum Verhör. Mama und meine Tante haben aber versucht, dieses Thema irgendwie vor mir geheimzuhalten. Die sprachen nie darüber, wenn ich in der Nähe war. Dabei fand das dort jeden Tag statt, auf der Kolchose zumindest. Vor allem die jungen Mädchen haben sie sich immer wieder gegriffen – der Kolchosvorsitzende und auch die Arbeiter . . . Das waren Ukrainer, die sich besonders russisch gaben, um nicht auf einer Stufe mit uns zu stehen. Ja, und auf der Kolchose gab es den Milchplatz, wo die Milchtonnen standen. Und da haben wir Kinder manchmal zugeguckt, wenn vergewaltigt wurde, das hat die überhaupt nicht gestört. Wenn dem Brigadier oder dem Kolchosvorsitzenden danach war, hat er sich eine Frau geschnappt und sich draufgelegt, da konnte die sich wehren, wie sie wollte. Oder sie sagten gleich: ›Na, stell mal den Eimer hierhin – mir ist danach!‹ Das war wie bei den Gutsherren, den Frauen hat doch niemand geholfen. Aber es war immer die Angst unter ihnen. Einmal bin ich nachts aufgewacht, da haute meine Mutter einem Mann den Eimer auf den Kopf. Der war im Dunkeln reingekommen, das war ein Fremder, und der wollte wirklich nur den Weg ins Dorf Kubanka wissen, hat er jedenfalls gesagt. Meine Mutter ist wie wild auf den losgegangen.

Nach ihrem Erzählen ist am schlimmsten Lotte vergewaltigt worden, die war auch aus Idasheim und gerademal siebzehn Jahre alt. Über die haben sich so viele hergemacht, daß sie dann halbtot in der Lehmhütte lag …

Es wurde ständig geweint. Und etliche haben ja auch Kinder gekriegt – eine Frau viermal in dieser Zeit. Drei sind gestorben, und eines hat sie dann mit nach Hause genommen. Die anderen Kinder sind alle dort gestorben. Die Frauen haben sie in ihren Hütten zur Welt gebracht und …, woran sie dann gestorben sind, weiß keiner so genau. Manche waren unterernährt, manche krank, manche wurden wahrscheinlich erdrückt. Die Mutter hat dann gesagt, sie hätte sich beim Schlafen aus Versehen draufgelegt – aber das alles interessierte überhaupt niemanden, die wurden dann eben beerdigt. Meine Tante hat immer den Fahrer zum Friedhof gemacht und auch den Pastor – die hat überhaupt alles gemacht. Manchmal bin ich mitgefahren in den Ort: Da gab es so eine kleine Holzkirche, wahrscheinlich noch aus der Zarenzeit, die wurde aber als Getreidesilo genutzt, dort sind die Tschetschenenjungs mit unseren manchmal Weizen klauen gegangen … Also, neben der Kirche war ein Friedhof, und da standen dann die Mütter vor den kleinen Hügeln. Und meine Tante – daran kann ich mich noch genau erinnern, sagte: ›Du bist Erde … und sollst Erde werden …‹«

Die alltäglichen Strapazen werden nur allmählich geringer. Als der Schulbeginn für die Sechsjährige naht, muß sie zurückgestellt werden, weil sie keine festen Schuhe hat und die Schule nur im Sommer aufsuchen könnte. Die Mutter, durch Mangelernährung und die schwere Arbeit bereits kränklich, näht nach der Schicht im Kuhstall per Hand Mützen und einen Mantel für die Kinder des Kolchosvorsitzenden. Dazu werden auf dem kleinen Markt im Nachbardorf noch ein paar Gänse verkauft, und ein Jahr später besitzt Sigrid ihr erstes Paar Stiefel ...

Die Schule liegt einige Kilometer entfernt, und neben verschiedenen Lehrern unterrichtet auch die Frau des Kommandanten hier. Das Mädchen aus Idasheim wird zur jungen Sowjetbürgerin erzogen – deutsch sprechen ist streng verboten. Und obwohl fast alle Kinder der Klasse ein ähnliches Schicksal haben, werden die beiden Deutschen – Sigrid und ein gleichaltriger Junge aus Idasheim – als »Faschist« stigmatisiert. Das Wort schallt ihnen bei der Einschulung entgegen ... und wird nach acht Schuljahren in der kasachischen Steppe das letzte sein, das ihnen nachhallt – nun eher scherzhaft gemeint ...

Während der Schuljahre gibt es plötzlich einen Einschnitt, der das Leben der Gefangenen verändert:

»1953 starb Stalin. Und nun wurde plötzlich vieles einfacher: Wir durften einander besuchen – wir Idasheimer waren ja auf verschiedene Dörfer verteilt worden ... Wir durften selbstgezogene Kartoffeln verkaufen – gegen Rubel – und fingen an, auch draußen deutsch zu sprechen. Dabei stellten wir fest, daß hier rundherum viele Wolgadeutsche waren, die auch deutsch sprachen und die gleichen Lieder wie wir kannten ... Es wurde einfach schlagartig freier. In der Schule begannen wir, Stalin in den Büchern die Augen auszukratzen. Wir waren zwar alle Pioniere und kannten seine Biographie von vorn bis hinten auswendig, doch Stalin war ja nun ein Feind des Volkes ... Überall wurde sein Bild abgenommen, in der Kolchose und auch in der Schule.

Die ›große Freiheit‹ währte nur kurz, aber das wußten wir

nicht. Nach Stalins Tod hatten wir sofort die Heimfahrt beantragt. Und nun nahm uns die Kommandantur die Papiere ab – sämtliche Papiere, sogar das Sparbuch, begleitet von den Worten: ›Ihr kommt hier sowieso nicht raus!‹ Als Ersatz drückten sie uns Pässe für Staatenlose in die Hand. Nun konnten wir nicht einmal mehr nachweisen, wer wir sind und woher wir kommen ... Kurz danach startete aber in der Schule so eine Komsomol-Initiative, daß wir nach Deutschland Briefe schreiben dürften – in die Deutsche Demokratische Republik ... Das erzählte ich meiner Mutter, und sie sagte: ›Na, schreib doch!‹ Ihr war nämlich eingefallen, daß in diesem Gebiet eine Nichte meines Vaters lebte. Sie kannte nur den Namen und den Ort: Havelberg.

Und nun schrieb ich. Im Brief stand natürlich nicht, daß wir seit acht Jahren verschleppt sind, sondern nur, daß wir hier leben und ich hier zur Schule gehe ... Der Brief kam tatsächlich an. Und dann bekam ich Antwort vom Sohn der Nichte, der war auch Schüler, und die Post war ganz unverfänglich – aber dadurch wußten sie nun, daß wir leben und wo wir sind ...

Nun fing ein vierjähriges Ringen um neue Papiere und unsere Ausreise an. Meine Tante ist ständig herumgefahren – die hat ja schon die Staatenlosen-Pässe nicht annehmen wollen – und kämpfte wie eine Löwin; ein paar Mal war sie nahe dran, eingesperrt zu werden. Doch 1956 bekamen wir plötzlich über das Deutsche Rote Kreuz von allen möglichen Verwandten aus Westdeutschland Post ... und überall stand drin, daß sie sich zu uns bekennen und uns aufnehmen wollen ... Inzwischen hatte sich auch mein Vater gemeldet – an den hatte ich gar keine Erinnerung – und schrieb, daß er sich bei der DDR-Regierung um Pässe für uns bemüht: Er war nach der Entlassung aus der französischen Kriegsgefangenschaft nach Henningsdorf gezogen und arbeitete dort im Stahlwerk ... Wie gesagt, das zog sich über Jahre. Und dann waren bei der kasachischen Regierung plötzlich Pässe für uns eingetroffen – aus Westdeutschland. Die Kasachen blieben aber noch ein Jahr darauf hocken. Wir haben gewartet und sind gerannt ..., haben wieder gewartet und sind gerannt ...

Und dann, 1957, war es soweit! Wir verkauften alles, was wir hatten, um die Zugfahrt bezahlen zu können. Einem Jungen, der im Komsomol war, hatten die Russen noch gesagt: ›Dich müßte man umbringen – du bist hier Komsomolze und jetzt fährst du nach Deutschland. Du bist ein Verräter.‹ Der hat dann ganz schön Angst gehabt ... Doch irgendwann ging es los. Ich kann mich noch erinnern, wie wir auf dem Bahnhof standen, in Tschartanda, und alle Wolgadeutschen um uns herum. Sie weinten, und wir haben einander umarmt und ihnen gesagt: ›Heute sind wir dran, doch eines Tages kommt auch die Zeit für euch ...‹«

Teil IV

HEIMKEHR UND WEITERLEBEN

Seit Beginn der Deportation leben die Frauen im Zustand der Ungewißheit: Sowenig sie selbst noch während des Transportes wußten, wohin die »Reise« geht, sowenig erfahren sie nun in Rußland über die Dauer des Aufenthaltes. Wo Klarheit fehlt, wo es keine Zahl gibt, an die man sich klammern kann, blühen die Gerüchte – Gerüchte über geplante Heimkehrertransporte, die sich zu immer neuen Hoffnungen verdichten und den stumpf gewordenen Gesichtern plötzlichen Glanz verleihen, um sie dann wieder in Resignation erstarren zu lassen. Gefangene in Ungewißheit zu halten, ist eine in der Gulag-Welt erprobte Methode. Diese Sowjetdramaturgie aber mußten die aus Deutschland Verschleppten erst begreifen lernen. In den ersten Jahren nach der Ankunft, wenn eine Namensliste verlesen wurde und der Befehl »Packen!« hieß, stiegen sie noch voller Hoffnung in die Waggons und merkten erst an der Richtung, die der jeweilige Zug nahm, daß lediglich ein Lagerwechsel bevorstand ... Doch kreisten die Heimkehrer-Gerüchte trotz deprimierender Erfahrungen als Informationsersatz weiter.

Im Jahr 1948 sind bereits Transporte nach Deutschland zurückgekehrt, und jede kennt irgendeine, die nach Hause durfte oder hat zumindest von einer gehört. Charlotte, Hildegard, Gertrud oder Eva-Maria zählen zu denen, die am Leben sind und – da sich seit Ende 1947 dank besserer medizinischer Versorgung die Sterberate in den Internierungslagern nach unten bewegt – aller Wahrscheinlichkeit nach zu denen, die nach Deutschland zurückkehren werden. Nur wann? Alles bleibt im Ungewissen. Kündigt eine Liste dann tatsächlich einen Heimtransport an, bleibt das Auswahlverfahren gänzlich undurchschaubar. Von den hundertprozentig nicht mehr Arbeitsfähigen (und damit nur das Brotkontingent Belastenden) einmal abgesehen, bleibt unklar, warum die eine auf der Liste steht, die andere jedoch nicht. Und so kreist in den Köpfen der Gefangenen die verzweifelte Frage »Wieso nicht ich?« ohne plausible Antwort. Hinzu kommt, daß in einem Heimkehrerzug zu sitzen, noch lange nicht heißt, auch in Deutschland anzukommen, wie das Beispiel von Helga P. zeigt. Und manchmal passiert es eben, daß Frauen mit einem Lastwagen von der Kolchose geholt werden, weil sie im Hauptlager auf der Entlassungsliste stehen – geht dann unterwegs der Laster kaputt, haben sie Pech und müssen noch ein halbes Jahr bleiben. Oder auch ein ganzes.

Wer jedoch in einem Heimkehrertransport die »Schleuse« Brest-Litowsk passiert hat, darf der Vorfreude und den Träumen endlich freien Lauf lassen. Die Erinnerung an den Typhus von 1946, bei dem sie kolonnenweise aufs Lager fielen und nur zwei von drei Frauen wieder aufstanden, wird nun überlagert von jenem längst in allen Schattierungen ausgemalten Moment des Wiedersehens lieber Angehöriger, vom Noch-immer-nicht-fassen-Können, daß man lebt, daß man davongekommen ist. Vergessen das Weinen und Stöhnen der Kameradinnen in der Nacht, die Zählappelle, der Hunger, die von Holzpritschen wundgescheuerten Hüftknochen – jenes Leben, das sie schon bald wieder einholen und jahrzehntelang begleiten wird.

Sie kehren in ein Land zurück, das nicht mehr dasselbe ist wie vor ihrer Verschleppung. Sie werden die Heimat nicht wiedersehen, das wissen sie – die Grenze zu Deutschland soll nun an der Oder und Neiße verlaufen. Sie haben es den Polit-Schulungen entnommen, die sich häuften, je näher die Heimkehr rückte. Entnommen auch den fünfundzwanzig dürren Worten, die erlaubt waren auf den monatlichen Rotkreuz-Karten ihrer Angehörigen. Mitunter kamen diese Karten bereits aus Ortschaften, deren Namen sie noch nie gehört haben. Aber was macht das schon? Sie werden die Eltern wiedersehen, Geschwister, Kinder ... und endlich frei sein.

CHARLOTTE H.: »*Für Sekunden herrschte völlige Stille –
dann hörte ich meine Mutter aufschreien.*«

Charlotte, die »Nachtigall von Kimpersai«, die sich während
der Lagerjahre zur Ambulanzschwester qualifizierte, wurde –
wie alle Mitgefangenen – immer wieder von Gerüchten über
bevorstehende Heimkehrertransporte aus ihrem Alltag gerissen, um anschließend in Depression zu versinken. Im Juni 1947
hilft sie beim Packen von Medikamenten für den ersten tatsäch-
lichen Heimtransport. Es sind rumänische Frauen, die nun
nach Hause zurückkehren dürfen. Für Charlotte wird es noch
ein ganzes Jahr dauern, bis endlich auch ihr Name auf der
ersehnten Liste steht. Doch was ist mit ihrer Schwester? In-
brünstig legt sich die unentbehrliche Lazarett-Kraft nun auch
für Ruth beim russischen Chefarzt ins Zeug. So findet sich
Anfang Juli 1948 neben dem Namen Charlottes auch der ihrer
elf Jahre jüngeren Schwester auf der Liste derer, die sich nun
auf einen Heimtransport vorbereiten dürfen.

Während des Abschiedsabends, der für die Zurückbleibenden außer Mitfreude auch Wehmut mit sich bringt, gibt Charlotte eine letzte Probe ihrer sopranistischen Kunst. Und sie
arbeitet im Lazarett bis zur letzten Sekunde – erst, als es »Antreten am Tor!« heißt, zieht sie den Schwesternkittel aus. Auf
der Bahnstation, auf der die Heimkehrer zunächst die halbe
Nacht wartend zwischen den Schienen lagern, werden die persönlichen Sachen auf herausgeschmuggeltes Schriftgut gefilzt.
Und bevor die Waggons dann endlich bestiegen werden dürfen,
schmückt das Antifa-Komitee sie noch mit Birkenzweigen und
optimistischen Losungen. Doch selbst nach dem Einsteigen
geht es nicht gleich los; der Zug steht auch die nächste Nacht
über. Aus dem benachbarten Kriegsgefangenenlager werden
noch fünfzig ältere männliche Zivilisten erwartet. Nachdem er
sich dann endlich Richtung Westen in Bewegung gesetzt hat,
vergeht kein Tag, an dem er nicht auf irgendeiner Bahnstation
für längere Zeit zum Stehen kommt. Das russische Fahrttempo
ist Charlotte noch aus den Wochen des Hintransportes erinner-

lich. Doch ist die Stimmung diesmal trotz wachsender Ungeduld eine andere: Die Waggons sind nicht mehr verplombt, einer wurde gar zur Küche umgerüstet; die qualvolle Enge entfällt, vor allem das Sterben ...

Die junge Frau aus Danzig, die auch auf dem Rücktransport als Sanitätskraft eingesetzt ist, erlebt unter den Heimkehrenden neben der Aufgeregtheit auch Wiedersehensfreude. Mal werden unterwegs Waggons mit ostpreußischen Frauen angehängt, mal passieren sie im Schritttempo deutsche Kriegsgefangene. Mitunter treffen Bekannte aufeinander, und immer wird trotz Verbotes heftig gerufen und gewinkt ... In der sowjetischen Grenzstadt Brest-Litowsk unterzieht man die Frauen ein letztes Mal der Gepäck- und Leibesvisitation. Von nun an geht die Fahrt in deutschen Waggons weiter, auf schmaleren Schienensträngen.

Fast drei Wochen sind vergangen, als Charlotte und ihre Schwester Ruth endlich in Frankfurt/Oder eintreffen – gemeinsam mit anderen Zivilisten und einer Menge Kriegsgefangener, die aus allen Ecken Rußlands nach Brest-Litowsk transportiert worden sind. Zunächst geht es unter musikalischer Begrüßung durch eine deutsche Kapelle in die erhalten gebliebene Hindenburg-Kaserne. Es folgt das für alle Heimkehrer obligatorische Empfangsritual: Registrieren, Entlausen, Baden, ärztliche Untersuchung. Dazu ein Kulturprogramm – Varieté und mehrere politische Vorträge. Erst wer alles absolviert hat, erhält den kostbaren russischen Entlassungsschein.

Tage später marschiert der Heimkehrerzug in das benachbarte Durchgangslager Kronenfelde, und hier wird bereits nach Zonen sortiert: Wohin die Fahrt von nun an gehen wird, entscheidet sich vor allem nach dem neuen Wohnort der mittlerweile aus den Ostprovinzen geflohenen beziehungsweise vertriebenen Verwandten. Charlottes Mutter ist in Schleswig-Holstein untergekommen, in der britischen Besatzungszone. Der Zug, den die junge Heimkehrerin mit ihrer Schwester nun besteigt, fährt über Leipzig und Erfurt nach Heiligenstadt – der letzten Station in der sowjetischen Besatzungszone:

»In Heiligenstadt trafen wir auf entlassene Kriegsgefangene, die ebenfalls über die Zonengrenze wollten. Hier, in einer großen Schule, durften wir uns waschen und bekamen noch etwas Reiseproviant. Und abends spielte in der großen, sehr schönen Aula noch eine Kapelle zum Tanz. Es war alles sehr unwirklich, noch immer, wir waren in einer schon fast vergessenen Welt gelandet … Am nächsten Tag, es war der 28. August 1948, wurde ein großer Transport zusammengestellt – Kriegsgefangene und etwa vierzig Frauen. Wir fuhren bis an die Grenze, bis dicht vor Friedland. Das letzte Stück ging es dann zu Fuß – voran die Kriegsgefangenen, dahinter wir Frauen. Das Gepäck kam im Lastwagen mit. Unmittelbar hinter dem Schlagbaum wurden wir von einem katholischen und einem evangelischen Pfarrer begrüßt, jeweils mit Handschlag, was uns sehr rührte. Und während das Deutsche Rote Kreuz nun Kakao und belegte Brote austeilte, sangen die Soldaten ein Lied nach dem anderen. Bei ›Großer Gott, wir loben dich‹ hielt es uns Frauen nicht mehr, wir brachen in Tränen aus … Im Lager Friedland wurden wir ein bißchen verwöhnt, doch das wichtigste für uns war, endlich unsere Mutter wiederzusehen! Bereits am nächsten Tag fuhren wir der neuen Heimat entgegen, in unseren schäbigen Sachen, bei denen uns jeder ansah, woher wir kamen. Doch was machte das in diesen Stunden?

Ein Telegramm an unsere Mutter hatte ich nicht aufgeben können, und so kam unsere Ankunft völlig überraschend. Erregt und schon auf dem Bahnhof kaum mehr zum Sprechen fähig, stiegen wir in Neumünster aus, einer fremden Stadt, die nun unser neues Zuhause sein würde. Schüchtern fragten wir uns nach der Adresse unserer Mutter durch, und als ich an einer Tür dann unseren Familiennamen las, geriet ich in Atemnot: Das war der Moment, den ich mir jahrelang ausgemalt hatte, wieder und wieder …

Ruth klopfte an die Tür, von innen vernahmen wir plötzlich ein ›Ja, bitte?‹ Es war die Stimme unserer Mutter! Meine Schwester trat zunächst ein, sehr zaghaft – für Sekunden

herrschte völlige Stille, dann hörte ich meine Mutter überrascht aufschreien ...«

Charlotte und ihre Schwester sind angekommen. Die seit Jahren erste Nacht in einem richtigen Bett verbringend, danken sie
Gott dafür, daß sie leben, daß sie heimkehren durften. Von
einem mißmutigen Bürokraten noch einmal für Tage in ein
Eingliederungslager gesteckt, wächst doch das Gefühl der Befreiung – ein Gefühl, über das sich von vornherein Trauer legt:
Der Vater ist in einem westpreußischen Lager verstorben, 1945
schon. Und von den fünf Brüdern, die sämtlich nach 1939 zum
Kriegsdienst eingezogen wurden, sind nur zwei zurückgekehrt.

Charlotte H. wird zunächst Arbeit als Pflegerin in einem Al-
tenheim finden und 1950 als kaufmännische Angestellte in einem Oldenburger Büro, in einer Stadt, in die sie 1959 ihre Mutter
nachholt. Charlotte wird nie heiraten und keine Kinder haben.

Mit der Gesundheit steht es schlecht: Nach ihrer Rückkehr
aus Rußland leidet die junge Danzigerin an einem Herzmuskelschaden und an Ernährungsstörungen; sie ist – wie auch die
jüngere Schwester – für Jahre nur zu fünfzig Prozent arbeitsfähig. Die Ernährungsstörungen verschwinden mit der Zeit, der
Herzmuskelschaden bleibt: Bis zum heutigen Tag ist Charlotte
H. dreißig Prozent schwerbeschädigt. Doch wenigstens psychisch kann sie sich stabilisieren. Ihrer Schwester Ruth gelingt
nicht einmal das: Als Siebzehnjährige vergewaltigt und verschleppt, findet sie sich nie mehr richtig zurecht. Sie hat keine
Freude am Leben und leidet zunehmend unter nervlichen
Störungen, die schließlich klinisch behandelt werden müssen.
1986 stirbt Ruth an Krebs.

ANNEMARIE M.: *»Der Tod meiner Tochter war die erste
Lebenssituation, mit der ich nicht zurechtkam.«*

In einem Kriegsgefangenen-Lazarett südlich von Moskau wird
einen Monat nach Charlotte auch die vierundzwanzigjährige

Annemarie M. entlassen, Frau eines verschollenen Fliegers und Mutter zweier kleiner Mädchen, die im Pfarrhaus Mohrin zurückgeblieben waren. Nach dem Wolhynischen Fieber nun auch noch von der »Seuche« Gelbsucht heimgesucht, setzen die Sowjets die Gefangene nach deren Genesung rasch auf die nächste Transportliste. Als Annemarie Richtung Heimat fährt, hat sie noch immer keine Nachricht von ihren Eltern und keine von ihrem Mann. Doch sie weiß den neuen Aufenthaltsort ihrer beiden Töchter: Sie sind mit den Schwiegereltern in Altlietzen untergekommen, einem Dorf bei Bad Freienwalde – in jenem Teil Brandenburgs also, der nun zur sowjetischen Besatzungszone gehört. Kaum in Frankfurt/Oder angekommen, macht sie sich denn auch sofort auf den Weg dorthin. Die Kinder findet sie wohlbehalten vor – größer sind sie geworden, auch die Jüngere kommt schon zur Schule, dreieinhalb Jahre sind eine lange Zeit. Annemaries Mann gilt als endgültig verschollen.

Schneller als andere Deportierte findet sich die Heimkehrende im neuen Leben zurecht. Sie ist eine robuste Natur. Außerdem muß sie den Lebensunterhalt für die Kinder und sich verdienen, um den Schwiegereltern nicht länger auf der Tasche zu liegen. So tritt Annemarie bereits zehn Tage nach ihrer Rückkehr als Neulehrerin in den Schuldienst ein – nicht gerade ihr Wunschberuf, lieber hätte sie etwas Kulturpädagogisches gemacht, als Mitarbeiterin an einem Theater vielleicht. Doch Träume lassen die Lebensumstände nicht mehr zu.

Nach den Eltern forschend, erfährt sie ein halbes Jahr nach der Rückkehr durch ehemalige Danziger Nachbarn von deren gemeinsamem Freitod: Noch im März 1945, zwischen Bombenangriffen und dem Einmarsch der Roten Armee in Danzig, haben sie ihrem Leben ein Ende gesetzt, obwohl sie nicht in der Partei waren. »Er hatte wohl die Faxen dicke«, sagt Annemarie über ihren Vater, an dem sie sehr hing. Den Brief der Nachbarn mit den Umständen des Selbstmordes hat sie aufbewahrt, aber nie mehr gelesen.

Ist es der Schock über den Tod der Eltern? Ist es das Spüren, daß die beiden Töchter nach jahrelanger Abwesenheit der Mutter inzwischen eine engere Bindung an die Schwiegereltern haben? Bereits anderthalb Jahre nach ihrer Rückkehr schafft sich Annemarie eine eigene Familie. Sie heiratet einen Lehrerkollegen – einen Mann, den sie liebt, der ihr Berufstätigkeit garantiert und den Mädchen ein fürsorglicher Vater wird. Zu den beiden schulpflichtigen Töchtern gesellen sich schon bald vier kleinere Geschwister.

Fast ihr ganzes Arbeitsleben lang wird Annemarie Lehrerin bleiben, trotz der sechs Kinder – spezialisiert auf Russisch, eine Sprache, in der sie den DDR-Kollegen eine praktische Erfahrung voraus hat. Den Laden zu Hause schmeißt über Jahre eine Mitgefangene aus Rußland, der sie am neuen Wohnort Oderberg zufällig wiederbegegnet und die unter Einsamkeit leidet. Als Ersatzmutter und Haushaltshilfe findet die ehemalige Leidensgefährtin in der Großfamilie Aufnahme, zur Freude der Kinder.

Annemarie M. ist von zupackendem Naturell. Sie engagiert sich für Chor und Theaterzirkel in ihrer Schule, tritt dem Kulturbund bei und kurz vor dem Mauerbau auch der SED – aus Überzeugung, die jedoch nach dem Einmarsch von DDR-Truppen in die Tschechoslowakei im Jahre 1968 zu bröckeln beginnt. Sie kommt mit dem Leben zurecht, bis Mitte der siebziger Jahre plötzlich die älteste Tochter aus zweiter Ehe stirbt – jenes Kind, das sie erstmals in allen Phasen aufwachsen sah:

»... Mein Mann und ich kamen gerade von einer Reise aus Leningrad zurück, das war im November. Und meine Tochter Marianne ruft uns von Berlin aus an – sie wohnte dort und hatte Arbeit als Soziologin – und sagte zu mir: ›Stell dir mal vor, wir kriegen eine größere Wohnung ... und ich ein zweites Baby!‹ Das waren die letzten Sätze, die ich von ihr gehört habe. Sie war erst im zweiten Monat, und das ganze stellte sich bald als Bauchhöhlenschwangerschaft heraus. Marianne kam mit Tatütata auf die Intensivstation. Als es ihr besser ging, wurde sie in die Gynäkologische Abteilung verlegt. Und dort wollten wir sie dann besuchen, am Sonnabend drauf.

Als wir über den Flur gingen, also das war nachmittags, kam uns die Schwester entgegen und sagte: ›Wir mußten Ihre Tochter wieder auf die Intensivstation bringen, sie ist bewußtlos geworden.‹ Dort hat Marianne noch zehn Tage gelegen, bewußtlos ... dann ist sie gestorben. Sie war plötzlich weg. Ein Mädchen, das nie krank war ... Ich habe ihren Tod nicht verkraftet. Das war die erste Lebenssituation, mit der ich nicht mehr zu Rande kam. Ich weiß, das ist nicht normal, wenn man Trauerarbeit nicht bewältigen kann. Ich wurde einfach nicht damit fertig, jahrelang nicht, konnte auch nicht darüber reden ... Und nicht mehr arbeiten. Erst war ich krankgeschrieben, das zog sich über eine lange Zeit. Dann hat man mich vorzeitig pensioniert ...«

Um Marianne hatte sie sich besonders gekümmert, vielleicht im unbewußten Bemühen, etwas wiedergutzumachen, was sie bei den beiden ersten Mädchen versäumt hatte: Die Beziehung zwischen ihnen und der Mutter wurde nie so eng wie bei den anderen Kindern – sie blieben auf die Großeltern fixiert und nach deren Ableben vor allem auf einander. Eine Entfremdung, die sich Annemarie M. über viele Jahre nicht eingestehen konnte. So bleibt gegenüber der toten Tochter die Trauer, gegenüber den beiden älteren aber ein über Jahre verdrängtes Schuldgefühl für einen Vorgang, an dem sie nicht schuldig war. Bis heute hat sie mit den beiden darüber nicht sprechen können. »Ich möchte schon mit ihnen sprechen«, sagt Annemarie, »ich möchte schon ... über ihre Kindheit, über alles ... bevor es zu spät ist und ich in die Grube fahre ...«

CHARLOTTE S.: *»Ich habe geschwiegen, doch meine Seele kam nicht zur Ruhe.«*

Im August 1948 trifft Charlotte S., deren Schwester Gretchen in einem karelischen Lager unter so unwürdigen Umständen sterben mußte, in der amerikanischen Besatzungszone ein.

Im Zug nach Bad Hersfeld waren die heimkehrenden Frauen ein letztes Mal kontrolliert worden – sie hielten den Atem an, als der russische Soldat ihr Abteil verließ. Dann fielen sie einander weinend in die Arme und begannen zu tanzen. Notdürftig eingekleidet aus amerikanischen Beständen und ausgestattet mit einigen D-Mark Entlassungsgeld, fährt Charlotte nun in einem mit Kriegsgefangenen und etwa 600 deportierten Frauen überfüllten Zug Richtung Frankfurt/Main, sich erstmals seit Jahren als freier Mensch fühlend. Ihre aus Elbing vertriebene Familie ist bei Freunden in einem hessischen Dorf untergekommen, in einer winzigen Wohnung. Die Eltern kümmern sich um Charlotte und umsorgen sie, auch die Nachbarn sind nett, und nach außen hin wird die aus Rußland Heimgekehrte im deutschen Wirtschaftswunderland schon bald als integriert gelten. Sie wird die gesundheitlichen Schäden wenigstens teilweise in den Griff bekommen und 1956 für ihre drei Jahre und sieben Monate währende Leidenszeit 600,– DM Entschädigung erhalten. Sie wird zunächst Arbeit als Schneiderin finden, später in einem Zigarettenladen am Mainzer Hauptbahnhof, dann in einem Lohnbüro. Und sie wird heiraten – einen Mann, mit dem sie den Glauben teilt. Er besitzt eine kleine Druckerei. Charlotte S. wird vier Kinder großziehen und sich durch schwere Konkurs- und Ehejahre quälen. Sie wird schuften, um ihren Kindern ein Studium zu ermöglichen, und Glücksmomente empfinden wie alle Eltern, wenn die Entbehrungen Früchte tragen ...

Doch das ist nur das äußere Erscheinungsbild, und das trügt. Charlotte S. kann das Erlebte nicht verarbeiten, sich niemandem anvertrauen. Von ihrer Ankunft an leidet sie unter dem fehlenden Verständnis ihrer Umwelt, unter fehlender Geborgenheit. Zum ersten Schlüsselerlebnis gerät der soeben heimgekehrten Neunzehnjährigen, als sie sich – nach nochmals kurzem Lageraufenthalt – im kleinen hessischen Ort Gustavsburg beim Bürgermeister als Neubürgerin anmelden darf. Charlotte, nach ihren Rußland-Erlebnissen befragt, beginnt zu erzählen, entsinnt sich dann aber der vielen auf dem Transport und im Lager Verstorbenen, derer, die den Verstand verloren haben oder als Invaliden zurückkehren werden. So weicht sie aus und bemerkt bescheiden: »Mir ging es verhältnismäßig gut«; worauf der vom Kriegsleid kaum berührte Bürgermeister antwortet: »Uns ging es hier immer schlecht!« Ein Satz, der Charlotte den Atem verschlägt – im hessischen Gustavsburg wurde weder zerstört, noch vertrieben, noch verschleppt …

Diese Unverhältnismäßigkeit wird ihr noch häufig begegnen, dazu Unverständnis und Abwehr:

»Nein, ich kann nicht sagen, daß wir verschleppten und geschändeten Frauen hier im Westen auf Verständnis gestoßen sind. Die Leute waren im allgemeinen freundlich, nur auf das Thema ›Rußland‹ durfte man nicht zu sprechen kommen. Dann hieß es entweder: ›Das kann ich einfach nicht glauben‹ oder ›Da seid ihr wohl selbst schuld dran gewesen‹ … oder einfach ›Vergiß es, schau nach vorn!‹ … So habe ich immer nur geschwiegen, doch meine Seele kam dabei nicht zur Ruhe. Es fiel mir schwer, Freundschaften zu schließen, vor allem mit Gleichaltrigen. Ich konnte ihre Unbeschwertheit nicht teilen, ihre Interessen, konnte nicht ausgelassen sein, keinen Trubel ertragen. Immer stand mir gleich Gretchen vor Augen oder ein Leichenberg … In den ersten Jahren saß ich fast nur zu Hause, versuchte aufzuschreiben, was mir passiert war – und brach doch immer wieder nur in Tränen aus …

Später, als meine Kinder herangewachsen waren, habe ich sehr darunter gelitten, in ihrer Gegenwart darüber schweigen zu müssen. Sie standen auf dem Standpunkt, das sei uns recht geschehen, da wir ja den Krieg begonnen hätten … Ich habe immer die Trauer anderer Menschen geteilt, denen Leid zugefügt wurde. Doch über das eigene schweigen zu müssen, nur, weil man deutsch ist … Ich war doch erst fünf Jahre alt, als Hitler an die Macht kam!«

Als traumatische Erinnerung schleppt Charlotte über die Jahrzehnte mit sich, was von der wilhelminisch und nationalsozialistisch geprägten Umwelt gemeinhin als »Schande« bezeichnet wird. Und nur ein schwacher Trost ist ihr, die im Alter von sechzehn Jahren den Vergewaltigungen ausgesetzt war, daß fast alle Mädchen und Frauen, die sie im Lager traf, das gleiche erleiden mußten. Lange Zeit stürzt sie davon, sobald ihr ein Mann zu nahe kommt. Sie empfindet sich als Nutzobjekt, wo sie Geborgenheit sucht. Und später leidet sie – trotz starker Zurückhaltung ihres Mannes – unter dem, was »Erfüllung ehelicher Pflichten« genannt wird. Sie klammert sich an ihren Glauben. Vergeblich wartet sie nach ihrer Rückkehr aus Rußland darauf, wenigstens von ihrer Mutter in den Arm genommen zu werden und sich diese durchlittenen Qualen von der Seele reden zu dürfen: Doch darüber spricht man nicht – Vergewaltigungen bleiben im Tabu stecken, in anerzogener Scham, im verlogenen Kürzel »Schande« ... Später, nach dem Tod ihrer Eltern, werden ihr einmal Bekannte erzählen, die Eltern hätten in Angst gelebt, Charlotte könnte mit einem Kind aus Rußland zurückkehren – eine Bemerkung, die sie sehr verletzt und an jene Leidensgefährtinnen denken läßt, die tatsächlich in eine solche Lage geraten waren und sich gesagt hatten: »Besser mit einem Kind nach Hause zurückkehren, als in einem russischen Massengrab liegen ...«

HILDEGARD N.: *»Es lag von vornherein ein Schatten über der Wiedersehensfreude.«*

Hildegard, die nie mehr als vierzig Kilo wiegende Tochter eines Fleischermeisters aus Ostpreußen, wird Mitte September 1948 für den Heimtransport verladen, gemeinsam mit ihren beiden Schwestern. Im Durchgangslager Gronenfelde mit Fahrkarten und je fünfzig Mark ausgestattet, machen sich die drei Mädchen nach der endgültigen Entlassung auf den Weg nach Mecklenburg, wo die Mutter mit dem jüngsten Kind und ihrer Schwester untergekommen ist:

»Wir durften in Gronenfelde unsere Heimkehr im Radio durchsagen lassen und sogar noch ein Telegramm nach Mecklenburg aufgeben. Dann, mit Marschverpflegung versehen, fuhren wir über Ludwigslust nach Dabel, einem Dorf in der Nähe von Sternberg. Als der Zug in Sternberg einfuhr, stand ich gerade am Fenster und sah plötzlich meine Mutter – sie war der einzige Mensch, der sich dort auf dem Bahnsteig befand. Ich schrie so laut, daß meine Schwestern dachten, ich sei aus dem Zug gefallen, ich war ja sofort auf die Plattform rausgetreten. Das Wiedersehen fand also gleich im Zug statt. Meine Mutter war mit eingestiegen, so fuhren wir die letzte Station alle zusammen. Es war ein unbeschreiblicher Moment. Wir schluchzten und lachten durcheinander und ständig hingen zwei von uns an Mutters Hals … Auf der kleinen Bahnstation in Dabel warteten dann meine Tante und unser jüngster Bruder Seppl.

In Dabel hat sich das ganze Dorf über unsere Rückkehr gefreut, die Einheimischen genauso wie Flüchtlinge oder Vertriebene. Es ging damals allen nicht besonders gut, doch wir hörten nur freundliche Worte, und von allen Seiten wurden uns kleine Begrüßungsgeschenke zugesteckt. Bei einer Bäuerin durften wir uns bis Jahresende jeden Tag zwei Liter Milch abholen – das war schon eine große Hilfe, wir waren ja runter bis auf die Knochen … Nun hausten wir also zu sechst in einem Zimmer. Da mußte ein wenig improvisiert werden. Ich wurde zum Schlafen auf das Sofa einer Nachbarin ausquartiert, und meine beiden Schwestern schliefen auf dem Boden, auf Matratzen, die tagsüber weggeräumt wurden. Das war geradezu bequem nach dem, wie wir vorher geschlafen hatten.

Überglücklich, wieder zusammen zu sein, lag von vornherein auch ein Schatten über der Wiedersehensfreude. In Ostpreußen, vor dem Krieg, waren wir elf Kinder gewesen, eine große Familie. Schon 1943 kamen hintereinander die Todesnachrichten von drei gefallenen Brüdern. Und daß unser Vater auf dem Transport nach Rußland umgekommen war, hatten wir der Mutter bereits aus dem Lager geschrieben. Nun aber gingen die Schreckensbotschaften weiter: Auch der vierte Bruder war gefallen, ein fünfter vermißt. Noch ganz am Schluß war Ewald, der zweitjüngste, eingezogen worden. Auch von ihm gab es bisher kein Lebenszeichen. Jahre später erfuhren wir dann, er sei in sowjetischer Kriegsgefangenschaft verstorben ...«

Der übrig gebliebene Teil der Familie schlägt sich in Mecklenburg irgendwie durch. Hildegard arbeitet zunächst bei einem Bauern, für Essen und Trinken und zwei Mark Lohn am Tag. 1951 nimmt sie in Wismar an einem Lehrgang für Stenographie, Maschineschreiben und Deutsch teil; danach findet sie Arbeit bei der HO und auf einem volkseigenen Gut. Zwei Jahre nach Lehrgangsbeginn heiratet die Heimkehrerin und zieht zu ihrem Mann nach Schwerin, wo sie heute noch lebt. Vom neuen Staat allerdings hat sie nicht viel zu erwarten: Da sich der jüngste Bruder 1954 – Hildegard ist zu dieser Zeit hochschwanger – in den Westen absetzt, wird sie von den Behörden in die Mangel genommen. Die beiden Schwestern gelten nach der Flucht des Bruders als »nicht mehr tragbar für einen sozialistischen Betrieb«. Sie werden entlassen und gehen ebenfalls in den Westen. Nach dem Tod der Tante folgt ihnen auch noch die Mutter.

Hildegard bleibt in der DDR. Sie ist nach der Geburt des Kindes gezwungen zu kündigen, weil sie keinen Krippenplatz erhält. 1963 – inzwischen ist das dritte Kind auf der Welt – reicht trotz hilfreicher Westpakete das Einkommen des Mannes nicht mehr zum Leben. Jahrelang konnte Hildegard nicht arbeiten gehen, weil sie bei der Vergabe von Krippen- und Kindergartenplätzen stets von neuem an hinterster Stelle stand. 1965 erhält sie erstmals für vier Stunden einen Krippenplatz und kehrt allmählich in die Arbeitswelt zurück. Doch immer mal wieder wird sie im Betrieb und auf der polizeilichen Meldestelle dazu verhört, wieso sie als einzige in der DDR geblieben ist. Als die Mutter im Westen stirbt, darf sie nicht zur Beerdigung fahren ...

1989, mit dem Fall der Mauer, wird Hildegard N. Rentnerin. Nun entfaltet sie Aktivitäten in zwei Richtungen: In mehr als zwanzig Behördenbriefen kämpft sie um eine minimale Entschädigung für ihre dreieinhalbjährige Lagerzeit und die seitdem angeschlagene Gesundheit – ohne Erfolg. Die mit fünfzehn Jahren verschleppte Ostpreußin leidet an einer chronischen Herzerkankung, einer verhärteten Milz und seit dem Typhus an einer Funkionsstörung der linken Brustdrüse, wodurch sie ihre Kinder nicht stillen konnte.

Gleichzeitig findet Hildegard in der Wendezeit, als sich die überwiegende Mehrheit der DDR-Bürger in Richtung Westen orientiert, einen Briefpartner in jenem Gebiet, in dem sie einst Gefangene war:

»Ich las gern die ›Wochenpost‹. Und da fand ich plötzlich unter der Rubrik ›Briefpartner gesucht‹ einen Arzt aus Tscheljabinsk, der Kontakt zu Deutschen suchte. Ich mich gleich hingesetzt und geschrieben, Anfang des neuen Jahres kam die Antwort. Seitdem stehen wir in Briefkontakt. Wladimir – so heißt der Arzt – hat mir ein wunderbares Buch über den Ural geschickt, wir ihm Pakete mit Lebensmitteln, Büchern und Spielzeug für die Kinder. Meine Tochter steuerte auch ein paar Pakete bei, und die Enkelin schreibt sich mit Wladimirs Tochter. Inzwischen kommt leider kaum noch etwas an. Die Familie hat uns auch eingeladen, doch irgendwie war es mir unheimlich, dorthin noch mal zurückzukehren. Obwohl: Gesehen hätte ich schon ganz gern alles noch einmal … wo unser Lager war, stehen jetzt Hochhäuser, schreibt Wladimir. Inzwischen hört man nichts Gutes aus Rußland …«

Erna B.: »*In Frankfurt/Oder hingen überall rote Fahnen.*«

Der spätsommerlichen Entlassungswelle von 1948 folgt die nächste im Herbst 1949. Zu denen, die nun vom Lager »Oktjabrsk« aus nach Deutschland zurückfahren dürfen, gehört Erna B. aus Pommern:

»Wir hatten im Lager einen Ungarndeutschen – er hieß Johann, wir nannten ihn aber immer Johnny –, der mußte oft in die Stadt Ufa fahren. Dort befanden sich alle Papiere für das Lager, von dorther kamen auch die hohen russischen Offiziere. Und jedesmal, wenn Johnny losfuhr, sagten wir: ›Bring gute Nachrichten mit und unsere Entlassungspapiere!‹ Er kam aber stets mit traurigem Gesicht zurück und leeren Händen ...

Im September 1949 mußte er wieder nach Ufa, und diesmal blieb er länger als sonst weg. Am 27. September – es war ein Sonntag, wir hatten arbeitsfrei und waren in den Tanzsaal komplimentiert worden – ging es plötzlich wie ein Lauffeuer durch den Saal: ›Der Johnny ist zurück, mit guter Nachricht!‹ Wir stürzten raus, er trat gerade aus dem Wachhäuschen und wurde sofort umringt. Es stimmte: 120 ›reichsdeutsche‹ Mädchen und Frauen durften nach Hause! Die Ungarndeutschen noch nicht, angeblich sollten sie in vier Wochen folgen dürfen. Doch daran glaubte niemand, das kannten wir. Nach einem Transport verging immer ein halbes oder ein ganzes Jahr, bevor der nächste zusammengestellt wurde. Die ungarndeutschen Mädels brachen in Tränen aus und verließen sofort den Saal. Wir weinten nun auch, vor Freude ... Am nächsten Morgen marschierten nur noch die ungarndeutschen Brigaden zur Arbeit – wir ›Reichsdeutschen‹ nicht mehr, wir wurden zehn Tage lang aufgepäppelt für die Heimfahrt. Zwei Frauen und zwei männliche Zivilisten waren von der Liste gestrichen worden – warum, sagte ihnen keiner, sie durften einfach nicht mit ...«

Am 5. Oktober 1949 werden die Heimkehrenden nach einer gründlichen Rubel-, Foto- und Schriftstückkontrolle mit Lkws zur nächsten Bahnstation gebracht. Hier vergehen noch einmal drei Tage, bevor es endlich losgeht. Zwei Wochen später ist Moskau erreicht und nicht lange darauf Brest-Litowsk:

»Hier gab es die letzte Läusekontrolle, doch das Viehzeug waren wir bereits seit einem halben Jahr los. Der Begleitoffizier bedankte sich bei uns für die gute Arbeit, die wir geleistet hätten, wünschte uns alles Gute und sagte zum Schluß: ›Geht nicht in den Westen, bleibt im Osten Deutschlands ...‹ Dann drehte er sich um und ging.

Später, als wir über die Oder-Brücke fuhren, herrschte draußen eine stille, sternklare Nacht. Es war der 21. Oktober, und überall hörte man nur leises Weinen, im Nachbarwaggon für kurze Zeit das Singen der Kriegsgefangenen ... In Frankfurt/Oder hingen überall rote Fahnen, Losungen und das Bild von Stalin – das hing im Lager Gronenfelde sogar auf der Toilette. In den Straßen roch es nach Kohlsuppe.

Wir erfuhren am nächsten Tag, daß hier ein neuer Staat gegründet worden war, die Deutsche Demokratische Republik, und wurden auch gleich vom Präsidenten Wilhelm Pieck begrüßt. Das war eine Begrüßung! Wir mußten zum Appell antreten, dann sagte er über ein Mikrophon: ›Euch Frauen kann ich nicht entlassen!‹ Wir dachten, uns rutscht der Boden unter den Füßen weg. Wir hatten diese Stunde so lange herbeigesehnt, und nun das! Bei dieser Erinnerung dreht sich mir heute noch der Magen um. Er schnarrte dann weiter über den Lautsprecher: ›Geht nun auf euer Zimmer; kein deutscher Soldat hat das zu betreten; ich komm' dann gleich zu euch.‹ Wir standen wie versteinert, dann schlichen wir unter Tränen in die Baracke. Natürlich kamen ein paar Kriegsgefangene hinterher, die uns ermutigten, uns nicht mehr alles gefallen zu lassen. Aber wir waren völlig eingeschüchtert. Als dann Herr Pieck den Raum betrat, setzte er eine Amtsmiene auf, las ein paar Zeilen vor, nach denen wir uns zu richten hätten und teilte uns mit, daß diejenigen, die keine Eltern oder Geschwister im Westen nachweisen könnten, nicht dorthin entlassen würden; die kämen nach Sachsen, zum Uranbergbau! Nun ging das Weinen erst richtig los. Wir hatten Telegramme an die neue Anschrift unserer Familien aufgegeben und einige hatten noch keine Rückantwort bekommen ...«

Da ihre Mutter sich bereits aus Hannover gemeldet hat, gehört Erna zu denen, die bald nach Friedland weiterfahren dürfen. Als die Heimkehrerin in Hannover ankommt, erschrickt sie: Die Mutter ist zu einer greisen Frau geworden, gezeichnet von fast fünfjährigem Leid. Die Tochter war jahrelang verschollen, der Sohn galt als vermißt. Der Mann ist 1947 gestorben, noch im Pommern, kurze Zeit später wurde sie selbst vom Hof vertrieben. In ihren Armen liegend, verliert Erna die Besinnung. Doch der Bruder lebt. Im April 1949 aus französischer Kriegsgefangenschaft entlassen, ist er bei einem Freund im Rheinland untergekommen. Ein halbes Jahr später ziehen Erna und ihre Mutter zu ihm. Zunächst aber muß sie für Monate in ärztliche Behandlung, sie leidet unter Wasser in den Beinen und starkem Untergewicht.

Für sechs Jahre wird Erna B. nur zu zwei Dritteln arbeitsfähig sein, beschäftigt in privaten Haushalten. Später steigt sie bei den Persil-Werken als Werbedame ein und arbeitet danach bis zu ihrer Rente in einer Druckerei. Ihre Entschädigung für Rußland beträgt 1320,– Mark.

Daß sich ihre Gesundheit stabilisiert und sie fast problemlos in der neuen Welt zurechtkommt, verdankt sie ihrem Naturell und ihrem Mann: 1953 heiratet das Paar und führt eine glückliche, wenn auch kinderlose Ehe. Heute verbringt Erna mit ihrem Mann einen harmonischen Lebensabend, »mit Gottes Hilfe«, wie sie sagt.

Else I.: *»Ich habe immer versucht, mich für andere Menschen einzusetzen.«*

Ende 1949 trifft Else I. nach vier Jahren und neun Monaten Sibirien in Frohburg ein, einer Kleinstadt in der Nähe von Leipzig und das neue Zuhause ihrer aus Schlesien vertriebenen Familie. Ein Telegramm hat sie nicht aufgeben können; so kommt ihre Ankunft für die Eltern völlig überraschend. Die ersten Stunden nach der ersehnten Heimkehr – eine wahnsinnige Wiedersehensfreude und erstmal richtig satt essen! Dann fangen die Probleme an: Schon im Zug von Gronenfelde nach Frohburg erregte die junge Frau mit ihrer Kleidung Aufsehen – lila Strümpfe, ein Rock aus Wehrmachtsstoff, Wattejacke und Holzkoffer. Man sah ihr an, woher sie kam. In Frohburg nun traut sie sich tagelang nicht auf die Straße, der verräterischen Kleidung wegen, doch auch aus Angst vor fremden Menschen. Die gesundheitlichen Probleme wird Else bald überwunden haben, die psychischen nicht. Es bleibt die Angst vor ihr unbekannten Menschen, die Angst vor der Zukunft. Und noch jahrzehntelang leidet sie unter Depressionen und Schlafstörungen. Über Monate bleibt die Heimkehrerin, da sie keine Arbeit findet, zu Hause. Dann faßt sie zum erstenmal ein wenig Tritt:

»Das Arbeitsamt vermittelte mir eine Stelle als Sachbearbeiterin in der Konsumgenossenschaft Borna. Und 1952 wechselte ich dann zum Genossenschaftsverband des Bezirkes Leipzig. Auf diesem Arbeitsplatz bin ich vierzig Jahre lang geblieben, bis zu meiner Rente 1990. Ich war nun zuständig für 400 000 Konsum-Mitglieder und 12 000 ehrenamtliche Funktionäre. Das war für mich eine Chance und eine Aufgabe, in die ich mich voller Idealismus und mit menschlichem Einfühlungsvermögen gestürzt habe. Was die Politschulungen im Lager nicht schafften, klappte jetzt im Aufbauschwung der frühen DDR – ich begann, mich für den Sozialismus zu begeistern. In der Deutsch-Sowjetischen Freundschaft war ich ja schon seit 1950, und zwei Jahre später trat ich auch in die SED ein. Zuvor war ich eine gläubige Christin gewesen, nun glaubte ich an den Sozialismus. Für mich war das ein fast nahtloser Wechsel, die alten Werte – Ehrlichkeit und Aufopferung für andere Menschen – galten ja auch für die neue Idee. Ein Kriechertyp war ich nie, habe bis zur Entlassung an letzter Stelle der Entlohnung gestanden, trotz Parteizugehörigkeit. Ich habe immer versucht, mich für andere Menschen einzusetzen.«

1960 heiratet Else einen Lehrer aus Berlin, sie bekommt zwei Kinder. Ihre Leidenszeit in Rußland ist ein offizielles Tabu. Bereits nach ihrer Rückkehr, bei der Anmeldung im Rathaus, wollte niemand wissen, was ihr widerfahren ist. Sie bekam fünfzehn Mark, weil ihr ein Vorderzahn ausgebrochen war, ansonsten wurde die Geschichte totgeschwiegen. Das bleibt so bis zum Ende der DDR. Und Else leidet darunter immer weniger, je mehr sich ihr Blickwinkel verändert, je mehr auch sie ihre Verschleppung als Strafe für den faschistischen Überfall auf die Sowjetunion annimmt. Auch jenseits der offiziellen Propagandaschiene fühlt sie sich russischen Menschen stets auf eine besondere Weise verbunden. Sie besucht Moskau und Leningrad und nimmt Ende der sechziger Jahre mit ihrem Mann zwei sowjetische Geophysiker auf, die vorübergehend in Leipzig arbeiten. Mit ihnen kann sie sich über ihre Geschichte austauschen, über Vergangenheit, Gegenwart und die gemeinsame Zukunft.

Ihre Gefühle gegenüber den Menschen Rußlands haben die Wende überdauert, die Lügen der DDR-Gesellschaft nicht. Die Rentnerin Else I. schlägt sich heute mit einer doppelt schmerzlichen Vergangenheit herum. Da sind die Verbrechen des Stalinismus, die sie aufwühlen und sich auf jede neue Abhandlung über dieses Thema stürzen lassen. Auch der Hintergrund ihrer Deportation erhält heute eine neue historische Dimension. Und da ist ihr berufliches Engagement und ihre SED-Zugehörigkeit. Else I. fühlt sich mißbraucht. Und hat sie nicht selbst viel zu lange verdrängt, was sie täglich sah und erlebte? Erst in den Jahren vor dem Mauerfall äußert sie sich zur bestehenden Kluft zwischen Propaganda und Realität. Sie fordert Aussprachen und steht damit ziemlich allein. Doch wie schamlos Menschen unter ideologischen Parolen ausgenutzt worden sind, wird ihr im ganzen Ausmaß eigentlich erst bewußt, als sie 1990 miterlebt, wie der hochdekorierte Leiter ihrer Konsumgenossenschaft alle Mitarbeiter kaltschnäuzig entläßt, sich selbst aber samt hartem Kern der Partei- und MfS-Genossen erfolgreich über die Wende rettet.

Eva-Maria S.: *»Ich konnte mit niemandem reden.«*

Im Oktober 1949 kehrt auch Eva-Maria nach Deutschland zurück. Wie viele der vergewaltigten und verschleppten Frauen hat die inzwischen Einundzwanzigjährige ihre gesamte Jugendzeit in russischen Lagern verbracht, mit Folgen, die schon die ersehnte Heimkehr überschatten:

»Als wir in Frankfurt/Oder auf dem Güterbahnhof ankamen, standen da Gleisbauarbeiter, die sagten gleich: ›Leute, haut ab nach dem Westen, bleibt bloß nicht hier bei den Russen, haut alle ab!‹ Ich wollte aber nichts weiter als zu meiner Familie zurück, und die war inzwischen in Schulzendorf untergekommen, etwa eine Zugstunde entfernt von Berlin. Als ich dort ankam, natürlich, da war eine große Wiedersehensfreude, doch irgendwie fühlte ich mich schon kurz danach ziemlich fremd. Es lagen ja fast fünf Jahre zwischen mir und meiner Familie, eine Zeit, in der jeder in einer anderen Welt gelebt hatte. Und da war irgendwie ein Bruch. Ich konnte mit niemandem über das reden, was mir passiert war. 1949 gab es auch noch starke existentielle Probleme: Schulzendorf war vor dem Krieg eine 220-Seelen-Gemeinde gewesen und platzte nun mit zusätzlich 800 Umsiedlern fast aus den Nähten. Alle hockten im Elend aufeinander – meine Eltern und drei Geschwister in einem Raum in einer winzigen Kate, ohne irgendwelches Mobiliar. Und nun stellen Sie sich vor, da kommt plötzlich noch aus Rußland so eine ausgemergelte Gestalt an, eine, die schon mit ihrer Kleidung – Wattejacke und Russen-Schapka mit leuchtend rotem Stern – an all das erinnert, was man möglichst schnell vergessen will …

Mein Vater war noch 1945 mit meinen drei jüngeren Geschwistern über die Oder gezogen. Er hat dann in Schulzendorf wieder Arbeit in der Landwirtschaft gefunden. Meine Mutter kam später nach; sie war bis 1947 in einem polnischen Lager. Das ist schon seltsam – in unserer Familie sind nur die

Frauen für den Krieg bestraft worden. Meinem Vater ist nicht allzu viel passiert, obwohl er Bürgermeister war und auch in der NSdAP. Mein Vater war sehr anständig und bei den Polen beliebt, deshalb hat ihn wohl keiner denunziert. Er wurde nur kurzzeitig von den Russen verhaftet, so wie alle deutschen Männer, danach war er Vorarbeiter beim neuen Bürgermeister von Grochow. Das blieb so, bis alle Deutschen raus mußten, weil Ostbrandenburg polnisch wurde. Meine Mutter hatte da weniger Glück, sie ist mit vielen anderen Frauen in ein polnisches Lager verschleppt worden. Sie hat dort zwei Jahre schwer gelitten, die polnischen Lager sollen auch sehr hart gewesen sein ...«

Trotz ähnlicher Erlebnisse kommt es nie zu einem Gespräch zwischen Mutter und Tochter. Auch der Vater und die Geschwister meiden das Thema. Das Reden über Vergewaltigungen durch Sowjetsoldaten ist ein ebenso mit Haftstrafe bedrohtes Tabu wie das Erwähnen der Deportationen. So bleibt die junge Heimkehrerin mit ihren Problemen allein – mit den Lagererinnerungen und dem Trauma der Vergewaltigungen, die sie als Sechzehnjährige aushalten mußte. Eva-Maria ist freundlich, doch immer unruhig; sie hat Alpträume und Angst vor dem Alleinsein, sehnt sich aber zugleich nach der Anonymität einer Großstadt ... Zunächst halten sie gesundheitliche Probleme in Schach: Sie leidet unter den typischen Mangelerscheinungen, einer kaputten Wirbelsäule und einem schief zusammengewachsenen Kiefer, seitdem sie noch kurz vor dem Heimtransport auf der Kolchose von einem Wagen stürzte. Eva-Maria wird für ein Jahr krankgeschrieben.

1951 bricht sie dann nach Berlin auf, findet Arbeit als Sachbearbeiterin beim Außenhandel und wird schwanger. Der Freund haut bald darauf in den Westen ab. Eva-Maria soll nachkommen, doch sie hat Angst vor neuer Fremde, möchte lieber noch in der Nähe ihrer Familie bleiben – und bleibt in der DDR. 1953 wird ihr Sohn geboren. Schon ein Jahr später gerät sie in die Mühlen des Staatsapparates: Eine befreundete Kollegin wird verhaftet, wegen Spionage, die verdächtige Rußland-Heimkehrerin gleich mit. Nur zwei Tage bleibt Eva-Maria in Untersuchungshaft, doch gilt sie weiterhin als verdächtig. Sie erhält »Berlin-Verbot« und wird für zehn Jahre ins Provinzstädtchen Eichwalde ausquartiert – eine Schikane, der sie kaum gewachsen ist. Die junge Frau bringt ihr Kind zu den Eltern nach Schulzendorf. Sie bleibt unter Kontrolle der Staatssicherheit. Den Erpressungsversuchen hält sie trotz Angst und Drohungen stand. 1992, als eine IM-Tätigkeit nach der anderen ans Licht kommt, wird Eva-Maria S. in ihrer Akte drei in Eichwalde verfaßte Erklärungen finden, in denen sie dem MfS begründet, warum sie zu keiner Zusammenarbeit bereit ist: Sie sei Christin und außerdem sehr schwatzhaft!

So entgeht sie zwar dem Verlust ihrer Würde, bleibt aber gerade dadurch im Visier der Staatssicherheit. Zehn Jahre später darf sie nach Berlin zurückkehren. Sie holt ihr Kind zu sich und nimmt den alten Arbeitsplatz wieder ein. Doch die Akte der »auffälligen Person« Eva-Maria S. wird immer dicker: Da waren zunächst Sibirien und der Spionageverdacht. 1978 kommt ein Bruder wegen versuchter Republikflucht in Haft – die Schwester wird nun verdächtigt, Mitglied einer »kriminellen Menschenhändlerbande« zu sein, und fünf Monate später von ihrem Arbeitsplatz entlassen. Arbeit findet Eva-Maria nun nur noch als Garderobiere in einem Theater. Sie engagiert sich vom Beginn der achtziger Jahre an in einem Friedenskreis der DDR-Opposition und wird dort bis zum Zusammenbruch des Staates dabei sein. Dennoch holt sie ihre Biographie erbarmungslos ein: Erst fünfundfünfzig Jahre alt, wird die äußerlich noch immer attraktive Ostbrandenburgerin aufgrund schwerer psychischer Störungen invalide geschrieben.

Der Dauerkonflikt mit dem Staat hat ihren Blick nach Osteuropa nie zu trüben vermocht: Bereits 1962 fährt sie das erste Mal mit ihrem Vater nach Polen, zum Freundschaftsbesuch bei den ehemaligen Knechten, die den »Chef« noch immer verehren. In der Deutsch-Sowjetischen Freundschaft hat sich Eva-Maria von Anfang an engagiert. Sobald sie durfte, fuhr sie in die

Sowjetunion, um Kontakte zu suchen, Russisch zu sprechen und eine Geschichte verstehen zu lernen, mit der sie unlösbar verbunden ist. Kaum in ihrer Nachkriegsbiographie, wohl aber in ihrem besonderen Verhältnis zum russischen Volk gleicht sie Hildegard, Annemarie und Else.

Mit einem Problem jedoch bleibt sie allein:

»Mit Sexualität bin ich jahrzehntelang nicht klargekommen, da gab es auch keine Hilfe. An die kurze Episode von 1952, bei der ich zwar verliebt war, doch auch völlig verkrampft, erinnert mich mein Sohn. Danach lief in dieser Hinsicht viele Jahre nichts mehr. Ich war eigentlich schon über fünfzig Jahre alt, als ich zum erstenmal ein positives sexuelles Erlebnis hatte ...«

GERTRUD K.: *»Die Einstellung gegenüber den Flüchtlingen war sehr demütigend.«*

Gertrud K. aus Insterburg, die ihren sechzehnten Geburtstag in einem russischen Lager beging und nun, gegen Ende des Jahres 1949, im Sammellager Tscheljabinsk für die Heimkehr »aufgepäppelt« wurde, wäre um ein Haar gar nicht in Deutschland angekommen:

»Der Transportzug fuhr meist stundenlang, ohne einmal anzuhalten. Dann plötzlich hielt er, irgendwo auf freier Strecke – man wußte allerdings nie, wie lange. Bei solchen Gelegenheiten verschwanden jeweils einige rasch nach draußen, zum Austreten. Und nun passiert es mir, irgendwo in der russischen Weite, daß der Zug, als ich mal eben auf die andere Seite gekrochen war, sich plötzlich in Bewegung setzte. Als der erste Waggon an mir vorbeirollte, bekam ich furchtbare Angst: Was, wenn ich allein in dieser Einöde zurückblieb? Und falls mich jemand fände, würde ich erneut in einem Lager landen? Und für wie lange? Die Gedanken überschlugen sich. In diesem Augenblick entdeckte ich am Ende eines auf mich zurollenden Waggons ein Rangiertrittbrett, darüber eine Haltestange. Geistesgegenwärtig schwang ich mich hinauf, mich mit beiden Händen festhaltend. Mit dem linken Arm umklammerte ich den Puffer, mit der rechten Hand rückte ich meine Kleidung zurecht, durch die nun ein kalter Fahrtwind pfiff.

Der Zug passierte später einige Stellwerke, aber unglücklicherweise standen die Signale immer auf ›Freie Fahrt‹. Doch ich sah Menschen! Mich krampfhaft mit dem linken Arm am Puffer festklammernd, fuchtelte ich mit dem rechten in Richtung russischer Stellwerkswärterinnen, hoffend, sie würden die für mich gefährliche Situation erfassen. Sie verstanden aber meine Bewegungen völlig falsch und winkten fröhlich zurück – offenbar war es in Rußland nicht unüblich, daß man als Frau außen am Waggon hing. Oder hielten sie mich mit meinen kurzen Haaren für einen Mann? Ich war der Verzweiflung nahe. Unter mir sausten Bahnschwellen und Gleise dahin. Bei jedem Schwenk des Waggons klammerte ich mich fester an den Puffer und schickte ein Stoßgebet gen Himmel, der Zug möge doch endlich anhalten.

Das ging etwa zwei Stunden so, und immer wieder hämmerte ich mir ein: ›Du mußt durchhalten, und wenn es bis zur Grenze ist!‹ Endlich verlangsamte der Zug seine Fahrt und hielt. Immer die Räder im Auge behaltend, kroch ich unter ihm durch und in meinen Waggon hinein. Dann sank ich auf die Matratze, völlig erschöpft und durchgefroren. Meine Leidensgefährtinnen hatten mich zwar vermißt, wähnten mich aber in einem der anderen Waggons. Bei meinem Bericht starrten sie mich entgeistert an.«

Nach diesem unfreiwilligen Reiseabenteuer passiert Gertrud die Städte Moskau und Brest-Litowsk auf bequemere Art. Der Zug erreicht nach dreiwöchiger Fahrt schließlich Frankfurt/ Oder, von wo aus sie nach Friedland weiterfahren darf, weil sie die Adresse ihrer Hamburger Tante nachweisen kann. In der ausgebombten Elbe-Stadt angekommen, zeigt sich die Tante nicht eben erfreut über die Rußland-Heimkehrerin, die nun zusätzlich ins Notquartier aufgenommen werden muß. Von Gertruds Eltern gibt es noch immer kein Lebenszeichen, nicht vom Vater und auch von der Mutter nicht. Dabei beginnt bereits das Jahr 1950.

Der jungen Frau bleibt nicht viel Zeit, ihre Lagerkrankheiten auszukurieren, darunter eine Lungenkrankheit, die sie sich in Swerdlowsk zugezogen hat und die später als Tbc diagnostiziert wird. Die materielle Not zwingt sie, sich bald nach der Rückkehr ins Heer der Hamburger Arbeitslosen einzureihen. Ihre Chancen stehen schlecht: Da die als Fünfzehnjährige Verschleppte keine abgeschlossene Berufsausbildung nachweisen kann, wird sie vom Arbeitsamt als Putzfrau vermittelt. Mühsam arbeitet sie sich danach zur Telefonistin hoch und läßt sich später noch als Straßenbahnschaffnerin anlernen. Mühsam zum einen, weil sie immer wieder mit Magengeschwüren und den Folgen der Tuberkulose zu kämpfen hat, zum anderen, weil sie in den schweren fünfziger Jahren zwei Kinder zur Welt bringt. Ihre Ehe – bereits 1950 erfolgte die Verlobung – scheint eine Flucht vor dem Dritten im engen Notquartier zu sein, dem Onkel, der die junge Frau mit dreisten Nachstellungen in ständige Panik versetzt. So nimmt auch die überstürzte Ehe mit einem – aus russischer Kriegsgefangenschaft heimgekehrten – Oberfeldwebel keinen glücklichen Verlauf: Obwohl der Mann um Verständnis bemüht ist, wird jedes sexuelle Moment für Gertrud zur Tortur. Und immer schwerer leidet sie unter dem Kommando-Ton des Berufssoldaten. Als zu den eigenen psychischen und körperlichen Problemen, der Doppelbelastung als Mutter und Berufstätige noch der Alkoholismus des Mannes kommt, ist die Grenze des Erträglichen erreicht. Nach zwanzigjähriger Ehe reicht Gertrud die Scheidung ein.

Sie heiratet ein zweites Mal, einen Kollegen, auch er mit der Erfahrung russischer Kriegsgefangenschaft. Und findet ihr privates Glück: In der Geborgenheit der zweiten Ehe erwirbt Gertrud erstmals Selbstvertrauen, verschwinden die Magengeschwüre, verliert sich auch die Angst vor sexueller Intimität, entkleidet sich die inzwischen Dreiundvierzigjährige nicht mehr ausschließlich in der Dunkelheit. Während Gertrud ihr seelisches Gleichgewicht wiedergefunden hat, holen sie im Alter die körperlichen Folgen der Lagerhaft ein: 1994 verliert sie durch die wiederauflebende Tbc eine Niere und einen Harnleiter.

Die nach Rußland Deportierte hat eine Entschädigung von 1380,– Mark bekommen. Doch daß sie in ihrem Umfeld auf Verständnis gestoßen wäre, kann Gertrud nicht bestätigen:

»Die ersten Wochen habe ich nicht viel um mich herum wahrgenommen, da bin ich rumgelaufen wie in Trance. Dann bemerkte ich, daß die Einstellung der Hamburger gegenüber Flüchtlingen sehr häßlich war. Noch 1950 sprachen sie von ›Rucksack-Hamburgern‹ und ›Zugereisten‹. Und als es später um Entschädigungen ging, wurde über Flüchtlinge als ›Rittergutsbesitzer aus dem Osten‹ hergezogen. Das war schon demütigend, nach allem, was die Menschen im Osten durchgemacht haben. Und dann noch mit Vergewaltigungen und Deportation kommen – nein, das haben die Hamburger gar nicht erst an sich rangelassen. Sie hatten auch eigene Sorgen, Hamburg war ja furchtbar zerstört.

Ich habe lange darunter gelitten, daß meine Eltern nicht zurückgekommen sind und immer wieder auf ein Lebenszeichen von ihnen gehofft. Beide sind ja noch vor mir verschleppt worden. 1955 erfuhr ich dann vom Suchdienst des Deutschen Roten Kreuzes, daß meine Mutter in einem russischen Lager verstorben sei – bereits 1945, da war sie erst vierunddreißig Jahre alt. Mein Vater, der auf unserer Flucht als erster zum ›Arbeitseinsatz‹ geholt wurde, gilt noch heute als ›vermißt‹. Er war vierzig Jahre alt, asthmakrank und sympathisierte mit den Kommunisten. Was hat ihm das genützt? Ich habe gesehen, wie er von russischen Soldaten mitgenommen wurde – er ist aber in keinem russischen Lager angekommen, soll jedenfalls nirgendwo namentlich registriert

sein. Ich nehme an, er hat schon den Marsch zum Sammellager nicht überlebt oder den Hintransport ...

1977 traute ich mich erstmals wieder in das Land meiner
Verschleppung. Zusammen mit meinem jetzigen Mann un-
ternahm ich eine Schiffsreise nach Leningrad. Leider hatten
wir keinen privaten Kontakt zur Bevölkerung. Vor drei Jahren haben wir mein Elternhaus in Insterburg aufgesucht. Die
Russinnen, die jetzt darin leben, haben uns herzlich empfan-
gen und bewirtet. Wir haben ihnen etwas Geld dagelassen
und später ein Paket geschickt. Nein, ein gestörtes Verhältnis
zur russischen Bevölkerung hatte ich nie, ich habe ja in
Sibirien ihre Armut erlebt. Gehaßt habe ich lange Zeit Russen in Uniform, ich sah in jedem von ihnen einen Feind. Das
Gefühl ist mit dem Abstand zum Krieg verblaßt. Geblieben
ist ein grundsätzlicher Abscheu gegenüber ihren Funktionären, den Stalinisten oder Leninisten.«

HELGA P.: »*Mein Vater fragte: ›Wer ist denn das?‹*«

Im Mai 1952 dürfen endlich auch jene Zivilisten heimkehren,
die 1950 bereits auf dem Transport nach Deutschland waren,
dann aber kurzerhand von Stalin als Verhandlungsmasse im
Ost/West-Poker zurückgehalten wurden.

Zu den tragischsten Fällen unter ihnen gehört Helga P.: 1946
saß sie schon einmal in einem Heimkehrerzug – eine Fahrtunterbrechung brachte ihr am Ende sechs weitere Jahre Rußland
ein. 1950, als sie sich zum zweitenmal auf einem Heimtransport
befindet, der in Deutschland nicht ankommt, ist Helga schwanger. Ihre Tochter bringt sie im Dezember 1950 in einem Lager in
Brest-Litowsk zur Welt. Als das Kind nun mit der Mutter auf die
große Zugreise geht, ist es anderthalb Jahre alt.

Im Ankunftsland DDR hat sich seit der letzten Heimkehrer-
welle 1949 einiges verändert. Das Quarantänelager Gronenfelde existiert nicht mehr, vor allem aber hat sich die neue
Macht konsolidiert:

»In Frankfurt/Oder wurden wir vor der Bevölkerung streng abgeschirmt, unsere Ankunft sollte wohl von niemandem bemerkt werden. Wir wurden umgeladen, dann ging die Fahrt weiter nach Bischofswerda. Wir Frauen mit Kindern saßen nun in Abteilen mit richtigen Sitzen. Doch in jedem Abteil befand sich zusätzlich noch ein Mann in Zivil, der lauschte, worüber sich die Heimkehrer unterhalten.

Einen Tag nach mir traf der Transport mit meinem Mann in Bischofswerda ein, er ist auch erst einen Tag nach mir entlassen worden. Im Quarantänelager Bischofswerda blieb man noch etwa sechs Tage, danach bekam man fünfzig Mark und durfte zu seinen Angehörigen fahren. Meine Eltern waren inzwischen in Köpenick untergekommen, so stieg ich mit meinem Kind in einen ganz normalen Zug nach Ost-Berlin. Im Abteil saßen junge Leute in blauen Blusen, die begeistert ›Bau auf, bau auf, freie deutsche Jugend bau auf!‹ sangen. Dazu ich, in Wattejacke und Schlosserhose. Dann stand ich mit der Kleinen und einem Rucksack auf dem Berliner Ost-Bahnhof. Ich fühlte mich fremd, war völlig eingeschüchtert, und als ich die erste Uniform in meiner Nähe sah, brach ich vor Angst in Tränen aus. Eine Frau hat sich meiner angenommen und mich nach Köpenick gebracht.

Meine Eltern wußten nichts von meiner Ankunft. Als ich klingelte, kam meine Mutter raus, sah mich an und schrie laut auf. Die Kleine lief in die Wohnung, und da hing nun ein Jugendbild von mir über der Couch – ›Mama‹ sagte sie und zeigte auf das Bild.

Später kam mein Vater von der Arbeit, ich saß inzwischen mit meiner Mutter und der Kleinen am Tisch. Mein Vater hat sich draußen gewaschen, kam dann rein und setzte sich dazu, erstaunt über den Besuch. Und weil niemand etwas sagte, fragte er: ›Wer ist denn das?‹ Der hat mich überhaupt nicht erkannt ... Ich glaube, ich bin freitags entlassen worden, mein Mann kam einen Tag später an. Und Pfingsten war die ganze Familie beisammen, das war vielleicht ein Gefühl! Ich war ziemlich fertig mit den Nerven nach diesen sieben Jahren, doch das erste Familientreffen war einfach toll. Und irgendwie auch verrückt: Wir saßen wieder zusammen, wir hatten alle überlebt. Und nun war noch ein Menschenkind dazugekommen ...«

Für Ruhe bleibt der jungen Mutter keine Zeit. Außer einem Entlassungsschein des Quarantänelagers besitzt Helga keinerlei Papiere, nicht einmal eine Geburtsurkunde ihrer Tochter. Und so bläst ihr der DDR-Behördenwind schon kurz nach der Ankunft ins Gesicht:

»Als ich mich auf dem Polizeipräsidium anmelden wollte, fragte mich der Beamte: ›Wo komm' Se her?‹. Ich sagte: ›Aus Rußland.‹ Da donnert der los: ›Rußland? Kenn ick nich. Wo liegt'n das?‹ Und zu seiner Mitarbeiterin: ›Jenossin, nehmen Se mal 'n Stock und jehnse zur Karte, ob Se da irgendwo Rußland finden!‹ Ich sagte leise: ›Sowjetunion.‹ ›Na, det is wat janz anderet. Wieso sind Se eijentlich dahin jekommen?‹ Ich murmelte: ›Wir sind verschleppt worden.‹ ›Wat heeßt hier verschleppt?‹ brüllt der wieder los, ›da warn Se bestimmt beim BDM!‹ ...

Ich lebte während der ersten Jahre in ständiger Unruhe, daß mich jemand fragen könnte, woher ich komme. Im Betrieb haben sie öfter gefragt, ich habe dann vor Angst immer die Lagerzeit ein bißchen schöngelogen. Die Angst vor Uniformen hielt sich lange, und wenn ich eine russische sah, bekam ich richtige Panikzustände ...«

Nur Wochen nach ihrer Heimkehr nehmen Helga und ihr Mann eine Arbeit auf bei den Berliner Verkehrsbetrieben: Sie haben kaum etwas anzuziehen, die BVG aber stellt eine Dienstkleidung. Sechsunddreißig Jahre lang wird Helga bei den Verkehrsbetrieben bleiben, als Schaffnerin zunächst und später als Straßenbahnfahrerin. Mit politischen Äußerungen hält sie sich zurück. Zum neuen Staat entwickelt sie keinerlei Sympathie, und in die Deutsch-Sowjetische Freundschaft tritt sie widerstrebend ein, weil die Brigade sie dazu drängt.

Schwierigkeiten gibt es immer wieder mit der Gesundheit: Das durchschossene Bein macht Probleme, durch die schwere Waldarbeit ist die Wirbelsäule beschädigt, und die Hüftknochen haben sich verlagert. Helga ist öfter krank, fährt während der sechsunddreißig Arbeitsjahre nur zweimal zur Kur und leidet ein Leben lang unter Hüft- und Rückenschmerzen. All das scheint verkraftbar, solange das Familienleben glücklich verläuft: Am zweiten Geburtstag der Tochter heiratete das als unzertrennlich geltende Heimkehrer-Paar. Die Kleine wächst trotz einer gesundheitlichen Anfälligkeit im Magen- und Darmtrakt sowie der Leber zur Freude der Eltern heran, und 1957 kommt die zweite Tochter zur Welt.

Der seelische Absturz erfolgt 1975: Die Ehe wird, als der Mann sich einer jüngeren Frau zuwendet, nach zweiundzwanzig Jahren geschieden. Helga bricht zusammen. Mit ihrem Mann hat sie das Lagerschicksal geteilt, alle Ängste und Hoffnungen. Und da ist das unter extremsten Bedingungen geborene Kind, das sie zusammenschweißte ... Sie wird diese Trennung nie verwinden. Anfang 1989, nach dem Ausscheiden aus dem Berufsleben, siedelt sie nach Westberlin über. Hier wird sie wegen des Beines, der Wirbelsäule und der Hüfte als siebzig Prozent schwerbeschädigt anerkannt und erhält eine Versorgungsrente. Die psychischen Probleme bleiben. Schon nach der Scheidung nahmen die Alpträume von Flucht, wochenlangen Vergewaltigungen und der siebenjährigen Lagerhaft wieder zu. Nun werden sie unerträglich. 1990 erkrankt ihre im Lager Brest-Litowsk geborene Tochter schwer. Helga holt sie zu sich, pflegt sie hingebungsvoll, doch der Zustand der Leber verschlechtert sich, der kranke Körper ist voller Wasser, das schließlich in die Lunge dringt. 1994 stirbt die Tochter, erst dreiundvierzig Jahre alt. Seit ihrem Tod findet Helga keinen Schlaf mehr.

LOTTE W.: *»Er hatte mich einfach für tot erklären lassen.«*

Lotte W. wurde 1952 aus einem russischen Straflager entlassen, durfte jedoch nicht nach Deutschland zurückkehren: Wie nach ihr auch andere Königsberger Frauen, wurde sie in Charol angesiedelt, einem Ort in der Ukraine.

Lotte hatte keine Ahnung, wie es weitergehen würde, doch sie weigerte sich, ein Papier zu unterschreiben, das sie kaum lesen konnte und das sie zur Sowjetbürgerin gemacht hätte. Ihr Ziel, nach Deutschland zurückzukehren, verlor sie nie aus dem Blick. Von der Ukraine aus nahm sie Kontakt auf zu einer Tante in Ost-Berlin, und kurz darauf meldete sich auch ihr Vater. Die Heimkehr der Königsberger Frauen verschob sich, nachdem in der DDR ein Volksaufstand ausgebrochen war, noch einmal um ein ganzes Jahr.

Im Juni 1954 ist es endlich soweit. Lotte trifft in Fürstenwalde ein, von wo aus sie zu ihrem Vater fährt:

»Als ich in Ost-Berlin ankam, habe ich mich überhaupt nicht zurechtgefunden. Es war eine Welt, die ich nicht verstand – was war HO und was hieß FDGB? Und dann gab es da diese merkwürdigen Lebensmittelkarten, außerdem mußte man ständig einen Ausweis bei sich tragen, so etwas besaß ich gar nicht ... Das Kriegsende lag ja nun schon neun Jahre zurück, die Menschen hatten sich einigermaßen eingerichtet. Und ich? Ich hatte meine Mutter verloren, die Heimat, meinen Mann, die Gesundheit. Durch die furchtbaren Erlebnisse in Königsberg, die Verhaftung und lange Internierung war mein Selbstbewußtsein völlig am Boden. Erst das vernichtende Urteil, ohne etwas getan zu haben, dann, in Rußland, die ständige Ungewißheit: ›Was wird morgen?‹ Vom Lager aus war man entlassen worden, durfte aber nicht nach Hause zurück ...

Was mich seelisch am stärksten belastet hat, war mein Mann. Er hatte mich ja, um problemlos wieder heiraten zu können, einfach für tot erklären lassen, hat gar nicht erst nachgeforscht, ob ich noch lebe … Schon kurz nach der Ankunft bekam ich Probleme mit meinem ›Tod‹. Ich mußte auf die Keibelstraße, um mich polizeilich anzumelden und einen Ausweis zu erhalten. Und bei der Rubrik ›Familienstand‹ sagte ich: ›Ich weiß es nicht.‹ Darauf der Polizeibeamte: ›Na, Sie müssen doch wissen, ob Sie ledig sind, verheiratet, verwitwet oder geschieden!‹ Ich war irritiert und sagte: ›Eigentlich keines davon.‹ Dann habe ich ihm die Urkunde gezeigt, die mir mein Vater in die Ukraine geschickt hatte, also jenes Papier, auf dem sich mein Mann amtlich meinen Tod hat bestätigen lassen. Ich sagte: ›Nun weiß ich nicht, bin ich geschieden oder tot oder lebendig oder was?‹

Daraufhin riß der Beamte den Bogen aus der Schreibmaschine und schnarrte: ›Dann kann ich Ihnen auch keinen Ausweis geben!‹ Ich bekam nun ein vorläufiges Ausweispapier, mit dem ich mich alle zehn Tage melden mußte …

Ich habe mich dann mit meinem Vater beraten und mich schließlich schweren Herzens zu meinem Mann aufgemacht, nach Wilhelmshaven. Ich bin erst zu meiner Schwiegermutter gefahren, sie hatte mir ein Telegramm geschickt, ob ich nicht kommen möchte. Mein Mann war inzwischen Verwalter in einem Landeskrankenhaus, war wieder verheiratet und hatte zwei Kinder. Zunächst hat meine Schwägerin bei ihm angerufen, da war seine neue Frau am Telefon. Am nächsten Nachmittag haben wir uns dann getroffen. Seine Frau hatte ihm den älteren Sohn mitgegeben, damit ich gleich merke, was Sache ist – das war nun schon ein Kind von vier Jahren. Und während wir völlig verkrampft voreinander saßen, kletterte der Kleine auf meinen Schoß und sagte: ›Tante, kannst du mir den Schuh zubinden?‹

Das werde ich nie vergessen. Von diesem Moment an habe ich Abschied genommen von jeder Hoffnung, wir könnten wieder zusammenkommen. Wir haben uns an diesem Nachmittag ausgesprochen. Das war eine furchtbare Situation für mich, ich hatte starke Herzschmerzen. Erst habe ich kaum ein Wort rausgekriegt, dann wurde ich allmählich sicherer und mein Mann immer kleinlauter. Er sagte am Ende: ›Jetzt bestimme du, was gemacht wird.‹ Ich habe geantwortet: ›Da gibt es nichts mehr zu bestimmen. Du hast zwei Kinder, sei ihnen ein guter Vater ...‹

Es war schon alles sehr schlimm. Manchmal denke ich, es ist leichter, einen Menschen an den Tod zu verlieren als ans Leben. Wenn jemand tot ist, dann weiß man, es ist unwiederbringlich. Doch wenn er noch lebt, treiben einen ständig irgendwelche Vorstellungen um ...«

Die neue Ehe des Mannes wird einige Jahre später in die Brüche gehen, doch trotz eines nie ganz verlöschenden Gefühls kommt für Lotte ein Zusammenleben nicht mehr in Frage. Unter starken Herzschmerzen war sie nach Berlin zurückgekehrt, sich von nun an auf den Aufbau einer neuen Existenz konzentrierend: Die Zweiunddreißigjährige muß völlig von vorn beginnen, in jeder Hinsicht. Der Vater hat eine neue Frau gefunden, nun bringt ein Schwager der Stiefmutter Lotte beim Betriebsschutz der Berliner Verkehrsbetriebe unter. Ein Jahr später wird die gelernte Bankbuchhalterin in die Abteilung Planung des Betriebes übernommen. Sie kämpft sich durch die Abendschule und qualifiziert sich, ohne in die Partei einzutreten, zur Planungsökonomin. Nebenbei näht sie bis tief in die Nacht, um sich Kleidung und Mobiliar zusammenzusparen. Lotte wird sich ihr restliches Leben lang allein durchschlagen. Seit ihren Erlebnissen in Königsberg fürchtet sie jede Berührung eines Mannes – schon, wenn sie der Vater mal in die Arme nimmt, stellt sich Unbehagen ein. Eine Erstarrung, die nie mehr aufgebrochen wird, und so bleiben ihr auch eigene Kinder versagt.

Politisch hält sie sich zeitlebens zurück. Daß das Thema »Rußland« tabu ist, wurde ihr bereits bei der Ankunft in Fürstenberg eingeschärft, darüber konnte sie stets nur mit dem Vater sprechen. Lotte engagiert sich in der Deutsch-Sowjetischen Freundschaft und achtet ansonsten darauf, Konfliktstoff zu vermeiden. Auch sind ihre Hauptprobleme andere. Nicht nur der seelische, auch der Zustand ihrer Gesundheit will sich

СССР

МИНИСТЕРСТВО
ВНУТРЕННИХ ДЕЛ
Управление
итл „Ам"
13 . июня 19*52*.

Форма «В»
ВИДОМ НА ЖИТЕЛЬСТВО НЕ СЛУЖИТ.
ДЛЯ ПРОПИСКИ НЕ ДЕЙСТВИТЕЛЬНА.

3-3Ц

СПРАВКА № *235*

Дана *Подданной Германии Хаинрих*
(указать гражданство-подданство)
Лотте 1922 г.р. гор. Кенигсберг немка
(фамилия, имя, отчество, год и место рождения, национальность)
в том, что он~~и~~ освобожден~~а~~ *13 июня* 19*52* г. из места
заключения МВД и следует в гор. *Хорол*
Полтавская область
(республики, края, области)

Выдана для представления в отделение милиции по месту
постоянного жительства, где обязан получить установленный вид на
жительство для
(указать: для иностранных граждан,

подданных или лиц без гражданства)
При освобождении выданы документы

(наименование их, кем, когда выданы, номера

и сроки их действия)

Печать
Начальник Исправтрудлагеря (НКВД тюрьмы)
Подписи

(учетного аппарата)

*Das Dokument, mit dem Lotte W. 1952 aus russischer Lagerhaft
entlassen wurde.*

Standesamt I in Berlin

Lotte   H e i n r i c h   geborene Wolff, verhei-

ratet mit dem Verwaltungsangestellten Ewald Heinrich,

- - - - - - - - - - - deutscher   Staatsangehörigkeit,

zuletzt wohnhaft in Königsberg/Preußen, Yorckstraße 82,

- -,

ist durch Entscheidung des - - - - - - - - - -Amts- gerichts

Jever -
vom 27. Juni 1951 - II 12/1951 - - - - - - - -
für tot erklärt worden.

Als Zeitpunkt des Todes ist der 31. Dezember 1948 - -

24 Uhr - - - - - - - - - - - - - - - - - - - festgestellt.

D ie für tot Erklärte ist am   19. November 1922 - - - -

in Königsberg/Preußen - - - - - - - - - - - - geboren

(Standesamt - - - - - - - - - - - - - - - - - - -

- - - - - - - - - - - - - - - - - - - Nr. - - - -)

Berlin, den 16. Mai   19 52

Der Standesbeamte

In Vertretung: G e n z m e r

Die Übereinstimmung dieser Abschrift mit den Eintragungen im Buche
für Todeserklärungen wird hiermit beglaubigt.

Berlin, den 5. Juni   19 53

Der Standesbeamte

In Vertretung: *Verichte*

Entschließung de für tot Erklärten am 31. Oktober 1943

(Standesamt Königsberg/Preußen   Nr. _____)

*Dokumente über die amtliche Toterklärung von Lotte W. und deren
Aufhebung.*

Amtsgericht, Abt.II   Jever, den 3. J u l i 1954
  II 12/51

B e s c h l u ß.

Der Beschluß vom 27. Juni 1951, durch den die am 19.November
1922 in Königsberg geborene Ehefrau Lotte H e i n r i c h
geb. Wolff aus Königsberg für tot erklärt worden ist,

wird wieder aufgehoben, da die Verschollene noch lebt.

gez. Dr. Heinzelmann,
Amtsgerichtsrat.

Ausgefertigt:

Justizangestellte
als Urkundsbeamter der Geschäftsstelle
des Amtsgerichts.

Frau
Lotte Heinrich geb.Wolff,
Berlin N 4.
Ruppinerstr. 47/48
b.Wolff.

nicht bessern. Im Gegenteil: Eine in sieben qualvollen Jahren
zugezogene Herzerkrankung geht plötzlich mit einer beginnen-
den Erblindung einher. 1976 scheidet Lotte als Invalidenrent-
nerin aus dem Arbeitsleben aus.

Nach dem gesellschaftlichen Umbruch von 1989 zerschlägt
sich auch die letzte Hoffnung der mittlerweile völlig erblinde-
ten Frau – die Hoffnung auf eine kleine finanzielle Entschädigung für erlittenes Unrecht und eine zerstörte Gesundheit.
Über der Rentenhöhe von monatlich 900,– Mark liegend, ist ihr
Fall nicht einmal dem Petitionsausschuß des Deutschen Bun-
destages eine Hilfsmaßnahme wert.

SIGRID B.: *»Die Ellenbogenpolitik hier verkrafte ich noch
heute nicht.«*

Nach jahrelangem Kampf, den sie mit kasachischen, die Angehörigen in Ost- und Westdeutschland mit den jeweils zuständigen deutschen Behörden führten, treffen im September 1957

auch die verschleppten Frauen und Kinder aus Idasheim im geteilten Deutschland ein. Unter ihnen die sechzehnjährige Sigrid, die im Alter von vier Jahren den Transportzug nach Rußland bestieg:

»Eine unserer Nachbarinnen mußte mit ihren Kindern in Brest-Litowsk aussteigen, weil das jüngste, in Kasachstan geborene Kind, nicht in ihren Papieren stand. Valentin war, wie auch andere Kinder, aus einer Vergewaltigung entstanden. Die Frau hatte furchtbare Angst, was nun wird, sie durfte aber mit dem nächsten Zug nachkommen. Wir anderen fuhren nach Berlin weiter. Wir hatten Pässe für Westdeutschland und mußten in Ostberlin umsteigen. Den Aufenthalt haben wir genutzt, um uns an der Friedrichstraße mit meinem Vater zu treffen. Wir saßen in der Bahnhofsmission und haben die ganze Nacht geredet. Ich glaube, zwischen meinen Eltern gab es Probleme. Mein Vater war 1947 aus französischer Kriegsgefangenschaft entlassen worden und hatte zwei Jahre später wieder geheiratet. Zuvor hat er meine Mutter für tot erklären lassen. Mich nicht, nur meine Mutter. Andererseits hat er ungeheuren Rabatz gemacht, um uns aus Kasachstan herauszuholen. Er ist zum ›Spitzbart‹ gefahren, um sich zu beschweren, daß seine Familie in Kasachstan festgehalten wird. Dafür hat er ein Jahr gesessen … Ja, nun war mein Vater aber schon wieder acht Jahre verheiratet. Ich habe den Konflikt nicht so genau mitgekriegt; ich fand es einfach toll, endlich einen Vater zu haben, wenn auch nur für ein paar Stunden. Denn als die Zeit abgelaufen war, mußten wir rüber, zum Zug nach Friedland. Mein Vater sagte noch: ›Fahrt mal, fahrt schon – ich komme nach!‹ Er kam aber nie …«

Von Friedland aus geht es eine Woche später in ein Dorf bei Soltau, zu einem engen Verwandten. Die mit ihnen verschleppte Tante kehrt heim zu ihrem Mann, der noch immer Kommunist ist. Sie wird es nicht mehr lange mit ihm aushalten und zu den anderen nach Soltau zurückkehren, mit denen sie die zwölfjährige russische Gefangenschaft verbindet.

Sigrid kommt auf eine Förderschule für Heimkehrer und Spätaussiedler in Hannover, schließt dort die zehnte Klasse ab und beginnt danach eine Lehre in einem Soltauer Rechtsanwaltsbüro. Die Gefangenschaft in Kasachstan ist auch an den Kindern nicht spurlos vorbeigegangen: Ihr Nachbarsjunge hat sich in der Kältesteppe ein schweres Rheumaleiden zugezogen; in Kasachstan bereits ständig krank, wird er wenige Jahre nach seiner Rückkehr nur noch unter starken Schmerzen laufen können. Ein anderer Junge, dem nach der Heimkehr nur noch leichtere Arbeiten möglich sind, stirbt weit vor der Rente an einer Lungenerkrankung. Sigrid selbst hat einen Wirbelsäulenschaden; die Bauchspeicheldrüse funktioniert nicht, das Mädchen leidet an den Folgen der Unterernährung und wird im Alter von sechzehn Jahren zu dreißig Prozent invalidisiert. Ein Teil der gesundheitlichen Schäden können im Lauf der Jahre behoben werden. Lebenslang jedoch begleiten sie Rückenschmerzen und ein mitunter schleppender Gang: Auf der Flucht als Kleinkind am Bein durch die Luft gewirbelt, bleibt das Knie dauerhaft geschwollen, kehrt auch der Schmerz im Bein immer wieder zurück.

Während Sigrids Mutter fast dauernd krank im Bett liegt, gelingt es der Jugendlichen, als Gehilfin in einem Soltauer Rechtsanwaltsbüro Fuß zu fassen. Alles geht so lange gut, bis im dritten Lehrjahr die Nachstellungen eines älteren Assessors zunehmen. Als der Wüstling das Mädchen, das bereits im Alter von zehn Jahren von einem betrunkenen Kolchosbauern vergewaltigt wurde, einmal besonders aggressiv belästigt, verliert Sigrid die Nerven und wirft dem Mann einen Aschenbecher an den Kopf. In Panik vor den Folgen stürzt sie nach Hause, packt die nötigsten Sachen und setzt sich in einen Zug nach Berlin:

»Das war im Juli 1961. Ich wollte unbedingt zu meinem Vater. Im nachhinein glaube ich, daß das mit dem Aschenbecher nur der Auslöser war. Der Wunsch, zu meinem Vater zu gelangen, saß tiefer. Ich hatte drei Jahre im Westen auf ihn gewartet und immer verzweifelt gedacht: ›Warum kommt der nicht und nimmt mich in Schutz? Warum muß ich alles allein durchstehen, mich auch ständig allein um meine kranke Mutter kümmern?‹

Es war natürlich blöd, in den Osten abzuhauen. Doch meine Sehnsucht galt dem großen, starken Vater, der mich beschützt – und der war nun eben im Osten. In Kasachstan waren wir ja immer nur Frauen und Kinder gewesen, den Männern dort hilflos ausgeliefert ...

In der DDR wurde ich erst mal in ein Lager gesteckt, für etwa vierzehn Tage. In dieser Zeit haben sie meinen Vater verständigt, der kam mich dann holen.

Ich war glücklich. Und mein Vater hat sich wirklich gefreut, daß ich da bin. Dann, im Zug, erzählte er mir plötzlich, daß da noch drei Kinder wären ... Und als wir bei ihm zu Hause ankamen, stellte sich heraus, daß es fünf sind, weil auch die neue Frau zwei Kinder mit in die Ehe gebracht hat! Das war schon ein ziemlicher Schock für mich. Ich wurde in die Familie aufgenommen, und die fünfe freuten sich, daß nun die große Schwester da ist. Ich ruhte mich erst mal aus, und mein Vater schlug mir vor, mich als Russischlehrerin zu bewerben. Doch das war schwierig für uns alle, diese große Familie auf engem Raum, und meine Gefühle wirbelten völlig durcheinander.

Und plötzlich wurde die Mauer gebaut! Meine Mutter und meine Tante setzten Himmel und Hölle in Bewegung, um mich zurückzuholen. Ich war aber inzwischen neunzehn, nach DDR-Gesetz also volljährig und bin gleich nach meiner Ankunft als DDR-Bürgerin eingegliedert worden. Natürlich hätte ich zurückfahren können, doch irgendwie war ich vom Ausbruchsfieber erfaßt: Zwölf Jahre lang nur mit Mutter und Tante in einem Raum – ich sah plötzlich die Chance, mein Leben in die eigenen Hände zu nehmen. Mit meinem Vater, das haute ja nun auch nicht so richtig hin, also bin ich nach Havelberg gegangen, dort lebte noch eine Cousine von mir.

Ich habe mich dort an einer Schule als Russischlehrerin beworben, die Sprache beherrschte ich ja perfekt ...«

Für Sigrid bahnt sich ein neuer Lebensweg an. Zusätzlich zu ihrer Arbeit nimmt sie ein Fernstudium für Pädagogik auf, doch hält sie diese Nebenbelastung nur so lange durch, bis sich das MfS an ihre Fersen heftet. Ihre Schulbewerbung hatte sie bereits korrigieren müssen, statt »russischer Gefangenschaft« wurde ihr die Formulierung »... haben mich Kriegswirrnisse in die Sowjetunion verschlagen« diktiert. Und nun gerät sie mit ihrem verdächtigen Lebenslauf ›Sowjetunion/Bundesrepublik/DDR‹ ins Visier der Staatssicherheit: Mitten im Unterricht wird die Lehrerin aus der Klasse geholt, weil ein paar Herren sie sprechen möchten. Die Herren wissen über sie genauestens Bescheid, über sie und auch über ihren Kanzleichef aus Soltau, der früher mal DDR-Bürger war und sich dann abgesetzt hat, wie Sigrid B. bei dieser Gelegenheit erfährt. Den Anwerbungsversuch, eine Kombination aus Zuckerbrot und Peitsche, lehnt sie ab. Bereits im Dauerzustand der Einschüchterung aufgewachsen, wird die junge Frau nun in die Mangel genommen, bis sie der Verzweiflung nahe ist. Nach einer Diskriminierungskampagne verläßt Sigrid die Schule. Ohne feste Arbeit und noch immer bedrängt von staatlichen Organen flieht sie in die Arme eines Mannes, heiratet überstürzt und bekommt nacheinander zwei Kinder. Diesen Mann – es ist ihr erster nach der frühen Vergewaltigung und langjährigen Berührungsängsten – liebt Sigrid, einen Russen aus Wolgograd, der bei der Sowjetarmee angestellt ist und den sie beim Dolmetschen kennengelernt hat.

Doch mit dieser ungewöhnlichen Ehe nimmt Sigrids Odyssee eine neue Wendung:

»Ich landete wieder in dem Land meiner Gefangenschaft. Wir hatten 1965 geheiratet, das zweite Kind war gerade auf der Welt, da wurde mein Mann in die Heimat abgezogen, er mußte zurück. Ich habe die Kinder geschnappt und bin mit ihm mitgefahren, auf der Basis einer Einladung. Tja, nun saßen wir also in Wolgograd, ohne Wohnung und irgend etwas, wir quartierten uns abwechselnd bei seinen Verwandten ein. Irgendwann wurde uns dann eine Wohnung zugewiesen, und nun bewarb ich mich um Arbeit. Und bekam eine Zusage als Stewardeß bei der Wolgograder Aeroflot. Das hätte mir schon Spaß gemacht, doch als ich mir dann ein, zwei Kindergärten angeschaut hatte, kam mir meine ganze Kindheit wieder hoch – dieses Schreien und Prügeln, der unbarmherzige Drill. Das wollte ich meinen Kindern nicht antun. Mein Mann arbeitete als Techniker im Filmbereich, und irgendwie mußte es nun so gehen.

Bis 1971 waren wir in Wolgograd, im Mai bin ich zurück, ich hatte ja noch meinen DDR-Paß. Ich bin mit den Kindern erst mal bei meinem Vater untergekommen. Meinen Mann habe ich kurz darauf nachgeholt – das war alles andere als einfach, doch den Bürokratenkrieg haben wir durchgestanden.

Ja, und dann war da noch meine Mutter ... Sie war schon in Kasachstan krank und auch nach der Rückkehr, und ich hatte sie ja irgendwie im Stich gelassen. Ich habe sie dann in den siebziger Jahren zu mir in den Osten genommen und pflege sie seit fünfundzwanzig Jahren.

Mit meinem Mann hatte ich Glück, der hat mir sehr geholfen. Meine Verwandten waren zunächst fassungslos, als sie hörten, daß ich mit einem Russen verheiratet bin – nach allem, was uns dort angetan worden ist. Doch als sie ihn dann kennenlernten, konnten sie das akzeptieren.

Die russischen Menschen sind ja an sich nicht schlecht, ich kenne ihre Mentalität. Ich meine, sie sind gutmütig, sie teilen, was sie haben. Und diesen Charakter habe ich auch, deswegen komme ich hier mit vielen Deutschen nicht klar. Ich bin auch ein Mensch, der gern gibt, der anderen hilft und selbst auch Hilfe erwartet. Das hat vielleicht diese ganze Gefangenschaft mit sich gebracht, dort konnten wir nur überleben, weil wir geteilt haben. Und hier ist Ellbogenpolitik angesagt, das verkrafte ich nicht so richtig ...«

NACHWORT

Ein halbes Jahrhundert nach Kriegsende wird Europa von der Wiederkehr dessen erschüttert, was als überwunden galt und somit vernachlässigbar. Der Schock angesichts der Massaker an Zivilisten auf dem Balkan sitzt tief, eingeschliffene Antworten sind der Verunsicherung gewichen. Die Frage: »Was geschieht in Kriegen mit Frauen und Kindern?« fordert endlich die Erinnerung heraus, in einer Zeit, in der Vergewaltigungen und Deportationen von jahrzehntelanger Tabuisierung ins historische Vergessen zu gleiten schienen. Noch immer steht Verdrängung auf der internationalen Tagesordnung: Bei einer kürzlich von MEMORIAL Moskau durchgeführten Befragung fand sich unter den einst in Deutschland einmarschierenden Veteranen der Roten Armee kein einziger, der sich an irgendeine Vergewaltigung erinnern konnte.

Und wie sieht es in dem Land aus, das den Zweiten Weltkrieg entfacht hat und dadurch letztlich mitverantwortlich ist für das Leid der Verschleppten? Die deutsche Einheit bescherte jenen Frauen eine zusätzliche Demütigung, die – aus Rußland heimkehrend – in der DDR landeten und dort nie einen Pfennig Entschädigung erhielten. Nach der »Wende« begannen sie zu hoffen. Doch im Dezember 1992, während die ersten Briefe mit der Bitte um Gleichbehandlung auf die Tische von Politikern und Stiftungsräten flatterten, wurde in Bonn gehandelt: Das nun auch für die neuen Mitbürger geltende Kriegsfolgebereinigungsgesetz wurde im Bundestag kurzerhand gekappt, unter Mitwirkung aller Parteien.

Seither scheitert jeder Versuch, deportierten Frauen aus der Ex-DDR eine Kur zukommen zu lassen, gar eine Entschädigung. Atemberaubend die advokatischen Winkelzüge, beschämend der Papierwust an Absagen und Erklärungen von Nichtzuständigkeit. Mangelt es an Geld oder an Gerechtigkeitsempfinden? Die Bonner Heimkehrerstiftung jedenfalls, seit dem gekappten Gesetz zuständig auch für »Geltungskriegsgefangene« (wie deportierte Zivilisten etwas unzutreffend umschrieben werden), ist allein für das Jahr 1995 mit einem Etat von sechs Millionen Mark Steuergeldern ausgestattet worden. Von den Dutzenden verschleppter Frauen, die ich darauf ansprach, hat keine davon auch nur eine Mark gesehen – weder die aus der Ex-DDR noch ihre Leidensgefährtinnen im Westen. Die Bitte um ein klärendes Gespräch im Berliner Abgeordnetenhaus wurde von der Heimkehrerstiftung abschlägig beschieden – aus Zeitgründen.

Die Glaubwürdigkeit des vereinten Deutschland messe ich auch daran, wie wir mit Menschen umgehen, die – körperlich und seelisch mitunter lebenslang geschädigt – für ein Kriegsgeschehen büßen mußten, an dem sie nicht schuldig waren. Noch immer sehe ich sie an den Rand des Vergessens gedrückt.

Charlotte S. aus Elbing fand kürzlich ein Photo mit Frauen wieder, die aus russischer Gefangenschaft zurückgekehrt sind. Unter dem Bild der handgeschriebene Satz an die Mitmenschen: WAS WISST IHR SCHON!

Freya Klier

QUELLEN

Erna B.: »Meine Gefangenenjahre«, Erinnerungen 1950, Ergänzungen 1996

Sigrid B.: Interview 1995

Charlotte H.: Niederschrift der persönlichen Erlebnisse 1962, Ergänzungen 1995

Else I.: »Deportation«, Erlebnisbericht (»Stacheldraht« 1994), Interview 1995

Gertrud K.: Schriftlicher Lebensbericht 1993, Ergänzungen 1996

Annemarie M.: Interview 1993 und 1995

Hildegard N.: Erinnerungen 1995, Ergänzungen 1996

Helga P.: Interview 1993 und 1995

Charlotte S.: »Die schlimmsten Jahre meines Lebens«, Dokumentation 1995, Ergänzungen 1996

Eva-Maria S.: Interview 1992 und 1995

Lotte W.: Interview 1995

LITERATURVERZEICHNIS

Adenauer, Konrad: »Erinnerungen 1953–1955«, Stuttgart 1966
Alexijewitsch, Swetlana: »Der Krieg hat kein weibliches Gesicht«, deutsch, Hamburg 1989

Becker, Rolf O.: »Niederschlesien 1945«, Bad Nauheim 1964
Bericht über die Tätigkeit des Kriegsgefangenenlagers Nr. 525 des sowjetischen Innenministeriums in den Jahren 1945–1949 (Interner NKWD-Bericht 1951)
Berthold, Erich: »Kriegsgefangene im Osten«, Königstein 1981
Broszat, Martin: »Zweihundert Jahre deutsche Polenpolitik«, Frankfurt/M. 1972
Buber-Neumann, Margarete: »Als Gefangene bei Stalin und Hitler«, Frankfurt/M./Berlin 1993

Conquest, Robert: »Stalins Völkermord – Wolgadeutsche, Krimtataren, Kaukasier«, Wien 1974

Deichelmann, Hans: »Ich sah Königsberg sterben«, Aachen 1949
Deuerlein, Ernst: »Dokumente zur Deutschlandpolitik«, Bd. 1, Bonn/Berlin 1961
Die deutschen Deportierten in der UdSSR, DRK-Suchdienst, Hamburg 1952
Die deutschen Zivilgefangenen im Ausland außerhalb der UdSSR, DRK-Suchdienst, Hamburg 1951
Dörr, F./*Kerl*, W.: »Ostdeutschland«, München 1972
Dokumentation der Vertreibung der Deutschen aus Ost-Mitteleuropa, Bd. I–V, Bonn 1953–1961

Ehrenburg, Ilja: »Menschen, Jahre, Leben«, München 1962

Flocken, Jan v./*Klonovsky*, Michael: »Stalins Lager in Deutschland 1945–1950«, Berlin/Frankfurt/M. 1991
Fredmann, Ernst: »Sie kamen übers Meer«, Köln 1971
Friedrich, Jörg: »Der Hakenkreuzzug«, in: taz vom 22. Juni 1991

Gauger, Karl-Heinz: »Die Dystrophie als psychosomatisches Krankheitsbild«, München/Berlin 1952
Gaunitz, Lothar O.: »Die Flucht und Vertreibung«, Friedberg 1987
Gemordet wurde nachts – ein Bericht aus dem sowjetischen Zwangsarbeitslager Karaganda, in: Der SPIEGEL vom 23. Mai 1951
Gesamterhebung zur Klärung des Schicksals der deutschen Bevölkerung in den Vertreibungsgebieten, DRK-Suchdienst, München 1964
Götz, Hans-Dieter: »Soldiner Geiselmord«, in: FOCUS, 18/1995
Grube, Frank/*Richter*, Gerhard: »Flucht und Vertreibung«, Hamburg 1981

Heim, Susanne: »Die Gesundung der Sozialordnung« (Der ›Generalplan Ost‹ als Strategie langfristiger Unterwerfung), in: taz vom 22. Juni 1991
Heller, Michail/*Nekrich*, Alexander: »Geschichte der Sowjetunion« I–II, Königstein/Ts. 1982
Henke, Josef: »Flucht und Vertreibung der Deutschen aus ihrer Heimat«, in: ›Aus Politik und Zeitgeschichte‹, Beilage zu ›Das Parlament‹ vom 8. Juni 1985
Hillgruber, Andreas: »Der Zusammenbruch im Osten als Problem der deutschen Nationalgeschichte und der europäischen Geschichte«, Opladen 1985
Hillgruber, Andreas: »Chronik des Zweiten Weltkrieges«, Frankfurt/M. 1978
Hoffmann, Joachim: »Die Geschichte der Wlassow-Armee«, Freiburg 1984

Hoffmann, Joachim: »Stalins Vernichtungskrieg 1941–1945«, München 1995

Jahn, Hans-Erich: »Pommersche Passion«, Preetz/Holstein 1964

Kennan, George F.: »Memoiren eines Diplomaten«, München 1982

Kirchhoff, M.: »Körperliche und seelische Störungen bei der Frau durch spezielle Schäden der Kriegs- und Nachkriegszeit«, Bad Godesberg 1959

Knevels, Wilhelm: »Schicksal 1945 bis 1947 in Schlesien«, Würzburg 1957

Kogelfranz, Siegfried: »Genosse, wir wollten euch erledigen« (Die Davongekommenen von Jalta), SPIEGEL-Serie 1985, Heft 3–6

Kogelfranz, Siegfried: »So weit die Armeen kommen« (Wie Osteuropa nach Jalta kommunistisch wurde), SPIEGEL-Serie 1984, Heft 35–39

Die Konferenzen von Malta und Jalta, Dokumente vom 17. Juli 1944 bis 3. Juni 1945, Amerikanisches Außenministerium 1956, deutsche Ausgabe Düsseldorf 1958

Kopelew, Lew: »Aufbewahren für alle Zeit!«, München 1976

Krockow, Christian Graf von: »Die Stunde der Frauen«, Stuttgart 1988

Lasch, Otto: »So fiel Königsberg«, München 1958

Lehndorff, Hans Graf von: »Ostpreußisches Tagebuch«, München 1967

Leonhard, Susanne: »Gestohlenes Leben – Schicksal einer politischen Emigrantin in der Sowjetunion«, Herford 1968

Levits, Egil: »Die Entwicklung der baltischen Staaten seit 1940«, in: ›Informationen zur politischen Bildung‹, Nr. 224, Bonn 1989

Lichatschow, Dmitrij: »Das Hirn starb zuletzt«, Reinbek 1992

Maijski, I. M.: »Memoiren eines sowjetischen Botschafters«, Berlin (Ost) 1967

Maschke, E. (Hrsg.): »Zur Geschichte der deutschen Kriegsgefangenen des Zweiten Weltkrieges«, München 1965–1974

Merkatz, Hans-Joachim von: »Völkerwanderung heute«, Bielefeld 1971

Meyer, Helmut: »Die Geschichte der baltischen Länder I–IV«, in: Geschichte, herausgegeben vom Historiographischen Institut Solothurn, Zürich 1988/1989

Mitzka, Herbert: »Meine Brüder hast du ferne von mir getan«, Bensheim 1989

Molotow, W.: »Über die Außenpolitik der Sowjetunion«, in: ›Kommunistische Internationale‹ 1939, S. 1126–1135

Murawski, Erich: »Die Eroberung Pommerns durch die Rote Armee«, Boppard 1969

Nawratil, Heinz: »Vertreibungsverbrechen an Deutschen«, München 1982

Nekrich, Alexander: »Die gemaßregelten Völker«, New York 1978

Niederland, W. G.: »Folgen der Verfolgung/Das Überlebendensyndrom«, Frankfurt/M. 1980

Pankratowa, A. M.: »Die Vergangenheit des Sowjetlandes«, Berlin 1947

Rauschenbach, Hildegard: »Lager 6437 – Ich war verschleppt nach Sibirien«, Leer 1984

Rauschenbach, Hildegard: »Von Pillkallen nach Schadrinsk«, Leer 1993

Reichling, Gerhard: »Die deutschen Vertriebenen in Zahlen«, Bonn 1986

Reinoß, Herbert (Hrsg.): »Letzte Tage in Ostpreußen – Erinnerungen an Flucht und Vertreibung«, Berlin 1985

Roland, Ursula: »Wie eine Feder im Wind«, Berlin 1991

Ruhl, K. J. (Hrsg.): »Unsere verlorenen Jahre – Frauenalltag in Kriegs- und Nachkriegszeit 1939–1949«, Darmstadt 1985

»*Rußland-Deportierte* erinnern sich«, Bukarest 1992

Schenck, Ernst-Günther: »Vom Massenelend der Frauen Europas in den Wirrnissen des XX. Jahrhunderts«, Bonn–Bad Godesberg 1988

Schenck, Ernst-Günther: »Lebens- und Krankheitsschicksale ehemaliger Gefangener«, Bad Godesberg 1962

Scheub, Ute: »Kriegsbeute: Kriegsbräute – Kriegsende 1945 in Deutschland«, in: taz vom 14. September 1995

Schrep, Bruno: »Kinder der Schande«, in: Der SPIEGEL 28/ 1995

Schüler, Horst: »Workuta«, München 1993

Seraphim, Peter-Heinz: »Ostwärts der Oder und Neiße«, Hannover 1949

Sivers, S. v.: »Das Gefangenenlager in Schwiebus«, in: ›Unsere märkische Heimat‹, Serie, ab Nr. 23 vom 1. 12. 1953 ff.

Solschenizyn, Alexander: »Ostpreußische Nächte«, Darmstadt 1976

Stege, Eva-Maria: »Bald nach Hause – Skoro domoi«, Berlin 1991

Streit, Christian: »Keine Kameraden – Die Wehrmacht und die sowjetischen Kriegsgefangenen 1941–1945«, München 1978

Thomsen, A.: »... Als Rot-Kreuz-Arzt zehn Jahre in sowjetischer Gefangenschaft«, Darmstadt 1962

Thorwald, Jürgen: »Es begann an der Weichsel«, München 1979

Vollmer, Johannes/*Zülch*, Tilman: »Aufstand der Opfer«, Göttingen 1989

Wagner, Magdalene: »Zivilinternierte in der SU 1944–1949«, in: ›Kriegsgefangene im Osten‹ (herausgegeben von E. Berthold), Königstein/Ts. 1981

Wischnewski, Waldtraut: »Hinter Stacheldraht, Hungern–Sterben–Überleben«, Stuttgart 1984

Wolkogonow, Dmitrij: »Triumph und Tragödie. Politisches Porträt des J. W. Stalin«, Berlin 1990

Zayas, Alfred-Maurice de: »Anmerkungen zur Vertreibung der Deutschen aus dem Osten«, Stuttgart 1986

»*Zum Schluß Schokolade* – die Deportation der letzten Ostpreußen«, in: Der SPIEGEL, Nr. 26/1993

Eine epische Geschichte von Flucht und Überleben

Der 24-jährige Slawomir Rawicz, Leutnant der polnischen Armee, wird 1939 in einem Schauprozeß der Sowjets zu 25 Jahren Arbeitslager verurteilt. Nach zwei Jahren im Gulag gelingt ihm mit sechs anderen Häftlingen die Flucht. Auf ihrem langen Weg in die Freiheit legen sie 5.000 Kilometer zurück und durchqueren die äußere Mongolei, die Wüste Gobi, Tibet, den Himalaya und erreichen schließlich das rettende Indien.

»Eine der beeindruckensten und kühnsten Geschichten unserer Zeit.«
Chicago Tribune

Slawomir Rawicz
Der lange Weg
Deutsche Erstausgabe
328 Seiten
Ullstein TB 33244

Ullstein Taschenbuch